2 歳児保育とは

　2歳頃には、自我が芽生えることにより何でも試してみたくなります。大人には想像できないようなやんちゃな行動が、悩みの種になります。しかし日常のちょっとした冒険から、自分の能力や限界を知ることができます。このことは「自己発見」と言われ、危険がないように見守りながらいろいろな体験を通して学ぶ機会を作ることが大切になります。また、2歳頃は対応が難しく、第一次反抗期とも言われますが、子どもが世界を広げていくとても大切な時期です。自我の発達（自分と他人との区別）、自律（自立）が育ってきている証になります。この時期の保育教諭（保育者）の対応で、その後の子どもの成長発達は大きく影響を受けます。そのことを理解した上で意識してかかわることが大切になります。

広島県 春日こども園 園長
田和由里子

3

指導計画立案にあたって

指導計画は、施設の区分により、3つの要領・指針に基づき、子どもの教育・保育の計画を立てます。ここでは、要領・指針を踏まえた計画立案のポイントと、乳幼児期からの教育、小学校教育との接続・連携の強化について解説します。

幼稚園教育要領　**保育所保育指針**　**幼保連携型認定こども園教育・保育要領** を踏まえた **計画立案** とは?

乳児期からひと続きの教育を

幼児教育の改善・充実を目指して内容の共通化が図られた平成30年施行の要領・指針は、令和2年度には小学校における学習指導要領に、また令和3年度には中学校における学習指導要領につながりました。これにより、乳幼児期の教育が義務教育に接続され、教育の出発点と考えられるようになりました。乳児期から就学前の最終目的に達するため、またそれ以降の教育につなげていくため、短期・中期・長期の計画が必要となります。

子どもの育ちをより具体的に捉える

要領・指針においては、「乳児期」と「満1歳以上満3歳未満」（保育所保育指針では「乳児」と「1歳以上3歳未満児」）に分けられ、それぞれの教育的な観点が明確になりました。また、「育みたい資質・能力の3つの柱」や、「幼児期の終わりまでに育ってほしい姿10項目」などが示されたことで、子どもの育ちが具体的に可視化され、小学校以降にも伝えやすくなっています。なお、「幼児期の終わりまでに育ってほしい姿10項目」は、小学校へ送付する要録にも、記入上、重要なものとして捉えられています。

| 乳児期の3つの視点 | 1歳児〜3歳未満児・3歳児〜5歳児の5領域 | 幼児期の終わりまでに育ってほしい姿10項目 |

詳しくは次ページへ→

これらの観点で立案することで **育ちを可視化** しやすくなる

入園時から就学前まで、 年齢ごとに **見通しを持った教育・保育** を 行うことができる

こども園2歳児（満3歳を含む）の立案について

こども園は満3歳を境に要領の参照する部分が変わります！

幼保連携型認定こども園2歳児の計画を立案する際は、当月クラスの満3歳の人数や、子どもの姿をよく観察した上で、「幼保連携型認定こども園教育・保育要領」の満3歳未満と満3歳以上のねらい及び内容を組み合わせて立案するとよいでしょう。

生きる力の基礎となる「乳幼児期からの教育」の流れ

乳児期からの教育を意識し、心の安定を確保することが、好奇心や探究心の芽生えを支えます。
乳幼児期は、「生きる力＝知識と問題解決する能力をバランスよく獲得する力」を育む基盤を作ることが重要となります。

小学校（児童）

小学校
- 知識・技能の習得
- 思考力・判断力・表現力の育成
- 学びに向かう力・人間性等の涵養

幼稚園 こども園 保育園（幼児期の終わり）

育みたい資質・能力の3つの柱
- 知識及び技能の基礎
- 思考力・判断力・表現力等の基礎
- 学びに向かう力・人間性等

POINT 3

育みたい資質・能力の3つの柱を学校種・園種を越えて共有し、生涯にわたる生きる力の基礎を培うことを目指します。

幼児期の終わりまでに育ってほしい姿10項目
- 健康な心と体
- 自立心
- 協同性
- 道徳性・規範意識の芽生え
- 社会生活との関わり
- 思考力の芽生え
- 自然との関わり・生命尊重
- 数量や図形、標識や文字などへの関心・感覚
- 言葉による伝え合い
- 豊かな感性と表現

幼稚園（3歳以上児） 保育園（3歳以上児） こども園（満3歳以上児）

POINT 2

「できている」「できていない」の到達度評価ではなく、どのような経験を子どもたちに保障できているかを捉えるための観点です。

5領域

健康	人間関係	環境	言葉	表現
健康な心と体を育て、健康で安全に生活する	人と関わり、きまりを守りながら支え合って生活する	身近な環境に興味をもって関わり、生活に取り入れる	自分の経験や考えを言葉で表現し、相手の話を聞いてやり取りを楽しむ	感じたことなどを自分なりに表現し、感性や創造性を豊かにする

保育園（1歳以上3歳未満児） こども園（満1歳以上満3歳未満児）

乳児期の3つの視点

身体的発達	社会的発達	精神的発達
健康な心と体を育て、自ら健康で安全な生活をつくり出す力の基盤を培う	受容的・応答的な関わりの下で、何かを伝えようとする意欲や身近な大人との信頼関係を育て、人と関わる力の基盤を培う	身近な環境に興味や好奇心をもって関わり、感じたことや考えたことを表現する力の基盤を培う

POINT 1

乳児の保育は身体的発達、社会的発達、精神的発達に関する「3つの視点」に分けられ、保育教諭（保育者）はこれらを目安に教育の充実を図ります。

保育園 こども園（乳児期）

生命の保持・情緒の安定

乳児期の3つの視点

平成30年の改正により、「乳児期」（保育所「乳児」）と「満1歳以上満3歳未満」（保育所「1歳以上3歳未満児」）に分けられ、それぞれの教育的な観点が明確になりました。乳児も考えることのできる存在であり、乳児期（0歳）での適切なかかわりと発達の重要性が世界的にも認識されています。各施設ならではの環境を用意し、心の安定を図ることは、他の物への興味や好奇心の芽生えを促し、子どもたちの生涯の学びに向かう力となるでしょう。

Point 1
身体的発達に関する視点
健やかに 伸び伸びと育つ

健康な心と体を育て、
自ら健康で安全な生活を
つくり出す力の基盤を培う。

★ここでは身体的な視点から記されています。乳児期は、まず生理的欲求が満たされていることが育ちにおいてとても重要です。人間の本能として生理的欲求が満たされていなければその他への意欲は生まれません。保育教諭（保育者）の愛情豊かなかかわりの下、身体的にも精神的にも満たされることがこの時期の子どもには必要不可欠です。

★また、一生の間で目覚ましいほどの身体的発達を遂げる時期ですが、決して発達を急ぐのではなく、一人一人の発育状態を踏まえ保育教諭（保育者）が専門性を持ってかかわることで、自ら体を動かす意欲が育ち、健康な心と体を育んでいくことができます。

Point 2
社会的発達に関する視点
身近な人と 気持ちが通じ合う

受容的・応答的な関わりの下で、
何かを伝えようとする意欲や
身近な大人との信頼関係を育て、
人と関わる力の基盤を培う。

★ここでは社会的視点から記されています。人とかかわる力、人間関係の充実はその人の人生を豊かにします。乳児期は人との信頼関係を育むスタートラインです。泣き声にも表情がついてきて、保育教諭（保育者）はコミュニケーションの相手だと受け止められるようになります。笑う、泣くといった表情の変化や、体の動きなどで自分の欲求を表す力を乳児は持っています。このような乳児の欲求に周りの大人が積極的にかかわることで、子どもとの間に愛着関係や情緒的絆が形成されます。

Point 3
精神的発達に関する視点
身近なものと関わり 感性が育つ

身近な環境に興味や
好奇心をもって関わり、
感じたことや考えたことを表現する
力の基盤を培う。

★ここでは精神的視点から記されています。生理的欲求が満たされ、保育教諭（保育者）と情緒的絆が育まれてくると周囲への興味が生まれます。興味の対象は自分の手や足、手に触れた自分の髪の毛などから始まり、口の感覚を通して「これは何だ？」と確かめていきます。この行為は子どもが他の物へ興味を持ちはじめる大切な通過点です。寝返りをし、少しずつ体の自由を獲得すると、興味や行動の範囲も広がり探索活動が始まります。発達に適したおもちゃを用意することで、音、形、色、手触りなど様々な経験をすることができ、感覚が豊かになります。安全面や衛生面に十分に配慮し、子どもの探索意欲を育てる環境構成を心がけます。また、危険なこともしっかりと子どもに伝えていきましょう。

満1歳以上満3歳未満の **5領域の記述**

満1歳以上満3歳未満（保育所「1歳以上3歳未満児」）は、保育の「ねらい及び内容」を5領域で表します。この5領域のねらいにおいては、保育教諭（保育者）の愛情豊かな応答的かかわりが大切です。人としては未熟でも急速な発達段階にある子どもたちが、何かが「できる」ということではなく、成長の過程で必要とされる能力の発達が促されるように保育をすることが中心となります。

3つの視点から5領域への変容を考える

教育の領域にあたる乳児期の「3つの視点」は、満1歳から「5領域」に接続され、細かくそのねらいと内容、内容の取り扱いが示されています。
P6のPoint 1「健やかに伸び伸びと育つ」は「健康」に、Point 2の「身近な人と気持ちが通じ合う」は「人間関係」「言葉」に、Point 3の「身近なものと関わり感性が育つ」は「環境」「表現」の領域にそれぞれひも付けられます。その5領域も3つの視点と同様に、実際にはそれぞれすべてに関係性があり、たとえるとすれば五輪のシンボルマークの輪のようになっていると考えます。

クラスでの5領域の捉え方 〜こども園と保育所での子どもの年齢と在籍クラスについて〜

★ 0歳児クラスでは、乳児期の3つの視点、満1歳以上満3歳未満の5領域を、それぞれの月齢に応じ保育のねらい及び内容の中で考えるようになっています。

★ 1歳児クラスでも3月生まれのように直前まで3つの視点の子どももいますが、多くの場合は5領域をもとに記述します。内容などをよく読み込んで、その時の月齢に応じながら、保育環境を充実させて、子どもがたくさんのことを体験していけるように配慮したいものです。

	クラス	園児の年齢	ねらい及び内容　◎乳児期の3つの視点　●満1歳以上満3歳未満の5領域　★満3歳以上の5領域
幼保連携型認定こども園	0歳児クラス	0歳〜1歳11か月	◎乳児期の園児の保育に関する〜
			●満1歳以上満3歳未満の園児の保育に関する〜
	1歳児クラス	1歳〜2歳11か月	●満1歳以上満3歳未満の園児の保育に関する〜
	2歳児クラス	2歳〜3歳11か月（満3歳）	●満1歳以上満3歳未満の園児の保育に関する〜
			★満3歳以上の園児の教育及び保育に関する〜
保育所	0歳児クラス	0歳〜1歳11か月	◎乳児保育に関わる〜
			●1歳以上3歳未満児の保育に関わる〜
	1歳児クラス	1歳〜2歳11か月	●1歳以上3歳未満児の保育に関わる〜
	2歳児クラス	2歳〜3歳11か月	●1歳以上3歳未満児の保育に関わる〜

各施設における **2歳児保育**の考え方

保育所、幼保連携型認定こども園の各施設における2歳児クラスの保育の考え方は、
学校教育法に位置付けられるかどうかで少しずつ違うことを知っておきましょう。

5領域	健康	人間関係	環境
	健康な心と体を育て、自ら健康で安全な生活をつくり出す力を養う。	他の人と親しみ、支え合って生活するために、自立心を育て、人と関わる力を養う	周囲の様々な環境に好奇心や探究心をもって関わり、それらを生活に取り入れていこうとする力を養う。
満1歳以上満3歳未満（保育所では1歳以上3歳未満）	**ねらい** ❶明るく伸び伸びと生活し、自分から体を動かすことを楽しむ。 ❷自分の体を十分に動かし、様々な動きをしようとする。 ❸健康、安全な生活に必要な習慣に気付き、自分でしてみようとする気持ちが育つ。	**ねらい** ❶幼保連携型認定こども園での生活を楽しみ、身近な人と関わる心地よさを感じる。 ❷周囲の園児等への興味・関心が高まり、関わりをもとうとする。 ❸幼保連携型認定こども園の生活の仕方に慣れ、きまりの大切さに気付く。	**ねらい** ❶身近な環境に親しみ、触れ合う中で、様々なものに興味や関心をもつ。 ❷様々なものに関わる中で、発見を楽しんだり、考えたりしようとする。 ❸見る、聞く、触るなどの経験を通して、感覚の働きを豊かにする。
満3歳以上（保育所では3歳以上）	**ねらい** ❶明るく伸び伸びと行動し、充実感を味わう。 ❷自分の体を十分に動かし、進んで運動しようとする。 ❸健康、安全な生活に必要な習慣や態度を身に付け、見通しをもって行動する。	**ねらい** ❶幼保連携型認定こども園の生活を楽しみ、自分の力で行動することの充実感を味わう。 ❷身近な人と親しみ、関わりを深め、工夫したり、協力したりして一緒に活動する楽しさを味わい、愛情や信頼感をもつ。 ❸社会生活における望ましい習慣や態度を身に付ける。	**ねらい** ❶身近な環境に親しみ、自然と触れ合う中で様々な事象に興味や関心をもつ。 ❷身近な環境に自分から関わり、発見を楽しんだり、考えたりし、それを生活に取り入れようとする。 ❸身近な事象を見たり、考えたり、扱ったりする中で、物の性質や数量、文字などに対する感覚を豊かにする。

保育所
1、2歳児クラス

保育所（児童福祉法）の1歳児クラスには満2歳の子どもが、また、2歳児クラスには、満2歳の子どもと学校教育に位置付けられない満3歳の子どもが在籍しています。よって保育所の1歳児クラスと2歳児クラスは、保育所保育指針の第2章　保育のねらい及び内容の「1歳以上3歳未満児の5領域」（上表の中段の部分）を参考に保育をします。「1歳以上3歳未満児の保育に関するねらい及び内容」は、旧保育所保育指針にはありませんでしたが、平成30年の

改正により、各要領、指針すべて同じように「内容の取扱い」が記述されました。これは「保育内容を具体化する際の配慮等が細かく記載されているもの」で、保育所保育指針も教育要領に近づいた記述になっています。

※5領域のねらい・内容は保育所保育指針、幼保連携型認定こども園教育・保育要領、幼稚園教育要領とも同じですが、例えば下記の表の「幼保連携型認定こども園での生活を楽しみ、〜」と書かれているところは、保育所保育指針では「保育所での生活を楽しみ、〜」と書かれ、幼稚園教育要領では「幼稚園生活を楽しみ、〜」と書かれています。

言葉	表現	基本的事項
経験したことや考えたことなどを自分なりの言葉で表現し、相手の話す言葉を聞こうとする意欲や態度を育て、言葉に対する感覚や言葉で表現する力を養う。	感じたことや考えたことを自分なりに表現することを通して、豊かな感性や表現する力を養い、創造性を豊かにする。	
ねらい ❶言葉遊びや言葉で表現する楽しさを感じる。 ❷人の言葉や話などを聞き、自分でも思ったことを伝えようとする。 ❸絵本や物語等に親しむとともに、言葉のやり取りを通じて身近な人と気持ちを通わせる。	**ねらい** ❶身体の諸感覚の経験を豊かにし、様々な感覚を味わう。 ❷感じたことや考えたことなどを自分なりに表現しようとする。 ❸生活や遊びの様々な体験を通して、イメージや感性が豊かになる。	歩き始めから、歩く、走る、跳ぶなどへと基本的運動機能が発達、排泄の自立、つまむ、めくるなどの指先機能発達、食事・衣服着脱も援助の下で行う。発声明瞭、語彙増加、自分の意思や欲求を言葉で表出。自分で行える事が増加。よってこの気持ちを尊重し、温かく見守り、愛情豊かに応答的に関わることが必要。
ねらい ❶自分の気持ちを言葉で表現する楽しさを味わう。 ❷人の言葉や話などをよく聞き、自分の経験したことや考えたことを話し、伝え合う喜びを味わう。 ❸日常生活に必要な言葉が分かるようになるとともに、絵本や物語などに親しみ、言葉に対する感覚を豊かにし、保育教諭等や友達と心を通わせる。	**ねらい** ❶いろいろなものの美しさなどに対する豊かな感性をもつ。 ❷感じたことや考えたことを自分なりに表現して楽しむ。 ❸生活の中でイメージを豊かにし、様々な表現を楽しむ。	基本動作、基本的な生活習慣もほぼ自立。理解する語彙数の増加、知的興味関心の高まり。仲間の中の一人という自覚、集団遊び、共同的活動。個の成長と集団としての活動。

幼保連携型認定こども園
2歳児クラス

幼保連携型認定こども園（児童福祉法・学校教育法）の2歳児クラスには、満2歳の園児と学校教育に位置付けられる満3歳の園児が在籍しています。よってこども園の2歳児クラスは、教育・保育要領の第2章　ねらい及び内容の「満1歳から満3歳未満の園児の5領域」と、学校教育の対象になる「満3歳以上の園児の5領域」の両方を参考に保育をすることになります（上表の中段・下段両方）。

> **例** 幼保連携型認定こども園教育・保育要領「健康」領域（3）のねらい
> **満1歳以上満3歳未満 ≫** 健康、安全な生活に必要な習慣に気付き、自分でしてみようとする気持ちが育つ
> **満3歳以上 ≫** 健康、安全な生活に必要な習慣や態度を身に付け、見通しをもって行動する

指導計画立案のすすめ方

保育の質を高め、専門性の高い教育・保育を提供するためにはどのように計画を立てていけばよいでしょうか。そのプロセスを、指導計画立案の流れに沿ってひも解いていきましょう。年間の目標を立てる時は、必ずそれぞれの園の「全体的な計画（幼稚園とこども園は「教育課程」も含む）」と照らし合わせ、保育を見る視点や子どもたちを捉える上での大枠を合わせるようにしましょう。

計画の流れ

目標

一年間の子どもの育ちを想定して「年間目標」を立て、それをもとに「月のねらい」を定めていきます。

例 **年間目標 >>** 基本的生活習慣を身に付ける

月のねらい

「月のねらい」を達成するために、各週の活動を計画します。「活動」と「環境構成と配慮」はつながりをもって計画しましょう。

例 **月のねらい >>** 簡単な身支度を自分でする
活動 >> 帽子のかぶり方を覚える
環境構成と配慮 >> 見本を見せながら仕方を伝える

振り返り

実践を振り返り、保育教諭（保育者）のかかわりで子どもがどう変わり、何を得られたのかを評価することで保育の質を高めることができます。

例 **評価 >>** 見守りながら励まし、自分でできるようになった

活動の実践

「計画」に基づいて実践します。子どもたちがその中で、友達や保育教諭（保育者）とどうかかわり、何を感じ、獲得しているかをよく観察します。

例 戸外活動の際には自分で帽子をかぶってみる

こども園の計画立案のポイント

幼保連携型認定こども園の満3歳以上のすべての園児には、教育の時間（4時間）を含む「教育標準時間」（6時間）と、「教育時間以外の時間」が設けられています。本書では、保育園とこども園の計画を共通とし、両方についての計画を掲載しています。計画を立てる際には、園の生活の流れを重視し、教育と保育が一体的に提供される配慮が必要となります。園児一人一人の実際の育ちをよく観察しながら計画を練りましょう。

立案の注意すべきポイント

どのような点に注意して立案すればよいか、具体的に見ていきましょう。

子どもの育ちをイメージし、育ちに向けての援助をする

計画立案には、「子どもの育ちをイメージする」ことが重要です。「5領域」「育みたい資質・能力の3つの柱」を意識し、子どもの育ちに必要なことを考慮して、偏りのないよう計画を立てましょう。時には保育教諭（保育者）の想定とは違う方向に行くこともあるでしょう。しかし、「子どもの個性や思いに柔軟に寄り添う」ことが大切。保育教諭（保育者）は、「子どもが自分で取り組むための"材料"を提供した」と捉え、その成長を認め、次のねらいや活動に生かしましょう。

例

ねらい ≫ 好きな遊びを見つけて楽しむ

保育教諭（保育者）の計画 ＼けれども……／ → 実際の子どもの姿

園庭で運動遊びを設定

木の実を見つけ興味を示した

＼そこで／

次の活動に生かす

素材や図鑑を用意して興味を引き出す

自然物を使った活動を設定する

「ねらい」と「内容」の設定に留意

「ねらい」は月・週の大枠である「子どもの育ち」で、「内容」は『「ねらい」を具体化した保育内容』です。逆にならないよう、意識して設定しましょう。

> **例**
> **ねらい ≫** 身近にある危険や身を守るための方法を知る
> **内容 ≫** 地震を想定し、実際に保育室から避難場所まで向かう避難訓練をする

園全体の多角的な視点が保育の質を高める

「幼児期の終わりまでに育ってほしい姿10項目」は、特に全体的な計画（幼稚園とこども園は教育課程を含む）を立てる際に念頭に置く必要があります。実際の子どもの姿を記録し、それをもとに園全体で振り返り、話し合いと試行錯誤をくり返しながら計画や環境の構成につなげていきます。評価は、一人の保育教諭（保育者）が行うのではなく、組織全体で行うと、様々な保育教諭（保育者）の視点で捉えることができます。多角的な視点で計画を見直す姿勢が、保育の質を高めることにつながります。

様々な視点の違いに気付くことで学びがあります。互いの意見に耳を傾け、認め合い、協力し合って保育の質を高めましょう。

幼児教育を基盤として就学につなげる

生涯にわたる生きる力の基礎として、「幼児期の終わりまでに育ってほしい姿10項目」「育みたい資質・能力の3つの柱」を育むことを目標にしています。しかし、小学校教育を基準とするのではなく、あくまで幼児教育を基盤として考えます。0歳児から積み上げたものをもとに、小学校へ向かうようにしましょう。

教えて！ 指導計画作成のQ&A

Q

自分の保育の評価をするのが苦手です。

A 評価というと自分への「反省」を書くことと感じていませんか。評価は反省ではなく、計画に沿って達成された点、改善すべき点を明らかにして、次の保育の質をよりよくしていくことが目的です。よかった点は自信を持ってどんどん書きましょう。ちょっと失敗したかなと思える点は「ここが悪かった」ではなく、「次はこうしていこう」と前向きに考えるヒントとして捉えましょう。でも、先輩や他のクラスの保育教諭（保育者）から、異なる評価をされる場合もあります。その場合も常に前向きに、次の保育に生かしていくことをみんなで考えるためのツールにしましょう。

Q

こども園の2歳児と満3歳児について教えてください。

A こども園の2歳児クラスでは、満3歳で教育課程が開始するため要領のねらい・内容（5領域）が変わります。

指導計画は、幼稚園教育要領、保育所保育指針、幼保連携型認定こども園教育・保育要領を踏まえて立案します。

幼稚園とこども園は、学校（教育課程開始）としての入園期が満3歳となります。幼稚園の満3歳児入園、つまり2歳児入園であっても、その時点（満3歳）では、幼稚園教育要領の「ねらい及び内容」の5領域（3歳児以上）が用いられます（幼稚園にはそれ以外の年齢はない）。

一方、こども園には0歳児からの3号認定が入園しており、2歳児クラスになるとそのクラスには、2歳の園児と満3歳になる園児の両者が存在します。そこで2歳児クラスでは、満3歳を境に幼保連携型認定こども園教育・保育要領の「満1歳以上満3歳未満の園児の保育に関するねらい及び内容」の5領域と「満3歳以上の園児の教育及び保育に関するねらい及び内容」の5領域（幼稚園と同様の内容）が存在するのです。

2歳児クラスの計画立案については、満3歳児の人数や子どもの姿をよく観察した上で、満3歳未満と満3歳以上の5領域を組み合わせて立案するとよいでしょう。

幼保連携型認定こども園
教育・保育要領では……

2歳 → 満3歳 →

満1歳以上満3歳未満の園児の保育に関するねらい及び内容（5領域）

満3歳以上の園児の教育及び保育に関するねらい及び内容（5領域）

2歳児クラスでは、2歳児が誕生日を迎えると満3歳児となります。要領では、満3歳を境にねらい及び内容（5領域）が変わります。

12

未満児保育の重要性

当たり前ですが、0歳の育ちが1歳の育ちを支え、1歳の育ちが2歳の育ちを支えて3歳の育ちへつながります。満3歳以降の学校教育は0・1・2歳児の豊かな育ちを土台にして成り立っています。言うまでもありませんが、満3歳になった途端に突然「学び」が発生するものではありません。0歳からの保育に向き合う保育教諭（保育者）の真摯な愛情が「学び」という「遊び」を十分に楽しめる環境を作り出し、その中で子どもは自ら人間の「生きる力」の基礎を獲得していきます。3歳未満児は自己表出がまだまだ未熟ですが、様々な能力を内在し外界からのよりよい刺激を望んでいます。保育教諭（保育者）との確かな愛着関係と信頼関係の下「未満児保育の重要性」を意識した保育が子どもの健やかな成長を育み、大人になっても社会生活の中で使い続ける大切な社会情動的スキルを獲得していきます。未満児保育に携わる保育教諭（保育者）の皆様に、本書が日々の保育の助けとなれば幸いです。

青森県 中居林こども園 理事長
椛沢幸苗

0〜3歳児の発達の姿

	おおむね 6か月ごろ	おおむね 1歳ごろ
運動機能	● 顔の向きを変える ● 把握反射をする ● 腹ばいになる ● 首がすわる ● 寝返りをうつ	● はいはいをする ● 親指と人さし指でつまむ ● 座ったまま両手を自由に使って遊ぶ ● つかまり立ちをする	● つたい歩きをする ● 破る、なぐりがきをする ● 一人歩きをする ● しゃがんだり立ったりする ● はいはいで階段を上る

| **言葉** | ● 泣き声で快・不快を伝える
● 喃語が出る | ● 喃語を反復する
● 簡単な言葉を理解する
● 指差しをする | ● 意味のある喃語を話す
● 一語文を話す
● 名前を呼ばれて返事をする |

| **人間関係** | ● 顔を見つめる
● 視線が合う
● 聞き覚えのある声に反応する | ● 名前を呼ばれると反応する
● 人見知りをする | ● 身近な人の遊びを模倣する
● 自己主張が強くなる
● 友達と手をつなぐ |

指導計画を立てる時に大切なのは、子どもの発達を理解することです。発達は、月齢や生育歴などで個人差があります。一人一人、どのように成長しているのかをしっかり捉えることが必要です。そして、やがてどのような姿に育っていくのか、という道筋が見えていることが重要になります。「運動機能」「言葉」「人間関係」の3つに分類していますが、その3つははっきり分かれるのではなく、お互いにかかわり合っています。指導計画を作成する時には、子どもの発達の全体像を知り、見通しを持ってクラスや個人の指導計画を作りましょう。

おおむね 1歳6か月ごろ

- コップからコップへ水をうつす
- シールを貼る、はがす
- 音楽に合わせて動く
- 積み木を積む

おおむね 2歳ごろ

- 容器のフタをひねって開ける
- 低い段差を飛び降りる
- ボールを投げる
- 積み木を並べる

おおむね 3歳ごろ

- リズムに合わせてお遊戯ができる
- ビーズに紐を通す
- 鉄棒にぶら下がる
- スムーズに走れる

- 言葉で欲求を伝える
- 二語文で話す
- 知っている物の名前を言える

- 三語文が話せる
- 盛んにおしゃべりをする
- 質問をする

- 自分の名字と名前が言える
- 数量が分かる
- 一人称、二人称が使える

- 簡単なあいさつをする
- 笑ったり泣いたりして感情を伝える
- 友達と同じ遊びをする

- 自己主張するイヤイヤ期
- 簡単なルールを守る
- 見立てやごっこ遊びをする

- 友達と遊ぶようになる
- 様々なことに興味を示し、質問が多くなる
- けんかをし、仲直りして思いやりを持てる

ばいばい

2 歳児の発達の姿

満2歳児の特徴　おおむね2歳ごろ

体の動き・遊び

- 運動機能がスムーズになり、走る、押す、引っぱる、投げる、運ぶ、積む、ぶら下がるなどができ、よく動き回れるようになる
- 指先も発達し、積み木を積むことや、本を上手にめくることができるようになる
- はさみで紙を切り、のりづけもできるようになる

生活習慣

- 基本的生活習慣（食事・排泄・睡眠・衛生・着脱）が、徐々に身に付いてくる
- 乳歯が生え揃うので、食事はほとんどのものが食べられるようになる

言葉

- 言葉も増え、
  二語文もかなり話せるようになる
- 目に触れるもの、
  聞くものについて積極的に質問し、
  納得できるまで聞くようになる

発達の特徴 など

- 象徴機能の発達により、
  ごっこ遊びを保育教諭（保育者）とすることができる
- 友達と遊んでも、自己主張が強く、
  けんかになることもある
- 社会性が育ってくるものの、
  まだ一人遊びが多い
- 自我意識や独占欲が強くなり、
  自分の周囲の人に対する愛情などが強くなる
- 周囲の未知のものに興味を示し、何でも試し、
  やってみたくなる

2 歳児の発達の姿

満**3**歳児の特徴　おおむね3歳ごろ

体の動き・遊び

- リズム感のある歌や遊戯を好む
- 運動機能の発達が盛んになる
- 保育教諭（保育者）の働きかけなどにより、経験したことをごっこ遊びとして行う

生活習慣

- 基本的生活習慣がほぼ身に付く
- 少量の数と量を認識できる

指針・要領には、発達の特徴を踏まえながら5領域「健康」「人間関係」「環境」「言葉」「表現」で示されています。子どもの発達は諸側面が密接に関連し合うものであるため、各領域のねらいは相互に結び付いているものであり、また内容は子どもの実際の生活と遊びにおいて総合的に展開されていきます。5つの領域にかかわる保育の内容は、乳児期の子どもの保育の内容の3つの視点と満3歳以上の子どもの教育・保育の内容における5つの領域と連続することを意識し、この時期の子どもにふさわしい生活や遊びの充実が重要です。著しい発達の見られる時期ですが、その進み具合や諸側面のバランスは個人差が大きく、家庭環境も含めて、生まれてからの生活体験もそれぞれ異なります。生活や遊びの中心が、大人との関係から子ども同士の関係へと次第に移っていく時期でもあり、子ども一人一人に応じた発達への援助が大切です。

言葉

- 言葉が通じるようになる
- いろいろな仕組みに興味を示し、質問が多くなる
- 多くの単語の組み合わせを用いて自分の意思を表現できるようになる

発達の特徴 など

- 友達を求め、一緒に遊びたがる
- 現実と空想のバランスが取れてくる

もくじ

年間指導計画

月間指導計画

・こども園の『教育・保育要領』では「保育教諭等」という表現を使っていますが、指導計画そのものが、保育教諭と園児とのかかわりを示しているので、本書では「保育教諭」と示しています。ただし、保育教諭以外の職員がかかわる場合もあります。
・本書では保育所の名称を、一般名称の「保育園」で表記しています。法律・保育要領に関しての説明内では保育所のまま掲載しています。
・3期制と4期制について
　小学校は3期制のところが多いこともあり、「小学校教育との接続・連携」に配慮し、こども園2歳児（満3歳）から3期制としました。
　0歳児・1歳児及び保育園2歳児は4期制としています。

年間指導計画の見方（保育園編）

以下は紙面内の見本（年間指導計画 保育園①）の内容です。

年間目標
- 保育者との安定したかかわりの中で、身の回りのことなど基本的な生活習慣を身に付ける ①
- 自分の好きな遊びを見つけて、保育者や友達とのやり取りを楽しむ
- 全身を使った遊びを通して、思い切り体を動かすことを楽しむ
- 絵本や季節の歌、詩を楽しむ中で、様々な言葉に触れていく
- 生活の中で身近にある様々な事象に触れ、興味・関心を持つ

〈 健康・食育・環境衛生・安全・災害 〉 ⑨
- 基本的な生活習慣を身に付ける
- 感染症予防のためにも家庭での毎朝の検温を呼びかけ、手洗い、うがい、室内の消毒を徹底する
- 地震や火事などを想定した避難訓練を実施し、避難の仕方を身に付ける

〈 一年間の教育・保育に対する自己評価 〉
- 「自分でやりたい」という気持ちを認め、見守りながら声をかけることで、身の回りのことに意欲的に取り組み、基本的な生活習慣が身に付けることができた ⑩
- 友達とのかかわりの中で相手の気持ちに気付いたり、自分の思いを伝えたりしながら、一緒に遊ぶことを楽しめるようになったりした

	1期 4月〜5月	2期 6月〜8月	3期 9月〜12月	4期 1月〜3月
園児の姿 ②	●新しい環境に戸惑いながらも、保育者や友達とかかわろうとする ●保育者に手伝ってもらいながら身の回りのことをする ●楽しい雰囲気の中で一緒に喜んで食べる	●一日の流れを理解し、意欲的に身の回りのことに取り組む ●友達の遊びに興味を示し、かかわって遊ぼうとする ●体の動きが安定し、行動範囲が広がる	●身体機能が発達し、走ったり跳んだりなどの全身を使った遊びを楽しむ ●友達とのかかわりを楽しみ、おしゃべりをするなどして一緒に過ごすようになる	●生活に必要な言葉が分かり、自分の要求や気持ちを伝える ●基本的な生活習慣が身に付いてくる ●保育者や友達とごっこ遊びをして楽しんだり、異年齢児とかかわって遊んだりする
ねらい ③	●新しい環境に慣れ、安心して過ごす ●生活の流れが分かり、手伝ってもらいながら身の回りのことをする ●身近な自然に触れ、感じたことや気付いたことを保育者に言葉やしぐさで伝える	●夏の自然の中で思い切り体を動かして遊ぶ ●保育者が仲介しながら、友達とかかわり一緒に遊ぶ楽しさを知る	●秋の自然に親しみ、興味・関心を持つ ●リズム遊びや運動遊びを楽しむ ●少しずつルールを理解し、気持ちを表現しながら活動を楽しむ ●秋の自然物に触れ、かく、貼るなどして、表現活動を楽しむ	●基本的な生活習慣が身に付き、進級への期待を持って生活する ●自然物を見たり触れたりして、冬の季節に親しむ ●体全体を使って運動遊びを楽しむ ●絵本などからイメージを膨らませ、なりきり遊びを楽しむ
養護（生命の保持・情緒の安定） ④	●保育者が優しく寄り添い、少しずつ雰囲気に慣れて生活ができるようにする ●簡単な身の回りのことが自分でできるよう促す ●自分でスプーンなどを使い、よく噛んで食べられるように声をかける	●体調に配慮しながら、体を十分に動かして夏の遊びを楽しみ、体力をつける ●汗をかいたら拭いたり、シャワーで流したりして、清潔に過ごせるようにする ●簡単な衣服の着脱を一人でできるよう、着脱の仕方を伝え、援助する	●衣服の着脱など、身の回りのことを自分でしようとする姿を見守り、優しく声をかけるなどして認める ●順番を守ることや玩具の貸し借りなど、集団生活で必要なきまりがあることを知り、守られるように伝えていく	●一人一人の発達に応じて基本的な生活習慣が身に付くよう、見守ったり、声をかけたりして、取り組む姿を認める ●健康状態を把握し、手洗い、うがいを行って健康に過ごせるようにする ●食事のマナーを知り、保育者や友達と楽しく食べる
教育（5領域） ⑤	●生活リズムを整え、安定した生活を送れるようにする ●一人遊びを楽しみながらも、友達とかかわって遊ぶことも楽しむ ●友達や保育者の名前を遊びを通して生活に必要な言葉を身に付けていく ●歌やリズム遊びを通して、体を使って表現することを楽しむ ●戸外遊びや散歩などを通して、身近な自然の発見や気付きを保育者に伝える	●氷で色水に触れるなど、夏ならではの遊びを楽しむ ●友達とかかわりながら、自分の気持ちを言葉にして伝える ●元気よく歌をうたったり、楽器を使って簡単なリズム遊びをしたりして楽しむ	●戸外から戻った時や排泄後に、手洗い、うがいを行う ●行事を通して友達や保育者と一緒に触れ合って楽しむ ●秋の自然物に触れ、色や形、感触などを感じながら、かいたり、貼ったりして、表現活動を楽しむ ●友達や保育者とごっこ遊びを楽しむ	●保育者や友達と、全身を使った遊びや簡単なルールのある集団遊びを楽しむ ●興味のある物や自然物など、自由にかいて表現することを楽しむ ●見たり聞いたり感じたりしたことを自分の言葉で伝えることや、会話することの楽しさを知る ●絵本を通してイメージを膨らませ、登場人物になりきって遊ぶことを楽しむ ●異年齢児とかかわって遊ぶことを楽しむ
環境構成・援助・配慮 ⑥	■友達と一緒に夢中になって遊べるよう、玩具は十分な数や種類を用意する ■季節に合わせた絵本を用意し、身近な自然への興味につながるようにする ■日々同じ流れの中で落ち着いて過ごせるように室内は整理整頓しておく ★玩具は、自分から遊びたいという意欲につながるよう、置く場所や声かけを工夫する ★子どもが草花や虫を見つけた時の気付きや驚きに共感する ★生活習慣を身に付けられるよう、一人一人に応じた援助や声かけをする	■戸外活動は気温や天気を考慮して、遊ぶ時間を設定する ■グループに分かれるなど、それぞれが楽しく遊べる環境を設定する ★水分補給をこまめに行い、体調に配慮する ■適切な室温、湿度を保てるようにし、熱中症計を使用して安全に戸外遊びを行う ■保育者が遊びの輪に入り、お互いの気持ちを代弁するなどして、友達の思いに気付き、気持ちが通い合ううれしさを感じられるようにする	■自然観察の中で、秋から冬への季節の変化に気付くようにする ■様々な素材を用意し、自分で選びながら製作することの楽しさを感じられるようにする ★体調を崩すことも予想されるので、衣服の調節や体調管理に気を付ける ★思ったことや感じたことに共感し、自分で表現してみようとする姿を認め、製作する楽しさを味わえるようにする	■換気、湿度、温度調整に十分注意し、感染症予防に努める ■進級に向け、身の回りのことを自分でできるよう促し、異年齢児とかかわる機会を設ける ★手洗い、うがいがしっかりできるよう声をかけ、健康を保てるようにする ★一人一人の発達を把握し、それぞれの成長を認め、進級する喜びを感じられるようにする
子育ての支援（保護者支援） ⑦	●送迎時や個人面談を通して園児の様子を伝え、家庭との連携を密にすることで、共に子育てをするという思いを共有する	●シャワーの準備のお願いや、シャワーを行うにあたっての健康状態を確認する ●夏の時期の感染症や体調管理について伝える	●流行している感染症をその都度知らせ、園児の体調の変化を伝え合う ●薄着の大切さを伝え、着脱しやすい衣服の準備をお願いする	●感染症について知らせ、園児の体調を共有する ●一年間の発達や成長の様子を知らせ、共に喜び合う ●進級に向けて準備する物などを伝える
行事 ⑧	入園・進級式、個人面談、身体測定、避難訓練、歯科検診、保育参観	誕生会、身体測定、避難訓練、保育参観、七夕、夏祭り、内科健診	誕生会、身体測定、避難訓練、お月見会、運動会予行練習、秋祭り（運動会）、バザー、クリスマス会、保育参観、大掃除、内科健診	誕生会、身体測定、避難訓練、豆まき、ひな祭り、発表会、お料理教室、お別れ食事会、卒園式

年間計画：4月 / 5月 / 6月 / 7月 / 8月 / 9月 / 10月 / 11月 / 12月 / 1月 / 2月 / 3月

---

① 年間目標
園の方針をもとに、一年間を通して園児の成長と発達を見通した全体的な目標を記載しています。

② 園児の姿
4期に分けて、予想される園児の発達状態や、園での様子を記載しています。保育者が設定した環境の中で、園児がどのように遊びや活動にかかわるのかを予測して取り上げています。

③ ねらい
「年間目標」を具体化したもの。「園児の姿」をもとに、保育者の援助によって園児が身に付けることを望まれる、心情、意欲、態度などを記載しています。

④ 養護（生命の保持・情緒の安定）
⑤ 教育（5領域）
「ねらい」を達成するためにどのような保育を展開するかを、子どもが身に付けることが望まれる心情、意欲、態度など（教育）と、そのために保育者が行うことが望まれる援助（養護）の視点に分けて記載しています。

⑥ 環境構成・援助・配慮
「ねらい」を達成するために、子どもの活動を行う際、どのような環境を設定したらよいか、また、どのような援助や配慮が必要かを記載しています。

⑦ 子育ての支援（保護者支援）
園から家庭へ、子どもの様子について伝えるとともに、園と家庭とで連係して進めたい事柄について記載しています。

⑧ 行事
入園式や始業式、運動会など園全体で行うものや、誕生会などクラス単位で行うものなどを記載しています。

⑨ 健康・食育・環境衛生・安全・災害
子どもが健やかな生活を送るための、日々の健康観察や、災害発生時などの安全を確保するための対策、食に関する活動内容や環境設定、配慮事項などを取り上げています。

⑩ 一年間の教育・保育に対する自己評価
一年間を振り返って、指導計画をもとに行った教育・保育の内容や指導方法が、園児の発達段階や状況に対して適切であったかどうか、設定していた「ねらい」を達成できたか、また、不足していた点や改善点について記載しています。この項目は、年度の終わりに記入します。

年間指導計画の見方 (こども園編)

年間指導計画 こども園 [満3歳児含む] ①

年間目標（学年の重点）
- 簡単な生活リズムを身に付ける
- 友達とかかわる中で、きまりやルールがあることを知る
- 物の性質や仕組みに気付く
- 保育教諭とのかかわりや遊びの中で必要な言葉が分かり、話す
- 保育教諭や友達と一緒にごっこ遊びや模倣遊びを楽しみ、イメージを豊かにする

	1期 4月〜7月	2期 8月〜12月	3期 1月〜3月	〈健康・食育・環境衛生・安全・災害〉
園児の姿	●新しい環境に喜んだり、不安を感じたりする ●保育教諭と一緒に好きな遊びを楽しむ ●保育教諭に援助され、身の回りのことをする ●集団遊びや全身を使った遊びを楽しむ	●季節ならではの遊びを楽しむ ●見たことや思ったことを自分なりの言葉で伝えようとする ●紙芝居や絵本の物語の内容を理解し、楽しむ	●動きが活発になり、体を動かすことを楽しむ ●身の回りのことでできることが増え、自信が付く ●保育教諭や友達と会話を楽しむ ●進級することに期待を持つ	●基本的な生活習慣を身に付け、生活のリズムが整う ●様々な食材を味わい、適度な運動で健康的に過ごす ●安全教室や日々の散歩などを通して交通ルールを知る ●予想される様々な災害や事故を想定した避難訓練を実施し、避難の仕方を身に付ける
ねらい	●新しい環境に慣れ、安心して過ごす ●生活の流れが分かり、身の回りのことを手伝ってもらいながら自分でしようとする ●保育教諭と一緒に好きな遊びを見つけて楽しむ	●走る、跳ぶ、くぐるなどの運動遊びやリズム遊びを楽しむ ●保育教諭や友達と夏の遊びを楽しみ、開放感を味わう ●遊びの中できまりやルールがあることを知り、守ろうとする ●身近な環境の中から形や色、感触などに興味を持つ	●園児の発達の過程に応じて、適切な運動と休息を取ることができるようにする ●食事や排泄、睡眠、着脱、身の回りを清潔にすることなどを意欲的にできるよう、適切に援助する	〈一年間の教育・保育に対する自己評価〉 ●個人差に配慮して援助の仕方を工夫したことで、基本的な生活習慣に自ら取り組むことができるようになった ●様々な遊びを通して保育教諭とのかかわりを深めたことで、でのやり取りを楽しめるようになった ●身近な自然に多く触れたことで、様々な物事への興味・関心につなげることができた
養護（生命の保持・情緒の安定）	●家庭との連携を密にし、疾病や事故防止に関する認識を深める ●健康的で安全な環境と〜の向上に努める	●清潔で安全な環境を整え、適切な援助や応答的なかかわりを通して、生理的欲求を満たす ●家庭と協力しながら、園児の発達の過程に応じた適切な生活リズムを作る		
教育的時間の内容	●楽しい雰囲気の中で食事を楽しむ ●生活の流れを覚え、安心して過ごす ●気の合う友達と同じ〜するようになる ●友達や保育教諭との〜言葉のやり取りを楽しむ ●絵本や紙芝居などの読み聞かせを楽しむ ●体操やかけっこをし、体を動かすことを楽しむ	●水遊びなど、季節ならではの遊びを通して自然に関心を持つ ●旬の食材に興味を持つ ●戸外へ散歩に行き、秋の自然物に触れて楽しむ ●音楽に親しみ、リズムに合わせて踊る ●簡単な製作を楽しむ中で、色や形に興味を持つ	●簡単なルールのある遊びや数を数える遊びを楽しむ ●異年齢児の朝の会に参加したり、3歳児クラスで過ごしたりして期待を高める ●雪遊びを楽しむ ●様々な素材を使い、伸び伸びと表現する	
教育的時間を除いた時間の内容	●不安な気持ちを受け止めてもらい、安心して過ごす ●生活の流れを覚え、安心して過ごす ●着脱やトイレの〜、身の回りのことを保育教諭に援助されながら〜生活習慣を身に付ける ●食事の挨拶や苦手な物も食べようとするなど、食事の習慣を身に付けていく	●異年齢児に関心を持ち、かかわろうとする ●生活の中で必要なきまりがあることを知り、保育教諭に促され、遊びの際などに「入れて」と言葉で伝えようとする ●保育教諭が見守る中、簡単な衣服は自分で着脱しようとする	●友達や保育教諭と一緒に、簡単なルールを守りながら集団遊びを楽しむ ●食器を持ち、箸を使って食事を楽しもうとする ●保育教諭に尿意を伝え、トイレで排泄をしようとする	
環境構成・援助・配慮	■個人の場所が分かりやすいよう、机やロッカーに写真を貼る ■毎日同じ流れで生活できるよう、必要な物を準備し、環境を整える ★一人一人の不安や甘え〜を受け止め、安心して過ごせるようにする ★生活習慣は個人差を踏まえて対応する	■季節の変化に合わせて衣服の調節を促したり、室温を調整したりして、快適に過ごせるようにする ★友達と同じ遊びを共有るなどして、友達の存在を感じることで、かかわりを増やす	■進級に期待と安心感を持てるよう、3歳児クラスと連携を取り、交流の機会を作る ★雪遊びや冬の事象に触れることで、自然の不思議さに気付いたり関心を持ったりできるようにする ★できた時は十分にほめ、意欲が高まるようにする	
子育ての支援（保護者支援）	●子育てに対する不安や戸惑いなどを受け止め、園での子どもの様子を伝え、〜が安心できるようにする ●2歳児の発達過程を〜から見通しが立つようにするとともに、個人差があることを伝える ●感染症の情報は速やかに共有し、予防に協力してもらう	●自分でやろうとする気持ちを大切にし、着脱しやすい衣服や使いやすい持ち物を用意してもらい、意欲を持って身の回りのことを自分でできるようにする	●進級に向けての不安や心配が解消できるよう、個別面談などで一人一人の成長した様子を伝え、次のステップへ進めるように丁寧な対応を取り、連携を図る	
行事	始業式、入園式、5歳児個人〜、身体測定、内科検診、歯科検診、誕生会、新入園児個人面談〜、尿検査クラス懇談会、虫歯予防教室、消防観閲式、避難訓練、総合避難訓練①	運動会、身体測定、誕生会、プール開き、安全教室、避難訓練、夏祭り、不審者対応訓練、お誕生児気象室、参観日、遠足、給食試食会、内科検診、歯科検診、総合避難訓練②、秋の火災予防運動、勤労感謝訪問、遊戯会、クリスマス会	身体測定、安全教室、誕生会、5歳児個人面談、避難訓練、入園申込締め切り、作品展、豆まき会、0〜4歳児無個別面談、不審者対応訓練、クラス写真撮影、入園説明会、卒園児を送る会、周年記念式典、卒園式、大掃除、修了式	

年間計画: 4月 5月 6月 7月 8月 9月 10月 11月 12月 1月 2月 3月

---

❶ 年間目標（学年の重点）
園の方針をもとに、一年間を通して子どもの成長と発達を見通した全体の目標を記載します。

❷ 園児の姿
3期に分けて、予想される園児の発達状態や、園での様子を記載しています。保育教諭が設定した環境の中で、園児がどのように遊びや活動にかかわるのかを予測して取り上げています。

❸ ねらい
「年間目標」を具体化したもので、「教育的時間」「教育的時間を除いた時間」の両方に共通するねらいです。「園児の姿」をもとに、保育教諭の援助によって園児が身に付けることを望まれる、心情、意欲、態度などを記載しています。

❹ 養護（生命の保持・情緒の安定）
「ねらい」を達成するために、どのような保育を展開するかを、保育教諭が行うことが望まれる援助の視点で記載しています。

❺ 教育的時間の内容
すべての園児が教育・保育を受ける「教育的時間」内の園児の活動について、5領域（健康・人間関係・環境・言葉・表現）を意識して記載しています。

❻ 教育的時間を除いた時間の内容
教育的時間以外の朝や帰りの時間など、比較的ゆとりを持って、柔軟性のある保育ができる時間の園児の活動について記載しています。5領域よりも、養護を中心とした保育を意識しています。異年齢児保育の活動も含みます。

❼ 環境構成・援助・配慮
「ねらい」を達成するために、「教育的時間」「教育的時間を除いた時間」内にどのような環境を設定したらよいか、また、どのような援助や配慮が必要かを記載しています。

❽ 子育ての支援（保護者支援）
保護者に伝えるべきことや、園と家庭で連携して進めたい事柄について記載しています。また、園に通っていない地域の親子への支援についても記載しています。

❾ 行事
入園式や始業式、運動会など園全体で行うものや、誕生会などクラス単位で行うものなどを記載しています。

❿ 健康・食育・環境衛生・安全・災害
子どもが健やかな生活を送るための、日々の健康観察や、災害発生時などの安全を確保するための対策、食に関する活動内容や環境設定、配慮事項などを取り上げています。

⓫ 一年間の教育・保育に対する自己評価
一年間を振り返って、指導計画をもとに行った教育・保育の内容や指導方法が、園児の発達段階や状況に対して適切であったかどうか、設定していた「ねらい」を達成できたか、また、不足していた点や改善点について記載しています。この項目は、年度の終わりに記入します。

年間指導計画 保育園①

年間目標

- 保育者との安定したかかわりの中で、身の回りのことなど基本的な生活習慣を身に付ける
- 自分の好きな遊びを見つけて、保育者や友達とのやり取りを楽しむ
- 全身を使った遊びを通して、自分から体を動かすことを楽しむ
- 絵本や季節の歌、詩を楽しむ中で、様々な言葉に触れていく
- 生活の中で身近にある様々な事象に触れ、興味・関心を持つ

	1期 4月～5月	2期 6月～8月
園児の姿	●新しい環境に戸惑いながらも、保育者や友達とかかわろうとする ●保育者に手伝ってもらいながら身の回りのことをする ●楽しい雰囲気の中で一緒に喜んで食べる	●一日の流れを理解し、意欲的に身の回りのことに取り組む ●友達の遊びに興味を示し、かかわって遊ぼうとする ●体の動きが安定し、行動範囲が広がる
ねらい	●新しい環境に慣れ、安心して過ごす ●生活の流れが分かり、手伝ってもらいながら身の回りのことをする ●身近な自然に触れ、感じたことや気付いたことを保育者に言葉やしぐさで伝える	●夏の自然の中で思いきり体を動かして遊ぶ ●保育者が仲介しながら、友達とかかわり一緒に遊ぶ楽しさを知る
養護（生命の保持・情緒の安定）	●保育者が優しく寄り添い、少しずつ雰囲気に慣れて生活ができるようにする ●簡単な身の回りのことを自分でできるよう促す ●自分でスプーンなどを持ち、よく噛んで食べられるように声をかける	●体調に配慮しながら、体を十分に動かして夏の遊びを楽しみ、体力をつける ●汗をかいたら拭いたり、シャワーで流したりして、清潔に過ごせるようにする ●簡単な衣服の着脱を一人でできるよう、着脱の仕方を伝え、援助する
教育（健康・人間関係・環境・言葉・表現）	●生活リズムを整え、安定した生活を送れるようにする ●一人遊びを楽しみながらも、友達とかかわって遊ぶことも楽しむ ●友達や保育者の名前を覚え、遊びを通して生活に必要な言葉を身に付けていく ●歌やリズム遊びを通して、体を使って表現することを楽しむ ●戸外遊びや散歩などを通して、身近な自然の発見や気付きなどを保育者に伝える	●氷や色水に触れるなど、夏ならではの遊びを楽しむ ●友達とかかわりながら、自分の気持ちを言葉にして伝える ●元気よく歌をうたったり、楽器を使って簡単なリズム遊びをしたりして楽しむ
★援助・配慮 ■環境構成	■友達と一緒に夢中になって遊べるよう、玩具は十分な数や種類を用意する ■季節に合わせた絵本を用意し、身近な自然への興味につながるようにする ■日々同じ流れの中で生活できるように室内は整理整頓しておく ★玩具は、自分から遊びたいという意欲につながるよう、置く場所や声かけを工夫する ★子どもが草花や虫を見つけた時の気付きや驚きに共感する ★生活習慣を身に付けられるよう、一人一人に応じた援助や声かけをする	■戸外活動は気温や天気を考慮して、遊ぶ時間を設定する ■グループに分かれるなど、それぞれが楽しく遊べる環境を設定する ★水分補給をこまめに行い、体調に配慮する ★適切な室温、湿度を保てるようにし、熱中症計を使用して安全に戸外遊びを行う ★保育者が遊びの輪に入り、お互いの気持ちを代弁するなどして、友達の思いに気付き、気持ちが通じ合ううれしさを感じられるようにする
子育ての支援（保護者支援）	●送迎時や個人面談を通して園児の様子を伝え、家庭との連携を密にすることで、共に子育てをするという思いを共有する	●シャワーの準備のお願いや、シャワーを行うにあたっての健康状態を確認する ●夏の時期の感染症や体調管理について伝える
行事	入園・進級式、個人面談、誕生会、身体測定、避難訓練、歯科検診、保育参観	誕生会、身体測定、避難訓練、保育参観、七夕、夏祭り、内科健診

24

❬ 健康・食育・環境衛生・安全・災害 ❭

- 基本的な生活習慣を身に付ける
- 感染症予防のためにも家庭での毎朝の検温を呼びかけ、手洗い、うがい、玩具の消毒を徹底する
- 地震や火事などを想定して避難訓練を実施し、避難の仕方を身に付ける

❬ 一年間の教育・保育に対する自己評価 ❭

- 「自分でやりたい」という気持ちを認め、見守りながら声をかけることで、身の回りのことに意欲的に取り組み、基本的な生活習慣を身に付けることができた
- 友達とのかかわりの中で、相手の気持ちに気付いたり、自分の思いを伝えたりしながら、一緒に遊ぶことを楽しめるようになった

年間計画

4月 / 5月 / 6月 / 7月 / 8月 / 9月 / 10月 / 11月 / 12月 / 1月 / 2月 / 3月

3期　9月～12月	4期　1月～3月
●身体機能が発達し、走ったり跳んだりなどの全身を使った遊びを楽しむ ●友達とのかかわりを楽しみ、おしゃべりをするなどして一緒に過ごすようになる	●生活に必要な言葉が分かり、自分の要求や気持ちを伝える ●基本的生活習慣が身に付いてくる ●保育者や友達とごっこ遊びをして楽しんだり、異年齢児とかかわって遊んだりする
●秋の自然に親しみ、興味・関心を持つ ●リズム遊びや運動遊びを楽しむ ●少しずつルールを理解し、気持ちを表現しながら活動を楽しむ ●秋の自然物に触れ、かく、貼るなどして、表現活動を楽しむ	●基本的生活習慣が身に付き、進級への期待を持って生活する ●自然物を見たり触れたりして、冬の季節に親しむ ●体全体を使って運動遊びを楽しむ ●絵本などからイメージを膨らませ、なりきり遊びを楽しむ
●衣服の着脱など、身の回りのことを自分でしようとする姿を見守り、優しく声をかけるなどして認める ●順番を守ることや玩具の貸し借りなど、集団生活で必要なきまりがあることを知り、守れるように伝えていく	●一人一人の発達に応じて基本的生活習慣が身に付くよう、見守ったり、声をかけたりして、取り組む姿を認める ●健康状態を把握し、手洗い、うがいなどを行って健康に過ごせるようにする ●食事のマナーを知り、保育者や友達と楽しく食べる
●戸外から戻った時や排泄後に、手洗い、うがいを行う ●行事を通して友達や保育者と一緒に触れ合って楽しむ ●秋の自然物に触れ、色や形、感触などを感じながら、かいたり、貼ったりして、表現活動を楽しむ ●友達や保育者とごっこ遊びを楽しむ	●保育者や友達と、全身を使った遊びや簡単なルールのある集団遊びを楽しむ ●興味のある物や自然物など、自由にかいて表現することを楽しむ ●見たり聞いたり感じたりしたことを自分の言葉で伝えることや、会話することの楽しさを知る ●絵本を通してイメージを膨らませ、登場人物になりきって遊ぶことを楽しむ ●異年齢児とかかわって遊ぶことを楽しむ
■自然観察の中で、秋から冬への季節の変化に気付くようにする ■様々な素材を用意し、自分で選びながら製作することの楽しさを感じられるようにする ★体調を崩すことも予想されるので、衣服の調節や体調管理に気を付ける ★思ったことや感じたことに共感し、自分で表現してみようとする姿を認め、製作する楽しさを味わえるようにする	■換気、湿度、温度調整に十分注意し、感染症予防に努める ■進級に向け、身の回りのことを自分でできるよう促し、異年齢児とかかわる機会を設ける ★手洗い、うがいがしっかりできるよう声をかけ、健康を保てるようにする ★一人一人の発達を把握し、それぞれの成長を認め、進級する喜びを感じられるようにする
●流行している感染症をその都度知らせ、園児の体調の変化を伝え合う ●薄着の大切さを伝え、着脱しやすい衣服の準備をお願いする	●感染症について知らせ、園児の体調を共有する ●一年間の発達や成長の様子を知らせ、共に喜び合う ●進級に向けて準備する物などを伝える
誕生会、身体測定、避難訓練、お月見会、運動会予行練習、秋祭り（運動会）、バザー、クリスマス会、保育参観、大掃除、内科健診	誕生会、身体測定、避難訓練、豆まき、ひな祭り、発表会、お料理教室、お別れ食事会、卒園式

年間目標

- 保育者との安定したかかわりを通して、基本的生活習慣を身に付ける
- 屋内外の遊びや遊具を通して、運動機能の発達を図る
- 保育者や友達とのつながりを通して人間関係の基礎を培う
- 身の回りの自然事象などに目を向け、関心を持つ
- 他児とかかわりながら、言葉のやり取りやいろいろな素材を用いて表現することを楽しむ

	1期 4月～5月	2期 6月～8月
園児の姿	●新しい環境に戸惑いながらも、保育者や友達と一緒に好きな遊びを見つけ、かかわりを持とうとする ●保育者の手助けの下、自分の持ち物などが分かり、身の回りのことを意欲的に行おうとする	●生活リズムが整い、一日の流れを理解して意欲的に身の回りのことに取り組む ●友達に興味を持ち、一緒に遊ぼうとするがトラブルもある ●体の動きが安定し、探索行動の範囲や種類が広がる
ねらい	●新しい環境や保育者、友達に慣れ、安心して過ごす ●一日の生活の流れが分かり、援助をしてもらいながら身の回りのことを自分でしてみようとする ●思ったことや感じたことを言葉やしぐさで伝える	●季節ならではの遊びや身近な事象に興味・関心を持ち、様々な遊びや素材に触れ、開放感を味わう ●遊びの中でルールがあることを知る ●保育者や友達と言葉でのやり取りを通して語彙を獲得する
養護（生命の保持・情緒の安定）	●保育者の援助の下、生活リズムを身に付け、健康に過ごせるようにする ●保育者に自我や欲求などの気持ちを受け止めてもらうことで、自分の気持ちを表現できるようにする ●絵本や紙芝居の読み聞かせを通して、安定した時間を過ごせるようにする	●静と動の活動のバランスを取り、快適に過ごせるよう環境を整える ●身の回りのことを自分でしようとする意欲を認め、援助することで、一人でできることが増えるようにする ●相手の気持ちに気付けるよう保育者が働きかける
教育（健康・人間関係・環境・言葉・表現）	●体を十分に動かし、様々な動きを楽しむ ●一人遊びを楽しみ、友達にも興味を持ちかかわろうとする ●新しい靴箱など自分の持ち物の場所を知り、友達の物との区別がつく ●応答的なかかわりにより言葉を獲得し、自ら使おうとする ●歌やリズム遊びなどを通して自分なりに表現することを楽しむ	●水分や休息を十分に取り、全身を使って遊ぶことを楽しむ ●遊ぶ中で、きまりやルールがあることを少しずつ知る ●生活の中で、形、色、大きさなどに興味を持つ ●友達や保育者とかかわりながら、言葉でのやり取りを楽しむ ●様々な素材に触れて遊ぶ中でイメージを豊かにする
★環境構成・■援助・配慮	■衛生的に安心して過ごせる環境を整える。また、整理整頓を心がけ、園児が戸惑わないようにする ■遊びが十分に楽しめるよう、玩具やスペースを用意する ★一人一人の発達段階を把握し、個々に応じたこまやかな対応を心がける ★ゆったりとした雰囲気作りを心がけ、園児とのスキンシップを十分に図り、信頼関係を築いていく	■一人一人の健康状態の把握に努め、水分補給や日陰の確保など、脱水症状や熱中症対策を行う ■様々な事象に興味を持てるよう素材を提供し、かかわる中で発見やアクティブな活動ができるよう環境を整える ★保育者が遊びに入ることで、互いの気持ちを代弁したり、園児の内面的な変化を感じ取ったり読み取ったりすることで、活動がより充実するよう援助する ★一人一人観察を十分に行い、体調の変化に留意し、快適に過ごせるよう配慮する
子育ての支援（保護者支援）	●送迎時や連絡帳などで連絡を密にし、信頼関係を築く ●フォトフレームやクラスだよりを通して生活や遊びの様子を伝える。通年で保育者体験を実施し園児の育ちを共有することで、子育てを楽しめるようにする	●体調の変化を確認し合うことで連携を深める。感染症についての注意喚起や健康に過ごすための情報を発信する ●行事への参加を促し、保護者同士の交流を図る場を設ける ●保護者会を通して成長過程や発達を知らせる
行事	新入・進級お祝い会、こどもの日のお祝い会、内科健診、避難訓練、身体測定、誕生会、衛生チェック、郷土料理の日、絵本給食（絵本おやつ）	歯科検診、保護者会、プール開き、笹飾り、七夕会、サマーフェスタ、スイカ割り大会、引き渡し訓練、身体測定、誕生会、衛生チェック、郷土料理の日、絵本給食（絵本おやつ）

健康・食育・環境衛生・安全・災害

- 手洗い・うがいをしっかりと行い、感染症予防に努める
- 三色板活動を通しバランスよく食べることの大切さを知り、食材への興味・関心を持つ
- 様々な災害を想定して避難訓練を実施し、避難の仕方を身に付ける

一年間の教育・保育に対する自己評価

- 「自分でやりたい」という思いを受容して見守り、必要に応じて援助することで、基本的生活習慣を身に付けられた。園児との対話を大切にし、他者とかかわることの楽しさやうれしさ、難しさを伝えることで、言葉でのやり取りを楽しみ、ごっこ遊びなどに発展する姿につなげられた。活動への継続性を持たせたことで、好きな遊びを継続的に行う姿が見られた

3期 9月～12月	4期 1月～3月
● 基本的な運動機能が発達しはじめ、自分の体を思うように動かすことを楽しむ ● 基本的生活習慣を身に付け、衣類の着脱や排泄などに自ら取り組む ● 友達とのかかわりが深まり、会話や遊びが広がる	● 基本的生活習慣が身に付きはじめ、進級に向けて身の回りのことでできることが増えてきて、物事に自信を持って取り組む ● 生活の見通しがつき、保育者の声かけで行動しようとする。自分の要求や欲求を言葉で伝える
● 簡単なルールを理解しながら、友達とのかかわりや自分を表現することを楽しむ ● 自然の変化に親しみを持ち、五感を使って感じる ● 簡単なリズム遊びや運動遊びなどの身体表現活動を楽しむ	● 進級への憧れや期待を持ち、自信を持って身の回りのことや遊びに取り組む ● 相手にも思いがあることを知り、かかわりを深める ● 食事のマナーを知り、保育者や友達と楽しく食べる
● 簡単な衣服の着脱や排泄など、身の回りのことを進んで行う姿を受容し、自信を付けられるようにする ● 季節の食材を知り、進んで食べられるようにする ● 生活や遊びの中に順番やルールがあることを知らせる	● 身の回りのことに取り組む姿勢を受容し、基本的習慣を身に付け、自信を持ってできるようにする ● 応答的なかかわりを通して、自己表現できるようにする ● 自分の気持ちを相手に伝えること、相手の気持ちに気付くことの大切さを伝える
● 走る、跳ぶ、登る、押すなど全身を使った運動遊びを楽しむ ● 生活や遊びの中で異年齢児や保育者のまねをしたり、ごっこ遊びや見立て遊びの中で、言葉のやり取りを楽しむ ● 身近な自然に親しみを持ち、季節の移り変わりを感じる。身の回りの事象にかかわる中で、自分なりに表現することを楽しむ	● 室内外で体を動かして遊ぶことを楽しみ、健康に過ごす ● 簡単なルールのある遊びやごっこ遊びを通して、友達とかかわりを深める ● 自分の思いなど、言葉による伝え合いをする ● 絵本や生活の中でのイメージを友達と共有し、表現することを楽しむ
■ 身近な自然事象に触れ合えるよう、戸外を探索し、発見や気付きを楽しめる環境を整える ■ 友達と一緒に体を動かして遊ぶ機会を作り、自らやりたいと思えるものに出合えるようにする ★ 体調を崩しやすい時期のため、健康状態の観察を十分に行うとともに職員同士連携を図り、適切に対応できるようにする ★ 日々の活動の中で園児の姿を読み取ることで、達成感や経験を積み重ね、自発的に活動できるよう援助していく	■ 進級に向けて生活リズムを整え、異年齢児との交流の機会を大切にし、進級への期待が持てるようにする ■ 絵本や生活の中の出来事などのイメージを共有しごっこ遊びへと展開できるよう、遊びに応じた素材や場所を用意する ★ 手洗い、うがい（ガラガラうがい、ブクブクうがい）がしっかりとできるよう声をかけ、健康を保てるよう配慮する ★ 友達とのかかわりが深まる一方でトラブルにもなりやすいので、自己主張を受け止めつつ相手の思いにも気付けるよう援助する
● 様々な行事や活動で園児の成長した姿を見てもらう。個人面談を通して日々の様子を共有し、自分でやろうとしている姿を伝え、着脱しやすい衣服の準備をお願いする ● 体調を崩しやすい時期なので、日々の体調を確認し合う	● 保育参観型保護者会を通して一年の成長、発達の様子を知らせ、共に喜び共感し、次年度へつなげていく ● 進級への不安や子育ての悩みには気持ちに寄り添いながら丁寧に対応し、安心して進級を迎えられるようサポートする
引き渡し訓練、秋季健康診断、運動会、手洗い指導、ごっこ遊び、年末お楽しみ会、身体測定、誕生会、衛生チェック、郷土料理の日、絵本給食（絵本おやつ）	新年お楽しみ会、節分、保育参観型保護者会、ミニコンサート、ひな祭り、身体測定、誕生会、衛生チェック、郷土料理の日、絵本給食（絵本おやつ）

年間目標

- 保育者や友達とのかかわりを深め、欲求や思いを受け止めてもらいながら、新しい環境に徐々に慣れ、安定して過ごす
- 行事や遊びを通して集団で行動し、助け合いながら物事を進める
- 生活に必要な基本的な習慣が身に付き、排泄、着脱、食事などに自信を持って進んで取り組む
- 自分の意思や欲求を言葉で表し、表現活動の芽生えを養う

		1期 4月〜5月	**2期** 6月〜8月
園児の姿		●新しい環境に緊張しながらも、徐々に保育者や友達とかかわり、安心して過ごすようになる ●歌や手遊びを楽しみ、歌ったり動きを模倣したりする	●園生活のリズムが整い、進んで行動する ●折り紙や粘土などの指先を使う製作を楽しみ、自分なりの表現をする
ねらい		●保育者や友達とのかかわりを深め、欲求や思いを受け止めてもらいながら、新しい環境に慣れ、安定して過ごす ●援助されながら、身の回りのことを意欲的に行う ●活動や遊びの中で様々なことに気付き、関心を広げる	●規則正しい生活リズムで過ごしながら、清潔で安全な環境の中で伸び伸びと遊ぶ ●衣服の調節や水分補給を行い、気持ちよく過ごす ●興味・関心を持ちながら、夏ならではの遊びを楽しむ
養護（生命の保持・情緒の安定）		●自分でできることは自分で行うよう促し、できたという喜びや自信につなげていく ●保健環境に十分に留意し、快適に生活できるようにしていく	●安心できる環境の中で十分に睡眠を取れるようにする ●汗をかいた際は着替えや水分補給を行い、活動や休息のバランスを取って心身の疲れを和らげるようにする ●様々な体験を通して、感性を豊かにしていく
教育（健康・環境・人間関係・言葉・表現）		●遊具や運動遊びで伸び伸びと体を動かして遊ぶ ●身近な人に関心を持って信頼関係を築き、遊びを楽しむ ●自分の荷物や靴、絵本や遊具の場所が分かり、自分で片付けようとする ●簡単なごっこ遊びをする中で、言葉のやり取りを楽しむ ●季節の歌をうたったり手遊びをしたりして楽しむ	●楽しい雰囲気の中、自分で意欲的に食べようとする ●椅子に座り、友達と会話を楽しみながら食事を楽しむ ●簡単な手伝いを喜んでする ●交流保育の中で、異年齢児をまねたり、一緒に遊んだりして年上の友達とのかかわりを楽しむ ●色や形への興味が広がり、様々な用具や素材に触れ、製作に取り入れて楽しむ
★援助・配慮 ■環境構成		■落ち着いて食事ができるよう、ゆったりとした雰囲気を作る ★食事に必要な生活習慣やマナーを知らせ、身に付くよう声をかけていく ★スキンシップを取りながら信頼関係を築き、一人一人の生活リズムに配慮することで、徐々に園生活を安定させていくようにする	■温度や湿度を管理して室内環境を整え、適切に水分補給を行い、食事もしっかり取ることで、健康的に過ごせるようにする ■プール遊びや水遊びなど、水を用いた遊びは約束事を知らせ、安全面に十分配慮して行う ★異年齢児とのかかわりを通して、憧れや思いやりの心を育てていけるようにする
子育ての支援（保護者支援）		●連絡帳や送迎の際などに毎日の様子を伝え、保護者とコミュニケーションを取る ●一人一人の成長発達を共有することで、共に子育てする意識が持てるよう、信頼関係を築いていく	●生活リズムを整える大切さを知らせていく ●調節がしやすく、一人で着脱しやすい衣服を用意してもらうよう知らせる
行事		入園式、身体測定、避難訓練、誕生会、交通安全指導、保護者会、内科健診、ゴミ0デー、歯科衛生指導、歯科検診、レストラン遊び	笹飾り、七夕祭り会、避難訓練、身体測定、誕生会、スイカ割り大会、水遊び、プール遊び、運動会総練習

＜ 健康・食育・環境衛生・安全・災害 ＞

- 衣服の調節や水分補給をこまめに行い、気持ちよく過ごす
- 友達と会話を楽しみながら楽しく食事をし、しっかりと椅子に座ってバランスよく食べる
- 自分の荷物の置き場所や靴箱、絵本や玩具を片付ける場所が分かり、少しずつ自分から行うようになる

＜ 一年間の教育・保育に対する自己評価 ＞

- 一人一人の発達に合わせてかかわることで、基本的な生活習慣を身に付けることができた
- 運動会や発表会を通して、友達と一緒に運動や表現することを楽しめるよう援助したことで、友達とのかかわりを深めることができた
- 大きくなったことを実感できる声かけをしたことで、進級への期待を持ち、積極的に活動に取り組んでいた

3期 9月〜12月	4期 1月〜3月
●友達と誘い合い、好きな遊びを展開する ●手洗いやうがいの習慣が少しずつ身に付き、自分から行おうとする	●着替えや排泄を一人で行い、自信を持って過ごす ●絵本や紙芝居の読み聞かせを集中して聞き、楽しむ
●行事や遊びを通してみんなで活動することを喜ぶ ●自分の気持ちや考えを安心して表し、歌や遊戯などを通して表現活動を豊かにする ●走る、跳ぶ、押す、引っぱるなどの運動遊びを楽しむ	●生活に必要な基本的な習慣が身に付き、自信を持って排泄、着脱、食事などに自ら取り組む ●進級に向け、大きくなる喜びや期待感を持って生活する ●言葉でやり取りしながらルールのある遊びや模倣遊びを楽しむ
●声をかけることで、手洗いや顔拭き、鼻かみを自分から行おうとする ●身近にある様々な出来事に興味・関心を持ち、自らかかわれるよう働きかける	●食事のマナーを伝え、正しい姿勢で椅子に座って食事ができるよう声をかける ●園児の思いを受け止めることで、好きな遊びを十分に楽しみ、身の回りのことに意欲的に取り組んで、進級への自覚や期待が持てるようにする
●様々な遊具や用具に興味を持ち、十分に体を動かす ●周囲の人の存在に気付き、手伝いをしたり援助されたりすることを喜ぶ ●身近な自然に興味を持ち、触れたり、集めたりする ●生活に必要な言葉を理解し、欲求を言葉で表す ●感じたことや思ったこと、イメージしたことを絵にかいたり、体で自由に表現したりする	●体調不良などを少しずつ自分から訴えるようになる ●友達と遊ぶ中で約束事やルールが分かり、守ろうとする ●数字や文字など、身近な事柄に興味を持ち、日常生活の中で経験したことを遊びの中に取り入れていく ●人の話を聞いたり、自分の経験を人に伝えたりすることを楽しむ ●楽しかったことや経験したことを様々な形で表現する
■様々な運動遊びを安全にできるよう、遊具の点検を行う ★一人一人の状態に合わせて援助をしながら、みんなでやり遂げていく過程や達成感を味わえるよう、促していく ★季節の変化に応じて、健康に過ごすための方法を伝えながら、体調を把握し、健康に過ごせるようにする	■進んで身支度ができるよう、ロッカーやハンガーなどの場所を整える ■数字や文字に触れられるよう、目に付き、手に取りやすい場所に絵本や時計などを設置する ★簡単なルールのある遊びをみんなで行うことで、集団遊びが徐々にできるようになるよう援助する ★進級する喜びを感じて自信につながるよう、一年を振り返りながら、成長したところをほめる
●行事での活動の様子を伝え、家庭で園児のがんばりをほめてもらうことで、一人一人の自信につなげていく ●個人面談を行い、園での姿と家庭での姿を共有し、確認し合う	●一人一人の成長を共有し、共に喜ぶことで、安心して進級できるようにする ●基本的生活習慣を身に付け、家庭でも自分のことは自分で行えるようにする
防災の日、避難訓練、誕生会、身体測定、内科健診、運動会、個人面談、歯科検診、発表会総練習、発表会、クリスマス会	避難訓練、誕生会、身体測定、お店やさんごっこ、節分、ひな祭り会、卒園式、お別れ会

年間指導計画

こども園①（満3歳含む）

- 簡単な生活リズムを身に付ける
- 友達とかかわる中で、きまりやルールがあることを知る
- 物の性質や仕組みに気付く
- 保育教諭とのかかわりや日常の中で必要な言葉が分かり、話す
- 保育教諭や友達と一緒にごっこ遊びや模倣遊びを楽しみ、イメージを豊かにする

	1期 4月〜7月	2期 8月〜12月
園児の姿	●新しい環境に喜んだり、不安を感じたりする ●保育教諭と一緒に好きな遊びを楽しむ ●保育教諭に援助され、簡単な身の回りのことをする ●集団遊びや全身を使った遊びを楽しむ	●季節ならではの遊びを楽しむ ●見たことや思ったことを自分なりの言葉で伝えようとする ●紙芝居や絵本の物語の内容を理解し、楽しむ
ねらい	●新しい環境に慣れ、安心して過ごす ●生活の流れが分かり、簡単な身の回りのことを手伝ってもらいながら自分でしようとする ●保育教諭と一緒に好きな遊びを見つけて楽しむ	●走る、跳ぶ、くぐるなどの運動遊びやリズム遊びを楽しむ ●保育教諭や友達と夏の遊びを楽しみ、開放感を味わう ●遊びの中できまりやルールがあることを知り、守ろうとする ●身近な環境の中から形や色、感触などに興味を持つ
養護（生命の保持・情緒の安定）	●家庭との連携を密にし、疾病や事故防止に関する認識を深める ●健康的で安全な環境の維持及び向上に努める	●清潔で安全な環境を整え、適切な援助や応答的なかかわりを通して、生理的欲求を満たす ●家庭と協力しながら、園児の発達の過程に応じた適切な生活リズムを作る
教育的時間の内容	●楽しい雰囲気の中で食事を楽しむ ●生活の流れを覚え、安心して過ごす ●気の合う友達と同じ遊びを楽しめるようになる ●友達や保育教諭とかかわり、言葉のやり取りを楽しむ ●絵本や紙芝居などの読み聞かせを楽しむ ●体操やかけっこをし、体を動かすことを楽しむ	●水遊びなど、季節ならではの遊びを通して自然に関心を持つ ●旬の食材に興味を持つ ●戸外へ散歩に行き、秋の自然物に触れて楽しむ ●音楽に親しみ、リズムに合わせて踊る ●簡単な製作を楽しむ中で、色や形に興味を持つ
教育的時間を除いた時間の内容	●不安な気持ちを受け止めてもらい、安心して過ごす ●生活の流れを覚え、安心して過ごす ●着脱やトイレでの排泄など、身の回りのことを保育教諭に援助されながら行い、生活習慣を身に付ける ●食事の挨拶や苦手な物も食べようとするなど、食事の習慣を身に付けていく	●異年齢児に関心を持ち、かかわろうとする ●生活の中で必要なきまりがあることを知り、保育教諭に促され、遊びの際などに「入れて」と言葉で伝えようとする ●保育教諭が見守る中、簡単な衣服は自分で着脱しようとする
★援助・配慮 ■環境構成	■個人の場所が分かりやすいよう、机やロッカーに写真を貼る ■毎日同じ流れで生活できるよう、必要な物を準備し、環境を整える ★一人一人の不安や甘え、要求を受け止め、安心して過ごせるようにする ★生活習慣は個人差を踏まえて対応する	■季節の変化に合わせて衣服の調節を促したり、室温を調整したりして、快適に過ごせるようにする ★友達と同じ遊びを共有するなどして、友達の存在を感じることで、かかわりを増やす
子育ての支援（保護者支援）	●子育てに対する不安や戸惑いなどの思いを受け止め、園での子どもの様子を伝え、保護者が安心できるようにする ●2歳児の発達過程を伝えながら見通しが立つようにするとともに、個人差があることを伝える ●感染症の情報は速やかに共有し、予防に協力してもらう	●自分でやろうとする気持ちを大切にし、着脱しやすい衣服や使いやすい持ち物を用意してもらい、意欲を持って身の回りのことを自分でできるようにする
行事	始業式、入園式、5歳児個人面談、身体測定、内科健診、歯科検診、誕生会、新入園児個人面談、0〜4歳児クラス懇談会、虫歯予防教室、消防観閲式、避難訓練、総合安全教室、公開保育、不審者対応訓練、総合避難訓練①	運動会、身体測定、誕生会、プール開き、安全教室、避難訓練、夏祭り、不審者対応訓練、お腹元気教室、参観日、遠足、給食試食会、内科健診、歯科検診、総合避難訓練②、秋の火災予防運動、勤労感謝訪問、遊戯会、クリスマス会

3期　1月〜3月

- ●動きが活発になり、体を動かすことを楽しむ
- ●身の回りのことでできることが増え、自信が付く
- ●保育教諭や友達と会話を楽しむ
- ●進級することに期待を持つ

- ●友達や保育教諭と一緒に遊んだり、会話したりすることを楽しむ
- ●季節の自然に触れ、遊びを楽しむとともに、美しさや不思議さに気付く
- ●生活の中の数に興味を持ち、少しずつかかわろうとする
- ●自分でできることに自信を持ち、積極的にやろうとする

- ●園児の発達の過程に応じて、適切な運動と休息を取ることができるようにする
- ●食事や排泄、睡眠、着脱、身の回りを清潔にすることなどを意欲的にできるよう、適切に援助する

- ●簡単なルールのある遊びや数を数える遊びを楽しむ
- ●異年齢児の朝の会に参加したり、3歳児クラスで過ごしたりして期待を高める
- ●雪遊びを楽しむ
- ●様々な素材を使い、伸び伸びと表現する

- ●友達や保育教諭と一緒に、簡単なルールを守りながら集団遊びを楽しむ
- ●食器を持ち、箸を使って食事を楽しもうとする
- ●保育教諭に尿意を伝え、トイレで排泄をしようとする

- ■進級に期待と安心感を持てるよう、3歳児クラスと連携を取り、交流の機会を作る
- ★雪遊びや冬の事象に触れることで、自然の不思議さに気付いたり関心を持ったりできるようにする
- ★できた時は十分にほめ、意欲が高まるようにする

- ●進級に向けての不安や心配が解消できるよう、個別面談などで一人一人の成長した様子を伝え、次のステップへ進めるように丁寧な対応を取り、連携を図る

身体測定、安全教室、誕生会、5歳児個人面談、避難訓練、入園申込締め切り、作品展、豆まき会、0〜4歳児進級個別面談、不審者対応訓練、クラス写真撮影、入園説明会、卒園児を送る会、周年記念式典、卒園式、大掃除、修了式

〈 健康・食育・環境衛生・安全・災害 〉

- ●基本的な生活習慣を身に付け、生活のリズムが整う
- ●様々な食材を味わい、適度な運動で健康的に過ごす
- ●安全教室や日々の散歩などを通して交通ルールを知る
- ●予想される様々な災害や事故を想定した避難訓練を実施し、避難の仕方を身に付ける

〈 一年間の教育・保育に対する自己評価 〉

- ●個人差に配慮して援助の仕方を工夫したことで、基本的な生活習慣に自ら取り組むことができるようになった
- ●様々な遊びを通して友達や保育教諭とのかかわりを深めたことで、言葉でのやり取りを楽しめるようになった
- ●身近な自然に多く触れたことで、様々な物事への興味・関心につなげることができた

年間指導計画

こども園（満3歳含む）②

- 保育教諭に気持ちを受け止めてもらうことで、安心して自分の思いを言葉で伝えようとする
- 簡単な身の回りのことを援助してもらいながら、基本的な生活習慣を身に付ける
- 生活に必要なルールやきまりがあることを知る
- 保育教諭と一緒にごっこ遊びや模倣遊びを楽しみ、友達とのかかわりを広げる

		1期 4月〜7月	2期 8月〜12月
	園児の姿	●新しい環境に不安になり、戸惑ったり泣いたりする姿が見られる ●一日の流れが分かると安心し、好きな玩具で遊んだり友達とのやり取りを楽しむ ●散歩や戸外遊びで身近な自然に触れながら伸び伸びと遊ぶ	●友達とのかかわりが多くなり、意見のぶつかり合いも見られる ●保育教諭や友達とごっこ遊びや模倣遊びを楽しむ姿が見られる ●身近な自然への興味を示し、砂や水に触れて喜んで遊ぶ
	ねらい	●新しい環境の中で安心して過ごす ●保育教諭に見守られる中、自分の好きな遊びを見つけて楽しく遊ぶ ●身の回りのことを保育教諭と一緒にし生活の仕方を知る	●身近な自然に触れて遊ぶ中で季節の自然に興味や関心を示し、気付きを言葉にして楽しむ ●簡単な身の回りのことに興味を示し、少しずつ自分でやってみようとする
	養護（生命の保持・情緒の安定）	●清潔で安全な環境の中で快適に過ごせるようにする ●健康状態や生活リズムを把握しておく ●一人一人の不安を受け止め、安心して過ごせるようかかわる	●自分でしようとする気持ちを大切にしながら必要に応じて援助する ●気温に合わせて衣服や室温の調節をしたり、水分や休息を取ったりして、快適に過ごせるようにする
	教育的時間の内容	●新しい環境の中で不安な気持ちを受け止めてもらい、安心して過ごす ●自分のマークや場所を知り、生活の仕方を知る ●保育教諭と一緒に戸外で体を動かしたり自然に触れたりして遊ぶ	●友達と一緒に水遊びなどの季節の遊びを楽しむ ●気の合う友達と一緒に模倣遊びやごっこ遊びをする ●散歩などを通して葉っぱや木の実などの秋の自然に触れる ●保育教諭や友達と体を動かしたり踊ったりして、表現活動を楽しむ
	教育的時間を除いた時間の内容	●遊びを通して友達や保育教諭とかかわる中で、言葉のやり取りを楽しむ ●絵本や紙芝居などの読み聞かせを楽しむ	●簡単な数や色、形の違いに気付く ●異年齢の友達に関心を持ち一緒に遊ぼうとする
	★■環境構成 援助・配慮	■自分の場所が分かるように個人のマークシールを貼る ■園児の興味やそれぞれの発達に合った玩具を用意する ■季節を身近に感じられるよう室内に花を飾ったり絵本を用意したりする ★一人一人の不安や欲求を受け止め、安心して過ごせるよう信頼関係を築く ★身の回りのことなど、自分でできた時は一緒に喜び、喜びや達成感を味わえるようにする	■季節に応じて衣服や室温を調節して、快適で健康に過ごせるようにする ■思いきり全身運動ができるよう安全な環境を整え、休息を十分に取る ★保育教諭も一緒に体を動かして遊ぶことで、体を動かす喜びや楽しさを共に感じられるようにする ★友達とのかかわりが増える中で気持ちのぶつかり合いを経験しながら相手の思いに気付いたり自分の思いを伝えることができるよう援助する
	子育ての支援（保護者支援）	●園での様子を連絡帳や送迎時に知らせ、保護者の思いや気持ちに寄り添いながら信頼関係を築いていく ●園児の発達段階を伝えていきながら見通しが立つよう援助しつつ、個人差があることも伝えていく	●着脱等、身の回りのことを自分でやろうとする気持ちが出てきていることを伝え、見守ることの大切さを伝えていく ●気候や体調に応じて、調節しやすい衣服を用意してもらう
	行事	入園・進級式、身体測定、内科健診、歯科検診、誕生会、親睦遠足、避難訓練、七夕会、夏祭り	身体測定、誕生会、運動会、避難訓練、不審者対応訓練、風水害避難訓練、クリスマス会、発表会

3期 1月〜3月

- 基本的生活習慣が身に付き、身の回りのことなどできることが増え、自信が付く
- 進級することを楽しみに期待感が高まる
- 生活に必要な言葉が分かり、自分の思いを言葉で伝えようとする

- ごっこ遊びや簡単な集団遊び、冬ならではの遊びの中でのきまりや、友達と遊ぶ楽しさを知る
- 進級に期待を持ち、意欲的に生活する
- 自分のしてほしいことや思ったことを言葉で伝える

- 基本的生活習慣が身に付き、身の回りのことを自分でできるよう援助する
- 自分でやろうとする気持ちを十分に認め、できたことへの喜びを感じられるように働き掛ける

- 簡単なルールのある遊びを通し保育教諭や友達と言葉のやり取りを楽しむ
- 雪や氷などの冬の自然事象に興味を持ち、触れて遊ぶ
- 戸外で保育教諭や友達と全身を動かして遊ぶ
- いろいろな素材を使って好きな物を作ったりして表現する

- 衣服の前後に気付き、自分で直そうとしたり衣服の着脱をしたりする
- 箸の持ち方を覚え、箸を使って食事を楽しむ

- ■進級への期待が持てるよう3歳児クラスに遊びに行き、一緒に遊んだり生活を共にしたりする機会を作る
- ■伸び伸びと体を使って遊べるよう安全に配慮して遊具を配置する
- ■室温や湿度を調節し、快適に過ごせる環境にする
- ★生活習慣の自立は個人差があるので、できた喜びを味わうことを大切にする
- ★園児の意見や驚きに耳を傾け、共感しながら言葉を伝え、体験が深まるようにする

- 一人一人の成長を伝え共に喜び合い、進級へ向けての不安に丁寧にかかわり、安心して進級を迎えられるようにする
- 感染症の発生状況を知らせ、予防に協力してもらう

身体測定、誕生会、避難訓練、豆まき、ひな祭り会、お別れ会、卒園式

〈 健康・食育・環境衛生・安全・災害 〉

- 地震や火災などを想定した避難訓練に参加し、避難方法を知る
- 基本的な生活習慣を身に付ける
- 散歩を通して交通ルールを知る
- 食材を見たり触れたりして食事に興味や関心を持つ
- 楽しく食事をする中でマナーを知り、スプーンや箸で食べようとする

〈 一年間の教育・保育に対する自己評価 〉

- 個人差に配慮したり一人一人の気持ちを大切にかかわったりすることで、個人差はあるが、基本的な生活習慣が身に付いてきている
- 様々な遊びや経験の中で保育教諭や友達とのかかわりを通し、言葉のやり取りを楽しむことができた

こども園（満3歳含む）③

年間目標（学年の重点）

- 保育教諭に自己主張や甘えを受け止めてもらい、安心して気持ちを表す
- 保育教諭とのかかわりを通じて基本的な生活習慣を身に付ける
- 絵本や歌、会話を通じて言葉を理解し、表現を豊かにする
- 身近なことのごっこ遊びを楽しみ、友達とかかわりを深める
- 身近な自然や事象に触れ、関心を持つ
- 戸外遊びや運動遊びを通じて、運動能力の向上を図る

	1期 4月～7月	2期 8月～12月
園児の姿	●新しい環境に好奇心を持つが、戸惑う姿も見られる ●気の合う友達の名前を呼んだり、遊びに誘ったりして、かかわりながら遊ぶ姿が見られる ●保育教諭に促されたり、手伝ってもらったりしながら身の回りのことをする	●友達とのかかわりが増えることで、玩具や場所の取り合いなどのトラブルが多くなる ●友達の遊びやしていることに興味を示し、同じことをしようとする ●集団での遊びや全身を使った遊びを楽しむ
ねらい	●新しい環境に慣れ、安心して過ごす ●身近な自然に触れ、興味を持ったことを保育教諭に伝える ●一日の生活の流れが分かり、簡単な身の回りのことを手伝ってもらいながら自分でもしようとする	●自然に触れ、季節の色やにおいの変化を感じる ●友達と遊ぶ中で、言葉のやり取りやかかわりを楽しむ ●様々な遊びや全身運動を楽しみ、好奇心を広げる ●保育教諭の仲立ちの下、友達の気持ちに気付く
養護（生命の保持・情緒の安定）	●保護者と園児の健康状態を確認し合い、情報を記録する ●清潔で安全な環境の維持に努める	●体調や気温に合わせて衣服や室温を調節し、健康で快適に過ごせるようにする ●自分でしたいという気持ちを認め、さりげなく手伝い、自分でできた満足感を感じられるようにする
教育的時間の内容	●持ち物の場所や簡単な身支度を覚え、生活の流れを知る ●戸外で体を動かしたり自然に触れたりしながら元気に遊ぶ ●楽しい雰囲気の中で意欲的に食事をする ●絵本に親しみ、友達や保育教諭と言葉のやり取りを楽しむ ●散歩を通じて地域の人との交流を楽しむ	●季節ならではの遊びを通して自然の豊かさに触れ、自然事象に関心を持つ ●気の合う友達と一緒に模倣遊びやごっこ遊びを楽しむ ●生活や遊びに必要な言葉が分かり、思いを言葉で伝える
教育的時間を除いた時間の内容	●不安な気持ちを受け止めてもらい、安心して過ごす ●保育教諭に援助されながら生活習慣を身に付ける ●衣服の着脱やトイレでの排泄を進んでしようとする	●生活の中のルールに気付き、保育教諭に促され、順番を待ったり譲ったりする ●異年齢児に関心を持ち、交流を楽しむ
■環境構成 ★援助・配慮	■自分で衣服や靴の始末ができるよう、ロッカーや靴箱に個人用マークを貼る ■自然に関する絵本を用意したり、室内に花を飾ったりして、自然を身近に感じられるようにする ■園児の発達や興味に即した遊びのコーナーの充実を図り、環境を整える ★自分でできたことは一緒に喜び、必要に応じて部分的な援助をすることで、達成感を感じられるようにする ★安心して過ごせるよう、不安を受け止めて信頼関係を築く	■思いきり全身運動ができるよう、安全に留意しながら走ったり跳んだりできる環境を作る ★身の回りのことを自分でしようとする姿を見守ったり、励ましたりすることで、意欲的にできるよう援助する ★一人一人のがんばりを認め、友達と一緒に取り組む楽しさを味わえるようにする ★相手の思いや気持ちに気付くことができるよう、言葉が不足している時は代弁しながらかかわり方を知らせる
子育ての支援（保護者支援）	●新しい環境に対する不安や期待に共感し、登降園時に子どもの様子を伝え合い、信頼関係を築いていく ●個別懇談やクラスだよりで発達過程を伝え、育ちの見通しが立つよう援助していく	●自己主張やかんしゃくは成長過程の中の自我の表れであることを伝えて共通理解し、子どもに寄り添ったかかわり方について話し合う ●行事を通して園児の成長を発信し、共に喜び合う
行事	入園式、進級式、身体測定、避難訓練、誕生会、内科健診、歯科健診、個別懇談、親子遠足、交通安全教室①、夏フェス、プール開き	身体測定、避難訓練、誕生会、内科健診、歯科健診、保育参加、マラソン大会、親子運動会、ハロウィン、交通安全教室②、発表会、秋の味覚収穫体験、クリスマス会

3期 （1月～3月）

- 一人でできることが増え、喜びや自信を感じる
- 言葉が豊かになり、会話を楽しむ
- 相手の気持ちを受け入れながらじっくり遊ぶ
- 進級に期待が高まる

- 簡単なルールや約束事が分かり、守りながら友達と遊ぶ
- 冬の遊びを楽しみ、冬の生活の仕方を身に付ける
- 言葉が活発になり、思いや気持ちを話したり聞いたりする
- 進級への期待が高まり、身の回りのことを自分でする

- 個別の発達過程に応じて、排泄の援助や手洗い、うがいの習慣化、身の回りの清潔の維持ができるよう適切にかかわる

- 寒さに負けず戸外で元気に遊ぶ
- チームや複数で行う簡単なルールのある遊びを楽しむ
- ごっこ遊びの中で、言葉のやり取りを楽しむ
- リサイクル素材などで、製作したり、音を鳴らしたりして、自由に表現する楽しさを味わう

- 尿意を伝えてトイレに行き、排泄する
- 食器に手を添え、箸を使いながら食べようとする
- 友達とのかかわりが増え、一緒に楽しく遊ぶ

- ■3歳児クラスに遊びに行ったり、一緒に過ごしたりする時間を設け、進級することへの期待が高まるようにする
- ■ごっこ遊びの中で園児がイメージを広げて遊びを展開できるよう、素材を用意したり声をかけたりしていく
- ★冬の自然事象に触れる中で、園児の気付きに共感し、科学的な関心が持てるようかかわる
- ★できたことを十分に認めることで、喜びを感じて次の意欲につながるようにする

- 進級に向けての不安や心配が解消できるよう、一人一人の成長した様子を詳しく伝え、喜びに共感する
- 進級についての準備物や園生活の変化を分かりやすく伝える

身体測定、避難訓練、誕生会、豆まき会、ひな祭り、お別れ会、卒園式、修了記念撮影

〈 健康・食育・環境衛生・安全・災害 〉

- 基本的な生活習慣を身に付ける
- 食材の色や形に触れ、食事に興味を持つ
- 手洗いの仕方や、咳やくしゃみの時のエチケットなどを知り、自分で衛生管理する習慣を身に付ける
- 散歩や絵カードを通して、危険な場所や物を知る
- 火災、地震、水害、不審者などを想定した避難訓練に参加し、簡単な避難方法やルールを知る

〈 一年間の教育・保育に対する自己評価 〉

- 個人差に配慮し、手伝ったり見守ったりしながらかかわることで、意欲的に身の回りのことに取り組み、やり遂げたという自信につなげられた
- 簡単なルールや約束を知り、守ろうとする姿を認めたことで、友達に教えてあげる姿が見られた
- その季節ならではの遊びを多く設定することで、身近な自然への興味・関心につなげることができた

月間指導計画の見方（保育園編）

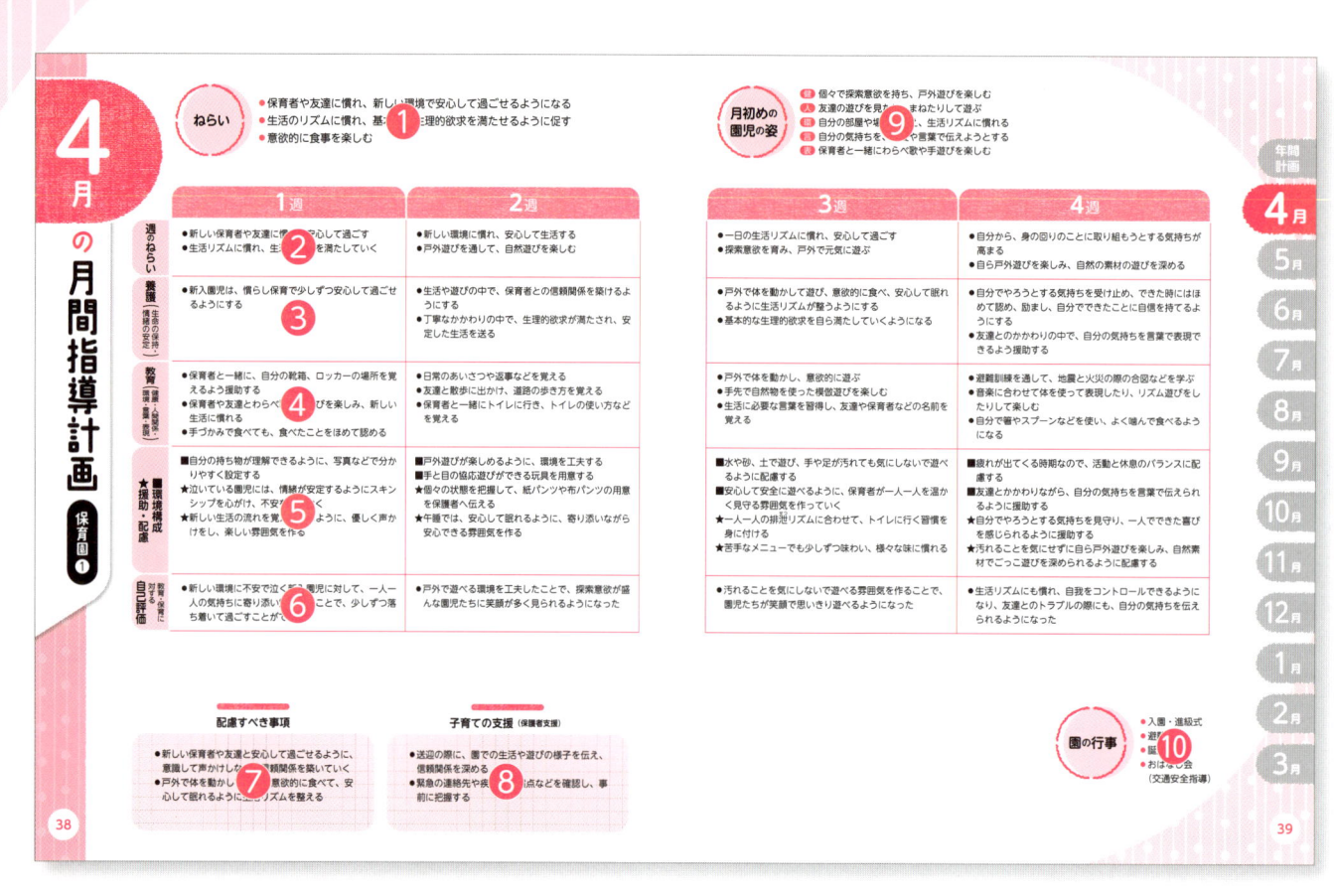

❶ ねらい
その月ごとに、園児の成長、発達に合わせた「ねらい」を記載しています。

❷ 週のねらい
月の「ねらい」を週ごとに具体化したものです。「月初め・前月末の園児の姿」をもとに、保育者の援助によって園児が身に付けることを望まれる、心情、意欲、態度などを記載しています。

❸ 養護（生命の保持・情緒の安定）
保育者が行うことが望まれる援助（養護）を「生命の保持」と「情緒の安定」の2つの視点から記載します。

❹ 教育
「週のねらい」を達成するために展開する保育を、「健康」「人間関係」「環境」「言葉」「表現」の5領域に分け、園児が身に付けることが望まれる心情や意欲、態度を記載します。

❺ 環境構成・援助・配慮
「週のねらい」を達成するために、保育をする際、どのような環境（用具・教材・分量・安全性・施設などの準備）を設定したらよいか、また、どのような援助・配慮（受け入れ・励まし・声かけ・助言など）が必要かを、具体的に記載しています。

❻ 教育・保育に対する自己評価
自分が行った教育・保育によって、園児にどのような変化が見られたか、問題点やよかった点をあげながら記載しています。また、今後の教育・保育でどのように対応していくべきかなどの反省点も取り上げています。園児の姿を通しての「自分の評価」と捉え、単に園児の姿を記入するのではなく、自分の計画や保育を振り返り、次の計画に生かすための材料となるよう心がけましょう。週ごとに記載している計画案と月ごとに記載している計画案があります。

❼ 配慮すべき事項
「ねらい」を達成するために、どのような配慮（受け入れ・励まし・声かけ・助言など）が必要かを、具体的に記載しています。

❽ 子育ての支援（保護者支援）
保護者に伝えるべきことや、園と家庭で連携して進めたい事柄について記載しています。また、園に通っていない地域の親子への支援についても記載しています。

❾ 月初め・前月末の園児の姿
園児の発達状態や、園での様子を記載します。保育者が設定した環境の中で、園児がどのように遊びや活動にかかわっていたのかを、5領域（健康・人間関係・環境・言葉・表現）の視点から記載しています。

❿ 園の行事
園全体で行う行事のほか、遠足やクラス懇談会など学年・クラス単位で行う行事について記載しています。

月間指導計画の見方（こども園編）

① ねらい

その月ごとに、園児の成長、発達に合わせた「ねらい」を記載しています。

② 週のねらい

月の「ねらい」を週ごとに具体化したものです。「月初め・前月末の園児の姿」をもとに、保育教諭の援助によって園児が身に付けることを望まれる、心情、意欲、態度などを記載しています。

③ 教育的時間の内容

「週のねらい」を達成するために、教育的時間内に園児がする活動について、園児が身に付けることを望まれる心情、意欲、態度などを、主に教育の視点を含んで記載しています。

④ 環境構成・援助・配慮

「週のねらい」を達成するために、保育をする際、どのような環境（用具・教材・分量・安全性・施設などの準備）を設定したらよいか、また、どのような援助・配慮（受け入れ・励まし・声かけ・助言など）が必要かを、具体的に記載しています。「教育的時間」と「教育的時間を除いた時間」の環境構成・援助・配慮をまとめて記載している計画案もあります。

⑤ 教育的時間を除いた時間の内容

「週のねらい」を達成するために、教育的時間以外の時間内に園児がする活動について、主に養護の視点を含んで記載しています。延長保育や預かり保育の時間帯も考慮して記載しています。

⑥ 教育・保育に対する自己評価

自分が行った教育・保育によって、園児にどのような変化が見られたか、問題点やよかった点をあげながら記載しています。また、今後の教育・保育でどのように対応していくべきかなどの反省点も取り上げています。園児の姿を通しての「自分の評価」と捉え、単に園児の姿を記入するのではなく、自分の計画や保育を振り返り、次の計画に生かすための材料となるよう心掛けましょう。週ごとに記載している計画案と月ごとに記載している計画案があります。

⑦ 配慮すべき事項

「ねらい」を達成するために、どのような配慮（受け入れ・励まし・声かけ・助言など）が必要かを、具体的に記載しています。

⑧ 子育ての支援（保護者支援）

保護者に伝えるべきことや、園と家庭で連携して進めたい事柄について記載しています。また、園に通っていない地域の親子への支援についても記載しています。

⑨ 月初め・前月末の園児の姿

園児の発達状態や、園での様子を記載します。保育教諭が設定した環境の中で、園児がどのように遊びや活動にかかわっていたのかを、5領域（健康・人間関係・環境・言葉・表現）の視点から記載しています。

⑩ 園の行事

園全体で行う行事のほか、遠足やクラス懇談会など学年・クラス単位で行う行事について記載しています。

4月

の 月間指導計画 保育園①

- 保育者や友達に慣れ、新しい環境で安心して過ごせるようになる
- 生活のリズムに慣れ、基本的な生理的欲求を満たせるように促す
- 意欲的に食事を楽しむ

		1週	2週
週のねらい		● 新しい保育者や友達に慣れ、安心して過ごす ● 生活リズムに慣れ、生理的欲求を満たしていく	● 新しい環境に慣れ、安心して生活する ● 戸外遊びを通して、自然遊びを楽しむ
養護（生命の保持・情緒の安定）		● 新入園児は、慣らし保育で少しずつ安心して過ごせるようにする	● 生活や遊びの中で、保育者との信頼関係を築けるようにする ● 丁寧なかかわりの中で、生理的欲求が満たされ、安定した生活を送る
教育（健康・人間関係・環境・言葉・表現）		● 保育者と一緒に、自分の靴箱、ロッカーの場所を覚えるよう援助する ● 保育者や友達とわらべ歌や手遊びを楽しみ、新しい生活に慣れる ● 手づかみで食べても、食べたことをほめて認める	● 日常のあいさつや返事などを覚える ● 友達と散歩に出かけ、道路の歩き方を覚える ● 保育者と一緒にトイレに行き、トイレの使い方などを覚える
★援助・配慮 ■環境構成		■ 自分の持ち物が理解できるように、写真などで分かりやすく設定する ★ 泣いている園児には、情緒が安定するようにスキンシップを心がけ、不安を取り除く ★ 新しい生活の流れを覚えられるように、優しく声かけをし、楽しい雰囲気を作る	■ 戸外遊びが楽しめるように、環境を工夫する ■ 手と目の協応遊びができる玩具を用意する ★ 個々の状態を把握して、紙パンツや布パンツの用意を保護者へ伝える ★ 午睡では、安心して眠れるように、寄り添いながら安心できる雰囲気を作る
自己評価（教育・保育に対する）		● 新しい環境に不安で泣く新入園児に対して、一人一人の気持ちに寄り添い触れ合うことで、少しずつ落ち着いて過ごすことができた	● 戸外で遊べる環境を工夫したことで、探索意欲が盛んな園児たちに笑顔が多く見られるようになった

配慮すべき事項
- 新しい保育者や友達と安心して過ごせるように、意識して声かけしながら信頼関係を築いていく
- 戸外で体を動かして遊び、意欲的に食べて、安心して眠れるように生活リズムを整える

子育ての支援（保護者支援）
- 送迎の際に、園での生活や遊びの様子を伝え、信頼関係を深める
- 緊急の連絡先や疾病の配慮点などを確認し、事前に把握する

月初めの園児の姿

健 個々で探索意欲を持ち、戸外遊びを楽しむ
人 友達の遊びを見たり、まねたりして遊ぶ
環 自分の部屋や場所を覚え、生活リズムに慣れる
言 自分の気持ちを、態度や言葉で伝えようとする
表 保育者と一緒にわらべ歌や手遊びを楽しむ

3週	**4週**
●一日の生活リズムに慣れ、安心して過ごす ●探索意欲を育み、戸外で元気に遊ぶ	●自分から、身の回りのことに取り組もうとする気持ちが高まる ●自ら戸外遊びを楽しみ、自然の素材の遊びを深める
●戸外で体を動かして遊び、意欲的に食べ、安心して眠れるように生活リズムが整うようにする ●基本的な生理的欲求を自ら満たしていくようになる	●自分でやろうとする気持ちを受け止め、できた時にはほめて認め、励まし、自分でできたことに自信を持てるようにする ●友達とのかかわりの中で、自分の気持ちを言葉で表現できるよう援助する
●戸外で体を動かし、意欲的に遊ぶ ●手先で自然物を使った模倣遊びを楽しむ ●生活に必要な言葉を習得し、友達や保育者などの名前を覚える	●避難訓練を通して、地震と火災の際の合図などを学ぶ ●音楽に合わせて体を使って表現したり、リズム遊びをしたりして楽しむ ●自分で箸やスプーンなどを使い、よく噛んで食べるようになる
■水や砂、土で遊び、手や足が汚れても気にしないで遊べるように配慮する ■安心して安全に遊べるように、保育者が一人一人を温かく見守る雰囲気を作っていく ★一人一人の排泄リズムに合わせて、トイレに行く習慣を身に付ける ★苦手なメニューでも少しずつ味わい、様々な味に慣れる	■疲れが出てくる時期なので、活動と休息のバランスに配慮する ■友達とかかわりながら、自分の気持ちを言葉で伝えられるように援助する ★自分でやろうとする気持ちを見守り、一人でできた喜びを感じられるように援助する ★汚れることを気にせずに自ら戸外遊びを楽しみ、自然素材でごっこ遊びを深められるように配慮する
●汚れることを気にしないで遊べる雰囲気を作ることで、園児たちが笑顔で思いきり遊べるようになった	●生活リズムにも慣れ、自我をコントロールできるようになり、友達とのトラブルの際にも、自分の気持ちを伝えられるようになった

園の行事

●入園・進級式
●避難訓練
●誕生会
●おはなし会
（交通安全指導）

4月

ねらい
- 保育者や友達に慣れ、新しい環境の中で安心して過ごす
- 基本的な生活の流れを知る
- 体を伸び伸びと動かして遊ぶことを楽しむ
- 戸外遊びを通して春の自然に触れて楽しむ

		1週	**2週**
週のねらい		● 保育者や友達に慣れ、少しずつ落ち着いて過ごす ● 友達や保育者と触れ合い、楽しく遊ぶ	● 新しい環境の中で、安心して生活する ● 体を伸び伸びと動かして遊ぶことを楽しむ ● 戸外遊びを通して春の自然を感じる
養護（生命の保持・情緒の安定）		● ゆったりとした生活リズムを作り、少しずつ雰囲気に慣れて過ごせるようにする ● 一人一人の気持ちに寄り添い、安心して登園できるようにする	● 生活や遊びの中で保育者や友達と触れ合い、信頼関係を築く ● 優しく丁寧なかかわりの中で、生理的欲求を満たし、安定した生活を送ることができるようにする
教育（健康・人間関係・環境・言葉・表現）		● 自分の棚の場所を知り、保育者などと一緒に持ち物の整理をする ● 園内を探検し、他のクラスの友達や各部屋の使い方など、新しい生活の仕方を知る ● 安心できる雰囲気の中で楽しく食事をする ● 好きな色のクレヨンや画用紙で、春を表現して楽しむ	● 日常のあいさつや返事を元気にする ● 戸外で走ったり歩いたりして、体を動かして遊ぶことを楽しむ ● 音楽に合わせて体を動かして表現したり、リズム遊びをしたりして楽しむ ● 戸外で花や虫などに触れ、身近な自然のおもしろさや不思議さに気付く
環境構成 ★援助・配慮		■ 子どもが安心して過ごせるような空間作りをし、家庭的な雰囲気の中で生活を楽しめるようにする ■ のりやクレヨンの使い方を伝え、自分で選びながら製作活動を楽しめるよう準備する ★ 新入園児や進級児の気持ちに寄り添い見守りながら、落ち着いた雰囲気を作る ★ 草花や虫を近くで見たり、季節の歌に親しんだりすることで、イメージが膨らみ表現することが楽しめるように工夫する	■ 戸外遊びが楽しめるように、安全に配慮した環境設定を行う ■ 活動と休息のバランスを取り、個々の健康状態に配慮する ★ 子どもの気持ちに寄り添い認めながら、言葉で表現して一緒に遊ぶことを楽しむ ★ 午睡前はキッズマッサージなどで触れ合ってゆったりとした時間を楽しみながら、安心できる雰囲気を作る。また、タイマーを使用して午睡中の安全の確認も行う

配慮すべき事項
- 新しい環境で安心して過ごせるよう、一人一人に応じて声をかけ、信頼関係を築いていく
- 体調の変化に注意する

子育ての支援（保護者支援）
- 送迎の際に園での様子などを丁寧に伝え、信頼関係を深める
- 連絡先や疾病の配慮などを確認し、把握しておく

月初めの園児の姿

- 健 自然と体が動き出すような気分でワクワクしながら、戸外遊びを楽しむ
- 人 保育者とかかわりながら安心して過ごす
- 環 生活の場を探索し、自分の部屋の使い方や棚の場所を知る
- 言 言葉で自分の気持ちを伝えようとする
- 表 曲に合わせて元気よく歌ったり体を動かしたりする

3週	4週
●一日の生活リズムを知り、少しずつ落ち着いて過ごす ●保育者に見守られながら、好きな遊びを楽しむ	●身の回りのことに取り組もうとする気持ちが高まる ●遊びを通して友達とかかわって遊ぶことを楽しむ ●指先を使いながら、好きな遊びを楽しむ
●保育者などが間に入り、友達と一緒に安心して楽しく遊べる環境作りをする ●見守りながら、トイレの使い方などを丁寧に伝えていく ●生活の流れが分かり、安心して落ち着いて過ごすことができるようにする	●自分でしようとする気持ちを受け止め、できた時には保育者の素直な気持ちを伝えて、その姿を認めていく ●安全に遊べる保育環境を整える
●戸外でたくさん遊ぶ中で、春の草花に興味を持つ ●会話することの楽しさを感じながら、保育者や友達などとごっこ遊びを楽しむ ●排泄後や食前などに保育者に声をかけられ、手洗い、うがいを行う	●野菜や花を育てるために、草取りやプランターの準備などを一緒に行う ●簡単なルールを理解して、友達と一緒に遊びを楽しむ ●ひも通しやパズルなど、指先を使う玩具で夢中になって遊ぶ
■子どもの様子や興味に合わせて遊ぶ場所などを考えて設定する ■落ち着いて食事ができるよう環境を整え、保育者や友達と一緒に食事を楽しめるようにする ■次の活動を知らせ、生活の流れが分かるようにする ★園庭を使ったりグループに分かれたりして、興味を持った遊びを一緒に楽しめるようにする ★アレルゲン除去食品の把握をし、個別に対応する。丁寧に声をかけながら楽しく食事ができるようにする ★園児の様子に合わせてかかわり、落ち着いた生活ができるようにする	■友達とかかわる中で、自分の気持ちを言葉で伝えられるように援助する ■園庭やテラスなどで体を十分に動かして遊べるよう、安全確認を行う ★自分でしようとする姿を見守り、一人でできた喜びを感じることができるよう援助する ★戸外で遊んだ後に手洗い、うがいをして、清潔にすることの大切さを伝えていく

教育・保育に対する自己評価

●新入園児は泣く姿も見られたが、一人一人声をかけて触れ合い、安心できるよう配慮したことで、園の生活リズムに慣れ、落ち着いて過ごせるようになった。戸外遊びを多く設定したことで、園庭を散策したり、伸び伸びと体を動かして遊んだりする姿が見られた

園の行事

- ●入園式・進級式
- ●身体測定
- ●避難訓練
- ●誕生会

ねらい
- 新しい環境に少しずつ慣れ、保育者と信頼関係を築きながら安心して過ごす
- 基本的な生活の流れを知る
- 春の自然に触れ、体を動かすことを十分に楽しむ

4月の月間指導計画

保育園 ③

		1週	2週
週のねらい		●新しい環境や保育者、友達に慣れる ●保育者に甘えを受け止めてもらいながら、安心して過ごす ●自分のマークや靴箱などの場所を知る	●入園や進級した喜びを感じ、保育者に見守られながら安心して過ごす ●体を伸び伸びと動かして遊ぶことを楽しむ
養護（生命の保持・情緒の安定）		●ゆったりとした雰囲気の中、生活の流れを知らせる ●落ち着いた雰囲気の中、喜んで食事ができるようにする ●不安な気持ちに寄り添いながら、安心して過ごせるようにする	●保育者とのかかわりの中で生理的欲求を満たし、安定した生活を送れるようにする ●一人一人の気持ちを受容し、信頼関係を築いていく
教育（健康・人間関係・環境・言葉・表現）		●生活の流れを知り、保育者と一緒に身の回りのことをしようとする ●保育者や友達と一緒に新しい遊具を手に取って遊んでみる ●新しい友達や保育者の名前を覚え、親しみを持って呼ぶ	●プレイルームで伸び伸びと体を動かし、様々な動きを楽しむ ●友達に興味を持ち、かかわって遊ぶ ●保育者と一緒に排泄や着替えを行い、トイレの使い方や着替えの仕方を知る ●日常のあいさつや返事を元気にする ●クレヨンで自由にかくことを楽しむ
■環境構成 ★援助・配慮		■ゆったりとした雰囲気作りを心がけ、落ち着いて過ごせるよう環境を整える ■好きな玩具を見つけて遊べるようコーナーを用意する ★一人一人の気持ちに寄り添いながら、安心して過ごせるようかかわりを持ち、信頼関係を築く ★生活の流れが分かるよう優しく声をかけ、個別に対応する ★アレルギー対応児を把握し、職員間で声をかけ合い連携を図る	■活動と休息のバランスを取り、落ち着ける環境を整える ■様々な体の動きを楽しめるよう曲を用意し、十分な広さを確保する ■入園や進級を喜べるようプレゼントのメダルを用意する ★落ち着いて入眠できるよう午睡時はそばに付く ★動きが大きくなりすぎることによる転倒や事故には十分注意する

配慮すべき事項

- 新しい環境の中、安心して過ごせるよう、一人一人に合ったかかわりで信頼関係を築く
- 視診、触診を行い、体調の変化に留意する
- 家庭との連携を図り生活リズムを整える

子育ての支援 （保護者支援）

- 送迎時や連絡帳を通し、園児の様子を丁寧に伝え、信頼関係を築く
- 園児の育ちの様子（疾患、疾病、異文化など）を確認し、個々に合ったかかわりをする

月初めの園児の姿

- 健 戸外に出て体を動かすことを喜ぶ
- 人 保育者に甘えを受け止めてもらいながら安心して過ごす
- 環 生活する場所（部屋）に戸惑いを感じながらも探索する
- 言 自分の思いや欲求を言葉で伝えようとする
- 表 曲に合わせて体を動かしたり、歌ったりすることを楽しむ

3週	4週
● 保育者に見守られながら自分の好きな遊びを見つけ楽しむ ● 戸外遊びを通して、春の自然に触れるとともに体を動かして遊ぶことを楽しむ	● 身の回りのことに意欲的に取り組む ● 体や指先を使って好きな遊びを楽しむ ● 様々な素材を使い、春の製作を楽しむ ● 行事に参加し、こどもの日に興味を持つ
● 健康診断や身体測定を通して、成長したことを共に喜べるようにする ● 思いや欲求を受け止め、安心して過ごせるようにする	● 戸外で伸び伸びと体を動かせるようにすることで、心身の安定を図る ● 友達とかかわりたい気持ちを受け止め、やり取りを楽しめるよう言葉を補うなどする
● 戸外遊びで自然に触れ、思いきり体を動かすことを楽しむ ● 友達とのやり取りを喜び、保育者や友達の名前を呼ぼうとする ● 玩具の場所が分かり、片付けようとする ● 曲に合わせて歌や手遊びを楽しむ	● 園庭で体を動かしたり、草花や虫を見つけたりして、探索を楽しむ ● 友達と同じ遊びでかかわることを喜ぶ ● 行事に参加し、異年齢児とのかかわりを楽しむ ● 指先を使い、様々な素材での遊びを楽しむ
■ 戸外遊びを安全に楽しめるよう、園児の人数や職員配置に配慮した活動内容や環境設定を行う ■ 園児が好きな遊びを見つけて遊び込めるよう環境を整える ★ 身体測定時や健診時には、羞恥心（しゅうちしん）に配慮した環境を整える ★ 一人一人の様子に合わせて片付けや着替えを促し、園児が納得して取り組めるよう導く	■ 友達とのかかわりを見守り、仲立ちすることでかかわりを楽しめるようにする ■ かぶとやこいのぼりを出し、こどもの日について興味がわくよう環境を整える ★ 製作に使用する素材は多めに用意し、満足するまで遊べるようにする ★ 自分でやろうとする姿を見守り、一人でできた喜びを感じられるようにする

教育・保育に対する自己評価

● 一人一人の育ちの様子を担任間で共有、理解し、共通の意識を持つことでそれぞれに合ったかかわりができた。職員間の連携を綿密に取ることで、園児も戸惑いなく落ち着いて過ごすことができ、生活リズムを整えることができた。戸外や室内の遊びをバランスよく取り入れることで、好きな遊びを楽しんでいた

園の行事

- ● 衛生チェック
- ● 慣れ保育
- ● 新入進級お祝い会
- ● 身体測定
- ● 健康診断
- ● 避難訓練
- ● こどもの日のお祝い会

4月

ねらい
- 入園や進級を喜び、保育者や友達に親しみを持ち、かかわる
- 新しい環境や生活に慣れ親しみ、保育者と共に安心して過ごす
- 食事をすることや衣服の着脱などに興味を持ち、自分で行おうとする

		1週	2週
週のねらい		● 新しい生活や環境に慣れ、安心して過ごす ● 歌や音楽に合わせて楽しみながら表現する	● 生活や遊びを通して約束事があることを知る ● 自分でスプーンを持ち、楽しい雰囲気の中で意欲的に食事をする
養護（生命の保持・情緒の安定）		● 新しい生活や環境に興味を持って、安心して過ごせるようにする ● 一人一人の言葉や欲求を受け止め、信頼関係を築く	● 一人一人の健康状態を把握し、元気に過ごせるようにする ● 排泄のタイミングを見てトイレに誘う
教育（健康・環境・人間関係・言葉・表現）		● 体を動かし、様々な運動や遊びを楽しむ ● 新しい環境に慣れ、保育室での過ごし方が分かり、安心して過ごす ● 絵本や紙芝居を読んでもらうことを喜ぶ ● 様々な曲に合わせて体を動かしたり、歌ったりしながら、自由に表現することを楽しむ	● 自分でスプーンを持ち、楽しい雰囲気の中で意欲的に食事をする ● 並んで待つ、順番を守るなどの約束事を知り、守ろうとする ● 生活に必要な簡単なあいさつが分かり、進んであいさつをする
★援助・配慮	■環境構成	■ 保育室の壁面に装飾をするなどして、新しい環境に親しみ、安心して過ごせるようにする ■ 園児の興味を引き出せるよう、玩具の配置に配慮する ★ 新入園児と在園児が互いに親しみを持ち、かかわれるよう仲立ちをする ★ 保育者も楽しみながら一緒に体を動かすことで、伸び伸びと表現を楽しめるようにする	■ 次の活動を知らせることで、生活の流れが分かり、無理なく生活リズムに慣れていけるようにする ■ 楽しくゆったりとした雰囲気の中で、落ち着いて食事ができるようにする ★ 活動の前に約束事を知らせ、くり返し伝えていくことで身に付くようにする ★ 保育者が率先して、明るい表情や元気な声であいさつするよう心がける

配慮すべき事項
- 排泄の際はそばに付いて見守りながら、始末の仕方などを知らせていく
- 基本的な生活習慣が身に付くよう、一人一人の発達に合わせて個別にかかわりながら伝えていく

子育ての支援（保護者支援）
- 子育てへの期待や不安を受け止め、思いを共有する。連絡を密にとり合い、体調や生活リズムを整えてもらう
- 全ての持ち物に記名してもらうよう伝える

月初めの園児の姿

- 健 排泄を自分から知らせようとする
- 人 友達への興味がわき、かかわろうとする
- 環 身近な自然に興味を持ち、親しむ
- 言 身の回りの物の名前が分かるようになる
- 表 歌やリズムに合わせて身振りをする

3週	4週
●生活リズムを整え、基本的生活習慣を身に付ける ●春の自然に触れ、草花や小動物に親しみを持つ	●様々な素材に触れ、楽しみながら製作をする ●遊びを通して、保育者や友達とのかかわりを楽しむ
●生活リズムを整え、基本的生活習慣を少しずつ身に付けていけるようにする ●十分なスキンシップや語りかけをしながら、気持ちに寄り添っていく	●安心できる環境の中で、落ち着いて過ごせるようにする
●進んでトイレに行き、排泄しようとする ●保育者や友達に親しみを持ち、触れ合いを楽しむ ●春の自然に触れ、草花や小動物に親しみを持つ ●クレヨンやのり、折り紙などの用具や素材の使い方を知る	●遊びを通して、保育者や友達とのかかわりを楽しむ ●遊具や物の使い方が分かり、正しく使う ●様々な素材に触れ、製作活動を楽しむ
■戸外遊びの際は、危険物がないか確認し、探索活動を楽しめるようにする ■ハンドソープの残量や床が濡れていないかを確認し、安全に手洗いができるようにする ★手洗いの際はそばに付き、手洗いやうがいの仕方を丁寧に知らせていく ★自分でやろうとする意欲を認め、声をかけながら援助したり見守ったりすることで、生活習慣が身に付くようにする	■触感などの違いを楽しめるよう、様々な素材を用意する ★保育者も遊びに加わりながら仲立ちとなり、玩具の貸し借りなど、友達とのかかわり方を伝えていく

教育・保育に対する自己評価

- 保育者との信頼関係を築けるよう、スキンシップを十分に取ったことで、新しい環境にもすぐに慣れ、安心して過ごすことができた。また、楽しい雰囲気の中で落ち着いて食事ができるよう心がけたことで、自分でスプーンを持ち、意欲的に食べる姿が見られた

園の行事

- 入園式
- 身体測定
- 避難訓練
- 誕生会
- 交通安全指導

4月 の 月間指導計画 こども園（満3歳含む）①

ねらい
- 新しい環境に少しずつ慣れ、安心して過ごす
- 戸外で元気に体を動かして遊ぶ
- 身近な春の自然に触れ、関心を持つ

		1週	2週
週のねらい		●新しい環境や保育教諭に慣れる ●不安や甘えを保育教諭に受け止めてもらい、安心して過ごす ●自分のマークが分かり、荷物の片付けに慣れる	●自分から保育教諭や友達にかかわろうとする ●保育教諭に見守られながら、好きな遊びを楽しむ
教育的時間	の内容	●好きな遊びを見つけて遊ぶ ●保育教諭や友達との触れ合いを喜び、親しみを持つ ●保育教諭に手伝ってもらいながら、荷物を片付ける	●保育教諭や友達と一緒に同じ遊びを楽しむ ●好きな遊びや玩具を見つけて楽しむ ●園歌の手話や手遊び歌をうたう
	■環境構成 ★援助・配慮	■ロッカーや靴箱に個人マークを付け、自分の場所や物が分かるようにする ■園児たちの遊び慣れた、興味を示す玩具を用意する ★園児たちの思いに寄り添いながら、保育教諭も一緒に遊び、スキンシップを図ることで信頼関係を深める ★園児のペースに合わせて、丁寧なかかわりを意識する	■固定遊具の死角を確認し、安全に遊べるように見守る ■いろいろな遊びのコーナーを設定し、好きな遊びを見つけられるようにする ★遊具の安全な使い方を分かりやすく知らせ、事故やけがにつながらないように見守る ★手話や歌を分かりやすく伝える
教育的時間を除いた時間の内容		●楽しい雰囲気の中で食事をする ●保育教諭のそばで、落ち着いて午睡をする ●新しい環境や生活に興味・関心を持ち、安心して過ごす	●保育教諭に促されてトイレに行く ●箸を使って自分で給食を食べようとする ●生活や遊びの中で、保育教諭とのスキンシップを図り、信頼関係を築く
	■環境構成 ★援助・配慮	■安心して生活できるように、ゆったりとした生活リズムと雰囲気作りをする ■安全に遊べるように、危険箇所や危険な物がないかを確認する ★園児の食べるペースに合わせ、無理なく食事ができるようにする ★一人一人の気持ちを代弁し、笑顔で話しかけ、安心感を持てるようにする	■トイレは清潔にし、安全に使用できるようにそばで見守る ■机に間隔をあけてマークを貼り、広くゆったりと食事ができるようにする ★トイレの時間を決め、トイレに行く習慣を身に付ける ★園児の欲求や甘えを受け止め、優しくかかわる
自己評価 教育・保育に対する		●新しい環境に慣れるように、不安な気持ちを受け止め、一人一人と丁寧にかかわるように意識した。できない部分は、声かけしながら身に付くようにしていきたい	●遊びの仲立ちをすることで、友達とのかかわりが持てるようになってきた。戸外では、活発に体を動かす園児が多いので、事故のないように常に安全な環境作りをしていく

配慮すべき事項
- 新しい環境への期待や不安を受け止め、園児の気持ちに寄り添いながら、信頼関係を築く
- 園児たちの様子や体調について、保育教諭間で共有し合い、適切な対応を心掛ける

子育ての支援（保護者支援）
- 笑顔で挨拶を交わし、日々の会話で信頼関係を築く
- 園児たちの様子や体調をこまめに伝える

月初めの園児の姿

- 新しい環境に戸惑い、泣いてしまう園児もいるが、保育教諭のそばで落ち着いて過ごす園児もいる
- 自分の思いを言葉やしぐさで伝えようとする
- 好きな遊びを見つけ、友達と遊ぶ

3週	4週
●生活リズムに慣れ、毎日の流れやルールを知る ●身近な春の自然に触れながら、遊ぶことを楽しむ	●いろいろな約束事が分かり、少しずつ身に付けていく ●保育教諭と一緒に、生活に必要な挨拶や身の回りのことをしようとする ●行事に参加し、楽しさを味わう
●身体測定を行い、大きくなったことを喜ぶ ●戸外遊びや散歩に出かけ、春の自然や小動物に親しむ ●こいのぼりを製作する	●日常の挨拶や返事が身に付くように、丁寧に知らせる ●玩具を片付ける場所や片付けの仕方が分かり、保育教諭と一緒にやってみる ●誕生会に参加し、友達とみんなで祝う
■園庭や園周辺の危険箇所は、点検、確認しておく ■絵本や図鑑でも花や虫を見て、自然に興味・関心を持つ ★身体測定で、一人一人が大きくなっていることを伝え、成長に関心が持てるようにする ★園庭のこいのぼりを観察し、イメージを膨らませて製作できるようにする	■生活の流れや手順、片付けなどを再確認し、自分でやりやすい環境を整える ■誕生会の会場への移動は、園児たちを落ち着かせて安全に行えるようにする ★保育教諭から挨拶を交わし、笑顔でかかわり、温かい雰囲気を作る ★保育教諭も一緒に遊びながら、体を動かす楽しさ、心地よさを伝える
●登園後の荷物の片付けやおたよりのシール貼りを見守られながら行う ●順番に並んで手洗いをする ●靴を左右確認しながら履く	●排泄後の衣服の後始末を促されて、自分でやろうとする ●保育教諭に促され、一緒に衣服の調節をする ●石鹸を使って、丁寧に手洗いをする
■おたよりシールを入れるかごにもマークを付け、自分で片付けられるようにする ■並ぶ位置にポイントのマークなどを貼り、分かりやすくする ★靴が履けたら確認し、間違っている子には言葉掛けをして直せるようにする ★ルールを守って並んだり、片付けたりした時はしっかりとほめ、意欲につなげる	■手の届く場所に石鹸を置き、石鹸で丁寧に手洗いができるようにする ■快適に過ごせるように、室温や湿度を調節する ★さりげなく援助をし、自分でできた喜びが味わえるようにする ★遊具の片付けがみんなでできるように、保育教諭も一緒に行う
●まだ、泣きながら不安定な気持ちで登園してくる園児がいる。気持ちを受け止め、楽しいことを保育教諭と共有できるようにしていきたい	●生活の流れがだんだん分かり、自分から次のことをしようとする姿があった。遊びの中でのトラブルも園児たちの思いを聞きながら、解決することができた

年間計画

4月 5月 6月 7月 8月 9月 10月 11月 12月 1月 2月 3月

園の行事

- 新入園児お迎え会
- 足形取り
- 身体測定
- 入園記念写真撮影
- 交通安全指導
- 避難訓練
- 誕生会

47

4月の月間指導計画 こども園（満3歳含む）②

		1週	2週
ねらい		●新しい環境に慣れ、安心して過ごす ●保育教諭に見守られながら、好きな遊びをじっくり楽しむ ●戸外に出ることを喜び、春の訪れを感じる	
週のねらい		●好きな遊びを通して、担当の保育教諭や友達とのかかわりを楽しむ ●新しい生活の流れを保育教諭と一緒に少しずつ覚える	●戸外で体を動かして遊び、春の自然に親しむ ●園内散歩をして様々な部屋について知る
教育的時間の内容		●自由に遊びながら、新しい保育室の様々な場所や使い方を知る ●生活の流れを覚えようとし、保育教諭と一緒に身の回りのことを自分でしようとする ●安全教室に参加し、交通ルールを知る	●春の暖かさに触れながら、戸外で体を動かして遊ぶ ●友達と手をつないで園内散歩を楽しみながら、周りの環境に関心を持つ ●身体測定をして、大きくなったり、重くなったりしたことを知る
教育的時間を除いた時間の内容		●一人一人の体調や疲れに配慮しながら、ゆったりと過ごす ●名前を呼ばれたら元気よく返事をする ●大きいクラスの友達と好きな遊びを見つけて楽しむ	●知っている保育教諭に親しみを持ちながら、ゆったりと遊びを楽しむ ●他のクラスの子とのままごと遊びを通し、遊びの中でスプーンやフォークを使って楽しむ
★援助・配慮 ■環境構成		■ロッカーや座る席に個人写真を貼るなどして、自分の場所が分かるようにする ■不安な気持ちを温かく受け止め、落ち着いてゆったりと過ごせる雰囲気を作る ★安全に気を付けながら、安心して遊べるように言葉掛けをする ★園児が活動しやすいよう、分かりやすい言葉で伝える	■春の生き物に関する絵本や紙芝居を読み、興味や親しみが持てるようにする ■好きな遊びを見つけられるよう、いろいろな種類の玩具を用意し、自分で遊びが決められるようにする ★他のクラスに興味が持てるような言葉掛けをする ★戸外の安全を確認し、好きな遊びを存分に楽しめるようにする

配慮すべき事項

●新しい環境でも安心して過ごせるように、一人一人に声をかけ、信頼関係を築く
●慣れない環境に疲れが出やすくなるので、体調の変化に注意する

子育ての支援（保護者支援）

●送迎の際に園での様子を伝え、信頼関係を深める
●緊急の連絡先や疾病の配慮点などを十分に把握する

月初めの園児の姿
- ズボンや靴下の着脱など、一人でできることは自分で行おうとする
- 簡単な言葉を使って、友達や保育教諭などに手伝ってもらいながら会話を楽しむ
- 進級したことを喜ぶが、初めての保育室や保育教諭などに戸惑う姿が見られる

3週	4週
● 自分なりの言葉やしぐさで思いや要求を伝えようとする ● 体操や遊戯を通して、体を使って表現することを楽しむ	● 朝の支度や持ち物の片付けなど、自分でできることを自分でしようとする ● こいのぼり製作を楽しむ
● 遊びながら簡単な会話を楽しんだり、保育教諭に自分の気持ちを伝えようとしたりする ● 曲に合わせて体を動かすことを楽しむ ● 虫歯予防教室に参加し、歯の大切さについて知る	● 保育教諭に手伝ってもらいながら、身の回りのことを自分でしようとする ● スタンピングやシール貼りを楽しんで、こいのぼりを作る ● 避難訓練に参加して、身の守り方を知る
● 順番を守って手洗いをする ● 気の合う友達や保育教諭と一緒に好きな遊びをする	● 保育教諭の声かけでトイレに行き、排泄する ● その日の気温や活動量に合わせて、手伝ってもらいながら衣服の調節をする ● ブロックやままごと、スタンピングなどのコーナー遊びを楽しむ
■ 一人一人の興味や発達に合った玩具を用意する ■ 手洗い場の並ぶ位置にテープなどで印を付け、順番に手洗いができるようにする ★ 園児の言葉に耳を傾けながら、思いを受け止めたり必要な援助を行ったりする ★ 保育教諭も一緒に体を動かすことで、園児たちも楽しめるようにする	■ 支度や片付けがしやすいよう、帽子や靴下を準備したり、大きめの箱を用意したりする ■ こいのぼり製作では、シールの貼り方やスタンピングの仕方など、発達に合わせて個別にやり方を知らせる ★ 個人差に配慮し、一人一人の様子に応じて準備や片付けの仕方を丁寧に伝える ★ スタンピングの方法やシールの貼り方を伝え、指先を使った製作を楽しめるようにする

教育・保育に対する自己評価

● 保育教諭同士の連携を意識したこともあり、中旬頃から園児たちは落ち着いて過ごしている。新入園児には、ありのままの姿を受け入れ、無理のないようかかわったことで、後半は好きな遊びを見つけ安心して自分を出して過ごしている。新入園児が落ち着いたことで、進級児もゆったりと過ごせているので、引き続き環境作りに配慮したい

園の行事
- 始業式
- 入園式
- 安全教室
- 身体測定
- 誕生会
- 虫歯予防教室
- 避難訓練

4月の月間指導計画

こども園（満3歳含む）③

- 保育教諭に気持ちを受け止めてもらいながら安心できる環境の中で伸び伸びと過ごす
- 戸外で思いきり体を動かし、春の自然に触れて親しむ
- 新しい環境や生活リズムに慣れて、安心して過ごす

	1週	2週
週のねらい	●新しい環境に慣れ、安心して過ごす ●保育教諭とのかかわりの中で情緒が安定し快適に過ごす ●生活の仕方を少しずつ覚える	●遊びを通して友達や保育教諭とかかわり親しみを持つ ●戸外で身近な自然物に興味を示し触れて親しむ
教育的時間の内容	●保育教諭と一緒に身の回りのことをしながら、生活の流れを覚える ●自分の気持ちを言葉やしぐさで表現する ●好きな遊びや場所を見つけて、友達や保育教諭と遊ぶ	●友達や保育教諭と一緒に園庭で遊ぶ ●春の自然に触れながら戸外で体を動かして遊ぶ ●保育教諭とのかかわりの中で生活の仕方を覚え、身の回りのことを自分でしようとする
教育的時間を除いた時間の内容	●新しい環境でも保育教諭がそばにいることで、安心して過ごす ●落ち着いた雰囲気の中、安心して入眠する ●異年齢児とかかわりながら好きな遊びを見つけて楽しむ	●ままごと遊びの中でスプーンやフォークを使って楽しむ ●名前を呼ばれると元気に返事をする
■環境構成 ★援助・配慮	■机や棚など、自分の場所が分かるように個人のマークを貼るなどする ■様々な玩具やコーナー遊びを用意し、好きな遊びが見つけやすい環境を設定する ■ゆったりとした音楽を流したり保育教諭がそばに付いたりして、安心して入眠できるようにする ★スキンシップを取ったり優しく語りかけたりして、安心感が持てるようかかわる ★個人差に配慮して一人一人に合わせて生活の仕方を伝えていく	■春の自然に関する絵本や紙芝居を読み、興味や関心が持てるようにする ■支度や片付けなどがしやすいよう、十分なスペースを確保したり取り出しやすい位置に用意したりする ★遊びの中でスプーンやフォークの持ち方をさりげなく伝えていく ★自分でしようとする姿を見守り、難しいところは援助しながら、自分でできた達成感を味わえるようにする

配慮すべき事項

- 一人一人に応じた声かけやかかわりで信頼関係を築き、安心して過ごせるようにする
- アレルギーの有無や健康状態をしっかり把握し、適切な対応ができるようにする

子育ての支援（保護者支援）

- 送迎時や連絡帳で園や家庭での様子を伝え合い、子どもの姿を共有しながら信頼関係を築いていく
- 準備物などは分かりやすく伝え、着替えなどの用意をお願いする

月初めの園児の姿
- 進級したことを喜ぶが、新しい環境や保育教諭に戸惑いを見せる園児もいる
- 好きな玩具を見つけ、友達や保育教諭と一緒に遊ぶ
- 身の回りのことを自分でしようとするが、手助けが必要な園児もいる

3週	**4週**
● 好きな遊びを見つけ十分に楽しむ ● 友達や保育教諭とのかかわりを通し、一緒に遊ぶ楽しさを味わう ● 避難訓練に参加し、避難の仕方を知る	● 自然に触れて遊び、春の自然に興味を持つ ● トイレの使い方が分かり、排泄する ● 身の回りのことなど、自分でできることを自らしようとする
● 誕生会に参加し、友達を祝ったり出し物を見たりして楽しむ ● 避難訓練に参加し、保育教諭の声かけや誘導で避難の方法を知る ● 季節の歌を歌ったり手遊びをしたりして楽しむ	● 遊びの中で友達や保育教諭と会話を楽しんだり言葉で気持ちを伝えようとしたりする ● 春の暖かさに触れ、戸外で体を動かし楽しむ ● 折り紙やシールなど、様々な素材を使ってこいのぼりを作る
● 順番に並んで手洗いをする ● 気の合う友達や保育教諭と一緒に好きな遊びをする ● 食事や集まりなど、生活の中で保育教諭と一緒に挨拶をする	● 保育教諭に誘われ、トイレで排泄する ● こいのぼりを見て歌を歌うなどして楽しむ ● 保育教諭に援助され、気温や活動に合わせて衣服の調節をする
■ 順番に手洗いができるよう、イラストで示したり並ぶ位置にテープで印を付けたりする ■ 避難方法や避難経路について、スムーズな避難ができる環境か職員間で話をし、普段から確認しておく ★ 避難の際、不安を感じる園児のそばに付き、しっかりと気持ちを受け止め、安心できるようにする ★ 生活の中での挨拶を保育教諭が一緒にすることで、挨拶の仕方を伝える	■ こいのぼりを近くに見に行ったり触れる機会を設け、イメージを膨らませ、製作に取り組めるようにする ■ 園庭で好きな遊びが楽しめるよう、玩具が揃っているか、危険がないか確認する ★ こいのぼり製作では園児が取り組みやすいよう、言葉で伝えながら一緒にかかわる ★ 保育教諭も一緒に遊びを楽しみながら、体を動かす気持ちよさを伝えていく ★ 園児の気付きや発見に共感し、言葉にするなどして発見の楽しさを伝える

教育・保育に対する自己評価

- 新入園児や進級した園児の戸惑いや不安に対し、丁寧にかかわり気持ちを受け止めたことで、少しずつ安心して過ごせるようになった。また、園児の姿や状況を見ながら興味のある玩具や絵本などを用意したことで、自分の好きな遊びを見つけ楽しむ姿が見られるようになった。引き続き園児に合わせた環境構成に配慮したい

園の行事
- 入園式
- 進級式
- 親睦遠足
- 内科健診
- 避難訓練
- 誕生会
- 身体測定

51

4月

の月間指導計画

こども園（満3歳含む）④

ねらい
- 新しい環境に慣れ、安心して過ごす
- 保育教諭に見守られながら自分の好きな遊びを楽しむ
- 戸外で草花などの春の自然に親しむ

	1週	2週
週のねらい	●新しい保育室や保育教諭に慣れ、安心して過ごす ●生活の流れを保育教諭と共に少しずつ覚える ●戸外で伸び伸びと遊び、自然に興味を持つ	●戸外で自由に散策することを楽しむ ●新しい生活の流れを覚え、自分からかかわろうとする
教育的時間の内容	●好きな場所や玩具を見つけ、保育教諭や友達と楽しく遊ぶ ●保育教諭に手伝ってもらいながら、持ち物の始末の仕方を知る ●自分の要求を言葉やしぐさで伝える	●保育教諭や友達と園庭で散策遊びを楽しむ ●身体測定をして、成長を喜び合う ●保育教諭の声かけで生活の流れを覚え、保育教諭と一緒に、または友達を見ながら身の回りのことを自分でしようとする
教育的時間を除いた時間の内容	●ゆったりとした雰囲気の中で生活する ●保育教諭のそばで安心して眠る ●気の合う友達や保育教諭と一緒に遊ぶ	●保育教諭が挨拶したら元気に挨拶を返す ●正しいスプーンやフォークの持ち方で食事ができる
★援助・配慮 ■環境構成	■安心して生活できるよう、ゆったりとした生活リズムを作り、保育室の装飾をする ■興味を示しそうな玩具や絵本を用意し、複数のコーナーを作る ★笑顔で話しかけたり、話に共感したりして安心感を持てるようかかわる ★不安や甘えを受け止め、心の安定を図るようにする	■大型遊具には必ず保育教諭がそばに付き、安全に遊べるよう援助する ■死角や危険箇所は事前に保育教諭間で連携を図り、危険のないように見守る ★園児の気付きや発見に優しくかかわり、丁寧なスキンシップを取る ★園児たちが活動しやすいよう、活動内容を分かりやすく伝える

配慮すべき事項
- アレルギーの有無、健康状態などを把握し、適切な対応や記録ができるようにする
- 不安や戸惑いを受け止め、たくさん触れ合うことで信頼関係を築いていく

子育ての支援（保護者支援）
- 話しやすい雰囲気でコミュニケーションを取り、思いを共有しながら信頼関係を築く
- 食事や排泄などの園での様子を伝え、家庭と園で共通した対応ができるようにする

月初めの園児の姿

● 進級したことを喜ぶが、新しい保育室や保育教諭に戸惑う園児もいる
● 好きな玩具を見つけ、保育教諭や友達と遊ぶ
● 進級に期待を持ち、身の回りのことを進んでしようとする

3週	4週
● 身近な春の自然に興味を持ち、触れて遊ぶ ● 散歩を楽しむ中で、道路には危険な場所があることを知る ● こいのぼりに興味を持ち、製作を楽しむ	● 誕生会で友達の成長を共に喜ぶ ● 簡単な身の回りのことを意欲的に行う ● 戸外で体を動かして遊び、自然に親しむ ● プランターに野菜の種をまく
● 春の自然に触れ、友達や保育教諭と好きな遊びを十分に楽しむ ● 散歩を楽しむ ● こいのぼりの製作を楽しむ	● 誕生会に参加し、保育教諭や友達と一緒にお祝いし、行事の雰囲気を楽しむ ● 春の心地よい暖かさに触れながら、思いきり体を動かして遊ぶ ● 野菜の種をまいて、成長を楽しみにする
● 春の絵本や歌を楽しむ ● 順番を守って手洗いをする	● その日の気温や活動内容に合わせて、手伝ってもらいながら衣服の調節をする ● 異年齢児とかかわりながら、一緒に遊ぶ
■ 花や虫など自然に関する絵本や図鑑を保育室に置き、親しみを持てるようにする ■ 様々な色・種類のこいのぼりの写真を保育室に掲示し、自分の好きなイメージで製作できるようにする ★ 散歩コースの安全確認を事前に行う ★ 散歩時には、交通ルールや死角を知らせながら歩く ★ 園児のイメージに共感し、歌を歌うなどしながら楽しく製作する	■ 行事に関心を持って参加できるよう、行事の途中で声をかける ■ 野菜の生長過程を観察できるように身近に置き、興味が続くようにする ★ 保育教諭も一緒に遊びながら、体を動かす楽しさや心地よさを伝える ★ 朝の身支度や片付けなど、身の回りのことに関しては、一人一人に合わせた声かけや援助をし、自分でできる喜びが味わえるようにする

教育・保育に対する自己評価

● 一人一人と丁寧にかかわり、不安や甘え、自己主張を十分に受け止めたことで、月の後半に向かって少しずつ新しい環境に慣れることができた。新しい保育教諭にも自らかかわろうとし、安心して過ごせるようになった。友達とかかわりながら遊ぶことで、友達がしている遊びに興味を示す姿が見られた

園の行事

● 入園式
● 進級式
● 身体測定
● 避難訓練
● 誕生会

5月

の月間指導計画 保育園①

- 身の回りの様々な事象に興味・関心を持つ
- 戸外で、体を動かして遊ぶことを楽しむ
- パンツやズボンなどの簡単な物を、一人で着脱できる

		1週	2週
週のねらい		●パンツやズボンなどの簡単な物を、自分から着脱しようとする ●色や感触に興味を持ち、フィンガーペインティングを楽しむ	●園生活にも慣れ、連休明けの疲れも出てくるので、安心して過ごせるようにする ●散歩や戸外で体を動かして遊ぶ
養護（生命の保持・情緒の安定）		●保育者が排泄を促すことで、トイレに行けるよう援助する ●個々の自己主張を受け止め、情緒の安定を図る	●視診と検温をしっかりと行い、体調管理を心がける ●一人一人のペースに合わせ、ゆったりとした活動の中で生活リズムを整える
教育（健康・人間関係・環境・言葉・表現）		●ズボンや靴下などの簡単な着脱を一人で行おうとする ●保育者が促すと手洗い、うがいをして、椅子に座れる ●好きな絵の具を使って、フィンガーペインティングを楽しむ	●友達と一緒に散歩に行ったり、ごっこ遊びを楽しんだりする ●見たり聞いたりすることに興味を持ち、手指を使って製作することを楽しむ ●食器具を使い、自分で食べようとする
■環境構成 ★援助・配慮		■パンツやズボンなどをはきやすいように、ベンチを設置する ■フィンガーペインティングをする前に、ビニールシートを床に敷く ★個々の自己主張は個人差があるので、個々に合った援助をする ★園児たちの言葉のやり取りを丁寧に受け止め、楽しめるように援助する	■落ち着いて過ごせるように、安心できる雰囲気を作る ■戸外遊びでは帽子を着用して、水分補給などの暑さ対策をする ★連休の疲れが出るので、ゆったりと過ごし、徐々に生活リズムを取り戻せるようにする ★一人で楽しく食べられるように、ほめて認め、励ます
自己評価（教育・保育に対する）		●好きな絵の具を使って、フィンガーペインティングを楽しんだことで、心を解放して笑顔で遊ぶことができた	●連休明けは疲れも出てくるので、一人一人のペースに合わせ、ゆったりと生活リズムを整えることを心がけ、安定して過ごすことができた

配慮すべき事項
- 連休明けの疲れから、体調や生活リズムが崩れやすいので、個別に健康管理を配慮する
- 健康に留意した気温や湿度を保つようにする

子育ての支援 （保護者支援）
- 連休明けで疲れが出やすくなるので、園での様子を十分に伝え、連携を深めていく
- 基本的な生活習慣を身に付けられるように、個人差を踏まえてこまやかに対応する

前月末の園児の姿

- 健 行動範囲が広がり、戸外で体を動かして遊ぶ
- 人 友達と一緒に遊びながら、興味を持ちはじめる
- 環 身近な自然物に触れることを楽しむ
- 言 わらべ歌や手遊びなどの言葉に興味を示し、最後まで聞くことができる
- 表 音楽に合わせて体で表現したり、リズム遊びを楽しんだりする

3週

- 身の回りの様々な事象に興味を持ち、自然物で遊ぶ
- 簡単なわらべ歌やごっこ遊びを楽しむ

- 身体測定を通して、食べることの大切さを知り、保護者とも連携を深める
- 保育者と一緒にわらべ歌やごっこ遊びをして、友達とのかかわり方を知る

- 友達と一緒に遊ぶことに喜びを感じる
- 簡単なルールを理解し、様々な遊びを楽しむ
- 自然物で指先を使った遊びを集中して行う

- ■水や砂、土の自然物を使って遊べるように設定する
- ■手洗い場、足洗い場を使いやすいように整備する
- ★服が汚れても着替えがあるので安心して遊べるように援助する
- ★自然物で遊んだあとに、清潔にすると心地がよいことを感じられるように援助する

- 汚れることを気にせずに自然物で遊べることは貴重な体験だが、そのあとは着替えをし、心地よくなるように援助することができた

4週

- 友達とのかかわりに興味を持ち、言葉で表現する
- 絵本や紙芝居に興味を持ち、最後まで聞くことができる

- 身の回りのことを自分でやってみようとする気持ちを大切にし、ほめて認め、励ますことで意欲を育てる
- 「貸して」「ありがとう」「ごめんね」と、自分の気持ちを伝えられるようにする

- 玩具の貸し借りをしたり、順番を待ったりすることで、自我をコントロールできる
- 絵本や紙芝居を見て、感じたことを言葉で表現できる
- 好きな絵の具を使って、思いのままに表現してかく

- ■安心してトイレで排泄できるように見守り、できたらほめて認める
- ■友達に対して自分の気持ちを言葉で伝えることができたら、ほめて認める
- ★一人一人の基本的な生活習慣には個人差があるので、適切に援助できるようにする
- ★順番や貸し借りでトラブルになったら、保育者が仲立ちをして丁寧に対応する

- 自我が芽生えて自己主張をすることは、自立の芽が育つことにつながるので、一人一人の気持ちを受け止めるようにし、ゆったりとした生活の中で、生活習慣を身に付けることができた

園の行事

- こどもの日
- 避難訓練
- 身体測定
- 誕生会
- 愛情弁当園外保育
- おはなし会
 （交通安全指導）

ねらい

- 排泄や衣服の着脱など意欲を持って行う
- 友達とかかわりながら、体を十分に動かして遊ぶことを楽しむ
- 身の回りの物に興味を持ち、様々な素材に触れて表現することを楽しむ

	1週	2週
週のねらい	●保育者や友達、親子で行事に参加し、楽しむ ●食事を楽しみ、旬の食材に興味を示す ●椅子の座り方や正しい姿勢を知る	●連休明け、安心して過ごせるようにする ●戸外遊びを楽しむ ●色や感触に興味を持ち、製作を楽しむ
養護（生命の保持・情緒の安定）	●生活リズムを整え、快適に過ごせるようにする ●旬の食材を知り、興味を持って食事を楽しめるようにする	●視診と検温を行い、体調管理を心がける ●一人一人の様子を見てゆったりと過ごし、生活リズムを整える
教育（健康・環境・人間関係・言葉・表現）	●様々な素材を使って、巨大迷路の準備を楽しむ ●椅子の座り方や正しい姿勢を知り、自分から行おうとする ●季節の歌や詩に親しむ	●クレヨンや色紙、のりなどを使って製作することを楽しむ ●絵日記を通して連休中の過ごし方などを言葉で表現する ●戸外で思いきり体を動かし、伸び伸びと遊ぶ
■環境構成 ★援助・配慮	■旬の食材が分かるように絵本などの準備をする ■保育参観では、園児たちの様子を見守りながら親子で楽しめるように、遊びや環境を設定する ★食材カードを用いて食材を知らせ、食に対し興味が持てるようにしていく ★園児たちの様子を見ながら反応を受け止め、わらべ歌や伝承遊びなどで触れ合うことを楽しめるようにする	■園児たちが選べるように様々な素材を準備し、表現できる環境を整える ■戸外遊びでは帽子を着用し、時間を見て水分補給を行う ★クレヨンやのりなどの使い方を優しく丁寧に伝えながら、製作活動を楽しめるようにする ★必要に応じて保育者が援助をしながら、戸外で伸び伸びと体を動かす楽しさを伝えていく

配慮すべき事項

- 連休明けは体調や生活リズムが崩れやすいので、ゆったりと安心して過ごせるようにする

子育ての支援（保護者支援）

- 連休明けは園児たちの様子を伝え合い、一人一人に配慮できるようにしていく
- 個人面談を行い、園と家庭での様子を伝え合い連携していく

健 園庭の坂道を上ったり下ったりして、元気よく遊ぶ
人 友達とかかわりながら遊びを楽しむ
環 身近な自然に触れ、楽しく遊ぶ
言 絵本を静かに見たり、言葉をまねたりすることができる
表 見たり聞いたりすることに興味を持ち、言葉で表現する

3週	4週
●絵本に興味を持ち、絵本の世界を楽しむ ●身の回りの様々な事象に興味を持つ ●友達とかかわりながら遊ぶことを楽しむ	●友達と一緒に体を動かして遊ぶことを楽しむ ●梅雨期の自然事象に興味を持つ ●好きな素材で伸び伸びと表現することを楽しむ
●園児たちの姿を見守りながら、時には気持ちを代弁して仲立ちし、友達とのかかわり方を伝えていく ●気温が高くなってくるので、室内の湿度や温度に留意する	●一人一人が十分に体を動かせるように室内環境を整える ●自分でしようとする気持ちを受け止め認めることで、意欲を持って取り組めるようにする
●友達と一緒に遊ぶことに喜びを感じる ●絵本を見て感じたことを言葉や体で表現し、登場人物になりきって遊ぶ ●夏の野菜の苗を植え、食材に興味を持つ	●絵本や図鑑などを見て、季節や天候の変化に興味・関心を持つ ●好きな素材を使って絵をかくなど、思いのままに表現することを楽しむ ●天気を見ながら散歩をするなどして、自然に触れる
■イメージを持って絵本を楽しみ、劇遊びをして遊ぶ ■安心してトイレで排泄できるように見守り、「気持ちよかったね」などと優しく声をかけ、認めていく ★言葉でのやり取りができるように援助し、より楽しめるようにする ★衣服の着脱ができる場所を明確にし、安心して排泄できる環境を考慮する	■季節にちなんだ歌や詩に触れ、季節の変化を感じられるような環境作りを行う ■リズム室なども使って歌やリズム遊びなど、友達と一緒にかかわって遊べるように見守り、援助していく ★梅雨の季節のディスプレイに変えたり、雨を見て感じた子どもたちの気付きに共感したりする ★友達とのかかわり方を伝え、一緒に遊ぶ楽しさを感じられるようにする

教育・保育に対する自己評価

●連休明けは泣いて登園する子の姿もあったが、様子を見守りながら声をかけた。徐々に園での生活リズムを取り戻して落ち着いて過ごすことができた。一冊の絵本に親しみ、くり返し読むことで、登場人物になりきって言葉でのやり取りを楽しむことができた

園の行事

●身体測定
●保育参観
●個人面談
●避難訓練
●誕生会

5月の月間指導計画 保育園③

- 着脱や排泄など、身の回りのことを意欲的に行う
- 友達とかかわりながら、自然の中で体を動かし遊ぶ心地よさを感じる
- 言葉を使い保育者や友達とのやり取りを楽しむ

		1週	2週
週のねらい		●簡単な着脱を進んで行おうとする ●自然に親しみ、春の心地よさを感じる	●連休明けの不安や甘えたい気持ちを受け止めてもらい、安心して過ごす ●戸外に出て、探索することを楽しむ
養護（生命の保持・情緒の安定）		●汗をかいたり汚れたりしたら着替えることを知らせ、清潔を保てるようにする ●一人一人の気持ちを受け止め、情緒の安定を図る	●生活リズムを整え、落ち着いて過ごせるようにする ●視診や触診をしっかりと行い、体調管理に気を付ける
教育（健康・人間関係・環境・言葉・表現）		●戸外で体を動かし、自然に触れる ●友達と一緒にメダカや虫を探してかかわりを持つ ●着脱について自分でできることは進んでやってみようとする ●保育者や友達と言葉のやり取りを楽しむ ●曲に合わせて体を動かすことを楽しむ	●伸び伸びと体を動かして楽しむ ●友達の姿に興味を持ち、同じことをして喜ぶ ●好きな遊びコーナーで落ち着いて遊ぶ ●絵本を見て物語の世界を楽しむ ●パズルやひも通しなど、指先を使う遊びを楽しむ
■環境構成 ★援助・配慮		■園児と一緒に事前に準備をして、着替えがしやすい環境を整える ■園児が好きな曲を流し、表現を楽しめるように環境を整える ★園児同士の言葉のやり取りを受け止め、言葉でのコミュニケーションを楽しめるよう促す	■戸外では、しっかりと帽子を被ることを伝え、衣服の調節や水分補給を行い、快適に過ごせるよう設定する ■連休明けは、生活リズムを取り戻せるよう落ち着いて過ごせる環境を整える ★子どもたちが十分に楽しめるよう、パズルや紐通しを人数分用意する ★子どもの気付きや感動に共感し、言葉でのやり取りが楽しめるよう応答的にかかわる

配慮すべき事項

- 連休明けは生活リズムが乱れ、体調を崩しやすくなるので、落ち着いた雰囲気で保育を行う
- 室内の湿度や室温に気を配り、快適に過ごせるよう配慮する

子育ての支援（保護者支援）

- 日々の園児の情報を共有し、一人一人に配慮できるようにする
- 園児の成長には個人差があることを伝え、基本的な生活習慣を身に付けられるよう連携する

健 戸外で伸び伸びと体を動かし、探索活動を楽しむ
人 友達と一緒に遊ぶことを楽しむ
環 身近な自然に触れ、虫探しを楽しむ
言 絵本を見ることで言葉に興味を持ち、話すことを楽しむ
表 様々な方法で、表現することを楽しむ

3週	4週
● 安心感を持って身の回りのことに取り組む ● 製作などを通して自由に表現することを楽しむ	● あいさつや返事を元気よく行う ● 草花や虫探しを楽しみながら、春の生き物を知る ● 簡単なルールのある遊びを楽しむ
● 排泄したり、便座に座ったりすることに慣れるようそばで見守る ● 保育者が思いを受け止めることで、気持ちが伝わる喜びを味わえるようにする	● 優しく園児に語りかけ、あいさつや返事をする心地よさを感じられるようにする
● 自らトイレ用スリッパを履き、便座に座ろうとする ● 簡単な着脱をやろうとする ● 自分のしたいことやしてほしいことを言葉で伝えようとする ● 大きな紙にクレヨンでかくことを楽しむ	● 遊びのルールを知り、楽しく遊ぶ ● 保育者に気持ちを伝え、伝わる喜びを感じる ● 絵本や図鑑で虫や草花を見て興味を持つ ● 名前を呼ばれたら元気に返事をする
■ 園児同士の間隔を十分に取り、大きな紙に満足するまでかけるようスペースを確保する ■ 安心して排泄できるよう、トイレを明るく清潔にし、スリッパを並べておく ★ 着脱しやすいよう場所を明確にして知らせる。園児たちの姿を見守りながら、自分でできた喜びを感じられるよう援助する	■ 園庭で見つけた草花や虫について興味を深められるよう春の図鑑を用意する ■ 朝の会などで、元気に返事やあいさつができる場面を設ける ★ 絵本の順番やルールのある遊びの順番、貸し借りのトラブルの際には、保育者が仲立ちとなり、気持ちを受け止め、次につなげられるよう援助する ★ 子どもたちが思いを伝えやすい雰囲気や環境を心がけ、受容することで認められているという思いを高めていく

教育・保育に対する自己評価

● 連休明けは、スキンシップを図りながら、園児の思いを受容したことで落ち着いて過ごせるよう導いた。友達の存在を知らせることで、友達のまねをしながら身の回りのことに取り組む姿が見られた。友達とのやり取りを楽しむ一方でトラブルも増えてきているので、言葉で気持ちを伝える楽しさを伝えていくようにする

園の行事

● 衛生チェック
● 身体測定
● そらまめのさやむき（幼児）
● 避難訓練

の月間指導計画 保育園④

		ねらい
		●保育者とのかかわりを通して様々な場面で適切な言葉を知り、体験したことを話そうとする
		●排泄や衣服の着脱などを意欲的に行う
		●身近な動植物に興味・関心を向ける

	1週	2週
週のねらい	●行事の由来に興味・関心を持ち、集会に参加する ●安心できる環境の中で伸び伸びと過ごす	●タオルやティッシュペーパーの使い方を知り、清潔を保つ気持ちよさを感じる ●遊びを通して約束事や必要な言葉のやり取りを知る
養護（生命の保持・情緒の安定）	●規則正しい生活リズムを取り戻し、気に入った遊びを見つけて楽しく過ごせるようかかわる	●衣服の着脱の方法を伝え、身の回りのことを進んで行えるようにする ●落ち着いた雰囲気の中で十分に午睡や休息を取れるようにする
教育（健康・人間関係・環境・言葉・表現）	●戸外で自然と触れ合い、十分に体を動かして遊ぶ ●好きな遊びを見つけ、友達とのかかわりを広げる ●五月人形やこいのぼりの意味を知り、見学をしたり製作をしたり行事食を食べたりして、興味を深める	●タオルやティッシュペーパーなどを必要な時に使用し、清潔を保つ ●遊びや生活に必要な言葉のやり取りや会話を楽しむ ●積み木やブロックなどの玩具を組み合わせ、思い思いに表現することを楽しむ
■環境構成 ★援助・配慮	■遊びを通してかかわりが広げられるよう、様々な玩具や遊びを用意する ■スムーズに製作を進められるよう、用具や様々な素材を用意する ★一人一人の生活リズムに配慮して視診を行い、健康に過ごせるようにする	■着替えを置く場所などを分かりやすくし、着脱の仕方を知らせていく ★衛生検査の時間を用いて、どんな時にタオルやティッシュペーパーなどが必要かを知らせ、使い方を見せる。鼻のかみ方などは、個別に丁寧に伝えるようにする ★集団での約束事を知らせながら、一緒に遊ぶ中で、友達にも思いがあることに気付けるようかかわる

配慮すべき事項

●簡単な衣服の着脱の方法やたたみ方を伝え、できた部分を認めていく
●一人一人の思いを受け止め、仲立ちし、言葉を選んで伝えられるよう促す

子育ての支援（保護者支援）

●連休後は体調を崩しやすいので、一人一人の様子を確認し、生活リズムを戻していけるようお願いする
●汗をかいたり汚れたりするので、十分な数の着替えの用意をお願いする

前月末の園児の姿

- 健 戸外で体を動かすことを楽しむ
- 人 保育者や友達に親しみを持ってかかわる
- 環 新しい環境に慣れ、落ち着いて過ごす
- 言 進んであいさつをする
- 表 クレヨンなどを使い、思い思いに表現をする

年間計画 / 4月 / **5月** / 6月 / 7月 / 8月 / 9月 / 10月 / 11月 / 12月 / 1月 / 2月 / 3月

3週	**4週**
● 正しくスプーンを持ち、意欲を持って食べる ● 自分の思いや欲求を言葉にして表現する	● 様々な歌に合わせて体を動かすなど、自分なりの表現を楽しむ ● 保育者との信頼関係を築き、安心して過ごす
● マナーを守って食事ができるよう、正しいスプーンの持ち方や姿勢を伝える ● 自分の素直な気持ちを言葉で表現し、保育者や友達に伝えられるようにする	● 思いや欲求を受け止めることで信頼関係を築き、安定して過ごせるようにする
● 様々な食材に興味を持ちながら、バランスよく食事をする ● 思いを共有しながら一緒に過ごすことを楽しむ。集団で行動する中で周りの人に気付き、約束事があることを知る ● 自分の思いや欲求を言葉やしぐさで表現し、友達や保育者へ伝える	● 自分と相手の存在に気付き、様々な遊びを取り入れ、かかわりを楽しむ ● 動物や季節ならではの植物に興味や関心を持ち、見たり触れたりして親しみを持つ ● 歌をうたったり、思い思いのリズムに合わせて体を動かしたりして、表現することを楽しむ
■ 食材の名前などを知らせながら、楽しい雰囲気で食べられるようにする ■ 十分に体を動かして遊べる空間を作る ★ 自分で食べようとする意欲を損なわないよう配慮しながら、食事のマナーを伝えていく ★ 思いや欲求を言葉で伝えられるよう、伝えたい気持ちを受け止めて待ったり、言葉を補ったりして援助していく	■ 身近な季節の動植物への興味が広がるよう、絵本などを用意する ■ いろいろな体の動きや表現を楽しめるよう、園児の好きな歌や手遊びを多めに準備する ★ 園庭にある草花を調べておき、戸外遊びで園児が興味を示した際に知らせる ★ 友達とのかかわりを楽しめるような遊具を用意し、保育者も一緒に遊びながらかかわり方を伝える

教育・保育に対する自己評価

- スキンシップを取りながら、一人一人の気持ちを受け止め、かかわったことで、連休明けも笑顔で登園できた。身の回りのことを進んで行えるよう、励まし、できたことを十分に認めたことが意欲につながり、達成感を感じられたようだ。スプーンの持ち方や食べる姿勢などを確認して声をかけるとともに、楽しい雰囲気の中で食事ができるよう配慮した

園の行事

- 身体測定
- 避難訓練
- 誕生会
- 内科健診
- 保護者会

61

5月の月間指導計画 こども園（満3歳含む）①

- 簡単な身の回りのことを自分でしようとする
- 身近な春の自然に触れながら、戸外遊びで体を動かして遊ぶ
- 遊びや生活の中できまりがあることを知り、促されて守ろうとする

		1週	2週
週のねらい		●連休後の生活リズムを見直し、安心して過ごす ●自分の好きな遊びを見つけ楽しむ ●ルールを守ろうとする	●春の自然に親しみ、心地よさを感じる ●身近にある物の名前、色に興味を持つ ●簡単な身支度の仕方を知る
教育的時間の内容		●規則正しい生活の中で、気持ちよく過ごす ●保育教諭や友達と一緒に好きな遊びを楽しむ ●遊びや生活のルールを知り、守ろうとする	●草花や虫に触れる ●保育室内にある物や玩具の名前、色を知る ●保育教諭に手伝ってもらいながら、自分で身支度をする
教育的時間を除いた時間の内容		●連休中楽しかったことを保育教諭や友達に話す ●落ち着いた雰囲気の中で、保育教諭や友達と一緒に好きな遊びを見つけて楽しむ	●季節の歌や手遊びを楽しむ ●保育教諭に手伝ってもらいながら、着替えを進んで行おうとする
■環境構成 ★援助・配慮		■規則正しく過ごせる生活リズムを作る ■一人一人が好きな遊びを見つけられるよう、いろいろな玩具を準備する ★遊びの前にルールの確認を行い、ルールがあることを意識付け、友達と仲よく遊べるように言葉掛けをする ★好きな遊びを楽しめるように保育教諭も遊びに加わり、用具の使い方を知らせたり、一緒に会話をしたりして友達とのやり取りを楽しめるようにする ★連休中楽しかった出来事を聞き、伝えたい気持ちを受け止め、満足できるようにする	■散歩に出かける時は、ゆっくりと草花を見つけたり、虫に触れたりできるよう、時間に余裕を持って活動を設定する ■保育教諭が見本を見せたり、援助したりしながら身支度の仕方を知らせる ■クレヨンや折り紙を用意し、遊びの導入として物の名前や色の名前を確認する ★園児が花や虫を見つけた時の発見や驚きに共感する ★ゆとりを持って見守り、励ましながら、自分でできた満足感を得られるようにする ★身近な物や指人形を使ったりして演出し、一緒に歌う楽しさを感じられるようにする

配慮すべき事項

- 連休中の園児の様子を把握し、園児の体調管理を徹底する
- 園児が家庭や園の様子を話しやすい雰囲気作りをし、保育教諭が丁寧に対応することで、信頼関係を深められるようにする

子育ての支援（保護者支援）

- 連休明けで、環境の変化や生活リズムが乱れていないかなど、一人一人の体調を把握し健康状態を伝え合う
- 暖かくなるため、衣服の調節や着替えの補充など、清潔面での配慮をお願いし連絡を密にとる

前月末の園児の姿

- 新しい環境にも少しずつ慣れ、自分の思いや欲求を保育教諭に伝えようとしている
- 自分の好きな遊びを見つけ集中して取り組んだり、友達の遊びに興味を持ったりしている
- 手伝ってもらいながら身の回りのことを自分でしようとする姿が見られるが、やってもらうのを待っている子もいる

3週	4週
● 戸外に行き、体を十分に動かす ● 朝や帰りの挨拶や返事を元気に言おうとする ● 避難訓練に参加し、身の守り方を知る	● 音楽に合わせて体を動かす ● 粘土の感触や形の変化を楽しむ ● 花の種を植える
● 遊具を使ったり、丘を駆け回ったりして遊びを楽しむ ● 名前を呼ばれたら「はい」と元気に言うことができる ● 避難の際に必要な「おかしも（おさない・かけない・しゃべらない・もどらない）」の約束を確認する	● 保育教諭や友達と一緒にリズムに合わせて体を動かす ● 粘土の感触を楽しみ、物を作る楽しさを味わう ● 花壇とプランターに花の種を植え、生長を楽しみにする
● 遊具の使い方を確認し、安全に約束を守って遊ぶ ● 登降園時や食事の挨拶が分かり、進んで言おうとする	● 異年齢児と触れ合い、遊ぶ ● 好きな絵本や見たい絵本を読んでもらう
■ 戸外活動の際は、保育教諭の立ち位置に配慮する ■ 遊具は園児たちの発達に合わせた物を選び、慣れてきたら、サーキット活動へ発展させていく ■「おかしも」の約束が分かるように、掲示物を用いて確認する ★ 運動が苦手な園児には、保育教諭が援助することでやり遂げた達成感が味わえるようにする ★ 返事や挨拶ができたらほめ、自信が持てるように言葉掛けをする	■ 花を植えたプランターを保育室の近くに置いたり、戸外に行った時に花の生長を確認したりして、身近に感じられるようにする ■ 園児の耳なじみのある曲を用意し、一緒に体を動かせるようにする ■ 園児の興味のある絵本や季節感のある絵本を用意しておく ★ 保育教諭も園児と一緒に粘土を丸めたりちぎったりして動物を作り、園児の興味が向くような言葉掛けを行う

年間計画

4月

5月

6月

7月

8月

9月

10月

11月

12月

1月

2月

3月

教育・保育に対する自己評価

- 連休明けで生活リズムが不安定な園児がいたが、丁寧に向き合い、無理のないよう過ごした。少しずつ安定した生活が送れるようになり、笑顔で登園する姿が見られてよかった。戸外で体を存分に動かしながら春の自然に触れることで、戸外遊びでの約束を知ったり、草花や虫に興味を持って手に取ってみたりすることができた

園の行事

- 身体測定
- 誕生会
- 避難訓練
- 安全教室

5月の月間指導計画

こども園（満3歳含む）②

ねらい

- 身近な自然に触れ、戸外で伸び伸びと体を動かして遊ぶ
- 好きな遊びや、友達と一緒に遊ぶことを楽しむ
- 生活や遊びの中に約束事があることを知り、守ろうとする
- 簡単な身の回りのことに保育教諭と一緒に取り組もうとする

	1週	2週
週のねらい	●様々な思いを受け止め、安心して過ごす中で生活リズムを取り戻す ●好きな遊びを思いきり楽しむ ●自然に親しみ、開放感を味わう	●簡単な身支度の仕方を知り、自分でしようとする ●ルールを守ろうとする ●身近な物の名前、色に興味を示す
教育的時間の内容	●規則正しい生活リズムの中で、気持ちよく過ごす ●好きな遊びを見つけ、保育教諭や友達と一緒に遊ぶことを楽しむ ●戸外に出て伸び伸びと体を動かして遊ぶ	●保育教諭に手伝ってもらいながら、帽子の被り方や靴の履き方、置き場所を覚える ●保育室にある玩具や物の名前、色を知る ●生活や遊びのルールを知り、守ろうとする
教育的時間を除いた時間の内容	●落ち着いた雰囲気の中で、安心して午睡する ●楽しかったことを友達や保育教諭に話す	●手遊びや季節の歌を楽しむ ●ままごと遊びを通して、スプーンの正しい持ち方を覚える ●保育教諭に手伝ってもらいながら、進んで着替えようとする
■環境構成 ★援助・配慮	■規則正しく過ごせるよう生活リズムを作る ■一人一人が好きな遊びを見つけられるよう、様々な種類の玩具を準備する ★戸外へ行く際は帽子を被ることを伝え、こまめに水分や休息を取る ★連休中の楽しかったことを話題にする中でじっくりと聞いたり言葉を補ったりしながら伝えたい気持ちを受け止め、満足できるようにする ★保育教諭がそばに付き、安心して入眠できるようにする	■クレヨンや折り紙を用意し、遊びの導入として物や色の名前を伝える ■着脱を行いやすいよう衣服を広げたり、場所を整えたりする ★保育教諭が手本を見せたり、援助したりしながら身支度の仕方を知らせる ★保育教諭も遊びに入り、共に楽しみながらルールや約束事を伝える ★身近な物やシアターを使い、一緒に歌う楽しさを感じられるようにする ★遊びの中でスプーンの持ち方を伝え、無理なく覚えられるようにする

配慮すべき事項

- 連休明けは生活リズムや情緒が不安定になりやすいので、少しずつリズムを取り戻せるようにする
- 園児が園や家庭の様子を話しやすいような雰囲気を作り、丁寧に対応をすることで信頼関係を深める

子育ての支援（保護者支援）

- 連休明けの園児の様子を伝え合い、家庭でも無理なく過ごしてもらうようにする
- 気温や活動により着替えの機会が増えるので、衣服を多めに用意してもらう

前月末の園児の姿

● 手伝ってもらいながら身の回りのことを自分でしようと挑戦したり、やってもらうのを待ったりする姿が見られる
● 新しい環境に慣れ、自分の思いを言葉やしぐさで保育教諭に伝えようとする
● 好きな遊びに取り組んだり友達の遊びに興味を持ったりする

3週	**4週**
● 戸外で十分体を動かし、春の自然に親しむ ● 避難訓練を通して、身の守り方を知る ● 元気に挨拶や返事をする	● 粘土の感触や形の変化を楽しむ ● 安心感を持ってトイレで排泄をする ● 絵本や紙芝居を通していろいろな言葉があることを知る
● 春の草花や虫に触れる ● 避難訓練では、「おかしも（おさない・かけない・しゃべらない・もどらない）」の約束を確認する	● 粘土の感触を楽しみ、想像しながら物を作る楽しさを味わう ● くり返しの言葉を楽しみ、一緒に言ったり、気に入ったフレーズを何度も口にしたりする
● 汗をかいたら着替え、水分補給をする ● 食材に興味を持ち、自分で食べる意欲を持って食事を楽しむ ● 登降園や食事の時の挨拶が分かり、自ら進んで言おうとする	● 保育教諭に見守られトイレで排泄する ● 音楽に合わせて体を動かすことを楽しむ ● 好きな絵本や見たい絵本を保育教諭の所へ持っていき、読んでもらおうとする
■ 散歩ではゆっくりと草花を見つけたり、虫に触れたりすることができるよう、時間に余裕を持たせて活動を設定する ■「おかしも」の約束が視覚的に分かりやすいよう、イラストを用いて確認する ■ 食べ物に関する絵本や紙芝居を通して、食材や料理の名前に触れる機会を持つ ★ 自分で着替えようとする時は見守り、援助が必要な時はさりげなく行い、自分でできたという自信を持てるようかかわる ★ 元気よく挨拶をする心地よさを感じられるよう、保育教諭も元気よく応える	■ 園児の年齢や興味に合わせた絵本を準備する ■ 園児の知っている曲や体を動かして楽しめる曲を用意する ★ 保育教諭も一緒に粘土をちぎったり丸めたりして、園児が興味を持てるような声かけをする ★ 一人一人の排尿間隔を把握し、タイミングよく声をかける ★ 園児の反応を見ながら、言葉のやり取りやくり返しのおもしろさを十分に楽しめるようにする

教育・保育に対する自己評価

● 連休明けの疲れから生活リズムが不安定になる園児がいたので、ゆったりとしたペースで生活するよう心掛けたことで、安定して笑顔で登園する姿が見られた。身の回りのことに関して一人一人に合った声かけをすることで、保育教諭の援助を待っている園児も、自分でやりたいという意欲を少しずつ引き出せるようになった

園の行事

● 避難訓練
● 身体測定
● 誕生会
● 内科健診

5月 の 月間指導計画

こども園（満3歳含む）③

ねらい
- 好きな遊びを見つけて、伸び伸びと体を動かす
- 簡単な身の回りのことを保育教諭と一緒にしようとする
- 生活に必要な挨拶や約束事を守ろうとする
- 戸外で花や虫に触れ、自然に興味を持つ

	1週	2週
週のねらい	●個々のペースに合わせて無理なく活動し、連休後の生活リズムを取り戻す ●自分の好きな遊びを楽しむ ●保育教諭や友達と言葉のやり取りを楽しむ	●簡単な身支度の仕方を知る ●季節の草花や虫などを見つけたりして遊ぶ ●身近な物の名前や色に興味を持つ
教育的時間の内容	●規則正しい生活リズムの中で、気持ちよく過ごす ●保育教諭や友達とかかわりながら、好きな遊びを十分に楽しむ	●保育教諭に手伝ってもらいながら、戸外遊びの身支度をする ●草花や虫に触れる ●塗り絵を通して色や形、物の名前などに興味を持つ
教育的時間を除いた時間の内容	●落ち着いた雰囲気の中で、好きな遊びを伸び伸びと楽しむ ●保育教諭の促しでトイレに行く ●連休中の楽しかったことを保育教諭や友達に話す	●保育教諭に援助されながら着替えを行う ●季節の歌や手遊びを楽しむ ●ままごと遊びを通して、スプーンの正しい持ち方を覚える
■環境構成 ★援助・配慮	■日々、規則正しく過ごせる生活リズムを作る ■一人一人が好きな遊びを見つけられるよう、いろいろな玩具を準備する ★連休明けの不安を受け止め、落ち着いた雰囲気を作る ★好きな遊びを楽しめるよう、保育教諭も遊びに加わり、言葉を補うことで友達とのやり取りを楽しめるようにする	■保育教諭が手本を見せたり、援助したりしながら、身支度の仕方を知らせる ■近くの公園や散歩コースに咲く草花を事前に把握しておく ■クレヨンや塗り絵を準備する ★身支度はゆとりを持ってできるよう見守り、励ましながら、自分でできた満足感が味わえるようにする ★クレヨンでかいたり塗ったりすることを通して、色や形に興味が持てるようにする ★保育室や戸外で同じ色や形を発見した際は共感し、ほめる

配慮すべき事項

- 連休中にけがや発熱などはなかったかを情報収集して把握し、園児の体調管理を徹底する
- 園児が家庭や園の様子を話しやすい雰囲気を作り、保育教諭が丁寧に対応することで信頼関係を深める

子育ての支援（保護者支援）

- 連休明けは、生活リズムが乱れがちになるので、家庭でも無理なく過ごしてもらう
- 気温や湿度が上がり汗をかきやすくなるので、衣服の調節や着替えの用意をお願いする

- 新しい環境に慣れ、保育教諭や友達に親しみを持ち、自分の好きな遊びを楽しんでいる
- 季節の絵本や歌を喜び、くり返し見たり、歌ったりしている
- 保育教諭に援助されながら、意欲を持って少しずつ身の回りのことが自分でできるようになる

3週	4週
● 戸外で十分に体を動かして遊ぶ ● 挨拶や返事を元気にする ● 避難訓練に参加し、身の守り方を知る	● プランターの野菜に水やりをする ● 歌やリズムに合わせて体を動かす ● 粘土の感触や形の変化を楽しむ
● 遊具を使ったり、築山を駆け上がったりして楽しむ ● 名前を呼ばれたら、元気に返事をする ● 避難時の「おかしも（おさない・かけない・しゃべらない・もどらない）」を確認する	● プランターの野菜に水やりをして生長を楽しみにする ● 保育教諭や友達と一緒に、手遊び歌や音楽に合わせて全身を動かす ● 粘土の感触を楽しみ、造形の楽しさを経験する
● 給食メニューの食材に触れるなどしながら、食べ物に興味を持つ ● 汗をかいたら着替えや水分補給をする ● 登降園時や食事の時の挨拶が分かり、自ら進んで言おうとする	● プランターの野菜を観察しに行く ● 異年齢児と触れ合い、楽しく遊ぶ ● 自分の見たい絵本を、友達と一緒に保育教諭に読んでもらう
■ 戸外遊びでは、保育教諭の位置に配慮する ■ 運動用具は園児一人一人の発達に合わせた物を選ぶ ■「おかしも」の約束が分かるよう、目につきやすい場所に大きく掲示する ★ 運動遊びが苦手な園児には、保育教諭が援助することで、やり遂げた達成感を味わえるようにする ★ 返事や挨拶ができたらほめ、自信につなげる	■ 園児に親しみのある曲を用意し、一緒に体を動かして遊べるようにする ■ 園児の年齢に合った絵本や食に興味を持てる絵本を用意する ★ 友達と共有することが楽しいと感じられるよう声をかける ★ 保育教諭も粘土をちぎったり丸めたり、乗り物や動物の形を作ってみせたりして、園児の興味を引き出す

教育・保育に対する自己評価

- 連休明けで情緒が不安定な園児がいたが、一人一人とのスキンシップを大切にし、ゆっくり生活リズムを取り戻すことで、安定した生活が送れるようになり、元気に登園する姿が見られた。戸外で花や虫を観察したり、自分からプランターの野菜を観察しに行ったりして季節や野菜の生長に興味を持つようになった

園の行事
- 身体測定
- 避難訓練
- 誕生会
- 個別懇談

6月の月間指導計画 保育園①

ねらい
- 梅雨期の自然に関心を持ちながら、戸外や室内での遊びを友達と一緒に楽しむ
- 生活や遊びの中で、友達との対話を楽しみながら少しずつ語彙が増える

	1週	2週
週のねらい	●自分の気持ちを言葉で伝える ●促されてトイレで排泄する	●友達と一緒に遊びながら嫌な気持ちになったら、それを伝える ●身の回りのことを、自分でできるように励ます
養護（生命の保持・情緒の安定）	●自分の意思を言葉で伝えることができたら、ほめて認め、自信を持たせる ●排泄のタイミングを把握し、排泄できた喜びを共感する	●友達同士でのトラブルは、互いに自分の気持ちを相手に伝えられるようにする ●着脱など、自分でやりたくなるように励まして促す
教育（環境・人間関係・健康・言葉・表現）	●遊びを通して、友達との会話を楽しむ ●絵本に興味を示し、言葉のリズムを楽しむ ●尿意を感じたり、おもらしをしたりした時は、自分から知らせようとする	●友達とごっこ遊びを楽しみながら、言葉のやり取りを楽しむ ●衣服の着脱や畳み方など、保育者と一緒に行い、やり方を知る ●手洗いやうがいのやり方を知り、自ら行う
■環境構成 ★援助・配慮	■個別に応じて排泄を促し、見守りながら安心して排泄できるようにする ■自分で好きな絵本を選んで見られる環境を整える ★尿意やおもらしを自分で伝えられたことをほめて認め、次のステップにつなげていけるようにする ★友達に自分の気持ちを言葉で伝える喜びを、感じられるようにする	■自分の持ち物は、自分で片付けられるように個別に設定する ■玩具を片付ける場所も設定し、遊んだあとはしまえるように促す ★ごっこ遊びでトラブルがあっても、互いの自己主張を見守りながら援助する ★玩具の片付けなども最後までできたら、ほめて認め、自信につなげる
自己評価（教育・保育に対する）	●自分の気持ちを言葉で伝えられない園児には、寄り添って感情を共有したことで、安心して伝えられる喜びに共感することができた	●友達とのトラブルでは、手が先に出たり噛みついたりすることがある。気持ちを落ち着かせてから、言葉で相手に伝えられるように寄り添うことで、情緒の安定が図れた

配慮すべき事項
- 個々に合わせ、トイレトレーニングを進めていけるようにする
- 気温が上がり、体調を崩しやすい時期なので、視診や検温をして体調の変化に注意する

子育ての支援（保護者支援）
- 気温の差が激しい時期なので、調節しやすい衣服を準備してもらうように伝える
- 水遊びで必要な物を伝え、準備してもらう

前月末の園児の姿

- 健 体の動きが安定し、活発に動き回る
- 人 友達とかかわって遊ぶが、玩具を取り合ったりけんかをしたりする姿が見られる
- 環 身近な自然物への関心が増し、水や砂、土で喜んで遊ぶ
- 言 自己主張を言葉で伝えることができる
- 表 自分から体を動かし、模倣することを楽しめる

3週	4週
●室内でも十分に体を動かし、楽しめるようにする ●梅雨期の水たまりに興味を持ち、喜んで遊ぶ	●自分から体を動かし、模倣遊びを楽しむ ●製作を通して、季節の行事を知る
●音楽に合わせながら、全身を使ったリトミック遊びを楽しめるようにする	●室内で過ごすことが多いので、体を動かす活動と本を読んで静かに過ごすバランスの取れた生活を送る
●友達と体を動かして、遊ぶことを楽しむ ●友達と一緒に散歩を楽しみ、梅雨期の自然に興味・関心を示す ●成長した夏野菜に触れたり、においを嗅いだりして、野菜への関心を高める	●天気のよい日は戸外で遊び、友達と自然物を使ってごっこ遊びを楽しむ ●のりやはさみの使い方を知り、最後まで製作することを楽しむ ●好きな絵の具を使い、イメージを膨らませてかく
■適切な室温や湿度を保ち、体調の変化に留意する ■室内でも安全に遊べるように環境を設定し、体を十分に動かせるようにする ■梅雨期の自然に興味が持てるように、図鑑を用意する ★体を動かして汗をかいたら、水分補給をしてから自分で着替えられるように援助する ★汚れることを気にせず、水たまりで思いきり遊べるように見守る	■気温に応じて衣服の調節ができるように、着替えを準備しておく ■水遊びの際には、健康状態に留意し安全面に配慮する ■のりやはさみは個別に使えるように準備し、できるだけ自分でできるように促す ★はさみの使用時は、使い方を個々に合わせて伝え、援助する ★様々な動物の模倣遊びをしながら、体全体を動かすことの楽しさを感じられるようにする
●自然発生的にできた水たまりは、園児たちの探索意欲を高め、入りたくなる行動を見守ることで満足した笑顔が見られた	●音に合わせて動く動物の模倣遊びは、なりきって遊べるのでよい全身運動になった

園の行事

- ●内科健診
- ●歯科検診
- ●避難訓練
- ●身体測定
- ●誕生会
- ●おはなし会
（交通安全指導）

6月 の 月間指導計画 保育園②

ねらい
- 梅雨期の自然や夏の行事に関心を持ち、戸外や室内での遊びを楽しむ
- 保育者や友達とかかわって遊ぶ楽しさを味わう
- 排泄や着脱など、身の回りのことに意欲的に取り組む

		1週	2週
週のねらい		●友達や保育者などと好きな遊びを楽しむ ●水たまりや雨などを観察し、梅雨の自然を楽しむ ●誘われたり、自分から尿意を知らせたりしてトイレに行き、排泄する	●友達との遊びを楽しみながら言語表現を豊かにする ●身の回りのことを自分から意欲的に行う
養護（生命の保持・情緒の安定）		●排泄のタイミングを把握し、見守りながら、トイレで排泄できた喜びを感じられるようにする ●手洗い、うがいや室内の消毒をこまめに行い、感染症の予防をする	●保育者が仲立ちし、自分の気持ちを相手に伝えられるようにする ●身の回りのことを自分でやってみようとする気持ちを受け止め、やり方を丁寧に伝えていく
教育（健康・人間関係・環境・言葉・表現）		●遊びを通して数に興味・関心を持つ ●手洗い、うがいのやり方を知り、保育者に見守られながら自分で行う ●雨が増えたことや気温が上がりはじめたことに気付き、「しとしと雨が降っているね」「雨はどんな音がするかな」など、季節の変化を言葉にして表現する	●レストランごっこやままごとなど、友達とイメージを共有しながら同じ遊びを楽しむ ●衣服の着脱や畳み方などを知る ●保育者の話を聞いて反応したり、自分の気持ちを言葉で伝えたりする
★援助・配慮　■環境構成		■個々に応じて排泄を促し、安心して排泄できるよう見守る。また、トイレはいつも清潔にしておく ■梅雨ならではの虫や花を観察できるよう、花瓶や透明の板などを準備する ★トイレに行きたいことやパンツが濡れたことを自分で伝えられたことを認め、次の意欲につなげていく ★虫や花などを観察しながら、園児たちの反応を受け止め、共感していく	■園児たちの様子を見ながら、ごっこ遊びに必要な玩具を準備する ■片付ける場所を設定し、遊んだあとはみんなで片付けられるよう促す ★園児の話に保育者が耳を傾け、思いを受け止めたり共感したりすることで、話す、聞くことの大切さや、自分の気持ちを伝える喜びを感じられるようにする ★玩具などの点検や消毒を行い、いつでも安全に遊べるようにしておく

配慮すべき事項
- 室内の温度や湿度、換気に気を付け、消毒などもこまめに行いながら清潔を保つ

子育ての支援 (保護者支援)
- 梅雨期の健康管理について、保健だよりなどで知らせる
- 自分で着脱しやすい衣服を準備してもらう

前月末の園児の姿

- 健 箸を使ってこぼしながらも一人で食べる
- 人 友達に自らかかわり、一緒に遊ぶ楽しさを知る
- 環 雨の日は室内で絵をかいたり絵本を読んだりして楽しむ姿がある
- 言 友達同士のやり取りを楽しむ
- 表 保育者をまねて踊ったり、好きな色の画用紙で製作したりすることを楽しむ

3週	4週
●天候に合わせて、衣服の調節や十分な水分補給を行う ●簡単なルールのある遊びを友達と一緒に楽しむ ●箸やスプーンの使い方や、食事の基本的なマナーを知る	●援助してもらいながら衣服の着脱や水分補給を行う ●季節の行事を知り、製作や絵本などの遊びを楽しむ
●戸外や室内で思いきり体を動かして遊べるようにする ●一人一人の健康や環境に留意し、快適に過ごせるようにする	●こまめに水分補給を行い、健康に過ごせるようにする ●汗をかいたり衣服が汚れたりした時には、着替えることで清潔で心地よく過ごせることを知らせていく
●雨天時でも友達と一緒に体を動かして遊ぶことを楽しむ ●遊びの中でルールを理解して、保育者や友達との遊びを楽しむ	●衣服の正しい向きを知り、自分でボタンを留めるなどして着脱をする ●絵本などを通して七夕の由来を知り、七夕飾りの製作を楽しむ ●絵本の中の言葉をまねしたり、くり返し口に出したりして、言葉の響きやリズムを楽しむ
■室内でも十分に体を動かせるよう、安全に遊べる環境を作る ■園児の様子を見守り把握できるよう、机の配置を工夫する ★安全に遊べるよう見守りながら、保育者も一緒に体を動かして遊びを楽しめるようにする ★一緒に食事を楽しむ中で、食器に手を添えたり、箸やスプーンの使い方を知らせたりして、食事の基本的なマナーを個別に伝えていく	■衣服の正しい向きを伝え、着脱しやすいように並べるなどして自分でできる環境を作る ■室温に留意し、いつでも水分補給ができるよう配慮する ■手本を見ながら自分なりの飾りが作れるように、様々な素材の準備をする ★個別に援助の内容を変えながら着脱の仕方を伝え、少しずつ自分でできるよう促す ★一人一人の健康状態を把握し、水分補給をしながら健康に過ごせるようにする ★はさみを使う際は、個々に応じて使い方を伝え、援助する

教育・保育に対する自己評価

- ●季節の虫や花を観察できるよう、花瓶や透明の板を準備したことで、いろいろな角度から観察することができた。衣服の着脱が思うようにいかない子には、服を並べるなど、一人でも着脱しやすい環境を工夫したことで、自分でやろうとする意欲を引き出せた

園の行事

- ●身体測定
- ●保育参観
- ●内科健診
- ●避難訓練
- ●誕生会

6月の月間指導計画

保育園③

ねらい
- 生活や遊びの中で、友達や保育者と対話を楽しむ
- 梅雨時期ならではの自然や虫に興味を持ち、室内外での遊びを楽しむ
- 三色板活動や行事を通して食や自分の体への関心を持つ

		1週	2週
週のねらい		● 保育者や友達とのかかわりの中、言葉でのやり取りを楽しむ ● 排泄への意欲を持ち、取り組む ● 伸び伸びと体を動かして遊ぶ	● 梅雨の季節を知り、雨の日の遊びや自然に親しむ ● 栄養素を三色板を使って分類する活動を通して、食材や食べ物の体への働きを知る
養護	（生命の保持・情緒の安定）	● トイレで排泄できるよう見守り、できた時は共に喜ぶことで自信へとつなげる ● 自分の意思を言葉で伝えようとする姿を受け止め、安心して自分を出せるようにする	● 給食に入っている食材を知らせ、興味を持って食事を楽しめるようにする ● 椅子の座り方やスプーンの持ち方を知らせる ● つぶやきを受け止め、活動に取り入れることで意欲的に取り組めるようにする
教育	（健康・人間関係・環境・言葉・表現）	● 全身を使った遊びを楽しむ ● 自分から尿意を知らせたり、誘われたりしながらトイレへ行き、排泄する ● 友達と同じ遊びや、やり取りを楽しむ ● 自分の思いを言葉で伝えようとする ● 絵本のおもしろさを知り、その世界を表現してみようとする	● 雨の音を聞いたり、雨上がりの園庭に出たりしながら、梅雨期の様子を知る ● 季節の変化を言葉で表現し、応答的にかかわることで語彙を獲得していく ● 季節の歌やリトミックで体を動かすことを楽しむ
■環境構成 ★援助・配慮		■ 自分で好きな絵本を選び、落ち着いて読める環境を整える ■ 運動遊びの際には、広さを十分に確保し、ルールや順番があることを知らせる ★ トイレは清潔に保ち、個別に排泄へ促し、成功した喜びを味わい、次につなげていけるよう援助する ★ 失敗（おもらし）をした時には、優しく声をかけ、トイレトレーニングに対しての意欲を失わないようにする	■ 三色板や食材カードで、カルタのように遊びながら食材を知れるようにする ■ 好きな曲、テンポのいい曲などを選び、楽しんで体を動かせるようにする ★ 園児の話に耳を傾け、受容と共感をすることで聞いたり話したりすることの大切さや自分の思いが伝わる喜びを感じられるようにする ★ 個別にマナーを伝えつつ、食材を知ることで食べる意欲へとつなげる

配慮すべき事項
- 外遊びの際には、水分補給をこまめに行う
- 衛生面に気を付け、室内を清潔にし、玩具等の消毒をこまめに行う
- 室温、湿度に気を配り、快適に過ごせるよう配慮する

子育ての支援 （保護者支援）
- 保護者会を通して子どもの様子を伝え、これからの過ごし方などを知らせ安心感を持ってもらう
- 子どもたちが着脱しやすく、調整しやすい衣服を用意してもらう

健 体の使い方が上手になり、活発に動く
人 友達に興味を示し、一緒に遊ぶが、トラブルも見られる
環 自然への興味・関心が広がり、虫探しや砂遊びを楽しむ
言 言葉のやり取りを楽しむが、思いを表現できないこともある
表 曲に合わせて体を動かしたり、絵をかいたりして楽しむ

3週	4週
●身の回りのことに自ら取り組む ●様々な素材にかくことを楽しむ	●歯科検診や歯についての話を通して自分の歯に興味を持つ ●友達とかかわり合いながら遊ぶ
●自分でやってみようという気持ちを受け止め、衣服のたたみ方などを伝え、さらに意欲的に取り組めるようにする ●思いを表現できる場を設定することで、自由に絵にかいて満足感を得られるようにする	●虫歯や歯の磨き方について知らせ、口の中の様子について関心が持てるようにする ●衣服が汚れたり、汗をかいた時には、着替えを行うことで清潔に過ごせるようにする
●排泄のタイミングを見て誘うことで、成功した喜びを感じる ●友達とイメージを共有して遊びを楽しむ ●衣服のたたみ方を知る ●イメージを言葉で伝える楽しさを味わう ●好きな色で様々な素材にかくことを楽しむ	●歯や口の中の環境について知る ●友達とイメージを共有しながら遊ぶ ●梅雨期ならではの虫や花を見る ●互いの思いを受け入れながらも、譲れない部分もあることで相手の気持ちを知る
■栄養士から三色板や食べ物に関する話を聞き、普段の活動（三色板活動）と連動することで、さらに理解を深められるようにする ■園児の様子を見ながら活動を展開し、かくことに興味がなかったり、飽きたりした園児の活動も考え、環境を整える ★クレヨンで衣服が汚れる可能性があることを事前に保護者に知らせておく ★個別に着脱の方法やたたみ方を知らせ、徐々に自分でできるよう促す	■食後にお茶を飲んだりブクブクうがいをしたりして口の中を清潔に保てるようにする ■前の週にかいたものを段ボールに貼ったり、組み立てたりすることで、継続的に遊びの中に取り入れられるようにする ★事前に歯科検診について知らせることで、落ち着いて受けられるようにする

教育・保育に対する自己評価

●雨上がりに園庭に出ることで、葉っぱについているしずくを触ったり、草花や虫を見たりと梅雨期の自然に触れ、興味を広げることができた。三色板活動をくり返し行うことで、食べ物への興味を高めることができた。言葉で気持ちを伝えようとするが、うまく伝えられないこともあるので、引き続きかかわりながら言葉でやり取りする楽しさを伝えたい

 園の行事

●衛生チェック
●身体測定
●保護者会
●食育の日
●アトリエ活動
●歯科検診
●避難訓練
●とうもろこしの皮むき（幼児）

6月の月間指導計画

保育園④

ねらい
- 身支度の仕方を少しずつ知り、進んで行おうとする
- 歯科検診に参加し、歯磨きと歯の大切さを知る
- 梅雨期の健康に気を付けながら気持ちよく過ごす

		1週	2週
	週のねらい	● 歯科検診を通して歯磨きの大切さを知る ● ごっこ遊びなどから友達との言葉のやり取りを楽しむ	● 様々な遊具に親しみ、仲よく遊ぶ ● 歌や製作を通して、季節の変化を知る
	養護（生命の保持・情緒の安定）	● 着替えの仕方を知らせ、自ら進んで着脱できるようにする ● 食後にはうがいをして、口の中を清潔にする気持ちよさに気付けるようにする	● 手洗いの習慣が身に付くようくり返し行い、自分から進んで手を洗えるようにする
	教育（健康・環境・人間関係・言葉・表現）	● 保育者や友達と一緒に楽しく体を動かす ● 歯科検診を通して、自分の歯の大切さを知る ● ごっこ遊びなどを通して、友達との言葉のやり取りを楽しむ	● 保育者や友達と一緒に遊具を使い、やり取りを楽しみながら遊ぶ ● 梅雨期の生き物や自然に触れ、興味を持つ ● 季節の歌をうたったり、製作をしたりすることを楽しむ ● 素材や色の違いを知り、製作に関心を持つ
	■環境構成 ★援助・配慮	■ 歯磨きの大切さを分かりやすく伝えられるよう、絵本や紙芝居を用意する ★ 一人一人に応じて着脱の仕方を伝え、自分でも着替えられるようにする。できた時にはほめるなどして、意欲的に取り組めるようにする ★ 歯科検診では、事前に口を大きく開ける練習などを行い、安心して受診できるようにする	■ 身近な生き物や植物への興味が広がるよう、絵本や図鑑を用意し、いつでも見られる場所に置く ★ 手洗い、うがいの仕方は、保育者が手本となり、見せながら伝える ★ 手洗い、うがいは、個別に声をかけたり、くり返し行ったりすることで、習慣として身に付けられるようにする ★ クレヨンや折り紙などを使い、様々な色があることに気付き、色に興味を持てるよう声をかける

配慮すべき事項
- 手洗いやうがいの習慣が身に付くよう配慮するとともに、鼻をかんだり手を拭いたりするなど、清潔に過ごすことの気持ちよさを感じられるよう声をかける

子育ての支援（保護者支援）
- 梅雨期で体調を崩しやすいため、保護者と連絡を密にし、感染症の予防対策を伝える
- 歯科検診の結果を知らせ、治療が必要な子どもは受診してもらう

前月末の園児の姿

- 健 食事の際に、スプーンを正しく持とうとする
- 人 友達とのかかわりが増え、やり取りを楽しむ
- 環 持ち物や物を片付ける場所が分かり、進んで行う
- 言 読み聞かせから、くり返しの言葉を楽しみ模倣する
- 表 元気よく歌ったり、音楽に合わせて体を動かしたりする

年間計画 / 4月 / 5月 / 6月 / 7月 / 8月 / 9月 / 10月 / 11月 / 12月 / 1月 / 2月 / 3月

3週	4週
● 進んでトイレに行き、排泄する ● 絵本を通して言葉に興味を持ち、言葉のくり返しを楽しむ	● 日々の生活の中での約束事を守る ● 保育者や友達と好きな遊びを十分に楽しむ
● 落ち着いた雰囲気の中で、楽しんで食事ができるようにする ● 進んでトイレに行き、排泄しようとする姿を認める	● 保育者や友達とかかわりながら、好きな遊びを十分に楽しめるようにする
● 天候に合わせて衣服を調節し、快適に過ごす ● 友達と見立て遊びやごっこ遊びを楽しむ ● 絵本に出てくる言葉に興味を持ち、くり返し声に出して楽しむ	● 友達と同じ遊びをする中で、楽しさを共有し、相手の気持ちにも気付いていく ● 日常生活の中での約束事を守ろうとする ● リズムに合わせて体を動かしたり、様々な素材に触れたりすることを楽しむ
■ ごっこ遊びが広がるような素材を用意し、保育者も一緒に遊ぶことで、イメージを膨らませながら楽しめるようにする ★ 自分で食べてみようとする気持ちを育んでいけるよう、声をかける	■ 伸び伸びと体操したり、全身を使った遊びをしたりして楽しめるよう、広い場所を確保する ■ 様々な生活の場面で、それぞれの約束事があることを知らせ、確認していくようにする ★ 一人一人の発見や喜びに共感し、周りの園児にも伝えることで、友達の気持ちに気付けるよう援助する

教育・保育に対する自己評価

- 朝の身支度は、同じ流れでくり返し伝えることで、少しずつ意識して自分で支度ができるようになった。手を洗ったあとは声をかけたり、タオルを手に持たせたりすることで、手を拭く習慣が付くよう促した。歯科検診では、あいさつや口を開ける練習をしていたため、緊張した様子の園児もいたものの、落ち着いて受診することができた

園の行事

- 誕生会
- 身体測定
- 避難訓練
- 歯科検診
- 歯科衛生指導

6月の月間指導計画

こども園（満3歳含む）①

ねらい
- 梅雨期の健康や安全に配慮し、快適に過ごす
- 保育教諭に手伝ってもらいながら、簡単な身の回りのことを自分でしようとする
- いろいろな遊びを通して、友達と一緒に遊ぶ楽しさを味わう

		1週	2週
週のねらい		●歯磨きの仕方を知り、自分で磨こうとする ●排泄する意欲を持ち、誘われてトイレに行ったり自ら行こうとしたりする ●伸び伸びと体を動かして遊ぶ	●梅雨期の自然や生き物に興味・関心を持つ ●保育教諭や友達と一緒に、手遊びや遊戯など、全身を使って遊ぶ ●保育教諭に手伝ってもらいながら、手洗いや着替えを自分でしようとする
教育的時間	の内容	●虫歯や歯磨きの話を聞き、歯磨きに関心を持つ ●食後に自分で歯磨きをする ●いろいろな運動遊具を使いながら、全身運動をする	●梅雨期の自然に興味を持ち、季節の移り変わりを感じる ●イメージした動きやテーマに沿った動きを全身で表現し、リズム遊びを楽しむ ●ルールを理解し、鬼ごっこなどをする
	★援助・配慮 ■環境構成	■エプロンシアターや紙芝居などで、歯磨きの大切さを伝える ■歯ブラシやコップに記名し、準備してもらう ★歯科検診について事前に知らせ、安心して受診できるようにする ★やってみようとする思いを認め、意欲が育つような声かけをする	■雨上がりの戸外で、梅雨期の虫や生き物を探す ■テンポのよい曲を選び、リズム遊びや遊戯が楽しめるようにする ★ルールをくり返し分かりやすく知らせ、友達と一緒に遊ぶ楽しさを味わえるようにする ★雨上がりの戸外で生き物に触れる機会を作り、生き物に触れたあとは手洗い、消毒をする
教育的時間を除いた時間の内容		●保育教諭に気持ちを受け止めてもらい、自分の思いを言葉で伝える ●尿意、便意を自覚し、見守られながらトイレに行く ●室内に戻ったら、手洗いやうがいを進んで行う	●水たまりを見たり、雨音を聞いたりする ●衣服の着脱を自分でしようとする ●午睡時、安心して入眠する
	★援助・配慮 ■環境構成	■トイレ、手洗い場を清潔に保つ ■安心して話せる空間や雰囲気作りをする ★トイレや水道の使い方をくり返し伝える ★トラブルに対して保育教諭が仲立ちとなり、相手の思いに気付けるようにかかわる	■いろいろな場所から水たまりを見たり、雨音を聞いたりする ■自分でやりたい気持ちや保育教諭にやってほしい気持ちを受け止める ★快適に午睡ができるように、風通しをよくしたり、薄手の布団に替えたりする ★好きな遊びが見つかるように、園児たちの興味に合わせた環境作りをする
自己評価	教育・保育に対する	●歯磨きの大切さについて、どの子も興味を持っていたが、歩き回ったりする園児もいたので、危険なことも同時に伝え、見守った。食後の歯磨きが定着するようにしたい	●雨上がりの園庭で、わくわくする園児たちの表情が見られた。着替えや大きめのタオルなどの準備不足があったので、事前にしっかり計画しておくべきだった

配慮すべき事項
- 虫歯予防デーの取り組みについて知らせ、家庭でも歯磨きが習慣付くように呼びかける
- 自分で着脱しようとする姿を見守り、保護者にお願いして着脱しやすい衣服を準備してもらう
- 布パンツへの移行については、個々に応じて保護者と話し合い、連携しながら進めていく

子育ての支援（保護者支援）
- 歯科検診の結果を伝え、必要な園児には受診をすすめる
- 個人懇談を行い、園児の様子を伝え合い、子育ての不安や悩みを話し合える関係作りをする
- 梅雨期の衛生管理に気を付けてもらう

前月末の園児の姿

- 簡単な挨拶の習慣が身に付いてきている
- 友達と同じ遊びを楽しんでいるが、トラブルも増えている
- 戸外で砂場や固定遊具での遊びを通して、楽しみながら体を動かしている

3週	4週
● 雨の様子を見て、関心を持つ ● 素材や色の違いに興味を持ちながら、製作を楽しむ ● トイレでの排泄の習慣を身に付ける	● 汗の始末や着替えをして、気持ちよく過ごす ● 生活や遊びに必要な言葉で、思いを伝える ● 様々な遊びを通して、体を動かすことを楽しむ
● 雨の降る様子を見たり、傘をさして園庭に出たりして、自然に親しむ ● 絵の具やカラーペンを使ってかいたり、水で色がにじむ様子を体験したりする ● はさみの使い方を知る	● 飼っているカタツムリやザリガニを観察する ● 保育教諭や友達と、挨拶や簡単な会話を楽しみながら遊ぶ ● ホールや室内で体を動かして遊ぶ
■ 製作時には素材や色に興味が持てるような用具を準備する ■ 初めて使う物は、くり返し扱い方を知らせたり、保育教諭がそばについて個々にかかわれるようにしたりする ★ 園児の作品に「がんばったね」「じょうずにできたね」など、がんばりを認める声かけをする ★ 雨の様子を見たり、気付いたことを話し合ったりして、自然事象に関心が持てるようにする	■ カタツムリやザリガニの飼育ケースを見やすい場所に置き、観察する ■ 保育教諭が仲立ちとなり、自分の思いを伝えることで、一緒に遊ぶ心地よさを味わえるようにする ★ ダイナミックに動いて発散することで、開放感を味わえるようにする ★ 餌を準備してケースに入れたり、きれいに清掃したりする様子を見て、生き物を身近に感じられるようにする
● 梅雨期にちなんだ絵本を読み聞かせする ● 尿意を感じたら、自ら知らせてトイレに行く ● 苦手な物も食べてみようとする	● 遊んだあとは、みんなで片付ける ● 汗をかいたら自分で拭こうとする ● 簡単なルールのある遊びを、伸び伸びと楽しむ
■ 園児たちになじみのある、分かりやすい絵本を読み聞かせする ■ 一人一人が夢中になって遊ぶ姿をそっと見守る ★ トイレで排泄ができた時は、しっかりとほめ、自信が持てるようにする ★ 苦手な物も一口は食べてみるように励ます	■ 個人用の手拭きタオルを準備してもらい、清潔に努める ■ 水分や休息を取りながら、無理のない設定で活動する ★ できるところは自分で汗を拭いたり、着替えたりできるように見守る ★ ルールを知らせたり確認したりしながら、危険のないように見守る
● 給食中、自分から進んで食べようとせず、声かけが必要な園児がいた。食欲が落ちている子もいるので、個々の体調もしっかり把握しておくようにしたい	● 飼育動物に興味を示して、ケースをじっと見ている園児がいた。観察後は、表現遊びや絵画など、次へつながる活動を考えていきたい

園の行事

- 衣替え
- 虫歯予防デー
- 歯科検診
- 個人懇談
- 身体測定
- 避難訓練
- 交通安全指導
- 誕生会
- なかよしDay（縦割り保育）

6月の月間指導計画

こども園（満3歳含む）②

ねらい
- 保育教諭と楽しみながら、生活の仕方を身に付けていく
- 体を十分に動かして、運動遊びを楽しむ
- 梅雨ならではの遊びや自然に興味を持つ
- 保育教諭や友達と好きな遊びや玩具を見つけて楽しむ

	1週	2週
週のねらい	● 梅雨期ならではの生き物や自然に興味を持つ ● 自分の歯に関心を持つ ● 保育教諭や友達に親しみを持って遊ぶ	● 友達のまねをして一緒に遊ぶ ● 走る、跳ぶ、登るなど、全身を使う遊びを楽しむ ● 簡単な手遊びや遊戯などを楽しむ
教育的時間の内容	● 梅雨期の自然や生き物に興味を持ち、季節の変化を知る ● 歯を大切にし、丁寧に磨く ● 保育教諭や友達の名前を覚え、親しみを持って呼ぶ	● 遊びの中で友達や保育教諭のまねをしたり、ごっこ遊びをしたりして楽しむ ● 保育教諭や友達と一緒に運動用具を使い遊ぶ ● リズム遊びや音楽に合わせた全身運動を楽しむ
教育的時間を除いた時間の内容	● 花壇やプランターの花に水やりをする ● 保育教諭に見守られながら、トイレで排泄（せつ）をする	● こまめに手洗い、うがいを行う ● 用具や遊具を大切にして、工夫して遊ぶ
★援助・配慮 ■環境構成	■ 季節が感じられるよう、保育室の壁面を飾ったり、てるてる坊主を吊るしたりする ■ 絵本などを用いて歯の大切さを伝える ★ 保育教諭と一緒に水やりを行い、芽が出ることへの期待が持てるように言葉をかける ★ 友達の名前をきちんと覚えられるように、敬称を付けて呼ぶよう言葉をかける ★ 排泄のタイミングや間隔を見ながらトイレに行くよう声をかけ、成功した時はたくさんほめて自信が持てるようにする	■ 園児が知っている曲やリトミック活動をして、全身運動ができるようにする ■ 友達数人で遊べるよう、玩具の数も十分に用意し、友達と仲よく遊べるようにする ★ 手洗い、うがいの習慣が身に付くよう大切さを伝え、清潔に生活する心地よさを感じられるようにしていく ★ 用具や遊具の使い方が分かるように、約束の確認や遊びの提案をして、楽しく安全に遊べるようにする

配慮すべき事項

- 気温に合わせて衣服の調整や水分補給をこまめに行う
- 布パンツへの移行は、個々の状態に応じて保護者と連携して進める
- 自分でやろうとする気持ちを大切にし、できた喜びや自信が持てるようにする

子育ての支援（保護者支援）

- 季節の変わり目で体調を崩しやすく、感染症が流行しやすいため、体調管理に気を付け、家庭との連絡を密にとる
- 園児の様子を伝え合い、丁寧にかかわることで連携を深め、子育ての悩みや不安を解消できるようにする

- 新しい環境に慣れ、身の回りのことを自分でするようになる
- 友達とのかかわりが増え、一緒に遊べるようになるが、自己主張が強くなり、思いがぶつかり合うことも多い
- 好きな遊びを楽しむ中で、簡単な会話をしながら友達同士でかかわることが増えている

年間計画

4月
5月
6月
7月
8月
9月
10月
11月
12月
1月
2月
3月

3週

- 簡単な言葉でのやり取りを楽しむ
- 指先を使った製作を楽しむ
- 身の回りの玩具、絵本、遊具に興味を持つ

- 保育教諭や友達と言葉のやり取りを楽しむ
- のりや折り紙を使った製作を楽しむ
- 遊具や玩具、絵本に興味を持ち、保育教諭や友達と遊ぶことを楽しむ

- 水分補給や午睡を十分に行い、元気に過ごせるようにする
- 親しみを持った保育教諭に見守られながら、安心感を持って遊びに打ち込む

- ■気温や天気に応じて水分補給ができるように準備し、風通しをよくして十分に快適な午睡ができるようにする
- ■いろいろな玩具や絵本を準備し、気の合う友達と遊びを楽しめるようにする
- ★保育教諭が見本を見せ、一緒に製作を行うことで、使い方ややり方が分かり、積極的に活動に取り組めるようにする
- ★園児の遊びを見守りながら、一緒に遊んだり、場合に応じて遊びの仲介をしたりして、安心して遊べるようにする

4週

- 汗の始末や着替えをして、気持ちよく過ごす
- 水や砂、泥に触れて遊ぶ
- 日本の伝統行事を知り、かいたり、作ったりすることを楽しむ

- 汗をかいたことを保育教諭に伝え、自ら着替えようとする
- 水や砂、泥に触れ、感触を確かめながら遊ぶ
- 七夕についての話を聞き、七夕に興味を持ち、七夕製作を楽しむ

- 順番を守りながら遊ぶ
- 友達に関心を持ち、一緒に遊んだり、話をしたりすることを楽しむ

- ■七夕飾りを製作し、雰囲気を味わえるようにする
- ■汗拭きタオルや着替えを十分に用意してもらい、快適に過ごせるようにする
- ■天気のいい日は園庭で水や泥に触れて遊び、独特の感触や気持ちよさを感じられるようにする
- ★遊びには順番やきまりがあることを伝え、楽しく遊べるようにする
- ★七夕の由来や笹飾りの意味を伝え、伝承行事に関心が持てるようにする
- ★園児同士の仲介になり、会話をして一緒に遊ぶことが楽しいと思えるような言葉掛けをする

教育・保育に対する自己評価

- 雨の日が続いたため、室内でも体を動かして遊べる環境を設定することで、存分に体を動かし、楽しむことができた。水や砂、泥に実際に触れて遊ぶことで感触を知り、それぞれどのような性質か知ることができた。音楽に合わせて体を動かすことでいろいろな動きができるようになり、保育教諭や友達と楽しんで取り組むことができた

園の行事

- 身体測定
- 誕生会
- 不審者対応訓練
- 総合避難訓練

6月 の 月間指導計画 こども園（満3歳含む）③

ねらい
- 梅雨期ならではの遊びや自然に親しみ、興味・関心を持つ
- 保育教諭や友達と一緒に体を十分に動かし、運動を楽しむ
- 簡単なごっこ遊びを通して、友達とのかかわりを楽しむ
- 身の回りのことを手伝ってもらいながら、自分でしようとする

	1週	2週
週のねらい	●梅雨期の自然や生き物に興味を持つ ●室内外で伸び伸びと体を動かして遊ぶ ●排泄に意欲を持ち、誘われてトイレに行ったり、自ら行こうとしたりする	●保育教諭や友達と全身を使う遊びを楽しむ ●保育教諭に援助されながら、手洗いや着替えを自分でしようとする ●友達をまねて一緒に遊ぶことを楽しむ
教育的時間の内容	●梅雨期の自然や生き物に触れて季節の移り変わりを知る ●保育教諭や友達と一緒に戸外や運動遊具を使って遊ぶ ●ルールを理解し、鬼ごっこなどの簡単なゲームを楽しむ	●イメージした動きやテーマに沿った動きを全身で表現し、リズム遊びを楽しむ ●保育教諭や友達のまねをしたり、ごっこ遊びをしたりして楽しむ ●尿意を感じたり、おもらしをした時は自ら知らせようとする
教育的時間を除いた時間の内容	●戸外で虫探しをする ●保育教諭に見守られながら、トイレで排泄をする	●衣服の着脱を自分でしようとする ●親しみのある曲に合わせて踊ることを喜ぶ
■環境構成 ★援助・配慮	■室内にアジサイやてるてる坊主などの壁面製作を飾り、梅雨という季節が感じられるようにする ■危険箇所を確認し、十分に安全を確保した上で、伸び伸びと遊ぶスペースを用意する ★ルールを分かりやすくくり返し知らせ、一緒に遊ぶ楽しさを味わえるようにする ★ムカデやハチなど危険な虫に近付かないようくり返し伝える ★排泄のタイミングや間隔を見ながらトイレに行くよう声をかけ、成功した時は大いにほめて自信が持てるようにする	■園児の聞きなじみのある曲やリトミック活動を取り入れて全身運動ができるようにする ■複数人で遊べるよう、玩具の数を十分に用意し友達と仲よく遊べるようにする ★尿意やおもらしを自分で伝えられたことをほめて認め、次のステップにつなげていけるようにする ★自分でやりたい気持ちや保育教諭にやってほしい気持ちを受け止める ★表現しようとする気持ちを大切にし、見守りながら一人一人に応じて援助する

配慮すべき事項
- 視診や検温で体調の変化に注意する
- 意欲を認め、できた喜びや自信を感じられるようにする
- パンツへの移行は一人一人の状態に応じて家庭と連携して進める

子育ての支援（保護者支援）
- 気温に合わせ、調節しやすい衣服や水遊びに必要な物を準備してもらう
- 子育ての悩みや不安を受け止めて丁寧にかかわることで連携を深め、共に成長を喜ぶ

前月末の園児の姿

- 園生活のリズムができ、生活が安定してきている
- 簡単な身の回りのことを自分で行う反面、甘えたい気持ちから援助を求める園児もいる
- 友達を気にかけ一緒に楽しく遊ぶものの、トラブルも増えてきた

年間計画

4月 5月 **6月** 7月 8月 9月 10月 11月 12月 1月 2月 3月

3週	4週
●素材や色の違いに興味を持ちながら製作を楽しむ ●簡単な言葉のやり取りを楽しむ ●雨の様子を見て関心を持つ	●自分の思いを言葉で伝えようとする ●水や砂、泥に触れて遊ぶ ●日本の伝統行事を知り、かいたり作ったりすることを楽しむ
●絵の具やカラーペンを使ってかいたり、水で色がにじむ様子を見たりして楽しむ ●遊びの中で保育教諭や友達と言葉のやり取りを楽しむ ●雨の降る様子を見たり園庭でかっぱなどの雨具を身に着けたりして、自然に親しむ	●遊びの中で「入れて」「貸して」などの言葉で思いを伝え、友達と一緒に遊ぶ ●水や砂、泥に触れて感触を確かめながら遊ぶ ●保育教諭から七夕についての話を聞き、興味を持って製作を楽しむ
●保育教諭に見守られながら、安心して遊びを楽しむ ●梅雨期でも快適に午睡する	●遊んだあとはみんなで片付けて生活の場を整える ●順番を守りながら遊ぶ
■製作時には素材や色に興味が持てるような用具を準備する ■様々な玩具を準備して友達と遊びを楽しめるようにする ■室温や風通しに留意し、快適に午睡できるよう環境を整える ★雨が降る様子をじっくり見たり気付いたことを伝え合ったりして、自然現象に関心が持てるようにする ★園児の遊びを見守りながら一緒に遊んだり、必要に応じて仲介に入ったりして安心して遊べるようにする	■七夕飾りを製作して飾りつけをすることで雰囲気を味わえるようにする ■天気のいい日は水や泥に触れて遊び、感触や気持ちよさを感じられるようにする ★遊びには順番やルールがあることを伝えて楽しく遊べるようにする ★数を決めて集めたり競争したりして楽しく片付ける中で、きれいになる気持ちよさを知らせる ★保育教諭の仲立ちを通して自分や相手の思いが伝わる経験をし、一緒に遊ぶ心地よさを味わえるようにする

教育・保育に対する自己評価

- 天候が悪い日が続いたが、リズム遊びや体育遊びを積極的に取り入れることで、元気に過ごせた。遊びの中で気持ちのぶつかり合いからトラブルが生じたが、互いの気持ちを受け止め、言葉で自分の気持ちを伝えられるよう声をかけることで、言葉で伝えながら友達とのかかわりを楽しむ姿が見られるようになった

園の行事

- 避難訓練
- 身体測定
- 誕生会
- 歯科検診

6月

の月間指導計画

こども園（満3歳含む）④

ねらい
- 梅雨期ならではの遊びや自然、生き物に興味を持つ
- 運動遊びで体を動かして楽しむ
- 保育教諭や友達と簡単なごっこ遊びを通してかかわりを楽しむ
- 内科健診や歯科検診を通して、自分の体に興味を持つ

		1週	2週
週のねらい		●梅雨期の自然や生き物に興味・関心を持つ ●運動用具を使い、体を動かして遊ぶ楽しさを味わう ●保育教諭や友達と一緒に遊ぶ喜びを感じる	●自分の歯や歯磨きに興味を持つ ●保育教諭や友達と一緒に、手遊びや遊戯など全身を使って楽しむ ●友達をまねて楽しく遊ぶ
教育的時間の内容		●梅雨期の自然に興味を持ち、季節の移り変わりを知る ●友達と一緒に運動用具を使い、遊ぶ ●好きな遊びを通して、保育教諭や友達とのかかわりを深める	●遊びを通して歯や歯磨きに興味を持つ ●音楽に合わせて全身運動を楽しむ ●戸外で砂や泥に触れて遊ぶ
教育的時間を除いた時間の内容		●保育教諭に見守られながら、トイレで排泄をする ●安心して入眠する	●室内から水たまりや水の流れを観察したり、雨音を聞いたりする ●順番を守りながら手を洗う
■環境構成 ★援助・配慮		■季節が感じられるアジサイやカタツムリの装飾を壁面に飾ったり、てるてる坊主を吊るしたりする ■雨上がり後は水滴で滑らないか、事前に遊具の点検を行い、安全に遊べるようにする ★危険な箇所や生き物について知らせ、安全に過ごせるようにする ★園児同士の遊ぶ様子を見守りながら、必要に応じて仲立ちする ★排泄のタイミングや間隔を見ながらトイレに誘い、成功した時はほめて自信につなげる	■虫歯に関する絵本や歯磨きに関する遊びを準備し、興味が持てるようにする ■園児の知っている曲で、保育教諭が手本となり全身を動かせるようにする ★梅雨期の自然事象に興味が持てるよう声をかけたり、活動を工夫したりする ★生き物に触れたあとは、保育教諭がしっかりと園児の手を洗う ★砂や泥遊びを楽しむ中で、感触や特性に気付けるような声かけをする

配慮すべき事項
- 寒暖差で体調を崩しやすくなるため、一人一人の体調の変化に注意する
- 気温や湿度に合わせて衣服の調整、水分補給を行う
- 布パンツへの移行は家庭と連携して進める

子育ての支援（保護者支援）
- 気温の変化に配慮し、調節しやすい服を用意してもらう
- 内科健診、歯科検診の前に気になる点を確認しておく

前月末の園児の姿

- 園での生活にも慣れ、自分の身の回りのことに意欲的に取り組む
- 戸外での遊びを好み、追いかけっこや砂遊びを楽しんでいる
- 自分の気持ちを言葉で表現することができるようになってきたが、自己主張も強くなり、自分の思いを通そうとする

3週	4週
● 内科健診と歯科検診を受け、自分の体について知る ● 簡単な身の回りのことを自分でする ● 色の変化に興味を持ちながら、製作を楽しむ	● 汗の始末や着替えをして、気持ちよく過ごす ● 簡単な言葉でのやり取りを楽しむ ● 日本の伝統行事に興味を持ち、かいたり作ったりすることを楽しむ
● 内科健診と歯科検診を受ける ● 身支度や玩具の片付けなど、簡単な身の回りのことを自分でしようとする ● 絵の具やカラーペンを使って、水で色がにじむ様子や虹のような色の変化を楽しむ	● 保育教諭や友達との言葉のやり取りを楽しむ ● 遊びを通して物の貸し借りをする ● 七夕についての話を聞き、七夕に興味を持って製作を楽しむ
● 水分補給を十分に行い、元気に過ごせるようにする ● 戸外から戻ったら、手洗い、うがいをする	● 手伝ってもらいながら、汗を拭いたり着替えたりする ● 保育教諭に見守られながら、ごっこ遊びを通して物の貸し借りをする
■ 内科健診、歯科検診の内容や医師の名前を知らせ、安心して受診できるようにする ■ 絵の具やカラーペンなど、必要な物を準備する ★ 片付けなどをがんばっている姿を認め、自信が持てるよう声をかける ★ 天候に応じて室内の温度や風通しに留意し、快適に遊べるようにする	■ 七夕の製作をして室内を飾り付け、雰囲気を味わえるようにする ■ 暑い日は園庭にミストシャワーなどを用意し、水の気持ちよさを感じられるようにする ★ 七夕の由来や笹飾りの意味を伝え、伝統行事に興味や関心が持てるようにする ★ 友達と会話して一緒に遊ぶことが楽しいと感じられるよう仲介したり、声をかけたりする

年間計画 4月 5月 **6月** 7月 8月 9月 10月 11月 12月 1月 2月 3月

教育・保育に対する自己評価

- 雨の日が続いたが、室内でも体を動かせるよう遊びを工夫したことで、伸び伸びと楽しんで過ごすことができた。にじみ絵の技法を使った製作や、ミストシャワーで虹を見た経験を通し、色の変化に驚いたり、不思議を発見したりする様子が見られた

園の行事

- 身体測定
- 避難訓練
- 内科健診
- 歯科検診
- 交通安全教室
- 誕生会

7月の月間指導計画 保育園①

ねらい
- 一人一人の健康に留意し、夏を元気に過ごせるようにする
- 簡単な身の回りのことを自分でしようとする
- 保育者や友達と一緒に、夕涼み会に楽しく参加する

	1週	2週
週のねらい	●夕涼み会に参加し、楽しく踊る ●保育者に見守られながら、丁寧に手洗い、うがいをする	●戸外に行く前に排泄を促し、自分で行えるようにする ●水着に着替えてから、戸外に行くように促す
養護（生命の保持・情緒の安定）	●室内の温度、湿度、換気に気を付けながら、密にならないようにする ●戸外に行く前に排泄を促したり、部屋に入る前に手洗い、うがいができるようにする	●戸外に行く時は、必ず帽子を着用させる ●外遊びのあとは、必ず水分を補給し、シャワーで汗を流す
教育（健康・人間関係・環境・言葉・表現）	●夕涼み会で、曲に合わせて踊ったりして楽しむ ●友達が自ら着替えようとしている姿を見て、自分でやろうとする	●自分でやりたい気持ちを言葉で表現する ●水遊びを友達と一緒に楽しむ
■環境構成 ★援助・配慮	■のりやはさみは、個別に使えるように準備する ■排泄後、腰かけてはけるような場所を準備する ★楽しく踊れるように、一緒に踊ったり声かけをしたりする ★手洗いが苦手な園児には、手を取って一緒に洗う	■裸足で水遊びをするので、園庭清掃をして安全面に配慮する ■熱中症対策として水分補給を促し、休憩を取る ★シャワーの際、顔に水がかかることを嫌がる園児はタオルで拭く ★トイレトレーニングができる園児には、その都度声かけをして尿意を意識させる
自己評価（教育・保育に対する）	●夕涼み会は、曲に合わせて楽しく踊ることができてよかった。また、手洗いは手を取って一緒に覚えるようにしたので、一人でできるようになった	●水遊びを設定したことで、排泄をしてから水着に着替える習慣が身に付いてきた。脱衣後の服も片付けられるように声かけをしていきたい

配慮すべき事項
- 素足になって遊ぶことが多くなるので、園庭や砂場に危険物がないか点検する
- 皮膚疾患や食中毒の起こりやすい時期なので、衛生面に十分に気を付ける

子育ての支援（保護者支援）
- 衣服が軽装になる季節を生かし、排泄や着脱の意欲が出るように保護者と連携する
- 水遊びで必要な物や水筒などに、名前を記入して準備してもらう

前月末の園児の姿

健 保育者に誘われ、トイレに行こうとする園児が見られる
人 自己主張が強くなり、けんかをする姿が見られる
環 雨上がりの園庭で、水たまりに入って遊ぶことを喜ぶ
言 保育者との信頼関係もでき、名前を言える。簡単な言葉で気持ちを伝える
表 曲に合わせて、歌ったり踊ったりすることを喜ぶ

3週	4週
●好きな絵の具を使って自由に遊び、開放感を楽しむ ●身の回りのことを自分でできるようにする	●戸外で自由に水や泥遊びを楽しむ ●自ら排泄に行けるように習慣付ける
●戸外活動に行く時は、水着に着替えて帽子をかぶる習慣を身に付けるよう指導する ●個別に対応しながら、排泄の習慣が身に付くよう援助する	●泥遊びのあとはシャワーで清潔にし、心地よさを感じられるようにする ●散歩中や里山で、自然や昆虫に興味を持ってかかわれるようにする
●木陰にテーブルを用意し、好きな色でフィンガーペインティングで表現することを楽しむ ●友達とかかわりながら、会話を楽しむ	●スプーンと箸を準備し、どちらも使えるようにする ●夏の昆虫などに関する絵本を読んで自然の場にかかわる
■フィンガーペインティングの道具を使いやすいように用意する ■一人一人の排尿の間隔を把握し、個別に対応する ★排泄の一人立ちができるように、できた時にはほめながら意欲を高める ★絵の具の色が手に付くことを嫌がる園児には、一緒に手を使って楽しむ	■夏の自然や昆虫などに関する絵本を準備する ■ドロドロした感触になるように、事前に土を柔らかくしておく ★帽子の着用を促し、日陰で水分補給をして休息できるようにする ★ごっこ遊びを通して、友達とかかわることを意識させる
●好きな絵の具でフィンガーペインティングを楽しんだ。水遊びの着替えを経験したことで、汚れた服を洗ったあと、すぐに手渡しすると、自分で袋に入れて片付けられるようになった	●水遊びや泥遊びなどの全身運動を十分にしたことで、よく食べて、ぐっすり眠っていた。友達と一緒に、わらべ歌の言葉を楽しむ姿も見られ、成長を感じた

年間計画
4月
5月
6月
7月
8月
9月
10月
11月
12月
1月
2月
3月

園の行事

●夕涼み会
●避難訓練
●身体測定
●誕生会
●保育体験

の月間指導計画 保育園②

ねらい
- 健康に留意し、夏を元気よく過ごす
- 衣服の着脱など、簡単な身の回りのことを保育者に手伝ってもらいながら自分でしようとする

	1週	2週
週のねらい	●笹飾りなどの製作を楽しみ、七夕に興味を持つ ●友達と一緒に音楽に合わせて体を動かす ●簡単な身の回りのことを意欲的にしようとする	●水に触れ、感触を楽しむ ●夏の健康的な過ごし方を知る
養護（生命の保持・情緒の安定）	●戸外では必ず帽子をかぶり、こまめな水分補給を行う ●室内の温度、湿度、換気に気を付ける	●汗をかいたらこまめに着替えるなどして心地よく過ごせるようにする ●水遊びを楽しんだあとはゆったりと過ごせるようにする
教育（健康・人間関係・環境・言葉・表現）	●七夕飾りの製作をしたり、絵本を見たりして、七夕の由来を知り、楽しく行事に参加する ●曲に合わせて歌ったり踊ったりして楽しく遊ぶ ●衣服の着脱などを自分でしようとする	●水鉄砲など、水遊びを十分に楽しむ ●シャワーで汗を流し、着替えることで、気持ちよさを感じる ●汗をかきながらも思いきり体を動かして元気に遊ぶ
■環境構成 ★援助・配慮	■自分でしようとする姿を見守り、衣服の置き方などを工夫し、自分でできる見通しが持てるようにする ■製作を楽しめるよう、様々な素材の準備をする ■楽しく歌ったり踊ったりできるよう、広いスペースを確保する ★自分でしようとする姿を認めながら意欲を高め、丁寧な生活につながるよう援助する ★一人一人の様子に応じて、のりやはさみの使い方を知らせる ★リズム遊びを楽しめるよう、保育者が手本となって一緒に楽しめるようにする	■水遊びの際は人数確認をし、危険がないよう、保育者の立ち位置を考慮する ■室内外問わず、活動の合間に水分補給をしたり、園児の体調を把握したりして、熱中症対策に努める ★職員同士でルールを決め、こまめに人数確認を行いながら楽しく遊べるようにする ★水分や休息を取るなど、一人一人の健康状態に留意するとともに、自らのどの渇きを伝えられるように促す

配慮すべき事項
- 戸外活動では、こまめな水分補給や衣服の調節などで熱中症対策に配慮する
- 水遊びの際は園児の体調を把握し、人数確認をしっかりと行う

子育ての支援（保護者支援）
- 夏の病気に対しての園の対応を知らせ、園児の体調について互いに把握できるようにする
- 水遊び用に着替えを多めに準備してもらう
- 気温や湿度に応じ、こまめに水分補給するよう伝える

前月末の園児の姿

健 衣服の着脱や排泄など、自ら行おうとする
人 友達とのかかわりを喜び、一緒に遊ぶことを楽しむ
環 草花や虫に触れ、梅雨期を楽しむ
言 会話を楽しみながらごっこ遊びをする
表 はさみやのりを使って七夕製作を楽しむ

3週	4週
●保育者に見守られながら、着脱などを自分で行おうとする ●夏ならではの遊びや生活を楽しむ	●保育者に尿意を伝え、自ら排泄に行く ●友達とかかわって一緒に遊ぶことを楽しむ ●夏の自然や昆虫に興味を持って観察する
●一人一人の体調を把握し、水遊びを一緒に楽しむ ●身の回りの生活習慣を少しずつ身に付けていけるようにする	●排泄の習慣が身に付くよう援助する ●友達とのかかわりを楽しめるよう、保育者が仲立ちとなり、思いを伝えるようにする ●園児の気付きや驚きに共感し、夏の自然への興味が広がるようにする
●戸外で友達や保育者と体を動かす遊びを楽しむ ●野菜の生長に興味を示し、毎日の水やりも意欲的に行う ●友達の様子を見たり、保育者の言葉を聞いたりしながら、身の回りのことを行おうとする	●ごっこ遊びなどで言葉のやり取りを楽しむ ●友達とかかわりながら見立て遊びやごっこ遊びを楽しむ ●夏の昆虫などに関する絵本を見たり観察したりして親しむ
■戸外では必ず帽子をかぶり、外気温も計測しながら安全に遊べるよう配慮する ■畑に行ったり、給食のメニューを見たりすることを通して、季節の食べ物に興味を持てるようにする ★熱中症指数計を用いるなどして外気温を計測し、日によっては室内でも体を十分に動かして遊べるようにする ★野菜の水やりや観察をして生長を喜ぶとともに、収穫した野菜は持ち帰って家庭でも楽しめるようにするなどしていく	■排尿間隔を把握し、声をかけるなどしてトイレに誘う ■夏の自然や昆虫などに関する絵本を準備する ■友達とかかわりながら遊び込める環境を整える ■トイレは常に清潔にし、気持ちよく使えるようにする ★図鑑などで調べながら夏の虫や草花を知り、友達と観察して一緒に楽しめるようにする ★「貸して」など、遊びに必要な言葉を伝え、見守りながら一緒に遊びを楽しめるよう仲立ちする

年間計画
4月
5月
6月
7月
8月
9月
10月
11月
12月
1月
2月
3月

教育・保育に対する自己評価

●自分でしようとする姿を認め、一人一人に合わせて援助したことで、身の回りのことを進んでしようとする姿が多く見られた。休息や水分を十分に取りながら、水遊びなど、夏ならではの遊びを伸び伸びと楽しむことができた

園の行事

●保育参観
●懇談会
●身体測定
●七夕
●避難訓練
●誕生会

7月

の 月間指導計画

保育園③

ねらい
- 水分や休息を十分に取り、快適に過ごす
- 水や砂の感触を味わいながら、夏ならではの遊びを楽しむ
- 保育者に見守られ、身の回りのことを自分でしようとする
- 思いや要求を言葉で伝える

		1週	2週
週のねらい		●製作や装飾などを通して夏ならではの行事を知り、参加する ●保育者に見守られながら手洗いや着替えをする	●水遊びの約束（ルール）を知り、水に触れて楽しむ ●夏の過ごし方を知る
養護	（生命の保持・情緒の安定）	●室内の温度、湿度、換気に気を付け、汗をかいたら着替えを行い、快適に過ごせるようにする ●水分や休息を十分に取れるよう、活動の展開を考慮する	●一人一人の体調を見ながら、プール遊びを十分に楽しめるようにする ●水遊びや戸外遊びを楽しんだあとは、体を休め、ゆったりと過ごせるようにする
教育	（健康・人間関係・環境・言葉・表現）	●思いきり体を動かして遊ぶ ●友達の行動を見てやってみようという気持ちを持つ ●行事に興味を持ち、実際の笹の手触りやにおいを感じ、飾りつけを楽しむ ●自分なりの言葉で伝えようとする ●季節の歌や手遊びを楽しむ	●水遊びの約束を知り、準備体操をしっかりと行って水遊びを楽しむ ●友達とのかかわりを楽しむ ●読み聞かせにより言葉を聞いたり、絵本の世界を楽しんだりする ●水遊びを楽しみ、水の不思議さや水への親しみを感じる
■環境構成 ★援助・配慮		■自分でしようとする姿を見守り、衣服の置き方や場所、援助の仕方を工夫し、自分でできる喜びや見通しが持てるようにする ■保育者と共にゲームを楽しんだり、心がワクワクしたりする環境を整える ★手洗いの仕方を知らせ、身に付くよう援助する ★行事のイメージを子どもたちと共有し、楽しめるようにする	■水遊びの際は全体が見渡せる位置につき、保育者同士声をかけ合い、こまめに人数確認を行う ■水遊び後は体を休めるため、絵本やパズルなど落ち着いて過ごせる環境を設定する ★水遊びの際は帽子をかぶり、水分補給をして熱中症対策に努め、体調の変化に留意する ★水遊びでは水質や水温を確認し、衛生管理について記録する

配慮すべき事項
- 職員間の動きや役割を明確にし、けがや事故防止に努める。衛生面に留意し、日々の視診を行う
- 環境省熱中症予防情報サイトによる暑さ指数（WBGT）に留意する。戸外での活動時間の調整や水分補給、衣服の調節などで熱中症対策に努める

子育ての支援（保護者支援）
- 着替えの用意を多めにお願いする
- サマーフェスタについて知らせる。日頃の園での様子は写真などを掲示する
- 夏の時期の感染症を知らせる

前月末の園児の姿

- 健 排泄の間隔が分かり、トイレに行く。パンツで過ごす子もいる
- 人 友達と一緒に楽しく遊ぶ一方で、思いが通らず泣くことがある
- 環 梅雨期ならではの自然に触れ、虫探しを楽しむ
- 言 自分の思いを言葉で伝えようとする
- 表 曲やリズムに合わせて表現することを喜ぶ

年間計画

4月

5月

6月

7月

8月

9月

10月

11月

12月

1月

2月

3月

3週	4週
● 夏ならではの遊びを十分に楽しむ ● 友達とかかわりながら、好きな遊びを一緒に楽しむ	● 保育者に見守られながら、衣服の着脱や排泄などを進んでしようとする ● 夏の自然や生き物に興味を持つ
● 一人一人の姿を見ながら排泄の習慣が付くように導く ● 子どもの心の変化を見ながら友達とのかかわりを見守り、時に仲立ちとなり広げていけるようにする	● 身の回りのことに意欲的に取り組めるよう環境を整え、援助する ● 子どもの気付きや驚きに共感し、自然や生き物に興味を持ち、かかわれるようにする
● 汗をかきながらも、体を動かして水遊びや戸外遊びを楽しむ ● 友達と遊びを共有し楽しむ ● 水の不思議さや冷たさを感じる ● 思いを言葉にしてやり取りを楽しむ ● 曲に合わせて体を動かしたり、歌をうたったりして楽しむ	● 汗をかいたら着替えたり拭いたりすることで、心地よさを感じる ● かくれんぼや鬼ごっこなど簡単なかかわりをする ● 夏の自然を観察したり、生き物の絵本や図鑑を見たりして楽しむ ● 自らの発見を友達や保育者に伝える
■ 友達と遊び込める環境を整える ■ 活動の合間には水分補給を行い園児の体調把握に努め、熱中症への対策、予防を行う ★ 暑さ指数（WBGT）を活用し、室内でも夏ならではの遊びを十分に楽しめるようにする ★ 遊びに必要な言葉を伝え、見守りながら友達と一緒に楽しめるよう仲立ちとなる	■ 自然の図鑑や絵本を用意する際は、じっくりと一人で見たい子もいるため、複数冊用意する ■ トイレは清潔に保ち、排泄の間隔を把握して一人一人に合った間隔で誘う ★ 自ら着脱や排泄に取り組んだ際にはほめ、自信につなげていく ★ 図鑑などを用い、夏の自然や生き物、草花を知り、興味・関心を深めていけるようにする

教育・保育に対する自己評価

- 水遊びでは職員間の役割や動きを明確にすることで、安全に夏ならではの遊びを楽しむことができた。自分自身でやろうとする姿を認め、一人一人に合わせて介助したことで、身の回りのことに意欲的に取り組む姿が見られた。言葉で介助を求める姿も見られたので、思いをくみ取り、意欲へとつながるようにした

園の行事

- 笹飾り
- 七夕
- サマーフェスタ
- プール開き
- 身体測定
- 誕生会
- 衛生チェック
- アトリエ活動
- 避難訓練
- 郷土料理の日
- 絵本給食（絵本おやつ）

7月

の月間指導計画 保育園④

ねらい
- 七夕に興味を持ち、季節の行事に期待を持って参加する
- 自然や夏ならではの食材に触れ、楽しむ
- 水分補給や休息を十分に行い、健康に過ごす

		1週	2週
週のねらい		●意欲を持って行動し、できた喜びを感じる ●夏の食材に興味を持ち、進んで食べる	●ルールを少しずつ理解し、仲よく遊ぶ ●七夕の由来について知り、短冊などの製作を楽しむ
養護（生命の保持・情緒の安定）		●清潔にする大切さや気持ちよさを知り、こまめに汗を拭いたり、着替えを行えるようにする ●自分で行おうとする気持ちを大切にし、できたことを一緒に喜ぶ	●落ち着いた環境の中で十分に休息を取り、入眠できるようにする
教育（健康・人間関係・環境・言葉・表現）		●夏の食材に興味を持ち、進んで楽しく食事をする ●模倣を通して、友達が行っていることに興味や関心を持つ ●絵本を見る中で、少しずつ文字や動物、物に興味を持つ	●簡単なきまりが分かり、守りながら保育者や他児とかかわりを深める ●自分から尿意を知らせ、排泄する ●七夕の由来や夏の星座に興味を持ち、行事に楽しんで参加する
★援助・配慮 ■環境構成		■着脱しやすいスペースを作る ★首回りなどもしっかり拭けるよう、援助する ★できる部分は見守り、十分にほめたり励ましたりしながら意欲を育む	■静かな環境を作り、入眠しやすいようにする ■気温、室温に応じて冷房をつけたり、換気をしたりする ★安心できる環境の中で、休息を促す ★七夕の由来や星座について、劇の内容で分かりやすく伝える

配慮すべき事項
- 劇を通して七夕の由来を伝え、楽しめるようにする
- スイカやトウモロコシなど、季節の食材に触れ、興味を持てるようにする

子育ての支援（保護者支援）
- 体を清潔に保ち、園と家庭で連携を取りながら、手洗い・うがいなどを通して感染症予防や風邪予防に努めていく
- 衣服の調節やプールに必要な道具の準備をお願いする

前月末の園児の姿

- 健 排泄後は、進んで手洗いをしようとする
- 人 友達とかかわって楽しく遊ぶ
- 環 生活ルールを少しずつ理解する
- 言 遊具を貸してほしい時に、「貸して」などと言葉で伝える
- 表 音楽に合わせて踊りを楽しむ

年間計画

4月 5月 6月 **7月** 8月 9月 10月 11月 12月 1月 2月 3月

3週	4週
●数に興味を持ち、物を数えたり、並べたりする ●共有の遊具を譲り合って使う	●全身を使った遊びを楽しむ ●少しずつ相手の話に耳を傾ける
●快適な環境の中で、元気に過ごせるようにする ●保育者や友達と話をする中で、伝える喜びや思いが通じる安心感が得られるようにする	●話をしている人のほうを向き、目を見て話が聞けるよう声をかける
●簡単な数を数えたりして、数に興味を持つ ●遊具の貸し借りを通して、順番や譲り合いを理解していく ●道具の使い方が分かり、様々な表現や技法で製作を楽しむ	●全身を自由に動かしながら、夏の遊びを楽しむ ●季節の歌に親しみ、リズムに合わせて体を動かすことを楽しむ ●ごっこ遊びを通して、言葉のやり取りをする
■話をしやすい雰囲気を作る ★気温に応じた環境設定をし、快適に過ごしていけるよう配慮する ★言葉のやり取りをする楽しさを感じられるよう、語りかけていく	■話を聞きやすいよう語りかけたり、分かりやすいよう伝えたりする ■相手の目を見て話を聞く大切さを知らせる ★夏に関する歌を準備し、興味を持てる曲を選ぶ

教育・保育に対する自己評価

- ●トウモロコシの皮むきをしたことで、食材への興味を持つきっかけになった
- ●七夕製作では、様々な廃材を用意したことで、楽しみながら取り組むことができた

園の行事

- ●避難訓練
- ●迎え火
- ●水遊び
- ●七夕笹飾り
- ●誕生会
- ●七夕祭り会
- ●スイカ割り大会

7月の月間指導計画

こども園（満3歳含む）①

ねらい
- 水分や休息を取り、健康に過ごす
- 一人一人のペースで身の回りのことを自分でしようとする
- 保育教諭や友達と一緒に夏の遊びを楽しむ

		1週	2週
週のねらい		●夏の健康的な生活の仕方を知る ●保育教諭に促され、片付けようとする ●製作や絵本などを通して、七夕に興味を持つ	●衣服のたたみ方を知り、自分でしようとする ●夏ならではの水遊びや泥んこ、砂遊びを楽しむ ●水遊びで色の違いに気付き、色が分かる
教育的時間	の内容	●折り紙や画用紙など、いろいろな素材を切ったり貼ったりして作る ●七夕について話を聞いたり、笹飾りを作ったりすることを楽しむ	●水や泥、砂に触れ、感触の違いや心地よさを味わう ●色水遊びを通して、様々な色の違いや変化を楽しむ ●戸外で元気に遊ぶ
	■環境構成 ★援助・配慮	■質や厚さの違う紙など様々な素材を用意する ■片付けがしやすいように、片付ける箱に絵や写真を貼っておく ★のりやはさみの正しい使い方を知らせる ★一緒に飾りを作り、みんなで七夕の日を期待して待てるようにする	■水をくんだり、砂を入れたりする容器を十分に用意する ■様々な色水を用意し、活動に十分なスペースを確保する ★砂と水が混ざる様子や状態の変化を見せ、興味が持てるようにする ★色の変化を全員で確認できるようにし、知っている色を言う子を認める
教育的時間を除いた時間の内容		●汗をかいたら、促されて着替える ●七夕についての絵本を見たり、保育教諭の話を聞いたりして七夕に興味を持つ ●正しい姿勢で椅子に座り、食事をする	●尿意を知らせてトイレに行ったり、濡れたことを伝えたりする ●こまめに水分補給を行う ●そばで衣服のたたみ方を伝え、自分でしようとする姿を見守る
	■環境構成 ★援助・配慮	■着替えを取り出しやすくしておく ■絵本を読み聞かせたり、七夕飾りをよく見える位置に飾ったりして興味を持てるようにする ★正しく座れるようにそばについて見守る ★季節の行事のイメージが広がるように声をかける	■いつでも水分補給ができるように、常に水差しを準備しておく ■排泄のタイミングを把握し、トイレに誘う ★一人でたためた時はほめ、自信につなげていく ★汗をかいたらシャワーを浴びたりして清潔にする
自己評価	教育・保育に対する	●少しずつだが、衣服の着替えを自分でできるようになってきた。とても頼もしく思う	●脱衣後、服を表に戻すことがなかなかできなかった。今後は声かけや援助をする必要があると感じた

配慮すべき事項
- 体調について気付いたことを職員間で伝え合い丁寧に対応する
- 汗をかいたら、拭いたり着替えたりする心地よさを味わえるようにして、快適に過ごす

子育ての支援（保護者支援）
- 水遊びについては事前に家庭と連携を図り、個々の体調を把握する
- 水遊びや汗などで着替える回数が多くなるので、着替えを多めに用意してもらう

前月末の園児の姿
- 衣服の着脱を自分でしようとする姿が見られる
- できたことをアピールし、認めてもらえると喜ぶ
- 音楽に合わせて体を動かし、リズミカルに遊ぶ姿がある

年間計画 / 4月 / 5月 / 6月 / 7月 / 8月 / 9月 / 10月 / 11月 / 12月 / 1月 / 2月 / 3月

3週	4週
● 保育教諭に促されたり、見守られたりしながら身の回りのことを自分でやろうとする ● 水に慣れ、プール遊びを楽しむ ● 盆踊りの練習を楽しむ	● 友達と一緒に全身を使って様々な水遊びを楽しむ ● 絵の具やクレヨンを使い、伸び伸びと表現する ● ふれあい祭りに喜んで参加する
● 衣服の着脱や表に戻してたたむなど、自分でやろうとする ● 水に親しみ、プール遊びを楽しむ ● 友達と一緒に盆踊りの練習をする	● 保育教諭や友達と、ダイナミックにプール遊びや水遊びを楽しむ ● フィンガーペイントやボディペイントを経験する ● ふれあい祭りに参加し、親子で楽しむ
■ 着替えができるように、十分なスペースを用意する ■ プールの水位を調節し、無理なく水に入れるようにする ★ 自分でやろうとする姿を認める ★ 保育教諭も一緒に楽しく盆踊りを踊り、楽しさを共有する	■ 気温や園児の体調を考慮し、水温の調節や遊びの設定をする ■ 汚れを気にせず遊べるように、泥んこパンツやタオルなどを用意する ★ 保育教諭も一緒にプールに入り、楽しさを共有する ★ 汚れるのを嫌がる園児は、無理のない範囲で遊びを進める
● 疲れが残らないように、休息を取りながら活動する ● 偏った食べ方にならないように、意識して食べる ● 自分の気持ちを言葉で伝えようとする	● 5歳児との触れ合いに慣れる ● 自分で汗を拭いたり、水分補給をしたりして気持ちよく過ごす ● 自分で布団をたたもうとする
■ 安心して入眠し、十分な休息が取れるように、環境を整える ■ 保育教諭も一緒に、おいしく食べる様子を見せる ★ 保育教諭もかかわり、気持ちの伝え方を知らせる ★ 友達とのかかわりを仲立ちする	■ 気温や活動に応じて適切に水分補給をする ■ 起床後は、広い場所で布団をたためるようにする ★ なかよしDayで、5歳児と触れ合う時はそばにつき、不安がらないようにする ★ 大きな布団は、きちんとたたんで満足できるように援助する
● プールでは、徐々に水に慣れ、はしゃぐ姿も見られた。クラス内で常に声をかけ合い、見守った	● 絵の具の活動では、汚れることを嫌がる園児もいたが、そばに寄り添ったことで安心できたようだった

園の行事
- プール開き
- 七夕の集い
- 身体測定
- 交通安全指導
- 避難訓練
- なかよしDay（縦割り保育）
- 誕生会
- ふれあい祭り

7月

の月間指導計画

こども園（満3歳含む）②

ねらい
- 保育教諭や友達と水や砂、泥の感触を味わい、夏ならではの遊びを楽しむ
- 様々な素材を使い、かく、ちぎる、貼るなどして、伸び伸びと表現する
- 夏の健康的な過ごし方に関心を持ち、暑さに負けず元気に過ごす
- 保育教諭に手伝ってもらいながら、自分の身の回りのことをやろうとする

		1週	2週
週のねらい		●七夕に興味を持ち、飾りを作って眺めたり、歌を歌ったりして楽しむ ●夏の自然に親しむ ●リズム遊びで表現することを楽しむ	●水の感触や心地よさを感じ、水遊びを楽しむ ●衣服の着脱を保育教諭に見守られながら行う ●友達と遊ぶ中で、自分の思いを伝えようとする
教育的時間の内容		●七夕についての話を聞いたり、笹飾りを作ったりすることを楽しむ ●夏の草花や昆虫に興味を持ち、見たり触れたりする ●リズムに合わせて自由に体を動かす	●水に慣れ、保育教諭と一緒に水遊びを楽しむ ●水着の着脱の仕方を知る ●友達や保育教諭と会話を楽しもうとする
教育的時間を除いた時間の内容		●言葉のやり取りを楽しみながら、ごっこ遊びをする ●低年齢の子に優しく接し、一緒に遊ぶことを楽しむ	●汗を拭いたり、水分補給をしたりして心地よく過ごす ●保育教諭に援助されながら、衣服の着脱の仕方を知る
★援助・配慮	■環境構成	■笹飾り用の笹を用意する ■ビニール袋や虫かごを用意する ■草花を飾ったり、図鑑を用意したりして、とってきた物と比べられるようにする ■ままごと用のエプロンやかばんを用意する ★年下の園児と触れ合う機会を作り、いたわりの心が持てるようかかわり方を知らせる ★園児の発見や喜びを共有し、興味が深まるようにする ★保育教諭も一緒に遊びながら、その場に応じた言葉のやり取りができるように気持ちを受け止めたり、言葉を足したりする	■安全水位までプールに水を張り、遊具を準備する ■準備がしやすいように、各自の物を一つにまとめておく ■少人数ずつ着替えを行い、着替えの仕方を丁寧に伝える ■気温や活動に応じて、適度に水分補給をする ★水着の着脱がうまくいかない時は、さりげなく手伝う ★気持ちが伝えられない場合は、園児の気持ちをくみ取り援助する

配慮すべき事項
- 安全にプール遊びができるよう、職員間で連携を図り、環境を整える
- 皮膚疾患や感染症などの予防や対応策を職員間で共有する
- 水分や休息を十分に取る

子育ての支援（保護者支援）
- 汗をかいて着替えることが多いので、着脱や調整しやすい服を多めに用意してもらう
- 感染症の流行について、早めに状況を伝え、感染予防に協力してもらう

前月末の園児の姿

- 簡単な身の回りのことをできる子と保育教諭の援助が必要な子がいる
- 友達と一緒に同じ遊びを楽しみ、会話の幅も広がってきている
- 保育教諭の仲立ちで友達とのやり取りを楽しむが、トラブルもある
- 一日の流れを少しずつ理解し、活動に参加しようとする

3週	4週
● 夏祭りに楽しく参加する ● 保育教諭や友達と会話のやり取りを楽しむ ● 様々な素材に触れ、イメージを持って製作することを楽しむ	● 全身を使って運動遊びを楽しむ ● 色水を使い、見立て遊びを楽しむ ● 保育教諭とトイレに行き、援助を受け排泄する
● 夏祭りの雰囲気を味わいながら、親子で盆踊りを楽しむ ● 会話をしながら、遊びを楽しむ ● 見本を見たり、保育教諭のまねをしたりしながら、イメージを持って製作する	● 戸外や運動ホールで体を思いきり動かして遊ぶ ● 色水を使って、ごっこ遊びを楽しむ ● 自分から進んでトイレに行く
● 友達とかかわり合う中で、自分の気持ちを言葉で伝えようとする ● 登園後、自分で朝の支度をしようとする	● 一人一人の体調に配慮しながらゆったりと過ごせるようにする ● 手伝ってもらいながら、汗の始末や、衣服の調節をする
■ ごっこ遊びが展開できるよう、状況に合った遊具を設定する ■ 見たり触ったりして楽しめる教材を用意する ■ 園児が入れやすい場所にかごを置いておく ■ 夏祭りを楽しめるように安全管理に気を配る ★ 保育教諭もかかわりながら気持ちの伝え方を知らせる ★ 見本を提示し、状況に応じて手を添えながら一緒に製作する ★ 確認しながら丁寧に朝の支度ができるよう援助する	■ ボールやミニハードル、トンネルなど、サーキット活動ができるような準備をする ■ ペットボトルやいろいろなカップを用意する ■ 自分で着替えられるよう着替え袋を整える ★ 安全に配慮し、声かけをしながら見守る ★ 色水を飲まないよう注意し、色が変化する際には呪文を唱え、興味がわくようにする ★ 排泄後の後始末をくり返し伝え、習慣となるようにする ★ 汗の始末をすると気持ちのいいことを伝えながら、自分でできる方法を伝えていく

教育・保育に対する自己評価

- 安全に配慮して夏ならではの遊びを行い、心地よさを感じることができた。また、季節の行事に参加し、友達や保育教諭とかかわりながら簡単な言葉を交わして楽しんだ。一人一人に合わせたトイレトレーニングを行い、排泄後の後始末をくり返し伝えることで習慣となり、スムーズにトイレで排泄ができるようになった

**園の行事**

- 誕生会
- 七夕会
- 身体測定
- 安全教室
- プール開き
- 夏祭り
- 避難訓練

ねらい
- 夏ならではの遊びを楽しむ
- 水分や休息を取り、健康に過ごす
- 様々な素材を使い、かいたり、貼ったり、ちぎったりして、自分なりに伸び伸びと表現する

		1週	2週
週のねらい		●七夕の行事に興味を持ち、飾りを作ったり、歌を歌ったりして楽しむ ●夏の健康的な生活の仕方を知る ●保育教諭に促され、片付けようとする	●砂、泥遊びを通して感触を楽しむ ●イメージを持って身体表現を楽しむ ●簡単な衣服の着脱を、保育教諭に見守られながら行う
教育的時間の内容		●七夕についての話を聞いたり、笹飾りを作ったりすることを楽しむ ●折り紙や和紙をちぎったり、貼ったりして、様々な素材に触れる ●自分で使った物や玩具を元の場所に片付けようとする	●水や泥、砂に触れ、感触の違いや心地よさを味わう ●汚れたり、汗をかいたりしたら着替える ●リズム遊びやシャボン玉遊びなどで伸び伸びと体を動かして楽しむ
教育的時間を除いた時間の内容		●汗をかいたら着替えたり、水分補給をしたりする ●楽しい雰囲気の中で意欲的に食事をする	●シャワーを浴びて汗を流し、気持ちよく過ごす ●保育教諭に援助されながら衣服の着脱の仕方を知る
■環境構成 ★援助・配慮		■七夕の話や笹飾り製作を通して行事に興味が持てるようにする ■材質の異なる紙など様々な素材を用意する ■片付ける場所が分かりやすいよう、玩具の箱に絵や写真を貼る ★一緒に飾り付けをすることで、みんなで七夕を期待して待てるようにする ★「おいしい」という園児の気持ちに共感しながらかかわる	■水をくんだり砂を入れたりする道具を十分に用意する ■シャワーの準備をし、スムーズに行えるようにする ★シャボン玉遊びでは、シャボン玉が膨らんだり、飛んだり、割れたりする様子を観察できるよう働き掛ける ★一人で着替えられたら大いにほめ、自信につなげていく ★着脱の仕方が分かるよう、少人数ずつ誘い着替えを行う

配慮すべき事項
- 水遊び前に肌の異常や感染症に注意し、とびひや水いぼなどは家庭に知らせる
- 水分や休息を十分に取る

子育ての支援（保護者支援）
- 夏の感染症について知らせる
- 水遊びを行う際は家庭と連携し、体調について互いに把握できるようにする
- 着替えを多めに用意してもらうようにする

前月末の園児の姿
- できたことを保育教諭にほめてもらうことで、信頼関係を深めている
- 一日の流れを少しずつ理解し、活動に参加しようとする
- 友達とのやり取りを楽しむが、思いが伝わらずにトラブルになることもある

年間計画

4月
5月
6月
7月
8月
9月
10月
11月
12月
1月
2月
3月

3週	**4週**
● 水に慣れ、プール遊びを楽しむ ● 夏祭りに楽しく参加する ● 友達と一緒に遊ぶ中で自分の思いを伝えようとする	● 保育教諭に誘われトイレで排泄する ● 絵の具やクレヨンなどで伸び伸びと表現する ● 衣服のたたみ方を知り、たたもうとする
● 夏祭りの雰囲気を味わいながら盆踊りや買い物を楽しむ ● 楽しさを言葉で伝えたり、全身で表現したりする ● 水に親しみ、プール遊びを楽しむ	● 自分から進んでトイレへ向かう ● フィンガーペインティングやボディペインティングを楽しむ ● 脱いだ衣服を自分でたたもうとする
● 友達と一緒にかかわり合う中で、自分の気持ちを言葉で伝えようとする ● 疲れが残らないよう、休息を取りながら活動する	● そばで衣服のたたみ方を伝え、自分でしようとする姿を見守る ● クレヨンでなぐりがきをして、自分なりに表現することを楽しむ
■ 夏祭りを楽しめるよう安全管理に努める ■ 安心して入眠し、十分な休息を取れるよう環境を整える ■ 友達とかかわりながら遊ぶ機会を作る ■ 水遊びでは水位に気を付ける ★ 保育教諭も一緒にかかわりながら気持ちの伝え方を知らせる ★ 保育教諭も盆踊りに参加し、楽しさを共有する	■ 遊びのあとはすぐに着替えられるよう、タオルや着替えを用意しておく ■ 衣服をたたみやすいよう、広いスペースを確保する ★ 手が汚れることを嫌がる園児には、無理なく遊びに参加できるよう配慮する ★ 保育教諭も一緒にかくなどして、イメージが膨らみやすいようかかわる ★ トイレには必ず保育教諭が付き添い、安全に留意する。排泄後の流れをくり返し伝え、習慣化できるようにする

教育・保育に対する自己評価

- 暑さが厳しかったので衣服や室温の調節を行い、快適に過ごせるよう環境作りに努めた。また水分補給もこまめに行い、熱中症対策に努めた。水や絵の具を使った活動では、濡れたり汚れたりすることに抵抗のある園児もいたが、そばに寄り添いながら活動を進めることで徐々に慣れ、楽しく参加することができた

園の行事
- 避難訓練
- 身体測定
- 誕生会
- 七夕会
- 夏祭り

7月 の 月間指導計画 こども園（満3歳含む）④

ねらい
- 七夕や夏フェスなどの行事を友達と一緒に楽しむ
- 水遊び中の約束を守りながら、遊びを楽しむ
- 水分と休息を十分に取り、暑さに負けず健康に過ごす
- 保育教諭に見守られながら身の回りのことを自らしようとし、できる喜びを味わう

		1週	2週
週のねらい		● 七夕の歌を歌ったり、聞いたり、飾りを眺めたりして楽しむ ● 保育教諭に見守られながら、丁寧に手洗いをする	● 水に触れる心地よさを感じ、水遊びを楽しむ ● 保育教諭に見守られながら衣服の着脱をする ● 水遊びの約束を知り、友達とプールで遊ぶ
教育的時間の内容		● 七夕の雰囲気を味わい、楽しく歌ったり、簡単なお話を聞いたりする ● 戸外で自由に思いきり体を動かす ● 友達の行動を見て、やってみようとする	● 水に慣れ、保育教諭と一緒に水遊びを楽しむ ● 水着の着脱の仕方を知る ● 友達や保育教諭と会話を楽しもうとする
教育的時間を除いた時間の内容		● 友達との言葉のやり取りを楽しみながら、ごっこ遊びをする ● 給食メニューに夏野菜が含まれている時は知らせる	● 汗を拭いたり、水分補給をしたりして、気持ちよく過ごす ● 保育教諭に援助されながら、衣服の着脱の仕方を知る
★援助・配慮 ■環境構成		■ 七夕の絵本や紙芝居を本棚に用意する ■ 七夕に向け、3歳以上児クラスが歌っている姿を見学し、同じ歌を用意する ■ 手洗いの手順のイラストを手洗い場に設置する ★ 園庭や中庭にミストシャワーを設置する ★ 保育教諭も一緒に遊びながら、時には仲立ちして言葉のやり取りができるよう、言葉を足して思いを伝えられるようにする ★ 野菜に興味が持てるよう、絵本や図鑑を見たり、収穫した物を観察したりする	■ 水が怖い園児用に、プール脇に水遊び遊具を準備する ■ 少人数ごとに着替えを行い、着替えの仕方を丁寧に伝える ■ 水に触れたときの気持ちに共感し、一緒に楽しむ ★ 水着の着脱がうまくいかない時は手伝う ★ 気温や体調に応じて、プール活動は短くする ★ プール活動前は人数・水質や水温などを確認し、管理簿に記録する

配慮すべき事項
- 安全にプール遊びができるよう、安全マニュアルをもとに保育教諭間で動きや役割の連携を図る
- 夏の感染症や皮膚疾患の予防や対応策を保育教諭間で共有する

子育ての支援（保護者支援）
- 汗による着替えが多くなるため、着替えを多めに用意してもらう
- 個々の体調を把握し、情報交換と感染予防に協力してもらう

前月末の園児の姿
- トイレで排泄する園児が増え、パンツをはくことを喜んでいる
- 会話の幅を広げながら、保育教諭や友達と遊ぶ姿が多くなる
- 音楽に合わせて歌ったり踊ったりする姿が見られる
- 一日の流れを少しずつ理解し、活動に参加しようとする

3週	4週
● 夏フェスに保育教諭や友達と楽しく参加する ● 水分や休息を取り、健康的に過ごす ● 友達と会話のやり取りを楽しみながら遊ぶ	● 全身を使い、ダイナミックにプールで遊ぶ ● 色や色の変化に興味を持つ ● 援助を受けて排泄したりする
● 夏フェスの雰囲気を味わえるように、かけ声をかけて盆踊りを楽しむ ● クレヨンや絵の具で夏の装飾を製作する ● 友達と遊びを共有し、思いを言葉にしてやり取りを楽しむ	● 水に慣れ、手をつくなどしてプール遊びを楽しむ ● 色が変化する様子を興味を持ちながら観察する ● 自分から尿意を伝え、トイレに行く
● 友達とかかわり合う中で、自分の気持ちを言葉で伝えようとする ● 身の回りのことに意欲的に取り組む	● 疲れや体調に配慮しながら、ゆったりと活動する ● 保育教諭に手伝ってもらいながら、着脱をしたり衣服をたたんだりする
■ 夏フェスを楽しめるよう、安全についての事前確認や管理に気を配る ■ 装飾に使う提灯を用意する ■ 友達と共有できるコーナーの設置や遊具を用意する ★ 汗をかいたら着替えや水分補給をし、体を冷やさないようにする ★ 健康観察をしっかりと行い、体調の変化にすぐ気付けるようにする ★ 自ら取り組もうとする意欲が持てるよう、たくさんほめたり、その姿を認めたりする	■ プール遊びでは水位に注意し、全体が見渡せる位置を確認する。また保育教諭同士で声をかけ合い、人数をチェックする ■ 導入に必要な色に関する本を用意する ■ 色水を飲んだり、触った手で目をこすったりしないよう注意する ★ 色が変化する現象に一緒に驚き、興味がわくようにする ★ トイレに保育教諭が付き添い、排泄後の後始末をくり返し伝え、習慣となるようにする ★ 保育教諭がそばに付き、衣服の着脱やたたみ方を手伝いながら見守る

教育・保育に対する自己評価
- 体調や感染症に留意しながら夏ならではの行事や遊びを行い、静と動の活動を取り入れて心地よく過ごすことができた。また、水分補給や着替えをこまめに行い、熱中症リスクの軽減に努めた。
- 戸外から戻った時や食事前は、進んで手を洗おうとする姿が見られるが、雑になる園児もいるので、そばについて洗い方を伝えていくようにしていきたい

園の行事
- 身体測定
- 避難訓練
- 七夕
- 夏フェス
- 夏フェス後夜祭
- プール開き
- 誕生会

8月の月間指導計画 保育園①

ねらい
- 水遊びや泥遊びを友達と一緒にかかわりながら楽しむ
- 簡単な衣服の着脱や片付けを意欲的に行う
- おむつからパンツに移行し、トイレトレーニングに取り組む

	1週	2週
週のねらい	●友達や保育者と一緒に、水遊びや泥遊びを楽しむ ●衣服の簡単な畳み方を個別に伝える	●簡単なわらべ歌遊びを友達や保育者と楽しむ ●戸外で遊んだあとは、自分で水着を脱ぎ、シャワーを浴びてから着替える
養護（生命の保持・情緒の安定）	●朝の検温を確認し、体調や皮膚の状態を確認してから、水遊びや泥遊びを行う ●簡単な衣服の畳み方や片付け方を個別に伝える	●わらべ歌遊びを、友達と一緒に楽しめるように導く ●汗をかいて遊んだあとにシャワーを浴びることで、清潔にする心地よさを感じられるようにする
教育（健康・人間関係・環境・言葉・表現）	●水遊びや泥遊びを嫌がらずに、保育者や友達と一緒に楽しむ ●保育者に見守られながら、排泄の仕方を身に付ける	●友達と一緒にわらべ歌遊びをし、楽しさを共有する ●畑で栽培した夏野菜を収穫することで、食事の楽しさを味わう
■環境構成 ★援助・配慮	■安全に水遊びや泥遊びができるように環境を整え、衛生面にも十分注意する ■友達と遊びながらかかわりが持てるように、「かして」が言えるように仲立ちする ★衣服を畳めた時にはほめて、意欲を高める ★どろんこ遊びを体験したことがない園児には、手をつないで一緒にやることで安心させる	■わらべ歌遊びをする時には、広いスペースで、安全に楽しめる環境を整える ■午睡をする際は、室温、湿度、換気に配慮し、密にならないようにする ★簡単なわらべ歌遊びで、みんなで一緒に遊ぶおもしろさを感じられるようにする ★衣服の着脱は、自分でやりたい気持ちを大切にし、見守りながら必要な援助をする
自己評価（教育・保育に対する）	●夏しか体験できない水や泥遊びでは、保育者も一緒にやることで、安心して楽しんでいる姿が見られた	●年齢に応じた簡単なわらべ歌遊びを何度もくり返し楽しんだことで、一緒に遊ぶおもしろさを味わうことができた

配慮すべき事項
- 戸外での活動時間に配慮して水分補給をし、熱中症を予防する
- 食事や午睡をする際に、室温、湿度、換気に配慮する

子育ての支援（保護者支援）
- 生活リズムの乱れから体調を崩しやすいので、健康状態について連絡をとり合う
- 着脱しやすい着替えの衣服を用意してもらい、保護者と連携を取りながら、トイレトレーニングを行う

前月末の園児の姿

- 健 衣服の着脱を自分でしようとする
- 人 友達と一緒に楽しく遊ぶ
- 環 自然物に興味を示し、泥遊びを楽しむ
- 言 経験したことを言葉で伝える
- 表 絵をかくことに興味を持ち、楽しんでかく

年間計画

4月

5月

6月

7月

8月

9月

10月

11月

12月

1月

2月

3月

3週	4週
● 絵の具を使い、自由に表現してかく ● 友達と様々な見立てをしながら、ごっこ遊びを楽しむ	● 散歩に行ったり、体を動かしたりして運動遊びを楽しむ ● 保育者に言われなくても、自分の持ち物の片付けができる
● 嫌だという気持ちを、言葉で伝えられるようにする ● 戸外での活動時間に配慮し、水分補給を促す	● 友達とかかわりながら運動遊びをすることで、思いやりの言葉や心を育てる ● 自分でやろうとする気持ちを受け止め、必要に応じて丁寧に援助する
● 絵の具や筆を使い表現することを楽しむ ● 友達とかかわりながら見立て遊びやごっこ遊びの展開を楽しむ	● 運動遊びを楽しみながら、遊具を使う順番などのルールを覚える ● 絵本やわらべ歌の言葉に興味を示し、いろいろな言葉を使って楽しむ
■ 絵の具を使いやすい位置に用意し、自分の好きな色を選んでかく ★ 暑さによる疲れがないか、視診で個々の体調を把握する ★ 自分が感じたことを、絵の具で自由に表現できるようにする	■ 事前に散歩の場所や時間について調べ、無理のない設定をする ■ リトミックをする様子を見ながら、曲に変化をつける ★ リトミックの音楽に合わせ、一緒に模倣遊びをしながら補助する ★ 持ち物の片付けを意欲的に行えるように、個別に援助する
● 描画の際は、絵の具を使った描画遊びを設定したことで、自分の気持ちを自由に表現し、真剣な眼差しで集中して取り組んでいた。かいたあとは満足している表情が見られた	● 持ち物の片付けを指導してきたことで、個人差はあるが、保育者に言われなくても自分の持ち物を意欲的に片付ける姿が見られた

園の行事

- ● 避難訓練
- ● 身体測定
- ● 誕生会
- ● 保育体験

8月の月間指導計画 保育園②

ねらい
- 保育者や友達と一緒に夏ならではの遊びや行事を楽しみ、元気に過ごす
- 衣服の着脱や片付けなど、身の回りのことを意欲的にしようとする
- 製作や絵本に親しみ、絵や言葉で表現することを楽しむ

		1週	2週
	週のねらい	●夏祭りに喜んで参加し、楽しい雰囲気を味わう ●身の回りのことを意欲的にしようとする	●季節の食材に興味を持つ ●夏ならではの行事を知り、異年齢児との遊びを楽しむ
	養護（生命の保持・情緒の安定）	●着替えや片付けなど自分でできることは意欲的に取り組めるよう援助をする ●健康状態を把握し、元気に過ごせるようにする	●戸外での活動時間に配慮し、水分補給を促す ●食事を通して日本の文化や食材に興味・関心を持てるようにする
	教育（健康・人間関係・環境・言葉・表現）	●尿意などをしぐさや言葉で表し、トイレで排泄しようとする ●夏の歌や盆踊りの曲、製作を楽しみ、友達と一緒に体全体で表現する喜びを感じる ●衣服を保育者に援助してもらいながらたたもうとする	●夏の自然や生き物に触れて遊ぶ ●お盆期間中は異年齢児と一緒に遊んだりしてかかわることを楽しむ ●夏の野菜を知り、関心を持って食べる
	■環境構成 ★援助・配慮	■行事に参加する時はこまめに人数確認を行い、十分に楽しめるよう環境を整える ■園児と作った神輿などを飾り、夏祭りらしい雰囲気が楽しめるようにする ★保育者同士声をかけ合い、チェックをしながら見守る ★保育者や友達と一緒に出店を回ったり買い物をしたりして雰囲気を味わえるようにする	■園庭や畑など危険がないか事前に確認しておく ■異年齢児と一緒に過ごす際に気を付けることを園児たちと考え、けがにつながらないようにする ■お盆について伝え、十分に休息を取りながらゆったりと過ごせるようにする ★見つけた草花や生き物を図鑑で調べたり、観察したりして楽しめるようにする ★異年齢児とかかわりが持てるように仲立ちをしたり、一緒に遊びを楽しんだりする ★墓参りや先祖の話をすることで、命のつながりや周りの人への感謝の気持ちに気付けるようにする

配慮すべき事項
- 気温が高い日が続くため十分に休息を取ったり、規則正しい生活を心がけたりして元気に過ごせるように配慮する
- 水遊びでは保育者の役割を明確にし、けがや事故がないよう十分配慮する

子育ての支援（保護者支援）
- お盆期間中は休む家庭も多いので、家庭と連携を図り、園児の体調に留意してもらう
- 夏の疾患について知らせ、対処法や園の対応を伝える

前月末の園児の姿

- 健 夏の遊びに興味を持ち、水遊びなどに意欲的に参加する
- 人 友達と名前を呼び合って、やり取りを楽しむ
- 環 積極的に戸外に行き、夏の虫や野菜に触れる
- 言 自分の思いを伝えようとする姿が見られる
- 表 リズム遊びなどで体を動かして表現することを楽しむ

3週	4週
●休み明けの生活リズムを整え、体験や思いを言葉にしながら元気に過ごす ●絵の具やクレヨンなどで自由に表現して遊ぶ	●絵本に親しみ遊ぶ ●避難訓練では指示をよく聞いて避難しようとする ●自分の思いを絵や言葉で表現することを楽しむ
●体調を確認して、生活リズムを整えながら過ごす ●製作した物が次週の遊びにつながることを知り、楽しみに待てるようにする	●避難訓練では身を守るために気を付けることや約束を伝える ●自分の思いを簡単な言葉で表現しながら友達や保育者とかかわることを楽しめるよう援助する
●絵の具や筆を使い表現することを楽しむ ●休み明けの体調や様子に気を付けてゆったりと過ごす ●楽しかったことなどを保育者に代弁してもらいながら、友達に伝える	●絵本の中の好きなせりふをくり返したり童謡を歌ったりして、言葉遊びを楽しむ ●楽しかった夏の思い出を絵や言葉で表現して遊ぶ
■一人一人の体調に配慮し、保護者や園児たちと話をしながら休み中に家庭でどのように過ごしたかなどを把握しておく ■はさみやのりなどを用意して、製作を楽しめるようにする ★話したい気持ちを受け止めながらたずねたり、思いをくみ取ったりして伝わる喜びを味わえるようにする ★落ち着いて取り組めるよう、グループに分かれるなどしてはさみの使い方を丁寧に伝えていく	■絵本に親しみ、製作物も使って劇遊びが楽しめるような環境作りを行う ■日頃から避難経路を確認しておき、あわてずに避難できるようにする ★絵本をくり返し読むことで絵本の世界を楽しみながら言葉にも興味を持てるようにしていく ★紙芝居などを用いて避難訓練の大切さを知らせていく

教育・保育に対する自己評価

- ●着替えなど、自分でしようとする姿を認め、見守ることで、身の回りのことに意欲的に取り組む姿が見られた。また、製作や絵本の読み聞かせなどを通し、表現する楽しさや言葉への興味につなげることができた

園の行事

- ●夏祭り
- ●身体測定
- ●避難訓練
- ●誕生会

8月の月間指導計画

保育園 ③

ねらい
- 食事や水分、休息を十分に取りながら暑い夏を快適に過ごす
- 夏ならではの行事や遊びを楽しむ
- 異年齢児の友達と接し、一緒に活動することで他者とのかかわりや遊びを深める

		1週	2週
週のねらい		● 絵の具や色水などを使い、友達と遊びを共有する ● フォークやスプーンを使い、一定量を自分で食べる	● 身の回りのことに、意欲的に取り組もうとする ● 異年齢児との交流を喜び、積極的にかかわりを持つ
養護	（生命の保持・情緒の安定）	● 食欲が落ちる時期なので、援助したり励ましたりすることで一定量を食べ、体力をつけられるようにする ● 友達との遊びを見守り、仲立ちをしながらかかわり方を知らせる	● 健康状態を把握し、休息や水分補給を促しながら、活動を進める ● 意欲的に取り組む姿を認め、援助が必要な際は丁寧にかかわる ● 異年齢児とのかかわりが持てるよう仲立ちとなる
教育	（健康・人間関係・環境・言葉・表現）	● 季節ならではの食材を知り、興味を持ち食べてみようとする ● 同じ遊びを共有し、かかわりを深める ● 色水遊びや水遊びを楽しみ、感触を味わいながら、色の変化に気付く ● 言葉でのやり取りを楽しむ ● 友達や保育者とごっこ遊びを楽しむ	● 尿意を保育者に知らせ、トイレへ行く ● 異年齢児との交流を喜び、かかわりを通して言葉を獲得する ● 自分の物や場所を認識し、身支度をしようとする ● 絵本の世界をまねたり、音楽に触れたりすることを楽しむ
★援助・配慮	■環境構成	■水に触れることを楽しみ、安全に遊べるよう衛生面にも十分に注意する ■季節の野菜に興味を持てるよう、4、5歳児が栽培する野菜を見に行く ★保育者も一緒に色水遊びを楽しみ、仲立ちとなって安心して友達とかかわれるよう配慮する ★子どもの気付きに共感し、他の子どもに知らせていく ★食事のマナーなどは個別に伝え、楽しく食事ができるような雰囲気を作る	■異年齢児とのかかわりを楽しめるよう簡単なルールのある遊びを設定し、安全に遊べるようにする ■自分で身支度ができるようやり方を掲示して知らせ、子どもたちと確認する ★子どもの様子から尿意、便意に気付けるよう配慮し、排尿間隔を見てトイレに誘う ★自分でしようとする姿を認め、できた時には共に喜び自信につなげる

配慮すべき事項
- 異年齢交流や長期休みで不安定になる子もいるため保育者とのかかわりを十分にし、職員間の連携を図る
- 暑さ指数（WBGT）に留意し活動を展開する

子育ての支援（保護者支援）
- 夏の時期の感染症や疾患について知らせ、対処法を伝える。体調を伝え合い早めに対処できるようにする
- 家庭との連携を図り、生活リズムを整える

前月末の園児の姿

- 健 食欲が落ち、水分を多くほしがる
- 人 遊びが広がり、気の合う友達とかかわる姿が多く見られる
- 環 夏ならではの自然や生き物に興味・関心を持つ
- 言 語彙が増え、自分の思いを言葉で伝えようとする
- 表 音楽に合わせて踊ったり歌ったりすることを楽しむ

3週	4週
● 休み明けの生活リズムを整え、落ち着いて過ごす ● 体験や経験を話したり、聞いたりする	● 季節の食材に興味を持つ ● 遊びのルールを少しずつ理解し、体を十分に動かす
● 休み明けに視診や触診などで体調を確認し、把握する ● 生活リズムを整え、ゆったりと過ごせるようにする ● 子どもたちの話をじっくりと聞き、思いに共感する	● 食事や行事の中で本物に触れ、五感を通して興味・関心につなげていく ● 保育者も遊びに加わりルールを伝えることで、友達と遊ぶ楽しさを味わえるようにする
● 保育者に見守られ、安心して眠る ● 友達との再会を喜び、気の合う友達と遊びを楽しむ ● 好きな遊びを選んで楽しく遊ぶ ● 楽しかったことを自分なりの言葉で保育者や友達に伝えようとする ● 体を動かして遊ぶ	● 簡単なルールを理解し楽しんで遊ぶ ● 相手にも思いがあることを知る ● 実物のスイカの大きさや色、形、においに興味を示す ● 絵本などを通して言葉のおもしろさ（オノマトペ）に気付き、使おうとする ● 自分の思いを言葉や態度で表現する
■ コーナーを作り静と動の活動スペースを分け、子どもたちが選択的に活動を展開できるよう整える ■ 午睡の際は、室温、湿度、換気に配慮し、快適な空間作りを心がける ★ 休み中の過ごし方を保護者や子どもたちから聞き、体調やけがの把握に努め、また職員間で共有し、体調の変化にすぐに気付けるようにする ★ 話したい気持ちをくみ取り、相手に伝わる喜びを味わえるようにする	■ スイカ割りでは安全に参加できるよう、広さを十分に確保する。本物を感じられるよう割れた様子を見せる ■ 夏野菜などに関する絵本や図鑑を用意する。実際に栽培しているスイカを見ることで興味・関心を広げられるようにする ★ 簡単なルールのある遊びを設定し、理解しながら楽しめるようにする ★ 絵本に親しみ、言葉やイメージを楽しめるようにする

教育・保育に対する自己評価

● 色水遊びでは、絵の具の色を数色用意したことで、色が混ざる様子や、友達や保育者とのやり取りを楽しむ姿が見られた。異年齢児とのかかわりを見守り、仲立ちをすることで、言葉のやり取りから語彙を獲得したり、興味のある遊びに交じってみたりと、年上の友達に対して憧れを抱く姿が見られた

園の行事

- ● スイカ割り
- ● プール納め
- ● 衛生チェック
- ● アトリエ活動
- ● 身体測定
- ● 誕生会
- ● 避難訓練
- ● 郷土料理の日
- ● 絵本給食（絵本おやつ）

8月の月間指導計画 保育園④

- 自分でできることを喜び、自信を持って、意欲的に取り組む
- 夏ならではの遊びを楽しみ、十分に午睡や休息を取る
- 他児とのかかわりを深める中で、共通のイメージを持ち、遊びを広げていく

	1週	2週
週のねらい	●夏の遊びを楽しむ ●衣服の着脱や排泄を自分で行う	●生活リズムを整え、基本的生活習慣を身に付ける ●夏の動植物に興味・関心を持つ
養護（生命の保持・情緒の安定）	●食欲や体調の変化に気付き、暑さや疲れなどに配慮し、快適に過ごせるようにする ●十分に水分や休息を取りながら快適に過ごせるようにする	●落ち着いて過ごせるよう、生活リズムを整える
教育（健康・人間関係・環境・言葉・表現）	●水に触れ、気持ちよさを感じながら、夏ならではの遊びを伸び伸びと楽しむ ●後始末などの仕方を身に付け、スムーズに排泄を済ませる	●他児と触れ合う中で、相手の思いを知り、信頼関係を築いていく ●夏の時期ならではの動植物を知り、興味を持ちながら、見たり、触れたりしていく
■環境構成 ★援助・配慮	■こまめに換気し、ゆったりと休息していけるよう環境を整える ■トイレットペーパーを補充し、トイレを清潔に整える ★タオルで体を拭くこと、水分補給や休息を促し、体調を整える ★トイレの使い方を再度確認し、知らせる	■園生活のリズムが整うよう、知らせていく ■夏の動植物を実際に探したり触れたりできるようにする ★個々の生活リズムを把握し、基本的生活習慣を身に付けられるよう把握していく ★動植物に触れ、季節を感じ、興味が持てるよう誘っていく

配慮すべき事項

- できたことをほめ、やる気につながるよう配慮する
- プール遊びなど、季節の活動を安全に行える環境に整える

子育ての支援（保護者支援）

- 規則正しい生活リズムで過ごせるよう、配慮してもらう
- 夏に多い感染症について、おたよりなどで知らせ、家庭でも体を清潔に保つとともに、早期発見に努めてもらう

前月末の園児の姿

(健) 少しずつ、一人で衣服を着たり脱いだりする
(人) 相手の気持ちに気付く
(環) 身の回りの物や自分の持ち物が分かる
(言) 読み聞かせに集中する
(表) 歌詞からイメージを広げ、自分の気持ちを表現する

3週	4週
●交流保育を通して、年下の園児に興味を持ち、かかわる ●保育者に自分の体調の変化を知らせる	●クレヨンを持ち、思い思いの表現を楽しむ ●色や形の違いに気付く
●手洗いやうがいをこまめに行い、健康に過ごせるようにする ●交流保育を通して、年上の子のよい部分を模倣したり、年下の子の手本となったりするようかかわる	●保育者や他児に信頼や愛情を持ち、他者の思いを受け止めながら優しい心で接することができるようにする
●自分から困ったことや体の異常を、言葉で知らせる ●気の合う友達とかかわり、自分の経験したことを言葉で伝え合い、共有する	●クレヨンの持ち方や色使い、塗り方を身に付け、期待を持ち、取り組む ●身の回りのことを進んで行い、難しい部分などは自分から伝える
■異年齢交流ができるよう、機会を作っていく ■様々な遊びを用意したり、保育室の環境を整えたりして、気持ちを伝え合える場を整える ★そばで見守り、うがいの仕方を確認したり知らせたりする ★経験したことを伝え合ったり、かかわり合えるよう仲立ちをしたりして、導いていく	■ゆったりとした環境や時間を作り、気持ちを伝えていける空間を用意する ■色や形にも興味が持てるようにする ★気持ちを受け止め、尊重し、他児にも思いやりを持てるよう導く ★クレヨンの正しい持ち方を伝え、正しい姿勢でかけるようにする

年間計画

4月 5月 6月 7月 **8月** 9月 10月 11月 12月 1月 2月 3月

教育・保育に対する自己評価

●夏ならではの遊びを十分に楽しめるように、一人一人が水に触れられる楽しい雰囲気を作っていった。それぞれが水に触れる気持ちよさや楽しさを味わい、季節を感じることができた
●排泄では、個々のタイミングに合わせ、トイレに誘い、成功へ導いていった。着脱や排泄など少しずつ自分でできることが増えるよう、励ましたりほめたりしたので自信につながったと思う

園の行事

●避難訓練
●プール遊び
●誕生会

8月の月間指導計画

こども園（満3歳含む）①

ねらい

- 夏ならではの遊びを保育教諭や友達と一緒に楽しむ
- 排尿のタイミングを知らせてもらい、トイレで排泄する機会を増やす
- 体調に留意しながら、健康で快適に過ごす
- 保育教諭の仲立ちの下、友達と話したり、遊んだりすることを楽しむ

	1週	2週
週のねらい	●夏の野菜に興味を持つ ●簡単な身の回りのことを進んで行う ●異年齢の友達と喜んでかかわり、遊ぼうとする	●水分や休息を十分に取りながら、活動的に過ごす ●色水を使って製作遊びを楽しむ ●泥や砂、泡の感触を楽しみながら遊ぶ
教育的時間の内容	●園庭で育てている野菜を見たり、触れたりする ●自分でできる身の回りのことを進んでやる ●異年齢児と簡単なゲームや触れ合い遊びを楽しむ	●活動の合間に水分補給をして快適に過ごす ●色水を使ってにじみ絵を楽しむ ●泥や砂、泡を見たり、触れたりして心地よさを感じる
教育的時間を除いた時間の内容	●トイレでズボンを下ろし、自分で排泄をしようとする ●夏の過ごし方を知り、保育教諭に促されながら、水分補給や着替えをしようとする	●ごっこ遊びを通して、友達とかかわる楽しさを感じる ●キュウリに水をやり、成長を楽しみにする
★援助・配慮 ■環境構成	■身近な野菜に親しみが持てるよう、育てている野菜を見に行く ■衣服の着脱がスムーズに行えるよう、着替え袋や引き出しを整えておく ■異年齢児とかかわりが持てるよう、簡単なルールを設定し、安全に遊べるようにする ★野菜に興味が持てるよう、絵本や図鑑を見たり、収穫した物を観察したりする ★自分でやろうとする気持ちを認め、具体的な方法を知らせながら援助する ★友達や異年齢児との遊びのきっかけを作る	■のどが渇いたら、すぐに麦茶が飲めるように用意しておく ■園児用のジョウロを複数用意しておく ■いろいろな種類の色水を用意し、霧吹きを複数用意しておく ★キュウリの成長を知らせ、喜びを感じられるようにする ★やり方を伝え、色がにじむ様子を楽しみながら製作できるよう援助する ★目や口に泥などが入らないよう、安全に十分配慮して行う

配慮すべき事項

- 健康状態を伝え合い、視診をしっかり行う
- 無理のない活動を設定し、水分や休息をこまめに取る
- 汗をかきやすい季節なので肌着や洋服の準備をお願いする

子育ての支援（保護者支援）

- 連絡をこまめにとり合い、生活リズムを整える
- 感染症の状況を早めに伝え、予防に努める
- 暑さで疲れやすかったり、食欲がなかったりする場合は園での様子を伝える

前月末の園児の姿
- 暑さや疲れで食欲が落ちたり、生活のリズムが乱れたりする園児がいる
- 布パンツで過ごす園児が増え、保育教諭に誘われてトイレに行く
- 顔に水がかかるのが嫌な園児もいるが、自分のペースで水遊びを楽しむ
- 語彙が増え、少しずつ会話が成り立つようになる

3週	4週
● 生活リズムを整え、落ち着いて過ごす ● 経験したことを話したり、友達の話を聞いたりして楽しむ ● 好きな歌や体操を楽しむ	● 思いを言葉にし、友達とのかかわりを楽しむ ● 運動遊びのルールを少しずつ理解し、存分に体を動かして遊ぶ ● 箸を使って食べてみる
● ゆったりした中でもメリハリをつけ、健康的に過ごす ● 楽しかった出来事を話したり、友達の話を聞いたりする ● 友達と歌ったり、音楽に合わせて体を動かす	● 友達に話しかけ、一緒に遊ぶ ● 保育教諭の話を聞き、ルールを守って遊ぶ ● 箸の持ち方を意識して、保育教諭に手伝ってもらいながら食べる
● 一定時間十分に眠り、休息を取れるようにする ● 簡単な挨拶や言葉を知り、使おうとする	● 異年齢児と遊び、言葉のやり取りを楽しむ ● 階段の上り下りを経験する
■ 発表台を用意し、ステージを作る ■ 季節の歌や園児の好きな手遊びを準備する ■ 室内の温度調節をし、静かな音楽をかけるなどして、十分な休息が取れるようにする ■ 挨拶絵カードを用意する ★ 緊張してうまく話せない園児には、そばで優しく見守り、安心できるよう言葉をかける ★ 保育教諭が楽しく歌ったり、踊ったりすることで親しみが持てるようにする ★ 元気に挨拶ができるよう、絵カードで伝える	■ 一緒に遊べるよう年上の園児に協力を頼む ■ 階段を上る際は、必ず前後に保育教諭がつく ■ 箸の持ち方を分かりやすく知らせるため、絵や写真を用意する ■ 会話が弾むよう保育教諭が仲立ちとなる ★ 年上の園児とかかわる様子を見守りながら、必要に応じて仲立ちをする ★ 事前に手すりの持ち方を知らせ、安心して階段の上り下りができるよう援助する ★ 少しずつ箸の持ち方を覚えられるよう、無理なく進める

教育・保育に対する自己評価

- お盆休みで生活のリズムが乱れている子が多かった。活動にメリハリをつけて生活し、保育教諭とのかかわりを密にしたことで、安心感を持ち落ち着いて生活することができた。衣服の着脱や片付けなどのやり方をくり返し伝えることで自立意欲につながり、自信を持って取り組むようになった

園の行事
- 身体測定
- 誕生会
- プール納め
- スイカ割り
- お盆保育
- 避難訓練

8月の月間指導計画

こども園（満3歳含む）②

ねらい
- 夏野菜を使った製作を行い、旬の野菜に興味を持つ
- 生活リズムを整え、暑い夏を快適に過ごせるようにする
- 生活や遊びの中で保育教諭や友達と言葉のやり取りを楽しむ
- 友達と一緒に伸び伸びと体を動かして遊ぶ

		1週	2週
週のねらい		●夏の自然に興味を持つ ●簡単な身の回りのことを進んで行う ●十分に休息を取り、暑い夏を元気に過ごす	●夏野菜を使った製作で、野菜の手触りやにおい、断面の違いに興味を持つ ●異年齢児との遊びを楽しむ ●季節の歌や手遊びなどを楽しむ
教育的時間の内容		●自分でできる身の回りのことを進んで行う ●夏野菜や虫を見たり、触れたりして興味を持つ ●ゆったりした生活リズムの中で、健康に過ごす	●野菜スタンプを楽しむ ●避難訓練に参加し、身の守り方を知る ●友達と一緒に季節の歌や手遊びなどを楽しむ ●異年齢児と一緒に触れ合い遊びや玩具を使った遊びを楽しむ
教育的時間を除いた時間の内容		●園庭で育てている野菜に水をやり、生長を楽しみにする ●捕まえた虫を飼育し、動いている姿やえさを食べる様子を観察する ●無理せず給食を食べる	●階段の上り下りを経験する ●ごっこ遊びを通して友達や保育教諭とかかわる楽しさを感じる
■環境構成 ★援助・配慮		■園児用のジョウロを多めに用意し、観察しやすい位置にプランターを置く ■図鑑を用意し、飼育している虫と同じ虫を探したり、他の生き物にも興味が持てるようにする ★「できた」という喜びを味わえるようにする ★食欲が落ちている園児も無理なく食べられるよう量を調整する ★虫を観察する際はみんなで一緒に見ながら楽しさを伝えていく	■野菜スタンプは旬の夏野菜を用意する ■異年齢で楽しめる簡単なゲームや玩具を用意する ■実物やイラストを用意し、歌とその物のイメージが結びつくようにする ★友達や異年齢児と伸び伸びと交流できるようきっかけを作る ★手すりの持ち方を知らせ、安心して階段の上り下りができるようにする ★避難の際はいつでも保育教諭の話を聞くように知らせる

配慮すべき事項
- 家庭での様子を聞き、視診をしっかり行うことで夏ならではの活動を楽しめるようにする
- 汗をかいたらこまめに着替え、清潔さを保つ
- 水分や休息をこまめに取り、無理なく過ごす

子育ての支援（保護者支援）
- 夏の生活リズムを知らせ、家庭と連携し園児が健康に過ごせるようにする
- 園児の成長の様子を話し、自分でやろうとする思いを認めることの大切さを伝える

前月末の園児の姿

- 水が苦手な園児も少しずつ慣れ、安心してシャワーを浴びる
- 好きな色のクレヨンや紙を選び、かいたり作ったりして楽しむ
- 暑さや疲れから、食欲低下や生活リズムの乱れが見られる
- 経験したことを保育教諭や友達にうれしそうに伝えようとする

3週	4週
● 経験したことを保育教諭や友達に話し、聞いてもらう喜びを味わう ● 様々な動きで体を動かすことを楽しむ ● 色水を使い、見立て遊びを楽しむ	● 保育教諭に尿意を知らせ、進んでトイレに行こうとする ● 指先を使って遊ぶ ● 保育教諭や友達と遊ぶ楽しさを味わう
● 楽しかった出来事を友達の前で話し、聞いてもらうことの喜びを味わう ● 走ったりトンネルをくぐったりなどして伸び伸びと体を動かす ● 色水を使ってごっこ遊びを楽しむ	● 言葉やしぐさで尿意を伝えようとする ● ひも通しや洗濯ばさみなどを使って指先を動かす ● 保育教諭や友達と様々な遊びを楽しむ
● 自分で気付いて水分補給をする ● 簡単な挨拶や言葉を知り、使おうとする	● 保育教諭に見守られながら安心してトイレに行き、排泄しようとする ● 年上の友達と一緒にごっこ遊びをして、その中で言葉のやり取りを楽しむ
■ ペットボトルや様々な容器を用意する ■ 楽しみながら体を動かせるよう道具の設定に配慮する ■ 園児の手が届きやすい場所に水筒を用意する ★ 人前でうまく話せない園児には、そばで優しく見守ったり、安心して話せるよう声をかけたりする ★ 元気に挨拶ができるよう絵カードを提示する	■ ひも通しや洗濯ばさみは、一人一人集中して遊べるよう道具を多めに用意する ■ 安心して排泄できるよう、トイレの環境を整える ★ 年上の友達とかかわる姿を見守りながら、必要に応じて仲介に入る ★ 保育教諭も遊びに加わり、おもしろさを知らせる ★ 尿意を知らせたことを大いにほめ、意欲へとつなげていく

教育・保育に対する自己評価

- 暑さや生活リズムの乱れから体調を崩す園児が見られたが、家庭での様子を聞き、スキンシップを図りながらかかわったことで、安心感を持って落ち着いて過ごせた。また夏野菜を使った活動では園児が強く興味を示し、給食の際に知っている野菜が出てくると名前を言うなど、食への関心にもつながってよかった

園の行事

- 身体測定
- 避難訓練
- 誕生会

4月
5月
6月
7月
8月
9月
10月
11月
12月
1月
2月
3月

8月 の 月間指導計画

こども園（満3歳含む）③

ねらい
- 夏ならではの遊びを友達と一緒に楽しむ
- 身の回りのことを覚えて進んでしようとする
- 生活リズムを崩さずに、健康で快適に過ごす
- 異年齢児と一緒に遊び、他者とのかかわりを深める

		1週	2週
週のねらい		●泡やシャボン玉の感触、飛んでいく様子を観察して楽しみながら遊ぶ ●玩具の正しい使い方や片付けの仕方を知る ●簡単な身の回りのことを進んで行う	●異年齢児とのかかわりを楽しむ ●衣服のたたみ方を知り、たたもうとする ●水分や休息を十分に取りながら、活動的に過ごす
教育的時間の内容		●泡やシャボン玉に触れたり、吹いたりして楽しみながら遊ぶ ●玩具の正しい使い方や片付けの仕方を知り、物を大切にする気持ちを持つ ●自分でできる身の回りのことを進んで行う	●異年齢の友達と喜んでかかわり、遊ぶことを楽しむ ●折り紙を通して衣服のたたみ方を知る ●活動の合間に十分な水分補給をし、快適に過ごす
教育的時間を除いた時間の内容		●トイレでズボンを下ろし、自分で排泄をしようとする意欲を持つ ●保育教諭に促されながら、水分補給や着替えをして過ごす	●ごっこ遊びを通して、友達とかかわる楽しさを感じる ●虫を飼育し、動いている姿やエサを食べる姿を観察する
■環境構成 ★援助・配慮		■石鹸、ペットボトル、スポンジ、たらいなどを用意する ■シャボン玉遊びは、うちわの骨組みなどの吹かなくてよい物も用意する ■玩具の使い方や片付けを見せる ★着脱がスムーズに行えるよう、着替え袋やロッカー内を整理する ★トイレでの排泄を自分でしようとする気持ちを認め、意欲的な時はしっかりと援助する ★園児の体調に応じて、無理のない食事量に調整する	■異年齢児とかかわりが持てるよう、簡単なルールで安全に遊べるようにする ■折り紙と一緒に衣服を準備する ■のどが乾いたら、すぐに水分補給ができるように麦茶を用意する ★虫を怖がる園児には、遠くから観察するように伝える ★友達や異年齢児との遊びのきっかけを作り、そばで見守る

配慮すべき事項
- 暑さ指数（WBGT）を毎日チェックし、戸外活動の時間調整や中止を判断する
- 水分や休息をこまめに取る
- 汗をかいたら着替え、清潔に過ごす

子育ての支援（保護者支援）
- 家庭と連携し、長期休み後の生活リズムを整える
- 自分でできた満足感が味わえるよう、着脱しやすい衣服を用意してもらう

- 遊びで経験したことを、保育教諭や友達に伝える姿が見られる
- 顔に水がかかることが嫌な園児もいるが、水遊びに興味を持ち、楽しむ
- 寝不足や生活のリズムの乱れから、食欲が落ちている園児がいる
- 玩具の取り合いや危険な使い方をする園児の姿が見られる

3週	4週
●ゆったりと落ち着いて過ごす ●経験してきたことを話したり、友達の話を聞いたりして楽しむ	●戸外で伸び伸びと体を動かして遊ぶ ●思いを言葉にし、友達とのかかわりを楽しむ ●自分に合った食具を使い、自分で食べる
●ゆったりした中でもメリハリをつけて過ごす ●楽しかった出来事を話したり、友達の話を聞いたりする ●季節の歌を友達と一緒に歌ったり、手遊びを楽しんだりする	●保育教諭の話を聞き、約束を守って遊ぶ ●自分の思いを簡単な言葉で表現しようとする ●箸を使う園児は持ち方を意識して、保育教諭に手伝ってもらいながら食べる
●無理のない食事をし、十分な睡眠を取れるようにする ●簡単な挨拶や言葉を知り、使おうとする	●楽しい雰囲気の中で食事を楽しむ ●階段の上り下りを経験する
■玩具のマイクと発表台を用意し、お立ち台を作る ■季節の身近な歌や、園児の好きな手遊びを準備する ■挨拶絵カードを用意し、時系列で部屋に飾る ★緊張してうまく話せない園児には、安心できる言葉をかける ★室内に静かな音楽をかけるなどして、十分な休息が取れるようにする	■力いっぱい走れる十分な広さの場所を選ぶ ■階段を下りる際は、必ず前後に保育教諭がつく ■箸を使うことで食事時間が超過するような事態に備え、スプーンやフォークを用意する ★少しずつ箸の持ち方を覚えられるよう、無理なく進める ★保育教諭も会話に加わり、楽しい雰囲気を作る ★階段を安全に使えるよう、具体的に知らせる

教育・保育に対する自己評価

- 体調が優れない子が多く、ゆったりと過ごした。異年齢でかかわる時間を多くしたが、小さい子には優しく接したり、年上の子のしていることに興味を持ってまねたりしていた。子どもたちに、とてもよい刺激になっていた

園の行事

- 身体測定
- 避難訓練
- 誕生会

9月の月間指導計画 保育園①

- リトミック遊びを楽しみながら運動機能を高める
- 自分の思いを言葉で伝えることで、相手の気持ちにも気付く
- 身近な自然に親しみ、自然物を使って遊ぶ

	1週	2週
週のねらい	●戸外で開放的なリトミック遊びを楽しむ ●ゆっくりとよく噛んで食べる「カミカミ」を習慣付ける	●身近な自然に親しみ、自然物を使って遊ぶ ●十五夜の月に興味を持ち、小麦粉粘土で丸めて作る
養護（生命の保持・情緒の安定）	●楽しい雰囲気の中で、リトミック遊びを通し、開放感を味わえるようにする ●そでをあげて手を洗い、うがいの仕方を身に付けられるよう指導する	●自然物（水・砂・土・木・石）などで思いきり遊ぶことが、情緒の安定につながるよう配慮する ●戸外遊びの際は、気温に応じてこまめに水分補給をしたり、休息を取れるよう配慮する
教育（健康・人間関係・環境・言葉・表現）	●友達と散歩に行き、虫や草花に触れて情感体験をする ●よく噛んで食べることが、体によいことを知る	●友達と自然物の取り合いにならないように、「貸して」「どうぞ」を言葉で言う ●十五夜の話を聞き、小麦粉粘土を丸めて月見だんご作りを楽しむ
★■環境構成★援助・配慮	■保育者が動物の模倣をしながらリトミック遊びを楽しめる環境を用意する ■一人一人に合わせて声をかけ、噛んで食べることが身に付くよう、絵本やポスターを用意する ★図鑑を持って戸外へ出かけ、自然に触れて楽しめるように配慮する ★食事に関する絵本や紙芝居を見せ、よく噛んで食べることができるように援助する	■自然物（水・砂・土・木・石）などで思いきり遊べるように環境を整備する ■小麦粉粘土は個別に準備する ★自然物の取り合いにならないように気を付けながら、ごっこ遊びに展開できるように援助する ★自分でやろうとする意欲を大切にし、場面に応じて援助する
自己評価（教育・保育に対する）	●「カミカミ」と言えば、意識して噛んで食べるようになった。また、戸外の散歩には図鑑を持って行ったことで、虫や草花に興味を示したのでよかった	●自然物を使って様々な物に見立てて遊んだり、友達とごっこ遊びを楽しんだりしていた。小麦粉粘土を丸める遊びを準備したことで、目と手の協応の動作を体験させることができてよかった

配慮すべき事項

- 戸外や散歩に行く際は帽子を着用し、水分や休息を取って体調の変化に気を付けたりする
- 気温に応じて、衣服の調節が自分でできるようにする

子育ての支援 （保護者支援）

- 「早寝・早起き・朝ご飯」の生活リズムの大切さを伝え、家庭でも安定したリズムで過ごすように話す
- 家でも、自分の持ち物を片付ける習慣が身に付くようにお願いする

前月末の園児の姿

健 自分の持ち物を片付ける
人 友達とかかわりながらごっこ遊びを楽しむ
環 自分の好きな色を使って絵をかく
言 絵本やわらべ歌の言葉に興味を示し、言葉数が増える
表 リトミックの曲に合わせ、体を動かして表現する

3週	**4週**
● 友達とのかかわりの中で、自分の気持ちを言葉で伝える ● 絵本や紙芝居など、集中して話を聞く	● 自分で衣服の着脱ができるようになる ● 触れ合い大会を楽しみにしながら、リトミック遊びで身体表現をする
● 秋を探しに散歩に行く際は、帽子を着用し、水分や休息を取るなど、園児の体調に配慮する ● 戸外に行く前に、自ら排泄できるようになる	● 気温に応じて、衣服の調節を自分でできるように援助する ● 衣服の前後ろや靴の左右など、自分で確認できるようにする
● 保育者や友達と一緒に、秋の歌やリトミック遊びを楽しむ ● 絵をかくことを楽しむ	● 秋の自然物を使い、園庭でごっこ遊びを楽しむ ● リトミック遊びに自ら楽しく参加する
■ 秋の自然や昆虫の図鑑などを準備し、園児たちがいつでも見られるような環境にする ■ 午睡前には気持ちが落ち着くよう、個別に好きな絵本を準備し、読んであげる ★ 絵をかきたくなったら、いつでも絵の具を使えるように準備する ★ 自分の靴を靴箱に片付けられるように援助する	■ 自分で着替えができるように環境構成を考える ■ 園庭でごっこ遊びができるように、板や敷物を準備する ★ 個別のカゴを用意して、着替えを自分で最後までできるようにする ★ 保育教諭（保育者）の動きを模倣しながら、リトミック遊びができるように援助する
● 描画では、自分の好きな色を選び、筆を使って画用紙いっぱいに表現できるようにしたことで、その子なりの筆の使い方から情緒の安定を読み取れることが分かった	● 触れ合い大会に向け、全員が無理なくリトミック遊びをできるようにしたことで、本番でも楽しく表現できるようにしていきたい

園の行事

● 避難訓練
● 身体測定
● 誕生会
● おはなし会（交通安全指導）
● 保育体験

9月の月間指導計画 保育園②

ねらい

- 保育者や友達と一緒に十分に体を動かし、戸外遊びを楽しむ
- 季節の移り変わりを感じ、秋の自然に触れる
- 生活リズムを整え、様々な事象に興味を持ちながら元気に遊ぶ

		1週	2週
週のねらい		●着脱や手洗い、うがいの仕方が分かり、進んで行う ●生活のリズムを整える ●様々な事象に興味を持ち、言葉で表現することを楽しむ	●戸外で伸び伸びと体を動かすことを楽しむ ●十五夜を知り、月の変化に興味を持つ ●言葉のやり取りを通して相手の気持ちに気付く
養護（生命の保持・情緒の安定）		●その日の天候や気温に応じて着替え、こまめに水分補給を行えるようにする ●自分でしようとする気持ちを大切にし、一人一人に合わせて援助をする	●運動遊び後はゆったりと過ごし、十分な休息を取るようにする ●伝えたい気持ちを受け止め、ゆっくりと自分の気持ちを話せるようにする
教育（健康・人間関係・環境・言葉・表現）		●遊びの中で数や形に触れ、興味・関心につなげる ●手洗い、うがいの仕方を確認する ●自分の思いを言葉で表現しようとする ●園での生活リズムを整え、元気に過ごす	●年齢に合ったルールのある遊びを楽しむ ●十五夜などの季節の行事を知り、興味を持つ ●保育者に仲立ちをしてもらいながら遊びのルールを知り、時には葛藤する場面も体験しながら一緒に遊ぶ楽しさを味わう
■環境構成 ★援助・配慮		■外気温や室温に注意し、快適に過ごせるようにする ★着脱や手洗い、うがいなど、優しく声をかけ、自分でしようとする姿を見守る ★汗をかいたら着替えたり、タオルで拭いたりして心地よく過ごせるようにする ★自分でしようとする姿を受け止め、見守りながら援助していく	■体を十分に動かせるよう広いスペースを確保する ■十五夜について話をし、月やススキなど十五夜に関する物を用意する ■こまめに水分補給ができるように準備をしておく ★保育者も一緒に体を動かし、ルールを伝えながら楽しさを共有する ★十五夜の由来を伝え、日本の文化に親しみを持つとともに、秋の食材にも興味が持てるようにする

配慮すべき事項

- 家庭での様子を聞きながら、視診や検温をして職員同士が把握し合い、体調の変化にすぐに気付けるようにする
- 活動中の園児の様子を確認し、水分や休息を取りながら過ごすようにする

子育ての支援（保護者支援）

- 個々の健康状態を把握し、丁寧な対話を心がける
- 園での生活や遊びの様子を知らせて、家庭でも話題にできるようにする

前月末の園児の姿

- 健 身の回りのことや排泄などを保育者に見守られながらやろうとする
- 人 自分の思いを伝えながらごっこ遊びを楽しむ
- 環 園庭にいるトンボなどの虫を見たり触れたりして、気付いたことを保育者に伝える
- 言 友達と絵本のせりふを言ったり模倣したりして、劇遊びを楽しむ
- 表 クレヨンや絵の具など好きな色を選んで表現することを楽しみ遊ぶ

3週	4週
● 遊具や用具を使って保育者や友達と体を動かして遊ぶ ● 箸の使い方を知り、楽しく食事をする ● 友達とのかかわりを喜びながらごっこ遊びを楽しむ	● 様々な素材に触れながら製作遊びを楽しむ ● 戸外遊びを通して季節の移り変わりを感じる
● 箸の正しい持ち方を知らせ、一緒に食べる楽しさを味わえるようにする ● 遊具などの安全な使い方やルールを園児に伝え、けがにつながらないようにする	● 秋の自然に触れる中で、園児の気付きに共感する ● はさみやのりの使い方を確認し、安全に製作を楽しめるようにする
● 遊具を使った遊びを通して、並んだり順番を守ったりしながら、体を動かして遊ぶ ● 箸を使って食べる喜びを感じながら、楽しく食事をする ● 友達とかかわり合いながら模倣遊びやごっこ遊びを楽しみ、一緒に活動する楽しさを味わう	● 風や雲、気温の変化に気付き、季節の移り変わりを感じる ● 粘土遊びなどで自分の好きな物を作り、友達と見せ合ったりして楽しむ ● 自ら服の前後を確認しようとしたり、着脱を進んでしようとしたりする
■ 十分に体を動かせるよう、遊具や園庭などの安全を点検しておく ■ 食事の時には「おいしいね」など声をかけ、食事の時間が楽しめるような雰囲気作りをする ★ 一緒に食事を楽しむ中で、箸の使い方を個別に知らせる ★ ごっこ遊びでは、言葉のやり取りを楽しめるよう、絵本の読み聞かせなどを通してイメージを共有していく	■ 季節の移り変わりに気付き、秋に関する様々な物を用意する ■ 外気温と室温の差に注意し、快適に過ごせるようにする ★ 身近な自然に興味が持てるように声をかけ、園児の気付きに共感し、うれしさや楽しさが味わえるようにする ★ こまめに検温をし、一人一人の体調の変化に注意していく

教育・保育に対する自己評価

- ● 子どもの体調に留意し、天候や気温などを確認しながら戸外遊びを設定したことで、伸び伸びと体を動かして遊ぶことができた。図鑑を準備したことで、虫や花などの観察をし、秋の自然に触れて楽しむことができた

園の行事

- ● 保育参観
- ● 懇談会
- ● 身体測定
- ● お月見会
- ● 誕生会

年間計画

4月
5月
6月
7月
8月
9月
10月
11月
12月
1月
2月
3月

117

9月

の月間指導計画
保育園 ③

ねらい
- 生活リズムを整え、健康に過ごす
- 戸外遊びや散歩を通して秋の自然に触れる
- 保育者や友達と室内外で思いきり体を動かすことを楽しむ
- 活動の流れが身に付き、身の回りのことを進んで行おうとする

		1週	2週
週のねらい		●避難訓練を通して、保育者と災害時の避難の仕方を再確認する ●衣服の着脱や脱いだ物の後始末を自分でできるようにする	●遊びや生活の中で自分の思いを伝え、相手の思いも知ろうとする ●遊具や用具を使い保育者や友達と体を動かして遊ぶ
養護（生命の保持・情緒の安定）		●落ち着いて避難できるよう、不安な子には声をかけ導いていく ●自分でしようとする気持ちを大切にし、一人一人に合わせて見守ったり援助したりする	●室温や湿度を調整し、水分や休息を取りながら、快適に体を動かせるようにする ●思いを伝えたい気持ちを受け止めつつ、相手の気持ちにも気付けるようにする
教育（健康・人間関係・環境・言葉・表現）		●汚れたら自分から着替え、脱いだ衣服をたたもうとする ●友達の姿を見てまねようとする ●避難訓練では、保育者の話をよく聞いて行動する ●「お・か・し・も」の約束を知る ●季節の歌や手遊びを楽しむ	●遊具や用具を使い体を動かすことを楽しむ ●思いが伝わらずぶつかることもあるが、言葉で自分の思いを伝え、相手の気持ちに気付き、一緒に遊ぶことを喜ぶ ●順番などのルールを守りながら遊ぶ ●落ち着いて絵本を見ることを楽しむ
■環境構成 ★援助・配慮		■避難経路や非常持ち出し用具に不備がないか点検する ■事前に訓練であることを知らせ、危険箇所や避難経路、保護者への引き渡し方法を確認しておく ★絵本や紙芝居などで避難訓練について理解を深め、落ち着いて避難できるようにする ★自分でしようとする気持ちを認める。友達の姿も知らせながら意欲を高め、達成感を味わえるようにする	■一人一人の話をゆったりと聞き、自分の思いを伝えたいと思える雰囲気作りをする ■伸び伸びと体を動かせるよう十分な広さを確保する ★トラブルになった場合は、互いの気持ちを聞きながらかかわる ★保育者も一緒に体を動かし、楽しみながら分かりやすくルールを伝える

配慮すべき事項
- 夏の疲れが出る時期なので、遊びと休息のバランスを取り、職員同士で子どもの体調を把握する
- 活動中の子どもの様子を見守り、適宜水分補給を行い、活動の展開を考慮する

子育ての支援（保護者支援）
- 夏の時期の感染症を知らせ、予防法や対処法、園の対応を伝える
- フォトフレームやクラスだよりで子ども同士のかかわりを知らせ、成長を共有する

前月末の園児の姿

- 健 自分の持ち物や場所を理解し、身の回りのことを進んで行う
- 人 保育者や友達とのかかわりを喜び、ごっこ遊びなどを楽しむ
- 環 夏ならではの自然や生き物に触れて観察し、興味・関心を広げる
- 言 友達とのやり取りを楽しむ一方で、自己主張が強くなりぶつかる
- 表 クレヨンや絵の具を使い、自由に表現することを楽しむ

年間計画

4月
5月
6月
7月
8月
9月
10月
11月
12月
1月
2月
3月

3週	4週
● 戸外で伸び伸びと体を動かすことを楽しむ ● 自分の好きな色を選び、かくことを楽しむ	● 十五夜を知り、月の変化を知る ● 活動の流れを知り、身の回りのことを行う ● 戸外活動を通し季節の変化を感じる
● 体を動かしたあとは十分に水分を取り、体を休められるようにする ● ペンの使い方を知らせ、じっくりと思い思いにかくことを楽しめるようにする	● 衣服の前後の確認や手洗い、うがい、排泄の仕方が身に付くようにする ● 水分や休憩を取りながら外遊びを楽しめるようにする ● 子どもの発見やつぶやきに耳を傾け、気付きに共感する
● ルールのある遊びを楽しむ ● 保育者と園庭での遊び方、製作の仕方などを再確認する ● 友達と会話をしながら活動することを楽しむ ● 友達と好きな色を使って自由に表現することを楽しむ	● 風の心地よさや気温の変化など、五感を通じて季節の移り変わりを感じる ● 見つけた自然物を保育者や友達と共有し喜ぶ ● 交通ルールを守り、安全に散歩をする ● 思いを言葉で伝える楽しさを味わう ● 自然物を使った製作を楽しむ
■ 選択的に活動できるよう、様々な素材や用具を用意する（色画用紙・ペン・戸外遊び用玩具など） ■ 伸び伸びと体を動かしたり、好きな場所で絵をかいたりすることが楽しめるよう、十分な広さを確保する ★ 遊ぶ姿やかいた絵などから子どもの興味を推測し、次の活動につなげる ★ 子どものつぶやきを聞き逃さず、応答的に応える	■ 前週にかいた紙を、秋の自然物を入れられるようバッグにする ■ 絵本や紙芝居で事前に交通ルールを伝え、園外での約束事を確認する ★ 歩き方や散歩の約束事を丁寧に知らせ、安全に楽しめるようにする ★ 十五夜について絵本や製作などで由来を知らせ、日本の文化や行事食に興味が持てるようにする

教育・保育に対する自己評価

- 子どもたちのつぶやきを保育者間で共有したことで、「今日の続きを明日もっと」と意識して、活動の展開につなげることができた。自分の製作が散歩バッグになったことがうれしかったようで、自然物を宝物のように集め、友達と見せ合う姿が見られた。次の活動を知らせると、子どもたち自身が見通しを持って意欲的に活動できた

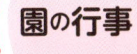

園の行事

- 引き渡し訓練
- アトリエ活動
- 十五夜
- 絵本給食（絵本おやつ）
- 衛生チェック
- 郷土料理の日
- 誕生会
- 身体測定
- 避難訓練

9月の月間指導計画 保育園④

ねらい
- 防災の日を通して、避難訓練の大切さを知り、約束事を守る
- 秋の自然に触れ、伸び伸びと体を動かして楽しむ
- 自分でできる喜びを感じながら、身の回りのことや遊びを意欲的に行う

		1週	2週
週のねらい		● 防災の日について理解し、落ち着いて行動する ● 友達と一緒に活動する楽しさを味わう	● スプーンを正しく持ち、食事をする ● 運動会の練習を通して、様々な運動用具に親しむ
養護（生命の保持・情緒の安定）		● 防災訓練で「お・か・し・も」の約束を知らせ、実際に行動して安全に避難できるようにする ● 落ち着いて活動に取り組めるよう、生活リズムを整える	● スプーンの正しい使い方を身に付け、食事できるように援助する ● 天候や気温、体調に応じて衣服の調節や水分補給に注意する
教育（健康・環境・人間関係・言葉・表現）		● 秋の植物や虫に興味を持ったり、触れたりして季節を感じる ● 友達とかかわりを持ち、模倣遊びやごっこ遊びを楽しみ、一緒に活動する楽しさを知る ● 生活や遊びの中で、簡単な言葉のやり取りを楽しんだり、身の回りの物の名称を覚えたりする	● 運動会の練習を通して、運動用具に触れ、親しみを持って踊りを楽しむ ● 走ったり踊ったりして、伸び伸びと体を動かすことを楽しむ
■環境構成 ★援助・配慮		■ 体調に合わせて衣服を調整し、水分補給できるようにする ■ 様々な友達と触れ、ごっこ遊びなどを安心して行えるようにする ■ 訓練に参加し、非常時には落ち着いて避難できるように話し合う ★ 気温に合わせ、着替えや温度調節をする ★ 応援したりされたりし、友達と共に同じことを行う楽しさを感じられるように促す	■ スプーンが持ちやすくなるよう、持ち方を伝える ■ 伸び伸びと体を動かし、活動できるスペースを作る ■ 服を調節し、水分補給ができるよう声をかける ★ 食器の正しい持ち方、使い方を一緒に確認し、身に付くように伝える ★ 積極的に体を動かせるよう、保育者も一緒に元気に体を動かす

配慮すべき事項
- 気温に合わせ、着替えや温度調節をしていく
- 防災の日について、紙芝居を用いて知らせ、避難時には落ち着いて避難できるよう配慮する

子育ての支援（保護者支援）
- 防災訓練を通して、家庭での避難の仕方を話し合ってもらう
- 夏の疲れが出やすい時期なので、家庭でも睡眠を十分に取り、生活リズムを整えてもらう

前月末の園児の姿

- 健 体の変化を伝えられる
- 人 友達とかかわって遊ぶことを楽しむ
- 環 生き物への興味が生まれ、観察する
- 言 生活の中の必要な言葉が分かり、使おうとする
- 表 歌詞を口ずさみ、体を使って表現する

年間計画 / 4月 / 5月 / 6月 / 7月 / 8月 / **9月** / 10月 / 11月 / 12月 / 1月 / 2月 / 3月

3週	4週
●伸び伸びと体を動かし、表現する楽しさを感じる ●ルールを守り、楽しく遊ぶ	●指先を使い、つまんだり丸めたりしながら、製作を楽しむ ●言葉で自分の気持ちを表現する
●トイレの使い方が分かり、進んでトイレに行けるようにする ●落ち着いて布団に横になり、十分な休息が取れるようにする	●保育者や友達に、自分の気持ちを安心して伝えられるよう仲立ちする
●リズム遊びや運動遊びで、伸び伸びと表現する楽しさを感じる ●友達と一緒に活動する楽しさを味わい、運動遊びのルールを知り、順番に楽しむ ●身近な物から、簡単な数字や標識に興味や関心を持つ	●感じたことや考えたことを自分なりに表現し、楽しさを味わう ●指先や手を使いながら造形や製作を行い、イメージを膨らませる
■安心して入眠できるよう、寄り添う ■十分に体を動かせるよう、広いスペースを確保する ★どの布団なのか知らせ、そばにつく ★一緒に数を数えたり、標識やマークについて話し合ったりする	■一人一人のペースに合わせた声かけをし、気持ちを受け止める ■紙粘土の使い方や性質、特徴を知らせる ★自分の気持ちを上手に伝えられない時は、その都度気持ちを受け止め、素直に表現できるよう仲立ちしていく ★一緒に行いながら、イメージや表現が膨らむよう伝えていく

教育・保育に対する自己評価

- ●防災訓練では、人形を用いてどうして防災頭巾をかぶるのかを分かりやすく伝えたことで、災害時に自分の体を守ることの大切さを知ったようだ。身の回りの支度や着替えでは、声かけを行ったことで、自分で意欲的に取り組めるようになってきた

園の行事

- ●防災の日
- ●十五夜
- ●敬老の日
- ●避難訓練
- ●身体測定
- ●秋分の日
- ●引き取り訓練
- ●運動会総練習
- ●誕生会

9月

の月間指導計画

こども園（満3歳含む）①

- 夏の疲れや体調の変化に留意し、生活リズムを整えて元気に過ごす
- 運動会の練習に参加し、友達と体を動かすことを楽しむ
- 活動の流れを理解し、自分なりに見通しを持って身の回りのことをする
- 戸外遊びや散歩を通して、秋の自然に親しむ

	1週	2週
週のねらい	●保育教諭や友達と運動遊びを積極的に楽しむ ●秋の自然に触れ、季節の変化に気付く ●自分で好きな色を選び、製作活動を楽しむ	●競技の練習をして、友達を応援しようとする気持ちを持つ ●火災の怖さを知る ●秋の食材に触れ、食べることで食に興味を持つ
教育的時間の内容	●全身を使って運動遊びを楽しむ ●戸外に行き散歩を楽しみながら、自然を感じる ●キノコ製作を楽しむ	●かけっこの仕方や競技を覚える ●避難訓練で保育教諭の話をよく聞き、行動する ●キノコの絵本を見たり、興味を持って食べたりする
教育的時間を除いた時間の内容	●手洗い、うがいをきちんとする ●保育教諭に見守られながら安心して遊びを楽しむ	●自分でズボンを下げて排泄する ●戸外に行く際、自分で靴を履いてみる
■環境構成 ★援助・配慮	■十分に体が動かせるようスペースを確保する ■いろいろな色のシールと画用紙を用意する ■手洗い場に手洗いの仕方のイラストを貼り、見て分かるようにする ★保育教諭も一緒に体を動かし、楽しさを共有する ★見本を見せながら、キノコのイメージがわくような導入をし、自由に製作が楽しめるようにする ★保育教諭も一緒に手を洗い、細かい部分まで丁寧に洗えるようにする	■競技の立ち位置に分かりやすく印を付ける ■食材の絵本や図鑑を用意する ■靴を置く場所にマークや顔写真などを貼る ★競技では応援し合い、相手に対して思いやりの気持ちが持てるようにする ★自分の靴が分からない園児やうまく履けない園児にはさりげなく援助し、満足感を味わえるようにする ★絵本や図鑑を見て、初めて見る食材や食べたことがある食材に興味が持てるようにする ★排泄の際、ズボンの下げ方や汚さないための姿勢などを個々に伝える

配慮すべき事項

- こまめに室温を調節する
- 自分でやりたいという思いを尊重し、必要な時は援助して共に達成感を味わう
- 運動会の練習の様子を口頭やドキュメントで伝え、園児の成長を共有する

子育ての支援（保護者支援）

- 体温調節のしやすい衣服を用意してもらう
- 夏の疲れが出る時期なので、生活リズムを整えてもらう
- 自分でやろうとする気持ちを認め、共感し、励ますことの大切さを伝え、連携して園児の成長につなげる

前月末の園児の姿

- 友達との模倣遊びやごっこ遊びが増え、一緒に活動する楽しさを味わっている
- 一定の間隔でトイレで排泄し、パンツで過ごす園児が増える
- 友達とのかかわりが増え、自己主張が強くなり、ぶつかることもある
- 夏の疲れからか体調を崩す子が多い

年間計画

4月
5月
6月
7月
8月
9月
10月
11月
12月
1月
2月
3月

3週	4週
● 音楽に合わせて体を動かし、遊戯を楽しむ ● 園外活動で身の回りの交通ルールについて知る ● 保育教諭に手伝ってもらいながら、身の回りのことをする	● 楽しく運動会に参加する ● 発見や驚きを、言葉やしぐさで保育教諭や友達に伝えようとする ● 見立て遊びやごっこ遊びを楽しむ
● 保育教諭のまねをしながら遊戯を楽しむ ● 安全教室を通して、道路の渡り方を練習する ● 衣服の着脱を自分で行う	● 運動会に元気に参加する ● 思いや喜びを伝える ● 役割を決めて遊ぶ
● 一定の時間安心して眠る ● 虫や草花に触れる	● 異年齢児とかかわり、いろいろな遊びを知る ● 好きな絵本や紙芝居を読んでもらう
■ 生活の中で遊戯の曲を流し、親しめるようにする ■ 横断歩道を渡る練習ができるよう準備する ■ 自分で着脱できるよう引き出しなどを整理する ■ 快適に過ごせるよう温度や湿度などを調節する ■ 秋の虫や植物などの絵本やイラストを用意する ★ 交通ルールをくり返し伝え、道路での危険を理解できるようにする ★ うまくできない際はさりげなく手伝い、「できた」という満足感が味わえるようにする ★ 園児の自然に対する発見に、共感する	■ 運動会を行う場所の安全確認をする ■ 異年齢児と過ごす際は生活のリズムが変わらないように2歳児保育室を使用する ■ 園児が好きな物語を用意する ★ 運動会では緊張したり、泣いたりする子もいるので、安心できるよう個別にかかわる ★ がんばりをほめ、自信につなげる ★ 思いを伝えられるよう、園児の気持ちに寄り添って言葉を引き出す ★ 役割を決めて仲よく遊べるよう保育教諭が仲立ちとなる

教育・保育に対する自己評価

- 生活の中で必要な援助をすることで、できたという達成感につながり、意欲的に取り組むようになった。虫や植物の名前を知らせたことで興味を持ち、絵本の中や園庭で見つけては名前を言って喜ぶ姿が見られた。運動会では、緊張する子や不安で泣く子もいたが、保育教諭が寄り添うことで落ち着き、安心して参加することができた

園の行事

- 身体測定
- 誕生会
- 避難訓練
- 十五夜
- 敬老会
- 安全教室
- 運動会

9月

の月間指導計画

こども園（満3歳含む）②

ねらい

- 身近な自然に触れながら季節の変化に気付く
- 運動会の練習に参加し、体をたくさん動かすことを楽しむ
- 遊びや活動を通して友達とのかかわりを深め、一緒に楽しむ
- 友達と遊ぶ中で相手にも考えがあることに気付く

		1週	2週
週のねらい		● 保育教諭や友達と運動遊びを楽しむ ● 自分で好きな色を選び、製作を楽しむ ● 秋の自然に触れながら散歩を楽しむ	● 友達を応援しようとする気持ちを持つ ● 火災の怖さを知る ● 言葉のやり取りを通して相手の気持ちに気付く
教育的時間の内容		● 戸外や室内で全身を使って運動遊びを楽しむ ● ブドウ製作を楽しむ ● 戸外へ行き散歩を楽しみながら自然を感じる	● かけっこの仕方や競技の内容を覚える ● 避難訓練で保育教諭の話をよく聞き、行動する ● 「貸して」「入れて」などの言葉のやり取りを通して、友達の気持ちに気付く
教育的時間を除いた時間の内容		● かけっこや体操をして友達と一緒に体を動かすことを楽しむ ● 丁寧に手を洗う	● いろいろなことを自分でやってみようとする ● その日の気温や活動に合わせて、衣服の調節をする
環境構成 ★援助・配慮		■ トンネルや平均台などを使い、体を十分に動かせるような環境を作る ■ 手洗い場に手洗いの仕方のイラストを貼り、見て分かるようにする ★ 散歩に行く際はこまめに人数確認を行い、安全面に十分注意する ★ 製作ではブドウのイメージがわくような導入を取り入れる ★ 集団での行動が苦手な園児にはそばに寄り添い、一緒に体を動かして少しずつ慣れていけるようにする	■ かけっこの立ち位置などはテープや目印を置いて分かりやすくする ■ 遊びの中で保育教諭が仲立ちしながら言葉のやり取りをする ★ 汗をかいた時は、汗を拭いたり着替えをしたりできるように声をかける ★ 避難の際の注意点は視覚的にも分かりやすいよう、イラストを使って話す ★ 競技の練習では「がんばれ」などと声をかけ合い、応援や思いやりの気持ちが持てるようにする

配慮すべき事項

- 季節の変わり目なので、体調の変化に留意する
- 運動会の練習に楽しく参加できる工夫をする
- 友達とのトラブルや衝突の際は互いの話をよく聞き、納得できるようにかかわっていく

子育ての支援（保護者支援）

- 園児が安心して運動会を迎えられるよう練習の様子を伝え、気持ちに寄り添ってもらう
- 気温差や活動に応じて、調節しやすい服装と足に合う動きやすい靴の準備をお願いする

前月末の園児の姿

- 友達とのかかわりが増え、自分の思いを主張してトラブルになることがある
- 夏野菜に触れ、形や色、においが野菜によって違うことを感じる
- 砂や泥遊びなど夏のダイナミックな遊びを楽しむ

年間計画

4月

5月

6月

7月

8月

9月

10月

11月

12月

1月

2月

3月

3週	4週
● ルールのある遊びを友達と一緒に楽しむ ● 休息や水分補給を行い、健康に過ごす ● 身近な秋の自然を見たり触れたりする	● 親子で運動会に楽しんで参加する ● 楽器でリズム打ちなどをして楽しむ ● 感じたことや気付いたことを、言葉やしぐさで伝えようとする
● 出番以外では木陰で休んだり、適度に水分補給をしたりする ● 園外に出て虫や草花に触れる ● しっぽ取りやフルーツバスケットなど、ルールのある遊びを楽しむ	● 元気に運動会に参加する ● 様々な打楽器に触れ、簡単なリズム打ちや友達と演奏することを楽しむ ● 見つけたことや思ったことを、しぐさや自分なりの言葉で保育教諭や友達に伝えようとする
● 虫や草花を見たり触れたりして、秋の気配を感じる ● ルールのある遊びを通し、ルールを守って遊ぶ楽しさやルールの大切さを知る	● 午睡では一定時間安心して眠る ● 椅子から立ったあとは机の下に椅子を入れる ● 尿意を感じたら保育教諭に伝えてトイレへ行く
■ 水筒は園児の手が届きやすい場所に置き、いつでも飲めるようにする ■ ゲームに必要な道具を揃えて、ゲームを十分に楽しめるようにする ■ 近くの公園など、園外で自然に触れ合える場所を事前に確認する ★ 保育教諭も一緒に遊び、ルールを分かりやすく伝える ★ 知っている虫や花の名前を言葉にしたり、思いをしぐさで伝えようとしたりする姿を受け止める	■ 運動会の場所の安全確認を事前に行う ■ 様々な種類の楽器を用意し、実際に鳴らして興味が持てるようにする ★ 尿意を感じたら我慢せず、いつでもトイレへ行ってよいことを伝える ★ 園児が伝えようとする気持ちをくみ取り、共感する ★ 午睡時間を長めに取るなど、一人一人の体調に合わせて対応する ★ がんばったことを大いにほめ、自信につなげる

教育・保育に対する自己評価

- 運動会では保育教諭が寄り添うことで安心して参加することができた。園児同士の言葉のやり取りが増えてきた。思いを伝えることが苦手な園児には、保育教諭が一緒に伝えることで、気持ちが伝わる喜びを感じられるようにした。秋の自然の絵本などを準備したことで、園庭で虫や花を見つけて名前を呼び、喜ぶ姿が見られた

園の行事

- 避難訓練
- 身体測定
- 誕生会
- 風水害訓練
- 運動会

9月

の月間指導計画

こども園（満3歳含む）③

ねらい
- 活動の流れが身に付き、自分なりの見通しを持って身の回りのことをする
- 秋の自然に触れながら、戸外遊びや散歩を楽しむ
- 運動会の練習に参加し、友達や異年齢児と一緒に体を動かす

		1週	2週
	週のねらい	●保育教諭や友達と運動遊びを積極的に楽しむ ●マラソン大会を見学し、応援する ●自分の好きな色と素材を選び、製作活動を楽しむ	●運動会練習に意欲を持ち、体を動かす気持ちよさを感じる ●火災の怖さを知る ●戸外で草や虫に触れ、季節の変化に気付く
	教育的時間の内容	●戸外で全身を使い、運動遊びを楽しむ ●応援グッズ製作を楽しむ ●マラソン大会を見学し、応援して憧れを抱く	●保育教諭や友達とかけっこや体操をし、体を動かす ●避難訓練で保育教諭の話をよく聞き、落ち着いて行動する ●戸外に行き散歩をしながら、様々な季節の変化を発見する
	教育的時間を除いた時間の内容	●手洗い、うがいを丁寧にする ●折り紙を使って簡単にできる物を製作し、ごっこ遊びをする	●マナーや姿勢に気を付け、食事をする ●戸外に行く際、自分で靴を履いてみる ●室内から外の風景を見て、秋の変化を感じる
	★環境構成援助・配慮	■体が動かせる場所、時間帯を確保する ■紙と割り箸、タオル、白のうちわ、シールやクレヨンを用意する ■折り紙を2、3回折ってできる物や、ちぎっただけでできる見本を室内に掲示する ★保育教諭も一緒に体を動かし、楽しさを共有する ★応援グッズのイメージがわくように、様々なスポーツの応援シーンを印刷して見せ、自由に製作が楽しめるようにする ★保育教諭も一緒に手を洗い、声をかけながら丁寧に洗えるようにする	■競技時の立ち位置にはカラーテープなどで分かりやすく目印を付ける ■ハチマキや遊戯に使用するポンポンを用意する ■春と夏の写真を用意し、田んぼの変化や日差しの変化を伝える ★競技中は応援し合い、思いやりの気持ちが持てるようにする ★靴の左右の違いを個別に伝え、さりげなく援助する ★保育教諭が食事のマナーや姿勢の見本となり、同じことをしたらほめる

配慮すべき事項
- 気温に合わせて室温を調節する
- 友達とのトラブルの際は、仲立ちしながら正しい言葉の使い方を知らせていく
- 運動会の練習に楽しく参加できる雰囲気を作る

子育ての支援（保護者支援）
- 季節の変わり目なので、調節しやすい衣服を用意してもらう
- 運動会練習のがんばりや様子を口頭などで伝え、疲れがたまらないように協力をお願いする

前月末の園児の姿

- 友達と数人で集まり、模倣遊びやごっこ遊びを楽しんでいる姿が見られる
- 夏の疲れから生活リズムを崩し、気持ちも不安定になる子がいる
- 自分から尿意を知らせトイレで排泄し、パンツで過ごす園児が増えている
- 自己主張が強くなり、トラブルや衝突になることもある

3週	4週
● 音楽に合わせて体を動かし、遊戯の練習をする ● 体を動かしたあとは、手洗いや汗拭きをして心地よく清潔に過ごす	● 親子で楽しく運動会に参加する ● 遊びに加わったり、玩具を借りたりする時のきまり事が分かり、友達とかかわる
● 保育教諭や友達のまねをしながら遊戯を楽しむ ● 手洗いやハンカチで汗を拭くなど、自分でできることに取り組みながら清潔を保つ ● 衣服の着脱を自分で行う	● 親子運動会に元気に参加する ● 友達と喜びや達成感を伝え合い、共感する ● 「入れて」「貸して」などの言葉のやり取りをし、友達の気持ちに気付く
● 一定時間、安心して眠る ● 気温や活動内容に合わせて衣服の調節をする ● トイレットペーパーの使い方や後始末の仕方を身に付ける	● 衣服の裏表を直す ● 好きな絵本や紙芝居を読んでもらう
■ 保育室で遊戯の曲を流し、親しめるようにする ■ 自分で着脱できるよう、ロッカー内の衣服を整理する ■ 快適に過ごせるよう、温度や湿度などを調整する ★ うまく着脱できずに苦労しているときはさりげなく手伝い、「できた」という満足感が味わえるようにする ★ トイレットペーパーの適切な量、後始末の適切な方法を丁寧に伝える	■ 運動会会場の安全確認をする ■ 遊びの中で簡単なきまり事や友達の気持ちについて話し合う時間を作る ■ 園児が好きな物語を用意する ★ 運動会では、保護者と離れて泣いたりする子もいるので、安心して参加できるよう個別にかかわる ★ がんばりをほめて、自信や達成感につなげる ★ 思いが伝わらない時は、園児の気持ちに寄り添って言葉を引き出す ★ 衣服の裏表の直し方をそばで伝えながら、自分でしようとする姿を見守る

教育・保育に対する自己評価

- 運動会の練習を楽しみにしたり、ハチマキを付けて練習することを喜んだりしていた。期待を持って園児全員が取り組んでいたが、途中で疲れも出てきたため、休息を入れ、無理なく当日を迎え、行事の雰囲気を楽しんでいた。戸外でトンボやコスモスを見つけ、とても興味を持って絵本の中から探したりしていた。クラス全員で様々な発見をして、季節の移り変わりや「〇〇の秋」を感じることができた

園の行事

- 身体測定
- 避難訓練
- マラソン大会
- 親子運動会
- 誕生会

年間計画

4月 5月 6月 7月 8月 **9月** 10月 11月 12月 1月 2月 3月

10月

の月間指導計画 保育園①

ねらい
- 秋の自然物に触れて遊ぶ
- ふれ愛大会で、身体表現を楽しむ
- 尿意を保育者に訴え、自らトイレに行く

	1週	2週
週のねらい	●ふれ愛大会の練習に喜んで参加する ●手が汚れたら、自ら洗うことができる	●親子でふれ愛大会に喜んで参加する ●意欲的に体を動かしお腹をすかせて、自ら食べる
養護（生命の保持・情緒の安定）	●ふれ愛大会の練習後は、水分補給を十分にし休息を取る ●排泄後は、一緒に手洗いをしながら一連の流れを丁寧に教える	●ふれ愛大会当日は、雰囲気に圧倒されないように、自信を持って取り組めるようにする ●気温に応じて、衣服の調節をして快適に過ごせるようにする
教育（健康・人間関係・環境・言葉・表現）	●ふれ愛大会の練習で、喜んで身体表現をする ●簡単なわらべ歌遊びを楽しむ ●自ら戸外に行くことを好み、自然物に触れて遊ぶ	●友達や保育者と一緒にふれ愛大会に参加する ●保育者と一緒に表現活動を楽しむ
★援助・配慮 ■環境構成	■ふれ愛大会に向けて、楽しく表現できるように個別に声をかける ■戸外で遊んで手が汚れたら、自ら洗えるように見守る ★親子で楽しく参加できるように、事前に打ち合わせをしておく ★手洗い時に、個々の様子をよく見ながら、細かいところまで丁寧に伝える	■ふれ愛大会に親子で安心して参加できるように、事前に当日の打ち合わせをする ■使用する遊具の安全性を確認する
自己評価（教育・保育に対する）	●音楽が流れると自ら喜んで楽しく踊り、体を動かすことが大好きな姿が見られた	●親子で参加するふれ愛大会は、跳んだり、はねたりする動きを取り入れ、楽しみながら運動能力を高めることができた

配慮すべき事項
- ふれ愛大会に向けて、体調管理に気を配る
- 気温に応じて、衣服の調節ができるようにする

子育ての支援 （保護者支援）
- ふれ愛大会に親子で楽しく参加できるように配慮する

前月末の園児の姿

- 健 誘われなくても、自ら戸外に出ていき、遊ぶ
- 人 友達ともかかわって遊ぶ
- 環 身近な秋の自然に興味を示す
- 言 自分の思いを言葉にして伝えることができる
- 表 リトミックの曲に合わせて身体表現をする

年間計画

4月
5月
6月
7月
8月
9月
10月
11月
12月
1月
2月
3月

3週	4週
● 秋の自然物に触れて遊ぶ ● 尿意の間隔を個別に把握して声をかける	● 友達と一緒に模倣遊びを楽しむ ● 手洗いの順番を守り、待つことができる
● 友達と、手をつないで散歩する ● 尿意のサインを見たら、「おしっこ？」と声をかけ、意識付けるようにする	● わらべ歌遊びで、友達とのやり取りを楽しめるようにかかわる ● 友達の後ろに並んで待てるよう、声かけをする
● ふれ愛大会でのわらべ歌遊びを友達と楽しむ ● 秋の自然物に触れ、園児のつぶやきや発見を大切にする ● 好きな色の絵の具を使って、自由に表現する	● わらべ歌や季節の歌に合わせて体を動かして楽しむ ● 秋の自然物を使ってごっこ遊びを楽しむ ● 絵をかきたいという気持ちを抱き、自由に表現する
■ 自然物は、事前にどこに何があるか、下調べをしておく ■ 排泄する際は、一人ずつゆったりとした気持ちでできるように配慮する ★ 秋の自然物に興味が持てるように誘う ★ 個々の排泄の様子を十分に把握し、担任や補佐が同じように援助できるように周知しておく	■ 自分でやりたい気持ちを大切にし、自分で服を脱ぐことができるようになってから着衣についても援助する ■ 友達と一緒にわらべ歌遊びをすることで楽しさを共有する ★ 腕まくりしてから手を濡らし、石鹸をつけたら丁寧に洗えるように援助する ★ 友達の後ろに並んで待つことができたら、ほめて認める
● 秋の自然物に触れることで、友達との会話やごっこ遊びが発展した。個別のトイレトレーニングをすることで、パンツで過ごせる園児が増えてきた	● わらべ歌遊びは、同じことを何回やってもあきずに楽しみながら行うことができた。生活の中で、順番を守って待つことができるようになった

園の行事

- 避難訓練
- 身体測定
- 誕生会
- ふれ愛大会（親子行事）

10月

の 月間指導計画 保育園②

ねらい
- 秋の自然に親しみ、興味・関心を持つ
- 運動会に向け、保育者や友達と一緒に様々な活動を楽しむ
- 食事のマナーを知り、身の回りのことを自分でやろうと意欲的に取り組む

	1週	2週
週のねらい	●絵本に親しみ、絵本の世界を楽しむ ●朝夕と日中の気温差に留意し、快適に過ごす	●秋の自然に触れて遊ぶ ●食事のマナーを知り、身に付ける
養護（生命の保持・情緒の安定）	●遊びを通して友達とのやり取りを楽しめるようにする ●気温差に留意した環境の中で健康的に過ごせるようにする	●季節の移り変わりを感じられるように声をかける ●サツマイモの収穫を喜び、秋の食べ物に興味を持てるようにする
教育（健康・人間関係・環境・言葉・表現）	●ごっこ遊びの中でいろいろな役になりきり、友達との言葉のやり取りを楽しむ ●保育者や友達が行っている遊びや絵本の世界に興味を持ち、かかわって遊ぼうとする	●いも掘りを通して、サツマイモの育ち方に興味を示したり、土の感触を楽しんだりする ●秋の歌や手遊びを楽しみ、音楽を通して秋の自然に親しむ ●食事の時の正しい姿勢や箸の持ち方などを知り、試してみる
■環境構成 ★援助・配慮	■劇遊びを楽しみ、より絵本の世界へ入り込めるようにする ■健康状態に気を配り、体調に変化が見られた時は適切に対応する ★落ち着いた雰囲気の中で言葉のやり取りをして、イメージが膨らむようかかわる ★天候の変化、気温差もあるので、温度や湿度に配慮して気持ちよく過ごせるようにする	■落ちている木の実や生き物の存在を知らせ、園児が秋の自然に興味を持てるようにする ■保育者や友達と話をしながら、楽しい雰囲気の中で食事をする ★秋の自然と触れ合う中で、園児の発見や驚きに共感し、やり取りを楽しむ ★一人一人に食事の姿勢や箸の持ち方などを、くり返し丁寧に伝えていく

配慮すべき事項
- 園庭や遊具で安全に遊べるよう、保育者の立つ位置や補助に必要な箇所を確認し合う

子育ての支援（保護者支援）
- 園児一人一人の成長を伝え合い、喜びやうれしさを共有できるようにする
- 食事の時間を楽しみながら正しい箸の持ち方を丁寧に伝えていることを知らせ、家庭でも取り組んでもらえるようお願いする

健 かけっこや鬼ごっこなどをして、体を動かすことを楽しむ
人 保育者などの仲立ちで、相手の気持ちに気付いたり自分の気持ちを伝えたりできる
環 虫を探したり落ち葉を拾ったりして、友達と一緒に楽しんでいる
言 絵本の中で知っている言葉を見つけ、声に出して読む
表 絵の具やクレヨンを使って、思いきり絵をかいて楽しんでいる

3週	4週
●様々な素材を使って行事の準備を楽しむ ●手洗い、着替え、排泄などのやり方が身に付き、自分でやろうとする	●戸外遊びを通して、秋の自然に触れて遊ぶことを楽しむ ●運動会に喜んで参加する
●丁寧に身の回りのことを知らせ、日常の中で無理なく身に付くようにする ●個々の気持ちを受け止め、尿意を自ら伝えられるように見守る	●秋の自然に触れ、思いきり体を動かして楽しめるようにする ●運動会に期待を持ち、楽しんでかかわれるよう、一人一人の体調に十分留意していく
●食事前、排泄後の手洗いの習慣が身に付く ●のりやはさみを使った製作を通して、手先、指先を使う遊びを楽しむ ●散歩や戸外遊びで身近な秋の自然に触れる	●走る、ジャンプするなどの運動遊びを行い、体を動かすことを喜ぶ ●遊びの簡単なルールを理解し、くり返し遊ぼうとする ●自然に親しみ、遊びの中で生き物のまねをしたり、歌をうたったりしながら表現して楽しむ
■トイレットペーパーの使い方を見せたり、排泄スペースを用意したりして、一人一人に合わせて援助する ■段ボールや絵の具など様々な素材を準備して、製作活動を楽しめるような環境作りを行う ★排泄の仕方や、トイレットペーパーの使い方などを丁寧に伝える ★のりやはさみを使う時は、丁寧に使い方を伝えるようにする	■運動会では親子での触れ合い遊びを通して、成長を感じられるようにする ■自然の中で園児たちが発見したことに共感し、興味が深められるようにする ★体をたくさん動かして楽しめるよう、安全に遊べる場所を確認しておく ★過ごしやすい気候の中、かけ回る楽しさや心地よさが味わえるよう、保育者も共に楽しむ

年間
計画

4月
5月
6月
7月
8月
9月
10月
11月
12月
1月
2月
3月

教育・保育に対する自己評価

●戸外遊びを多く取り入れたので秋の自然に触れる機会を多く持てた。運動会の触れ合い遊びでは、親子で体を動かして一緒に楽しむ姿が見られた。身の回りのことや食事のマナーなどは、個別に丁寧に伝えることで、意欲的に取り組んでいる

園の行事

●身体測定
●避難訓練
●運動会
●誕生会

10月

の月間指導計画
保育園 ③

ねらい
- 季節の移り変わりを感じながら、秋の自然に触れ親しみを持つ
- 運動会や運動遊びを通して、体を動かす楽しさを知る
- 保育者に手伝ってもらいながら、身の回りのことを自分でする

	1週	2週
週のねらい	●運動会に参加し、友達や保育者と楽しさや喜びを共有する ●絵本や紙芝居など、ストーリー性のある絵本にも親しみを持つ	●散歩や戸外遊びを通して、秋の自然に触れて楽しむ ●バランスよく食事をする
養護（生命の保持・情緒の安定）	●気温に応じて衣服の調節や水分補給をし、快適に過ごせるようにする ●たくさん動いたあとは、落ち着いた環境の中でゆったりと体を休められるようにする ●運動会に楽しく参加できるよう、体調に留意する	●食事のマナーや食具の使い方を知らせ、身に付くよう導くとともに、旬の食材を知らせる ●発見したことや気付きを保育者に伝えた際は、共感し認めることで安心して遊び込めるようにする
教育（健康・人間関係・環境・言葉・表現）	●走る、ジャンプするなどの全身を使った運動遊びで体を動かす喜びを感じる ●友達や保育者が行う遊びや絵本に興味を示し、かかわろうとする ●友達や保育者と運動会に参加することを喜ぶ ●絵本を通して言葉への興味を広げる ●友達や保育者と楽しんで身体表現をする	●三色板を使った食育活動や、食べ物の絵本や図鑑などで旬の食材を知り、興味を持つ ●友達とのかかわりが増える ●食事での正しい姿勢や食具の使い方を身に付ける ●発見した物の特徴を言葉で伝えようとする ●秋の歌や手遊びを通して秋を知る
★援助・配慮　■環境構成	■日々の園児たちの姿を把握できるよう、職員間の連携をしっかりと図る ■興味・関心のある絵本を用意し、ゆったりと読めるスペースを用意する ★体をたくさん動かすことができるようスペースの確保をする ★体調の変化に気を付け、変化が見られた時には適切に対応する	■食事についての絵本を見せたり、声をかけたりすることで、マナーやバランスよく食べることを知らせる ■園外の道路や公園などは事前に下見をして、危険箇所を把握しておく ★食材をよく噛んで食べるように伝える。また、食材の名前や食具の使い方を知らせる ★散歩道や自然との触れ合いの中で、発見や気付きに共感し、やり取りを楽しむ

配慮すべき事項
- 園児の姿を言葉にしてほめ、意欲的に活動に取り組めるようにする
- 空調管理や衣服の調節を適宜行い、快適に過ごせるようにする

子育ての支援 （保護者支援）
- 日々の様子や運動会に向けて活動する姿を伝え、園児の成長を共有する
- 調節しやすい衣服の用意をお願いし、体調の変化について情報を交換する

前月末の園児の姿

- 健 伸び伸びと体を動かすことを楽しむ
- 人 友達同士でまねて遊ぶことを楽しむ
- 環 落ち葉や木の実などを見つけ、発見したことを共有する
- 言 気付いたことや思ったことを言葉で伝えようとする
- 表 自然物を使い、自分なりのイメージを表現する

年間計画 / 4月 / 5月 / 6月 / 7月 / 8月 / 9月 / 10月 / 11月 / 12月 / 1月 / 2月 / 3月

3週	4週
●製作した物を使い、散策や発見を喜ぶ ●身の回りのことが少しずつできるようになり、自分で行おうとする	●簡単なルールのある遊びを楽しむ ●ハロウィンについて知り、保育者や友達と楽しく参加する ●自分の思いや気持ちを言葉で伝える
●手洗いや着替え、排泄などが身に付きはじめ、意欲的に取り組む ●先月製作した散歩バッグを持って散歩に行き、見つけた物や気に入った物を持ち帰れるようにする	●友達に自分の思いを伝えられるよう導く ●ハロウィンについて知らせ、興味を持てるようにする ●遊びのルールを知らせ、楽しく遊べるようにする
●保育者に促されてトイレに行く機会が増える ●友達が見つけた物に興味を示し、同じ物を探すことを喜ぶ ●生活の流れが分かるようになり、意欲的に手洗いや着替えをする ●欲求や要求を言葉で伝えようとする ●見つけた物のにおいや感触の違いを感じる	●遊びのルールを知り、体を動かして遊ぶことを楽しむ ●友達に思いを伝えようとするが、互いに通じずにぶつかる場合があることを知る ●ハロウィンの雰囲気を楽しむ ●自分なりにハロウィンをイメージし、衣装やかばん作りなどを楽しむ
■トイレットペーパーの使い方や衣服のたたみ方など、一人一人に合わせて援助する ■自然物や生き物の存在を知らせ、身近な自然に興味が持てるようにする ★拾ったドングリや木の実は長く楽しめるよう処理をする ★排泄の仕方(立ってする・トイレットペーパーの使い方など)や衣服のたたみ方などを丁寧に伝え、次への意欲へとつなげられるようにする	■園児の思いを受け止め焦らずに待ち、言葉を補うなどしながら発語を促す ■園児が気持ちを整理できるよう、落ち着いた場所を作る ■製作に必要な素材を用意する ★保育者も一緒に楽しみながら、遊びのルールを知らせる ★友達同士のかかわりを見守り、トラブルがあった際は必ずそばに付いて対応する

教育・保育に対する自己評価

- 運動会では、園児の普段の姿から演目を決めたことで、日々の活動の延長線上として無理なく取り組むことができた。また、戸外遊びや散歩を多く取り入れたことで、秋の自然に触れ、色や形などへの興味・関心が広がったように感じる。自分でやろうとする姿を見守ることで、身の回りのことに意欲的に取り組む姿も見られるようになってきた

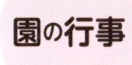 園の行事

- 運動会
- アトリエ活動
- ハロウィン
- 絵本給食(絵本おやつ)
- 健康診断
- 郷土料理の日
- 衛生チェック
- 避難訓練
- 誕生会
- 身体測定

10月

の月間指導計画 保育園④

ねらい
- 衣替えを通して季節の移り変わりを感じ、衣服の調節をする
- 運動会では、体を十分に動かして楽しむ
- 行事を通して、様々な秋の自然や動物に触れて親しみ、遊びに取り入れる

	1週	2週
週のねらい	●衣服の始末の仕方を少しずつ覚える ●運動遊びを楽しむ	●自分から進んで食べ、楽しんで食事をする ●物の使い方を知り、大切に扱う
養護（生命の保持・情緒の安定）	●積極的に衣服の着脱を行い、後始末の仕方を覚えられるようにする ●日常の中で個々の生活リズムを大切にしていく	●様々な食材に興味を持ち、スプーンをしっかりと持ち、こぼさず食べられるようにする ●身の回りのことに関心を持ち、積極的に自分で行えるようにする
教育（健康・人間関係・環境・言葉・表現）	●戸外で思いきり体を動かし、運動遊びを楽しむ ●他児と遊具を共有し、貸し借りをしながら仲よく遊ぶ ●季節の自然や動植物に親しみ、関心を持つ ●簡単な手遊びを通して、表現することを楽しむ	●保育者や友達と一緒に食事を楽しむ ●行事を通して、異年齢児や保育者とのかかわりを楽しむ ●物の使い方を知り、大切にする気持ちを持ち、使用する ●様々な歌の歌詞を覚え、声に出して歌う
■環境構成 ★援助・配慮	■衣服を入れておくかごを用意する ■自分のことを集中して行えるよう、スペースを作ったり、時間配分をしたりする ★それぞれの手遊びの歌詞を、分かりやすくくり返し伝えていく ★運動遊びをする際の約束事をみんなで確認し、安全に遊べるよう促す	■様々な用具や体を十分に動かせる環境を整える ★日々の献立確認の中で、どんな食材が使われているか分かりやすく知らせる ★遊具の個数を知らせ、順番を守って使えるように促す ★異年齢児や保育者とのかかわりを持てるよう、遊びを工夫する

配慮すべき事項

- 落ち着いて聞く環境を整え、聞く体勢が整っているか、確認しながら話をする
- 季節の変わり目の気温差に気を付け、園児の健康状態に配慮する

子育ての支援（保護者支援）

- 衣服の調節や、着脱しやすい衣服を用意してもらう
- 子どもが自分でできたという達成感を育てたり、排泄の成長面や着脱への意欲を伝えたりして、成長を共に喜ぶ

前月末の園児の姿

- 健 元気よく体を動かして遊ぶ
- 人 簡単なごっこ遊びを楽しむ
- 環 自分の持ち物などの場所が分かる
- 言 言葉でのやり取りで自分の気持ちを伝える
- 表 歌に合わせて自由に踊ったり表現を楽しんだりする

年間計画
4月
5月
6月
7月
8月
9月
10月
11月
12月
1月
2月
3月

3週	4週
●絵本などから言葉や文字に興味を持つ ●線や丸から形の違いに気付き、製作を行う	●話を聞く姿勢を身に付ける ●歌やリズムに親しみながら自由に表現する
●気温や健康状態に応じて元気に過ごせるよう、快適な環境の中で休息を十分に取る ●運動会などの様々な経験を通して、自信が持てるようにする	●生活の中での約束事やルールを理解し、守りながら過ごせるようにする
●トイレで排泄する気持ちよさを感じ、後始末をする ●長時間保育など様々な年齢児とかかわりを持ち、安心して過ごす ●絵本の中の言葉や、簡単なやり取りをまねして楽しむ ●様々な線や色の違いを楽しみながら表現し、製作を行う	●保育者や友達と絆を深め、一つの作品を作り上げることを楽しむ ●話をしている相手に体を向けて、しっかりと目を見て話を聞く ●保育者や友達と一緒に歌ったり、リズムに合わせて自由に体を動かしたりすることを楽しむ
■活動後には水分や休息を取り、体を休める時間を設ける ■トイレを常に清潔に保ち、スリッパなども整える ■事前に必要な用具や素材を用意する ★どのような線、色があるのか実際に見せながら知らせる	■集中して話を聞けるよう、落ち着いた環境設定を心がける ★行動する前に落ち着いた環境を作り、約束事やきまりを知らせる ★様々な曲を用意し、自由に体を動かせるようにする

教育・保育に対する自己評価

- ●運動会では、個人競技やリトミックに取り組み、練習の成果を発揮できた
- ●言葉でのやり取りも増してきており、「ありがとう」「どうぞ」など、他児と言葉を交わす姿も多く見られるようになってきている

園の行事

- ●運動会
- ●身体測定
- ●誕生会
- ●内科健診
- ●避難訓練
- ●衣替え

10月の月間指導計画

こども園（満3歳含む）①

ねらい
- 身の回りのことに関心を持ち、自分でしようとする
- 戸外で体を動かして遊び、秋の自然に触れる
- 異年齢児との触れ合いを楽しむ

		1週	2週
教育的時間	週のねらい	●お月見会を通して、昔ながらの風習に触れる ●はさみやのりを使って製作を楽しむ ●年長児のまねをして遊戯をする	●衣服を調節し、体調を崩さないように過ごす ●思いきり体を動かしてジャンプや巧技台などに挑戦する ●散歩に出かけて、秋の自然に触れる
	の内容	●お月見会に参加して、由来を聞いたり劇を見たりする ●はさみやのりを使って作品を作る ●年長児の競技を応援したり、遊戯を一緒に踊ったりする	●衣服の調節をこまめに行い、体調を崩さないようにする ●いろいろな用具に触れ、できることを増やしていく ●落ち葉やドングリ拾いをし、保育教諭や友達と見せ合う
	■環境構成 ★援助・配慮	■月や星、宇宙などに関する絵本に触れる機会を作り、関心が持てるようにする ■運動会について知り、応援したり踊ったりすることで雰囲気を感じられるようにする ★はさみの持ち方、のりの量など、一人一人を見守り、様子に応じて援助する ★できた作品を認め、がんばったところをほめていく	■園外の道路や公園などは、下見をして自然物の有無や危険な所を把握しておく ■巧技台やフープ、ボールなど、いろいろな用具に挑戦できるよう準備する ★園児たちの様子を見ながら、衣服の調節をするように声かけをする ★一緒に遊びながらそばで用具の使い方を知らせ、危険のないよう見守る
教育的時間を除いた時間の内容	時間の内容	●玩具の片付けを最後まで丁寧にする ●食事前、活動後に手洗い、うがいをする ●衣服の汚れに気付き、きれいにしようとする	●水分補給をしながら、快適に生活をする ●疲れが出ないようにゆっくりと休む ●季節の歌に親しみ、歌うことを楽しむ
	■環境構成 ★援助・配慮	■片付ける場所を分かりやすく表示し、自分で片付けられるようにしておく ■手洗い場の使いやすいところに石鹸を置く ★衣服の汚れに気付けない園児には声かけをする ★最後まで片付けをしている園児はしっかりほめる	■木陰を見つけて休憩したり、水分補給をしたりしながら過ごす ■午睡が落ち着いてできるよう、静かな音楽を流す ★歌う曲は、園児たちの好きな曲を選ぶ ★水分はいつでも取れるよう適温で常備しておく
自己評価	教育・保育に対する	●年長児の運動会に向けての取り組みを見てまねたり、応援したりする姿があった。一緒にやりたいという気持ちを受け止め、みんなで盛り上げることができた	●園外に出かける機会を持ち、開放的に過ごすことができた。歩く道に障害物や危険がないことをしっかり確認する大切さを痛感した

配慮すべき事項

- 気温や体温に応じて、衣服の調節ができるようにする
- 遊具を使って安全に遊べるよう、保育教諭の配置や補助の必要な所を確認しておく
- 園児のがんばっている姿を認め、最後までやりぬけるように見守る

子育ての支援 （保護者支援）

- 内科健診・歯科検診の結果を分かりやすく保護者に伝える
- 活動しやすい服、靴を用意してもらう
- 日々の様子を連絡帳や口頭で伝え、成長を共有できるようにする

前月末の園児の姿

- 園庭でのかけっこや遊戯をして伸び伸びと体を動かすことを楽しむ
- 友達と言葉でやり取りをすることができる
- 曲に合わせて歌ったり踊ったりすることを楽しむ

3週	4週
● 秋の自然を感じながら、伸び伸びと遊ぶ ● 手洗いやトイレでは、順番を守って進んで行おうとする ● 異年齢児と触れ合って遊ぶ	● 自分の思いをしぐさや言葉で保育教諭や友達に伝えるようにする ● 自然物で遊んだり製作をしたりする ● ゲームや遊びを通して色の名前を知る
● 戸外に出て風を感じながら、遊具やボールなどで遊ぶ ● ルールが分かり、集団遊びを楽しむ ● 異年齢児と一緒に、運動会の競技をやってみる	● 気が付いたことや悪かったことを保育教諭や友達に伝えようとする ● ドングリで遊んだり、落ち葉を貼り合わせて作品を作ったりする ● 遊びの中で色の名前を知り、色に親しむ
■ ルールを分かりやすく知らせていく ■ 異年齢児とのグループ活動の中で、恥ずかしがったり抵抗があったりする園児のそばにつくようにする ★ 一緒に遊ぶ中でくり返しルールを伝え、楽しめるようにする ★ 戸外遊びでは、保育教諭の配置を常に考え、クラスで話し合っておく	■ 園児たちの声を聞けるように、あせらず待って発語を促す ■ 拾ったドングリは扱いやすいように処理して、長く楽しめるようにしておく ★ 園児たちに分かりやすく、色の名前を知らせていく ★ 両面テープがうまくはがせない園児には、援助する
● 順番やルールを守る大切さを知る ● 給食をよく噛んで食べるようにする ● 尿意を保育教諭に伝えてトイレに行き、手洗いを進んで行う	● 友達に自分から声をかけたり、挨拶したりする ● 自分の持ち物を大切に扱おうとする ● 脱いだ服を自分でたたみ、ロッカーに片付ける
■ 安心してトイレに行けるよう見守る ■ 園児と一緒に給食を食べる ★ トイレットペーパーの使い方や手洗いが正しくできているか見守り、必要があれば援助する ★ 食材を知らせたり、箸の持ち方を見せたりしながら食べる	■ 服のたたみ方を知らせたり、見守ったりしながら自分でやろうとする気持ちにつなげていく ■ ロッカーの使い方や荷物の置き方は、その都度知らせていく ★ 園児の挨拶に保育教諭も大きな声で応える ★ 恥ずかしがる園児には、保育教諭から優しく挨拶をする
● なかよしDayでは、異年齢グループで過ごすことにまだ慣れず、不安そうにする園児がいた。不安な気持ちを受け止めながら、無理なく活動できるようにしたい	● ドングリや落ち葉はたくさん拾えたが、遊びの中に取り入れる回数が少なかった。手に取りやすい所に準備すればよかった。ドングリの扱いについては、職員で意識統一することができた

園の行事

- お月見会
- 身体測定
- 内科健診・歯科検診
- 交通安全指導
- 避難訓練
- 誕生日会
- なかよしDay（縦割り保育）
- 衣替え

10月の月間指導計画 こども園（満3歳含む）②

ねらい
- 身の回りのことを自分でやる喜びを感じ、自らやろうとする意欲を持つ
- 季節の変化や気温差に留意しながら健康的に過ごす
- 秋の自然に触れながら、季節の移り変わりを感じる
- 外国の文化に興味を持つ

		1週	2週
週のねらい		●伸び伸びと体を動かし、戸外遊びを楽しむ ●自分の体を清潔に保ち、快適に過ごす ●保育教諭と一緒に食事をすることを楽しみながら、食事のマナーに気を付けて食べる	●秋の自然物に興味を持つ ●生活や遊びの中で必要な言葉を使って会話を楽しむ ●旬の食べ物について知る
教育的時間の内容		●園庭で友達と一緒にかけっこをして楽しむ ●汗をかいたら着替えたり、拭いたりする ●食についての絵本を楽しむ	●ドングリやマツボックリを拾い観察する ●「貸して」や「ありがとう」などと言葉をかけ合い、思いやりの気持ちを持って遊ぶ ●食べ物図鑑で様々な食べ物があることを知る
教育的時間を除いた時間の内容		●好きなコーナー遊びをする ●給食後、進んで歯磨きをする	●全身を使った遊びを楽しむ ●石鹸で手を洗うことの大切さを知る
■環境構成 ★援助・配慮		■汗をかいたあとの始末がしやすいよう、着替え袋の整理やタオルの準備をする ■食事マナーについての簡単な絵本を用意する ■様々な遊びのコーナーを複数設定する ■歯磨きを自分で確認できるよう鏡を用意する ★危険な箇所を伝え、保育教諭が立ち、安全に配慮しながら様子を見守る ★自分で服を用意できるよう具体的に伝える ★食事への意欲がなくならないよう様子を見ながら、その都度マナーについて知らせる ★玩具は譲り合って仲よく遊ぶよう声をかける	■拾った物を入れる袋を用意しておく ■食材が大きくかかれた絵本を用意する ■サーキット活動ができるよう、平均台やマット、トンネルなどを準備する ■手の洗い方を絵で掲示しておく ★自然物の大きさや形を比べ、気付きに共感する ★うれしい気持ち、嫌な気持ちになる言葉（にこにこ言葉・ちくちく言葉）を具体的に伝える ★食材の名前や色を一緒に確認し、どんな料理に入っているかイメージできるよう声をかける ★手の洗い方を伝え、清潔な状態を保つ

配慮すべき事項
- 気温状態に応じて衣服の調節ができるようにする
- 運動遊具を使って遊ぶ際は安全に配慮し、全体が見渡せる場所や補助が必要な箇所を確認し合う

子育ての支援（保護者支援）
- 日の気温差が大きく、体調を崩しやすい時期だと知らせる
- 家庭でも衣服の着脱を自分で行う機会を設けたり、着脱しやすい衣服を用意してもらったりして、園との連携を取っていく

前月末の園児の姿

- 友達とかかわる中で、順番を待つなど、ルールを守る心が育ってきている
- 簡単な身の回りのことを自分でできるようになり、保育教諭に見守られながら自分でやろうとする姿も見られる。その反面、甘えてやらない姿も見られる
- 戸外に出かけ、様々な自然物を見つけて遊ぶ

3週	4週
● 秋の自然物を使って、製作を楽しむ ● 友達と一緒にルールを守って遊ぶ ● 保育教諭や友達と、音楽に合わせて踊ることを楽しむ	● ハロウィンパーティーに参加し、外国の文化に親しむ ● 見通しを持ち、身の回りのことを自分でする ● 言葉遊びで表現することを楽しむ
● 落ち葉やドングリなど、拾った物を使ってケーキを作る ● 保育教諭の話をきちんと聞いて仲よく遊ぶ ● 保育教諭を見ながら、楽しく踊る	● 仮装をし、パーティーに参加する ● 片付けや排泄など、自分でできることは自分でやる ● 動物の鳴き声を言葉で表現する
● 季節の歌や手遊びを楽しむ ● よく噛んで給食を食べる	● 保育教諭に手伝ってもらいながら、靴を履いたり、自分の靴箱の場所を覚えて入れたりする ● 正しいティッシュペーパーの使い方を知る
■ 必要な材料を準備しておく ■ 耳になじみのある曲を用意する ★ 見本を見せながら分かりやすく伝える ★ 園児が楽しく踊れるよう、なじみのある曲を用意し、保育教諭が元気に踊るなどして雰囲気を作る ★ 活動前に必ず約束事の確認をし、楽しく遊べるように援助する ★ 早く食べようとして、よく噛まずに飲み込み、誤嚥をしないよう園児の様子を見守りながら、その都度声をかける	■ 事前に仮装やポシェットなどを製作しておく ■ マークやイラストで片付ける所を分かりやすく示す ■ 動物が出てくる絵本を用意しておく ■ ティッシュペーパーの使い方の絵を箱に貼る ★ 仮装の着替えをし、どのようなパーティーなのかイメージが膨らむように声をかける ★ マークを知らせ自分の場所をくり返し伝える ★「どんな鳴き声かな」と絵本を読み聞かせながら声をかけ、動物に興味がわくようにする ★ ティッシュペーパーをうまく使えない園児には、絵を見せながら丁寧にやり方を知らせる

教育・保育に対する自己評価

- 着替えや手洗い、鼻のかみ方など、具体的に伝え見守ることで、自分でできる喜びを実感し、意欲につなげることができた。散歩や外遊びを多く設定し、自然物に触れたり遊びに取り入れたりすることで、全身で秋を感じることができた。遊びでは、保育教諭が言葉を伝えながら友達とのかかわり方を知らせたが、互いに譲れない時がまだあるので、仲立ちしながら引き続き伝えていく

園の行事

- 身体測定
- 誕生会
- 音楽発表会
- 遠足
- 不審者対応訓練
- 歯科検診
- 避難訓練
- 保育参観
- 内科健診
- ハロウィンパーティー

4月　5月　6月　7月　8月　9月　**10月**　11月　12月　1月　2月　3月

10月 の 月間指導計画 こども園（満3歳含む）③

ねらい
- 秋の自然に興味を持ち、見たり触れたりして楽しむ
- 相手に伝わるよう保育教諭の仲立ちの下、言葉で伝える
- 身の回りのことを自分でできる喜びを感じ、意欲を高める
- 様々な活動を通して表現することを楽しむ

	1週	2週
週のねらい	●戸外で保育教諭や友達と一緒に体を動かす心地よさを味わう ●秋の自然に興味を持ち、触れたり自然物で遊んだりして親しみを持つ	●はさみやのりを使って製作を楽しむ ●衣服を調節し、元気に過ごす ●散歩先で落ち葉を集めることを楽しむ
教育的時間の内容	●秋ならではの身近な自然物の感触や違いを知り、保育教諭や友達と共有する ●友達と一緒に、親子競技などを通して体を動かすことを楽しむ ●靴の左右や衣服の前後を確認し、着用しようとする	●はさみやのりを使って作品を作る ●衣服の調節をこまめに行い、体調を崩さないようにする ●いろいろな形や色の落ち葉を集め、保育教諭や友達に見つけた喜びを伝える
教育的時間を除いた時間の内容	●全身を使った遊びを楽しむ ●休息や水分補給を十分に行い、健康的に過ごす	●絵本を通して秋の自然について知る ●疲れが出ないようにゆったりと過ごす
■環境構成 ★援助・配慮	■運動会の競技で使う道具を準備し、競技を十分に楽しめるようにする ■安全に遊べるよう遊具などを点検する ★戸外での活動時間を設定し、疲れがたまらないように配慮する ★保育教諭も一緒に楽しみながら、体を使って遊ぶ心地よさを伝える ★園児が左右正しく靴を履けているかを確認し、安全に走れるようにする	■自分で作ったバッグを持ち、散歩に出かけて落ち葉拾いができるようにする ■秋の自然に親しめるような絵本を用意する ★はさみの持ち方や構え方、紙を持つ手の位置など、一人一人の様子に合わせて切り方を知らせる ★園児たちの様子を見ながら、衣服の調節をするよう声をかける ★いろいろな形や色の落ち葉があることに気付けるよう、声をかける

配慮すべき事項
- おむつを使用している園児については、家庭と連携して布パンツへの移行を図る
- 気温や体温に応じて、衣服の調節ができるようにする

子育ての支援（保護者支援）
- 家庭でも布パンツで過ごしたり、トイレに誘ったりするよう伝える
- 活動しやすい服装や靴を用意してもらう

前月末の園児の姿

- 季節の移り変わりに興味を持ち自然に触れている
- 戸外でたくさん体を動かし遊ぶことを楽しんでいる
- 友達とのかかわりが多くなり、意見のぶつかり合いが見られる

3週	4週
● イメージを持って身体表現を楽しむ ● 秋の自然を感じながら、伸び伸びと遊ぶ ● 秋の自然物を使って製作を楽しむ	● 見通しを持って身の回りのことを自分でする ● 形や色、大きさを比べて遊ぶ ● 自分の思いをしぐさや言葉で伝える
● 体をたくさん動かして、トンボやキノコなど表現遊びを楽しむ ● 戸外に出て風を感じながら、遊具やボールなどで遊ぶ ● 落ち葉やドングリ、枝など、拾った物を使ってケーキを作る	● 片付けや排泄など、自分でできることは自分で行う ● 色付いた葉を集めて見せ合うなどして、色や形を比べる ● 気が付いたことを保育教諭や友達に伝える
● してほしいことを言葉で伝えようとする ● よく噛んで給食を食べる	● 脱いだ服を自分でたたみ、棚やかばんの中に片付ける ● ティッシュペーパーの正しい使い方を知り、鼻水を拭く
■ 表現する物のイメージが浮かびやすくなるよう、絵本や図鑑を用意する ■ 必要な材料を拾いに行って準備する ★ 園児のしぐさや表情で気持ちをくみ取りながらも、言葉で伝えられるよう優しく伝えていく ★ 戸外遊びでは保育教諭の配置を常に考え、クラスで話し合っていく ★ 早く食べようとよく噛まずに飲み込んで誤嚥につながらないよう、園児の様子を見ながらその都度声をかける	■ 色や形、数などを意識できるよう、話題にする ■ ティッシュペーパーを自ら使えるよう、園児の取りやすい場所に置く ■ 服のたたみ方を知らせ、見守りながら自分でやろうとする気持ちにつなげる ★ マークを知らせ、自分の場所をくり返し伝える ★ 園児が伝えようとすることを焦らずに待つ

教育・保育に対する自己評価

- 着替えや排泄、洋服のたたみ方を具体的に伝えて見守ることで、自分でできる喜びから意欲につなげることができた。園外活動や戸外遊びを取り入れることで、秋の自然に触れて興味を引き出すことができた。また拾った秋の自然物を使い園児が好きなケーキを作ったことで、表現する楽しさを味わえたようだ

園の行事

- 運動会
- 避難訓練
- 身体測定
- 誕生会

10月の月間指導計画

こども園〈満3歳含む〉④

ねらい
- 衣服の着脱など身の回りのことに興味を持ち、自らやろうとする意欲を持つ
- 季節の変化や気温差に留意し、健康的に過ごす
- 秋の自然に触れながら、戸外で体を動かして遊ぶ

		1週	2週
	週のねらい	●戸外で伸び伸びと体を動かし、秋の自然に関心を持つ ●水分補給や休息を十分に取り、元気に過ごす ●保育教諭と一緒に、秋の食材に興味を持ちながら自分で食べる	●秋の自然物に興味を持ち、触れたり探したりする ●必要な言葉を使って遊び、会話を楽しむ ●身の回りのことを自分でしようとする
	教育的時間の内容	●園庭で、友達と一緒にかけっこをして楽しむ ●汗をかいたら、着替えたり拭いたりして快適に過ごす ●秋の食材についての絵本を楽しむ	●落ち葉やドングリを拾ったり、トンボを探したり観察したりする ●「ありがとう」や「ごめんね」など、思いやりの気持ちを持って遊ぶ ●下着をしまったり、衣類の裏表に気付いたりする
	教育的時間を除いた時間の内容	●順番を守りながら、遊具を使ったり、貸し借りをしたりする ●石鹸で手を洗うことの大切さを知る	●全身を使った遊びを楽しむ ●手洗い・うがいを自らやろうとする
	■環境構成 ★援助・配慮	■汗をかいたあとの始末がしやすいよう、着替えの整理やロッカー内の事前確認をする ■スプーンとフォークの正しい持ち方の絵を掲示する ■秋の果物や野菜の絵を保育室内に掲示する ★戸外での危険な場所を伝え、安全に配慮しながら様子を見守る ★順番を守ることを近くで伝えたり、気持ちを代弁したりしながら、トラブルがないように声をかける ★感染症について分かりやすく伝え、手洗いが習慣になるようにする	■落ち葉やドングリを入れる袋を用意する ■戸外遊びに行く前に、保育室に帰ったら手洗い・うがいをすることを伝える ■サーキット活動ができるよう、巧技台やマット、滑り台などを準備する ★自然の中で園児が発見したことに共感し、親しみが持てるようにする ★落ち葉などを探すことに夢中になり、危険な場所へ行かないよう注意して見守る ★うれしい気持ち、嫌な気持ちになる言葉（にこにこ言葉・ちくちく言葉）を具体的に伝える ★下着をしまえない子には、やり方を伝える

配慮すべき事項
- 近隣道路の状況把握や危険な虫などがいないかを確認し、安全に遊べるようにする
- 衣服の調節や保育室の温度設定を行う
- やりたい気持ちや甘えたい気持ちを受け止めながら、十分にほめて自信につなげていけるようにする

子育ての支援（保護者支援）
- 疲れや気温差などで体調を崩しやすい時期だと知らせ、家でもゆっくり休む時間を確保してもらう
- 一日の中で気温や湿度の差が出てきているため、調節しやすい衣類や薄い上着を用意してもらう

前月末の園児の姿

- 友達を遊びに誘い、積極的にかかわろうとする
- 保育教諭や友達に、「〇〇を見た」や「〇〇に行った」と自分の言葉で伝える姿が見られる
- 季節の虫や花に興味を持ち、触れたり探したりして遊ぶ

3週	4週
● 拾った落ち葉やドングリで製作を楽しむ ● 友達と一緒に、簡単なルールのある遊びを楽しむ ● 秋の魚について知り、食べてみる	● ハロウィンに興味を持ち、外国の文化に親しむ ● 見通しを持ち、身の回りのことを自分でする ● 曲に合わせて踊ったり、体を動かしたりして遊ぶことを楽しむ
● 落ち葉やドングリなど、拾った物を使ってケーキを作る ● 全員が座れる椅子取りゲームをする ● サンマの七輪焼きを見て、においや形の変化を知る	● 仮装して他クラスに行き、交流する ● 片付けや排泄など、自分でできることは自分でする ● 曲を聞いたり、歌いながら楽器に触れたりして楽しむ
● 秋の歌や手遊びを楽しむ ● 自分の好きなコーナー遊びをする ● よく噛んで、自分で最後まで給食を食べる	● 保育教諭に手伝ってもらいながら、靴箱から靴を用意して履いたり、自分の場所に戻したりする ● ティッシュペーパーを正しく使い、鼻水の拭き方を知る
■ 製作に必要なはさみ、のり、紙や糸などを準備する ■ 園児になじみのある曲を用意する ■ コーナー遊びを複数設定する ★ 椅子取りゲームの見本を見せ、分かりやすく伝える ★ サンマが焼けていく様子を目や鼻で感じられるよう、声をかけながら一緒に見守る ★ 早く食べようとしてよく噛まずに飲み込み、誤嚥につながらないよう、園児の様子を見守りながら、その都度声をかける	■ 保育室内にハロウィンの飾りをつけ、雰囲気作りをする ■ 片付ける場所を、マークやイラストで分かりやすく表示する ■ 園にある楽器の中から好きな音を探す ■ ティッシュペーパー使用法の絵を箱に貼る ★ 仮装し、どのようなパーティーなのかイメージが膨らむよう、声をかける ★ マークを知らせ、自分の場所のマークをくり返し伝える ★ 排泄や片付けの様子を観察し、意欲が引き出せる声かけをする

教育・保育に対する自己評価

- 排泄や手洗い・うがい、身の回りの片付けなどを具体的に伝え、様子を見守ることで成功体験へつなげることができた。時には失敗してしまうこともあったが、失敗で消極的にならないような声かけを心掛けた
- 遊びでは、友達と一緒にごっこ遊びをする姿がよく見られたが、玩具の貸し借りで互いに譲らない時があったので、仲立ちしながら引き続き伝えていきたい

園の行事

- 身体測定
- 避難訓練
- 誕生会
- 内科健診
- 歯科検診
- 保育参加
- ハロウィン

11月 の 月間指導計画 保育園①

ねらい
●友達と一緒に散歩に行き、秋の自然を楽しむ
●簡単なあいさつを身に付けていく
●自分でやりたい気持ちを優先して、自我の主張に寄り添う

	1週	2週
週のねらい	●戸外に出て、様々な動きを楽しむ ●自然物を使って、手先を動かして遊ぶ	●自分で服を脱いだり、着たりなど、「できる」ことを増やしていく ●尿意の感覚を言葉で伝えられることを喜ぶ
養護（生命の保持・情緒の安定）	●戸外遊び後は、手洗い、うがいを個別に丁寧に伝える ●気温に応じて、衣服の調節をする	●シャツの前後の見分け方や、ボタンをとめる練習を楽しみながらできるようにする ●2時間たって排尿していなければ、トイレに誘ってみる
教育（健康・人間関係・環境・言葉・表現）	●友達と一緒に体を動かすことを楽しむ ●自ら水や砂に触れて、手先を使ってかたまりを作る ●絵の具に興味を示し、筆を持ち、腕を動かして自由にかく	●少しずつ自分でできることを増やしていく ●自分の嫌な思いを、友達に言葉で伝える ●大きな紙に絵の具でダイナミックにかくことを楽しむ
■環境構成 ★援助・配慮	■園庭の掃除などをして、危険物がないように点検する ■いつでも絵画表現ができる場所を確保して、絵の具を準備する ★手洗い、うがいの大切さを絵本などで伝える ★戸外で遊んだあとは、自分で服を脱いで着替えるように援助する	■低めの台を準備して、ズボンをはきやすいように配慮する ■何をどこに片付けるのか、見て理解できるように収納環境を整える ★できることから自分でするようにし、「できた」を実感できるように援助する ★尿意を言葉で言えるようになったら、トレーニングパンツをはくようにしてみる
自己評価（教育・保育に対する）	●戸外遊びは、葉っぱや草花など、様々な発見があり、園児たちのつぶやきの声を聞くことができてよかった	●チーム保育で、個々に合った「ほめて、認める」援助をすることで、身辺自立がスムーズにできるようになった

配慮すべき事項

- 感染症予防のため、換気や触れる場所の消毒など、室内の衛生環境を整える
- 気温や活動に合わせ、衣服の調節をし、活動しやすくする

子育ての支援（保護者支援）

- 園に置いておく着替え用の服を、気候に合った服に替えてもらう
- 感染症予防としての手洗い、うがいや、早寝早起きの生活リズムについて、個別に支援していく

前月末の
園児の姿

健 自分で服が脱げるようになり、自分で着ようとする
人 自分の思いが伝わらずにトラブルになることがある
環 散歩に行くことを喜び、秋の自然物を見つけることを楽しむ
言 絵本の内容を理解して聞くことができる
表 色に興味を持ち、自ら筆を持って表現できる

3週	4週
●リズムに合わせて歌うことを楽しむ ●絵本を通して、想像力を身に付ける	●友達と一緒に曲に合わせて表現することを楽しむ ●生活の中で、簡単なあいさつが身に付く
●身近な曲を体で感じながら、歌うことを楽しめるようにする ●気候に合った衣服で体温調節をする	●泣いたり、笑ったりと感情を発散させることで、自我をコントロールする力を育む ●保育者や友達に言葉で伝える喜びを感じる
●友達と一緒に歌うことを楽しむ ●絵本を読み終わった直後に、絵本の内容を問いかけてみる ●絵の具でかくことを楽しんでいる園児には、もっとかくか問いかけながら、満足するまでかけるようにする	●戸外で遊び、秋から冬へと移り変わる自然を肌で感じる ●「貸して」「ちょうだい」「ありがとう」と言葉で伝えるようにする ●友達と一緒に歌ったり、踊ったりすることを喜ぶ
■いつでもリズムに合わせて歌えるように、曲を準備する ■好きな絵本を自ら選べるように、表紙が見えるように並べておく ★人前でも恥ずかしがらずに表現できるように、異年齢児の前で練習する ★個別で絵本を読む時には、ひざの上に子どもを座らせたり、布団の中で体を密着させたりして読む	■あいさつについての絵本を用意して、応答的な言葉遊びを楽しむ ■生活発表会で歌ったり、踊ったりすることを話し、期待が持てるようにする ★生活の中で、待つことや我慢することの大切さを丁寧に伝える ★自己主張している時は見守り、他者の主張を受け入れられるように援助する
●生活発表会に向けて、園児たちの気持ちを尊重しながら、歌ったり踊ったりしたので、楽しんで取り組んでいる姿が見られた	●言葉の意味が理解できないと、自分の気持ちや欲求をコントロールするのが難しい年齢なので、個別に丁寧に対応していきたい

年間計画

4月
5月
6月
7月
8月
9月
10月
11月
12月
1月
2月
3月

園の行事

●総合避難訓練
●身体測定
●誕生会
●お話し会

145

11月の月間指導計画 保育園②

- 保育者や友達と言葉のやり取りをしたり、表現したりすることを楽しむ
- 保育者が見守る中で、身の回りのことに意欲的に取り組む
- 秋の自然に触れながら、戸外遊びを楽しむ

	1週	2週
週のねらい	● 友達と一緒に音楽に合わせて体を動かして楽しむ ● 手洗い、うがいを丁寧に行う	● ごっこ遊びの中で言葉のやり取りを楽しむ ● 身の回りのことや簡単な手伝いなどに自分から取り組もうとする
養護（生命の保持・情緒の安定）	● レッグウォーマーを着用するなど、気温に応じて衣服の調節をする ● 手洗い、うがいをして風邪や感染症の予防をする	● 保育者などが仲立ちし、友達に思いを伝えたり、相手の思いに気付いたりするようにしていく ● 自分でできる身の回りのことは自分で行い、達成感を感じられるようにする
教育（健康・人間関係・環境・言葉・表現）	● 戸外遊びを友達や保育者と楽しみ、自然に親しむ ● 順番に並ぶなど簡単な約束事を守ろうとする ● 好きな歌や音楽を聴き、友達と一緒に歌や触れ合い遊びを楽しむ	● 保育者や友達に自分の気持ちを言葉で伝えようとする ● 身の回りの様子に興味を持ち、ごっこ遊びを通して友達を模倣したり言葉を交わしたりして楽しむ ● 大きな紙などに絵の具やクレヨンで思いきり絵をかくことを楽しむ
■環境構成 ★援助・配慮	■ 親しみのある音楽を流して、園児と一緒に歌ったり踊ったりすることを楽しみ、楽しい雰囲気を作る ■ 毎日の健康観察をしっかりと行い、体調の変化に気付けるようにする ★ 様々な楽器を準備して、自分の好きな物を選べるような環境作りをする ★ 絵本などで、手洗い、うがいの大切さを伝えていく	■ ごっこ遊びや歌で遊ぶ中で、言葉のやり取りを楽しめるようにする ■ 衣服のたたみ方や表裏の確認を一緒にしながら、少しずつ自分でできるようにする ★ 園児同士のやり取りを楽しんでいる時は見守り、友達とかかわる楽しさを感じられるようにする ★「やりたい」という気持ちを受け止め、援助をしながらやり遂げられるようにしていく

配慮すべき事項

- 登園時には視診を行い、家庭での様子を聞いておくことで、体調の変化にすぐに気付けるようにする
- 感染症予防のため、こまめに換気や消毒をし、室内の環境を整える

子育ての支援 （保護者支援）

- 薄着の大切さを伝え、気温に応じて調節しやすい衣服の準備をするよう伝える
- 感染症についての情報を知らせ、手洗い、うがいの大切さについても伝えていく

前月末の園児の姿

(健) 衣服の着脱ができるようになり、自分でできることに意欲的に取り組んでいる
(人) 遊びや生活の中で順番やルールを守ろうとする
(環) 秋の自然物を使って製作を楽しみ、自然に親しむ
(言) 思ったことを自分の言葉で伝えようとする姿がある
(表) 音楽に合わせて歌ったり踊ったりして楽しんでいる

3週	**4週**
● 簡単な言葉のやり取りを楽しみながら、友達とかかわって遊ぶ ● 生活に必要なあいさつができるようになる	● 様々な素材を使って自分のイメージを形にし、表現して楽しむ ● 秋から冬へと移り変わる自然に触れ、元気に遊ぶ
● 友達とかかわりながら楽しく遊べるよう促す ● あいさつを交わすことへの喜びや、気持ちよさを感じられるようにかかわる	● 戸外遊びを通し、季節の移り変わりを感じながら、伸び伸びと体を動かせるようにする ● 園児たちの発見や気付きに共感し、遊びが広がるようにしていく
● ごっこ遊びを通して友達とやり取りすることを楽しむ ● 走る、跳ぶなど、様々な動きをしながら運動遊びを楽しむ ● 簡単な衣服の着脱、片付けを自分でしようとする	● 木の実や落ち葉など、様々な素材を使って製作を楽しむ ● 外気を肌で感じながら戸外遊びを楽しみ、冬への移り変わりを感じる ● 「貸して」「ありがとう」など、自分の気持ちを言葉で伝える
■ 絵本を用いるなどしてあいさつの楽しさを伝える ■ はさみやのりの使い方を丁寧に伝えながら、夢中でじっくり遊び込めるようにする ★ 元気よくあいさつができるよう、保育者自身が手本となって伝えられるようにする ★ 安全に遊べるよう見守りながら、はさみの使い方を伝える	■ 気付きや不思議に思う気持ちに共感して、自然事象への興味・関心が広がるようかかわる ■ 友達との遊びが広がるような環境作りを行う ★ 「葉っぱの色が違うね」など、季節の移り変わりを言葉にして伝えていく ★ いろいろな素材を使って遊んでいる様子を見守りながら、園児たちの発想を大切にする

教育・保育に対する自己評価

● 手洗い、うがいのやり方を丁寧に伝えたことで、習慣が身に付き、体調を崩すことなく元気に過ごすことができた。ごっこ遊びでは保育者が仲立ちとなることで、かかわりを喜び、言葉でのやり取りを楽しんでいた

園の行事

● 身体測定
● 避難訓練
● 保育参観
● バザー
● 誕生会

11月

の月間指導計画 保育園③

ねらい

- 気の合う友達と簡単なごっこ遊びや表現遊びを楽しむ
- 手洗い、うがいの大切さを知る
- 秋の自然に触れながら戸外で体を動かして遊ぶ
- 簡単な身の回りのことを自分でしようとする

		1週	2週
週のねらい		●自然物を使い、楽器製作を楽しむ ●身の回りのことに意欲的に取り組み、保育者の手伝いをすることを喜ぶ	●異年齢児の姿を見て、自分もやってみたいという気持ちを持つ ●手洗い、うがいの仕方や鼻のかみ方を知り、進んで行おうとする
養護（生命の保持・情緒の安定）		●自分の思いに合った物を形に表現できるようにする ●自分でできる身の回りのことを意欲的に行えるよう導き、達成感を感じられるようにする ●尿意や便意のサインを見たら声をかけ、自らトイレに行って排泄できるよう促す	●手洗い、うがいの仕方を知らせて身に付くようにし、感染症予防に努める ●異年齢児がごっこ遊びの準備をしている姿を見て、年上の園児の姿に興味や憧れを持てるようにする
教育（健康・人間関係・環境・言葉・表現）		●簡単な衣服の着脱や片付けをしようとする ●友達の姿に刺激を受け、まねようとする ●好きな素材を使い、製作することを楽しむ ●自然物の色や形、大きさを見ながら友達や保育者と会話を楽しむ ●製作した楽器を使い、音を出して喜ぶ	●手洗いやうがいをする意味を理解し取り組む ●順番が待てずにトラブルになることもある ●ごっこ遊びの製作風景を見て刺激を受ける ●自分の気持ちや感じたことを言葉で表現し、保育者に伝える
★援助・配慮 ■環境構成		■衣服の脱ぎ方やたたみ方を丁寧に伝える ■扱いやすい素材を用意し、好きな素材で製作を楽しめるようにする ★自分でやりたい気持ちを大切にし、製作や身の回りのことに取り組めるよう援助する ★簡単な手伝いをお願いし、人の役に立つ喜びを味わえるようにする	■看護師の話を聞きやすいよう、机や椅子などを配置する ■ごっこ遊びの準備活動を見学させてもらい、興味や関心を抱けるようにする ■自分で鼻をかめるよう、手の届く位置にティッシュペーパーを置いておく ★腕まくりをしてから手を濡らすなど、丁寧に手洗いの仕方を伝える。順番が待てるよう援助する ★異年齢児の姿を伝え、まねたいという気持ちを受け止め、次の活動へとつなげる

配慮すべき事項

- 室内の消毒や換気をこまめに行う。嘔吐の処理方法や感染症が出た時の消毒方法などを保育者間で確認する
- 異年齢児とのかかわりが次の活動へとつながるよう、保育者間で連携を図る

子育ての支援（保護者支援）

- 個人面談では園児の育ちを伝え、共に成長を喜ぶ。自分でやりたいという意欲が高まるので、ゆとりを持って見守る大切さを伝える
- 調節しやすい衣服の用意をお願いする

前月末の園児の姿

- 健 身の回りのことに対して意欲的に取り組んでいる
- 人 友達と過ごす中で生活や遊びにルールや順番があることを知る
- 環 秋の自然に触れる中で、大きさや色、形に興味を持つ
- 言 自分なりの言葉で相手に気持ちを伝えようとする
- 表 歌ったり踊ったりすることを楽しむ

年間計画 | 4月 | 5月 | 6月 | 7月 | 8月 | 9月 | 10月 | **11月** | 12月 | 1月 | 2月 | 3月

3週	4週
● ごっこ遊びの中で言葉でのやり取りや異年齢児とのかかわりを楽しむ ● 生活に必要なあいさつが分かり、できるようになる	● 様々な素材を使って自分のイメージを形にしたり、表現したりして楽しむ ● 秋から冬への季節の移り変わりを感じながら、戸外で元気に体を動かして遊ぶ
● ごっこ遊びを通じて異年齢児や友達、保育者とやり取りを楽しめるようにする ● あいさつを交わす喜びや気持ちよさを感じられるようにする	● 園児の発見や気付き、つぶやきに耳を傾け、遊びが広がるようにする ● 衣服の調節ができるよう声をかける ● 伸び伸びと体を動かせるようにする
● 音楽に合わせて体を動かすことを楽しむ ● 異年齢児とかかわり、やり取りを楽しむ ● 興味を持ったブースでじっくり遊ぶ ● ごっこ遊びを通して、遊びに必要な語彙を獲得する ● 友達とイメージを共有し自分なりに表現する	● 風の冷たさなどを通して季節の移り変わりを感じながら、伸び伸びと戸外で遊ぶ ● ごっこ遊びや絵本の世界など、イメージを共有しながら友達とかかわる ● 身近な素材を使い、自分なりのイメージを表現したり見立てたりして遊ぶ ● 自分の気持ちを言葉で伝える
■ ごっこ遊びで使用する買い物かばんやお金など、必要な物を用意する ■ ブースを回る際には、混雑しないようグループに分けるなど、配置を考える ■ あいさつに関する絵本を用意する ★ あいさつをする際には、保育者が手本となり伝えられるようにする ★ 友達や異年齢でのかかわりを楽しめるよう、やり取りを見守り、必要があれば援助するようにする	■ 様々な大きさの段ボールや素材を用意し、遊びが広がるよう環境を整える ■ 園児の気付きやつぶやきを大切にし、興味・関心を広げ、活動が展開できるようにする ★ 気温に合わせて衣服の調節ができるよう声をかける ★ トラブルになった際は、互いの意見を聞き、友達にも思いがあることを知らせていく ★ 園児と一緒にごっこ遊びを楽しみ、様々な言葉に触れながら遊べるようにする

教育・保育に対する自己評価

- 看護師による手洗い指導を通して手洗い方法を再確認したことで、園児たちも丁寧に取り組むようになった。ごっこ遊びでは、異年齢児とのかかわりを通してやり取りを楽しみ、段ボールを店や家に見立てるなど、遊びの幅が広がった。また、保育者の手伝いをすることを喜び、着脱など、身の回りのことに意欲的に取り組む姿が見られるようになった

 **園の行事**

- ● 手洗い指導
- ● アトリエ活動
- ● ごっこ遊び
- ● 絵本給食（絵本おやつ）
- ● 個人面談
- ● 郷土料理の日
- ● 衛生チェック
- ● 避難訓練
- ● 誕生会
- ● 身体測定

11月の月間指導計画 保育園④

- 秋の食材や身近な自然に興味・関心を持つ
- 衣服の着脱、始末を進んで行い、できた喜びを味わう
- 正しい姿勢で食事のマナーを守り、持ち方を意識して食事をする

	1週	2週
週のねらい	●排泄のタイミングが分かり、進んでトイレに行く ●当番活動を通して、やりがいや楽しさを感じる	●ごっこ遊びや見立て遊びを楽しむ ●あいさつすることの大切さを知る
養護（生命の保持・情緒の安定）	●尿意や便意を感じたら保育者に言うように伝え、自分でズボンやパンツを着脱してスムーズに排泄できるようにする	●手洗い・うがいの習慣を身に付け、健康に過ごせるようにする ●困ったことを自分で保育者に聞き、解決できるようにする
教育（健康・人間関係・環境・言葉・表現）	●当番活動を通して、他児と協力しながら人の役に立つ喜びを知る ●話をしている相手に体を向け、正しい姿勢で話を聞く大切さを知る ●発表会の練習を通して、期待を持って取り組む	●友達と見立て遊びやごっこ遊びを楽しむ ●秋の涼しさや季節を感じながら遊ぶ ●自分から進んであいさつをする
★援助・配慮	■環境構成 ■トイレ周辺の環境を清潔に保ち、スリッパを揃えたり、後始末の仕方を知らせたりする ■意欲を持ってかかわれるよう、当番表やエプロンを用意する ★思いやりの気持ちに気付けるよう、促していく	■保育者に聞きやすい状況を作り、話を聞く場を設ける ■見立て遊びやごっこ遊びを楽しめるような遊具を用意し、環境を整える ★あいさつの仕方や言葉を伝えていく

配慮すべき事項
- 尿意や便意を自分から伝えられるよう促し、着脱への意欲を高め、個々の間隔や様子を把握し、配慮する

子育ての支援 （保護者支援）
- 調節しやすい衣服や動きやすい衣服を準備してもらう
- 手洗い・うがいを家庭でも行ってもらい、感染症予防を促す

前月末の園児の姿

- 健 衣服の畳み方を覚え、自分でやろうとする
- 人 話を聞く姿勢を知り、行おうとする
- 環 身の回りの物の置き場所が分かる
- 言 くり返しの言葉などを楽しみながら話す
- 表 様々な素材に触れ、思い思いの製作を楽しむ

年間計画

4月

5月

6月

7月

8月

9月

10月

11月

12月

1月

2月

3月

3週	4週
●正しい姿勢や食器の持ち方を知る ●様々な曲に触れ、表現する楽しさを味わう	●季節の動植物に親しみ、形や色の違いに気付く ●製作や遊びの中からイメージを膨らませ、表現する
●正しい姿勢や持ち方で皿を持って食事ができるよう促す ●十分に体を動かす気持ちよさを伝え、跳んだり、体を伸ばしたりして楽しめるようにする	●他児とのかかわりの中で、思いやりの気持ちが育ち、相手の思いに気付いていけるようにする
●友達に積極的にかかわろうとし、相手のよい所を見つけていく ●様々な曲や音に触れ、楽しむ ●音楽やピアノの音をよく聴き、体を動かしたり、リズムに合わせて表現することを楽しんだりする	●落ち葉や木の実を見つけ、形や色に興味・関心を持ち、集めたり並べたりして遊びに取り入れる ●くり返しのある絵本の言葉や歌詞についてイメージを膨らませながら、他児との会話のやり取りを楽しむ ●製作や遊びの中でイメージを広げ、様々な遊具・用具を使いながら思い思いに楽しむ
■バランスよく食べていけるよう、配膳したり正しい姿勢を知らせたりする ■かかわりを増やしていけるよう、様々な遊びを設ける ★机と椅子の間隔や姿勢について伝えていく	■絵本を取りやすいように本棚を整理し、くり返しのある絵本や歌を準備する ■様々な遊びやコーナーを設定し、素材を準備する ■様々な曲を用意し、体を動かせる空間を作る

教育・保育に対する自己評価

- ●秋の季節を感じ、様々なことに興味・関心を持てるように促したことで、落ち葉を拾ったり、ドングリを見つけたり、楽しみながらかかわることができた。また、ミカンの皮の色の変化に気付き、季節の移り変わりを感じ取っていた
- ●衣服の着脱では、ボタンの着脱が上手になり、細かい指先の動きができるようになってきた

園の行事

- ●身体測定
- ●誕生会
- ●避難訓練
- ●七五三

151

11月 の 月間指導計画

こども園（満3歳含む）①

ねらい
- 手洗い、うがいの大切さを知り、行おうとする
- 秋の自然の中でゆったりとした遊びや散歩を楽しむ
- 自分の思いを保育教諭や友達に伝えようとする

	1週	2週
週のねらい	●日常の挨拶を元気にする ●戸外で友達を誘って遊ぶ ●手具を自分で作り、運動会への期待を持つ	●保育教諭や友達と一緒に、体を動かすことの心地よさを味わう ●当番活動を喜んでする ●自分の気持ちを言葉で伝える
教育的時間の内容	●登降園時や食事の前後の挨拶は、大きな声で言う ●友達を誘って砂場やボール、フープなどで遊ぶ ●旗やポンポンなどを作る	●ミニ運動会に向けて楽しみながら練習する ●当番の仕事が分かり、進んでやろうとする ●友達とのトラブルを保育教諭に伝える
★援助・配慮　■環境構成	■ゆったりとした環境や雰囲気作りをして、安心して自分から挨拶ができるようにする ■砂場の玩具やボール、フープは、使いたい園児が満足できるように十分準備をする ★日々のくり返しの中で挨拶が身に付くようにする ★園児たちが持ちやすい大きさの旗を作り、期待が持てるようにする	■競技の大道具は、安全確認をしながら設置する ■当番バッジを付け、意欲的に取り組めるようにする ★友達とのかかわりをそばで見守り、トラブルの仲立ちをする ★楽しく練習できるように無理なく誘っていく
教育的時間を除いた時間の内容	●寒くても丁寧に手洗いをする ●尿意を伝え、自分からトイレで排泄する ●友達と会話をしながら、遊びを楽しむ	●トイレのあとの上着の始末を自分でする ●ゆっくりと休息を取る ●他のクラスの遊戯をして遊ぶ
★援助・配慮　■環境構成	■手洗いの大切さを絵本や紙芝居で知らせる ■友達とかかわって遊べるコーナー遊びを設定する ★尿意を伝えたら、すぐにトイレに行くように促す ★手洗いを見守り、しっかり洗えるようにする	■上着の後始末の仕方を知らせ、難しいところは援助をする ■時間まで午睡できるよう、落ち着いた雰囲気作りをする ★遊戯をする時は、広い場所へ誘う ★保育教諭も一緒に踊り、楽しさを共有する
自己評価　教育・保育に対する	●保育教諭も大きな声で挨拶をすることで、自ら進んで挨拶をする園児が増えた。習慣付くように続けていきたい	●当番活動は、ほとんどの園児にとって登園の励みになっている。当番としてやるべきことをもっと増やして、いろいろな経験ができるようにしていきたい

配慮すべき事項
- 園児の様子を見てこまめに検温をし、体調の変化を把握し、適切に対応していく
- 手洗い、うがいを丁寧に行い、健康に過ごせるように配慮する
- 感染症の予防、嘔吐の対処について再確認する

子育ての支援（保護者支援）
- 排泄の失敗も増えてくるので、着替えを多めに依頼する
- 咳や鼻水などの症状が出ている時には、受診をすすめる
- 感染症の流行を早めに伝える

前月末の園児の姿

- 身の回りのことを自分でやろうとする姿が見られる
- 行事を経験し、自信がついたことで新しいことにも積極的に取り組む
- 友達とかかわって遊ぶようになる

3週	4週
● ミニ運動会を楽しみにし、喜んで参加する ● 手洗い、うがいの大切さを知る ● 簡単な身の回りのことを自分でしようとする	● 生活や遊びの中で、順番を意識しながら友達とかかわる ● 気温に合わせて衣服の調節を行う ● 粘土遊びを楽しむ
● ミニ運動会に期待を持って参加し、楽しむ ● 自分で腕まくりをして手洗いをする ● 荷物の片付けや布団をたたむなど、あせらず取り組む	● 保育教諭や友達とのかかわりの中で、少しずつ待てるようになる ● 身近な物や好きな物を自由に粘土で作る ● 衣服の着脱を見守り、必要な時は援助する
■ 保護者が見ていることで日頃の姿を見せることができない園児には、安心してできるようそばで見守る ■ 足元にマットを敷いたり、踏み台を置いたりして、手洗いがしやすいようにする ★ やろうとする気持ちを認め、援助のタイミングを工夫する ★ 準備物の不備がないように確認する	■ 順に並ぶことや順番を守る大切さを、機会ごとに知らせていく ■ 粘土の活動に必要な物を十分に準備しておく ★ 線の上や目印をつけた場所に並ぶなど、順番に並ぶことを意識して行えるようにする ★ 粘土で表現するのが難しい園児には、ヒントを出したり一緒に作ったりする
● 見守られながら、自分でできることはやってみようとする ● 年上の友達と体を動かす遊びを一緒に楽しむ ● 丁寧に歯磨きをする	● 遊びに集中している時でも、尿意を感じたらトイレに行く ● 簡単な伝言や届け物など、保育教諭の手伝いをする ● 歌ったり、手遊びしたりすることを楽しむ
■ 年齢や個々の発達に合わせ、ルールを工夫し、一緒に遊びが楽しめるようにする ■ コップや歯ブラシは、常に清潔にし、園児たちに分かりやすく保管する ★ 年上の友達のまねをする姿を見守り、危険がないよう援助する ★ 自分でやろうとする気持ちを大切にする	■ 園児たちの尿意の間隔を把握して、タイミングよくトイレに誘う ■ トイレの順番を守れるようにそばで見守る ★ 頼んだことができた時にはしっかりほめ、自信につなげていく ★ 季節感がある手遊びを取り入れ、楽しめるようにする
● 慣れた場所で無理なくミニ運動会ができた。けがや事故もなく日頃の様子を見てもらえてよかった	● 手遊びをすぐに覚えて、歌いながら遊ぶ園児も見られるようになった。園児たちの興味のある物を把握して、新しい手遊びも紹介していきたい

園の行事

- 身体測定
- 避難訓練
- 交通安全指導
- なかよしDay（縦割り保育）
- 誕生日会
- ミニ運動会

11月

の月間指導計画

こども園
（満3歳含む）
②

ねらい

- 順番や約束事があることを知り、守ろうとする
- 手洗いや感染症予防に努め、健康に過ごす
- 保育教諭や友達と言葉のやり取りやごっこ遊びを楽しむ
- 寒さに負けずに全身を使って元気に遊ぶ

	1週	2週
週のねらい	●食器の使い方を知る ●当番活動を始める ●体を十分に動かして遊ぶ	●友達と一緒に踊る楽しさを味わう ●生活の中で必要な挨拶を積極的にする ●順番や約束事を守って遊ぶ
教育的時間の内容	●各自の食器を使って食事をする ●当番活動について知り、行う ●戸外に行き、友達とかけっこをする	●遊戯会を楽しみにしながら、練習する ●「おはようございます」「さようなら」「ありがとう」を言う ●玩具を使う順番を決め遊ぶ
教育的時間を除いた時間の内容	●年下の園児とごっこ遊びを楽しむ ●靴を靴箱の自分の場所に入れる	●トイレに行ったあと、シャツの始末をきちんとする ●運動ホールで体を動かして遊ぶ
■環境構成　★援助・配慮	■各自の食器を用意する ■ジャンパーを取りやすい場所に置く ■人形や服、小物などを使いやすいよう分ける ★一人一人の様子に応じて、丁寧に食器の使い方を知らせる ★当番活動の内容を知らせ、一緒にやってみる ★安全に配慮しながら、気温や天候に応じて時間を決め、園児を見守る ★園児同士の仲立ちとなり、遊びが盛り上がってきたら場を離れ、遊びを見守る ★自分の場所が分からない園児を援助する	■衣装を用意する ■玩具は人数分用意するのではなく、数を決めて出し、譲り合って使えるようにする ■サーキット活動ができるよう、平均台、マット、ソフトハードルを準備する ★衣装を見せ、意欲的に取り組めるようにする ★場面に合わせた挨拶をくり返し伝え、積極的に言えるように声をかける ★玩具を譲り合って遊べるよう援助する ★トイレに行ったあとはきちんとシャツをしまうよう伝え、快適に生活できるようにする

配慮すべき事項

- 保育教諭間で感染症について話し合い、予防方法や処理の仕方を再度確認しておく
- 遊戯会の練習は気分転換を図りながら進める
- 保育教諭が仲立ちとなり友達と思いを伝え合えるようにする

子育ての支援（保護者支援）

- 風邪、嘔吐、下痢などによる体調の変化を観察し、必要に応じて保護者と連絡をとり、個々の健康状態を把握する
- 「自分で」という意欲が高まるため、家庭でもゆとりを持って見守ることを伝える

前月末の園児の姿

- ●ドングリや落ち葉を拾ったり、見せ合ったりしながら戸外遊びを楽しむ
- ●保育教諭や友達と一緒に食事をすることを喜ぶ
- ●一日の気温差に応じて衣服を調節し、日中はできるだけ薄着で過ごしている
- ●尿意を保育教諭に知らせ、トイレで排泄する園児が増える

3週	4週
●ままごと遊びを楽しむ中で、箸やスプーンに慣れる ●保育教諭や友達の前で踊りを発表することを楽しむ ●指先を使った遊びを楽しむ	●遊戯会に楽しく参加する ●保育教諭や友達とごっこ遊びをする中で、言葉の表現が豊かになる ●人形劇鑑賞を楽しむ
●皿、箸、スプーンを持ってままごと遊びを楽しむ ●他のクラスの友達の前で、踊りを発表する ●ひも通しやシール貼りを楽しむ	●ステージの上で楽しく表現をする ●保育教諭や友達の言葉をまねしながら、言葉のやり取りを楽しむ ●友達と一緒に人形劇の鑑賞を楽しむ
●手洗い、うがいをこまめに行う ●いす取りゲームなどのルールのある遊びを楽しむ	●尿意を伝え、自分でトイレに行く ●保育教諭に見守られながら、安心して遊ぶ
■皿、箸、スプーンの数を揃えておく ■他クラスに声をかけ、発表を見てもらう ■玩具が混ざらないようコーナーを分ける ■年齢や発達に合わせて、ルールを工夫する ★遊びの中で箸などの持ち方や使い方を確認しながら、正しく使えるよう援助する ★園児が、安心して発表できるよう寄り添う ★遊びの様子を見守りながら、上手にできたらほめ、積極的に取り組めるようにする ★ルールのある遊びでは、安全に、園児同士のかかわりがスムーズにいくよう見守る	■遊戯会当日は、落ち着いた雰囲気を作り、リラックスできるようにする ■ごっこ遊びには保育教諭も加わって遊ぶ ■体操順に並び、静かに見られるようにする ★遊戯会当日は一人一人の気持ちを受け止め、安心できるよう声をかける ★一緒にごっこ遊びを楽しみ、いろいろな言葉に触れながら遊べるようにする ★時間を見て排泄の有無を聞き、自分で意識してトイレに行けるようにする ★遊びを見守り、トラブルがあった時は対応する

教育・保育に対する自己評価

- ●遊戯会に向けて練習にかかわることも多かったが、十分に遊ぶ時間も取り入れ、メリハリをつけて過ごすことができた。手洗い、うがいをこまめに行い、感染を防ぐことができた。食器の使い方を遊びに取り入れたり、丁寧に知らせたりすることで、意識して、食器を持って食べたり、箸を正しく持ったりすることができた

園の行事

- ●身体測定
- ●誕生会
- ●安全教室
- ●避難訓練
- ●遊戯会
- ●人形劇鑑賞

年間計画 4月 5月 6月 7月 8月 9月 10月 **11月** 12月 1月 2月 3月

11月

の 月間指導計画

こども園（満3歳含む）③

ねらい
- 秋の自然の中で遊びを楽しみ、健康的に過ごす
- 楽器に触れたり、音を聴いてみたりして楽器に親しむ
- 生活の中でのきまり事を守ろうとしたり簡単な身の回りのことを自分でしようとしたりする

		1週	2週
週のねらい		●ドングリやモミジ、サツマイモなど秋の自然に触れながら遊ぶ ●絵本などの話の内容を楽しむ ●戸外で友達を誘って遊ぶ	●手洗いなどの順番を、進んで守る ●楽器に触れ、音を出すことを楽しむ ●非常時の身の守り方を知り、落ち着いて行動する
教育的時間の内容		●秋の自然を見つけ、触れたり、においを嗅いだりすることを楽しむ ●絵本の読み聞かせを楽しむ ●友達を誘って砂場やボール、三輪車などで遊ぶ	●尿意を保育教諭に知らせてトイレに行き、手洗いを進んで行う ●鈴やカスタネットなどの楽器に触れ、音を出すことを楽しむ ●避難訓練に参加して身の守り方を知る
教育的時間を除いた時間の内容		●戸外での開放感や気持ちよさを感じ、季節の変化に気付く ●寒くても丁寧に手洗いを行う	●5歳児の楽器の練習を聴き、音の違いなどに興味を持つ ●必要な言葉を使って話しながら、友達と遊びを楽しむ
★援助・配慮	■環境構成	■砂場の玩具やボール、三輪車は使いたい園児が満足できるよう十分な数を用意する ■手洗いの大切さを、絵本や紙芝居を通して知らせる ★季節や興味に合わせた絵本を選び、落ち着いた雰囲気で楽しめるようにする ★自然に触れた中での発見に共感する ★戸外で見つけた秋の自然物を保育室に飾り、興味を持ったり、季節を感じたりできるようにする	■安心してトイレへ行けるよう見守る ■避難訓練の合言葉や身の守り方を伝えるため、イラストを用意する ★トイレットペーパーの使い方や手洗いが正しくできているか見守り、必要に応じて援助する ★楽器の音を聴けるよう声をかける ★「入れて」「貸して」など遊びに必要な言葉を使い、友達とのコミュニケーションが取れるようにする

配慮すべき事項
- 体調を崩している園児は、家庭での様子を聞き、体調の変化にすぐに気付けるようにする
- 着替えの入れ替えと記名を確認する
- 感染症予防や嘔吐の対処について再確認する

子育ての支援（保護者支援）
- 風邪や感染症が流行しやすい時期なので、衣服の調節や予防法を伝える
- 持ち物の記名の確認をお願いする
- 感染症の流行を早めに伝える

- 散歩や戸外遊びを通して秋の自然に親しむ
- 思ったことや感じたことを、言葉で友達や保育教諭に伝えようとする
- 身の回りのことを自分でやろうとする

3週	**4**週
● 気温に合わせて衣服の調節を行う ● 保育教諭や友達と一緒に踊ったり、歌ったりすることを楽しむ ● 手洗いの大切さを知る	● 室内でルールを守りながら、体を動かす遊びを楽しむ ● 指先を使った遊びを楽しむ ● 粘土遊びを楽しむ
● 保育教諭に見守られながら安心して衣服を着たりたたんだりする ● 音楽に合わせて踊ったり、歌ったりすることを楽しむ ● 自分で腕まくりをして手洗いを行う	● 遊びのルールを守りながら楽しむ ● ボタンかけやひも通しなどを楽しむ ● 身近な物や好きな物を自由に粘土で作る
● 戸外遊びや食事のあと、衣服が汚れていたら着替え、汚れた衣服はたたんでかばんにしまう ● 季節の歌や手遊びを楽しむ	● 遊びに集中している時でも、尿意を感じたらトイレに行く ● 防寒着を自分で身に着けて、戸外遊びを楽しむ
■ 伸び伸びと体を動かせるよう、広い環境で踊るようにする ■ 園児が親しみやすい歌や手遊びを行う ■ 足元にマットを敷いたり、踏み台を置いたりして、手洗いがしやすいようにする ★ 自ら衣服を着たりたたんだりする姿を見守り、できたら大いにほめて自信や意欲へつなげていく ★ 衣服が汚れたことに自ら気付けるよう工夫して声をかけ、汚れたら着替えることが習慣となるようにする	■ すぐに遊びを楽しめるよう、風船やボールなど必要な道具を用意する ■ トイレの順番を守れるようそばで見守る ★ 指先を使う遊び方をさりげなく伝え、集中して遊べるようにする ★ 粘土で表現することが難しい園児には、一緒に作ることで、表現する楽しさを感じられるようにする ★ 戸外遊びをすることを楽しみ、自分で防寒着を身に着けられるよう励ます

教育・保育に対する自己評価

- 防寒着を身に着けて戸外へ出ることを伝えることで、自ら防寒着を手にしてボタンかけやファスナーを閉めようと取り組む姿があった。また指先を使う遊びを取り入れていたことでスムーズに着脱ができるようになったと感じる。楽器に触れる時間を設けたことで、楽しんで楽器を鳴らす姿が見られた

園の行事

- 避難訓練
- 身体測定
- 誕生会

11月の月間指導計画

こども園（満3歳含む）④

ねらい
- 生活や遊びの中で、順番や約束があることを知り、守ろうとする
- 音楽に合わせて表現することを楽しみ、表現の幅を広げていく
- 保育教諭や友達と、言葉のやり取りやごっこ遊びを楽しむ
- 寒さに負けず、元気に体を動かして遊ぶ

	1週	2週
週のねらい	● 正しい姿勢と食具の使い方を知る ● 気温に合わせ、衣服を調節する ● 体を十分に動かし、友達と遊ぶ	● 発表会に使用する楽器を製作する ● 生活の中で必要な挨拶を積極的にする ● 順番やルールを守って遊ぶ
教育的時間の内容	● 食べ物をこぼさないように食べてみる ● 上着の着脱を自分でしようとする ● 戸外で、友達とかけっこをする	● 自然物を使い、マラカスを製作する ● 「おはようございます」「こんにちは」「さようなら」「ありがとう」を言う ● 玩具を使う順番を決めて遊ぶ
教育的時間を除いた時間の内容	● 年下の園児とごっこ遊びを楽しむ ● 絵本や紙芝居で様々な物語を楽しむ ● 自分の靴を靴箱に正しく置く	● トイレのあとは手洗いを丁寧に行う ● 園庭で体を動かして遊ぶ ● 戸外から帰ったら、帽子と靴下を脱いで自分の場所に戻す
■環境構成 ★援助・配慮	■ ジャンパーを取りやすい場所に置く ■ 靴箱に足形シートを置く ■ 昔話などの少し長い話の絵本や紙芝居を、絵本棚に用意する ★ 一人一人の様子に応じ、正しい姿勢や食具の持ち方を伝える ★ ボタンやファスナーなどの難しい部分は手伝い、自信につなげる ★ 年下の園児と遊ぶ時は、安全に配慮しながら見守る ★ 靴の左右が分からない園児の援助をする	■ ドングリやビー玉、鈴、空き容器、テープなどを用意する ■ 玩具は人数分用意せず、譲り合って使える量にする ■ 三輪車、ボールなどを用意する ★ 場面に合わせた挨拶を伝え、保育教諭が手本を見せながら積極的に言えるよう、声をかける ★ トイレに行ったあとは石鹸で洗うように伝え、快適に生活できるようにする ★ 帽子と靴下を投げたり、振り回したりしないよう、声をかける

配慮すべき事項

- 感染症について会議やクラス内で話し合い、対策や処理の仕方を再確認しておく
- 一人一人に言葉をかけ、認めていくことで自信や意欲を持って発表会の練習に取り組めるように進める
- 友達とかかわる姿を見守り、正しい言葉を知らせる

子育ての支援（保護者支援）

- 風邪、嘔吐、下痢などの感染症を早めに伝え、体調の変化の観察や園との連携をお願いし、個々の健康状態を把握する
- 寒さにより排泄の失敗が増えるため、衣類の補充を多めにしてもらう

前月末の園児の姿

- 散歩に行くことを喜んだり、戸外遊びを楽しんだりする
- 自分でできることが増え、身の回りのことに意欲的に取り組む姿が見られる
- 簡単なルールのある遊びに興味を持ち、数人で遊ぼうとする
- トラブルになった際は、保育教諭を介して互いの気持ちを伝え合い、仲直りする

年間計画

4月
5月
6月
7月
8月
9月
10月
11月
12月
1月
2月
3月

3週	**4週**
● 友達と一緒に、踊る楽しさを味わう ● 横断歩道での交通ルールについて知る ● 指先を使った遊びを楽しむ	● 保育教諭や友達の前で、踊りを発表することを楽しむ ● 園庭で、友達を誘って遊ぶ ● 保育教諭や友達とごっこ遊びをする中で、言葉の表現が豊かになる
● 発表会を楽しみにしながら、友達と一緒に楽しく練習する ● 3歳以上児クラスの交通安全教室を見学する ● 箸、スプーン、皿、椀を持ち、ままごと遊びを楽しむ ● 粘土やアルミホイルを使い、自由に作品を作る	● 他クラスや友達の前で、踊りを発表する ● 友達を誘い、三輪車やボールなどで遊ぶ ● 保育教諭や友達の言葉をまねしながら、言葉のやり取りを楽しむ
● 手洗い・うがいをこまめに行う ● 椅子取りゲームをして遊ぶ ● ままごと遊びで、箸に興味を持つ	● 尿意を保育教諭に知らせ、自分でトイレに行く ● 保育教諭に見守られながら、安心して遊ぶ ● 5歳児の楽器演奏を聴き、音の違いに興味を持つ
■ 製作したマラカスを準備する ■ 粘土とアルミホイルを準備する ■ 皿、箸、スプーンの数を揃えておく ■ ゲームは年齢や発達に合わせ、ルールを工夫する ★ 交通安全教室を一緒に見学しながら、手のあげ方や信号の色の違いを伝える ★ 椅子取りゲームは、安全に配慮し、園児同士のかかわりがスムーズにいくよう見守る ★ 遊びの中で、箸などの持ち方や使い方を確認しながら、一緒に遊ぶ ★ 遊びの様子を見守りながら、上手にできたら十分にほめ、積極的に取り組めるようにする	■ 他クラスに声をかけ、踊りの発表を見てもらう ■ 三輪車やボールなど、複数で遊ぶ遊具を用意する ■ ごっこ遊びには、保育教諭も加わって遊ぶ ★ 発表会に期待を持って臨めるよう、安心できる言葉をかけて寄り添う ★ 園児の様子によっては排泄の有無を聞き、自分で保育教諭に声をかけ、トイレに行けるようにする ★ 遊びを見守り、トラブルがあった時は仲立ちする

教育・保育に対する自己評価

- 気持ちを発表会に向けるために製作から始めたことで、踊りの練習にスムーズに入れた。気持ちが途切れないように練習は1日1回にし、戸外遊びや粘土遊びなどの他の遊びにも十分に時間を使った。本番を楽しみに待つ雰囲気になっている

園の行事

- 身体測定
- 避難訓練
- 誕生会
- 交通安全教室
- 秋の味覚収穫体験

12月 の 月間指導計画 保育園①

160

ねらい
- 歌ったり、踊ったりの練習を通して、友達と一緒に表現する楽しさを味わう
- 寒さに負けずに、戸外で体を動かして遊び、体力をつける
- 好きな色の絵の具を使って、自由に表現する

	1週	2週
週のねらい	●歌ったり、踊ったりすることを楽しむ ●脱いだ服や遊んだ遊具を片付ける	●友達と一緒に、舞台で歌ったり、踊ったりできる ●排尿の感覚を言葉で伝える
養護（生命の保持・情緒の安定）	●体を動かすことが楽しく感じられるようにする ●自分で片付けられるように声をかけ、満足感を得られるようにする	●自分でやろうとする気持ちを受け止め、満足感が得られるようにする ●失敗なく排尿できた経験をくり返して、気持ちよさを感じられるようにする
教育（健康・人間関係・環境・言葉・表現）	●自然物を使って、自分から「やりたい」と思える遊びを楽しむ ●自分の物と他児の物が区別できる ●自分からあいさつをする心地よさを感じる	●友達と一緒に会話しながら、楽しく食事ができる ●友達と一緒に園庭でごっこ遊びを楽しむ ●自らかきたい気持ちを持って、満足感が得られるまで何枚もかく
■環境構成 ★援助・配慮	■園児の「やりたい」気持ちを尊重して音楽を流す ■園児に分かりやすい収納の環境を整える ★上手に伝えることができない気持ちを代弁しながら、寄り添い、援助する ★一緒に片付けをしながら、楽しくできるように声かけする	■発表会まで、やりたい気持ちを持ち続けられるように配慮する ■緊張しないように個別に励ます ★我慢できずに失敗しても、くり返し励ましながらトイレトレーニングを行う ★絵の具でテーブルなどを汚しても「気にしないで大丈夫だよ」と声をかけながら援助する
自己評価（教育・保育に対する）	●音楽を流すことで、自ら歌い踊ったりして、笑顔で楽しく表現している姿が見られた	●生活発表会に向けて、園児たちのやりたい気持ちを尊重しながら練習してきたので、本番でも楽しんで行うことができた

配慮すべき事項
- 子どものやりたい気持ちに寄り添い、見守る
- 室温、湿度に留意して、感染症予防に努める

子育ての支援（保護者支援）
- 感染症が流行しやすい時期なので、毎朝検温し、健康状態を把握してもらう
- 年末年始で、生活リズムを乱すことがないように伝える

前月末の園児の姿

- 健 何でも自分でやろうとする意欲が育つ
- 人 生活の中で、簡単なあいさつができるようになる
- 環 戸外で、体を使って様々な動きを楽しめる
- 言 自分の気持ちを言葉で伝えるようになる
- 表 歌ったり、踊ったり、楽しく身体表現ができる

年間計画

4月
5月
6月
7月
8月
9月
10月
11月
12月
1月
2月
3月

3週

- ●寒くても戸外で体を動かして遊ぶ
- ●友達とわらべ歌遊びを楽しむ

- ●築山を登ったり下りたりして、運動機能を高める
- ●自分の嫌だという気持ちを言葉で伝えられるようにする

- ●友達と一緒に手をつないで、わらべ歌遊びを楽しむ
- ●尿意を感じたら、しぐさや言葉で伝える

- ■園庭の築山周辺の安全を確認しておく
- ■言葉で伝えられるようになったら、布パンツを使う
- ★登ることを怖がる園児には、手をつないで一緒に登り下りをしてみる
- ★排尿の間隔は2時間をめやすに、個別に援助していく

- ●寒い中でも、戸外で体を動かして遊ぶことで、お腹も空き、食べる意欲につながった

4週

- ●クリスマス会に参加してサンタクロースからプレゼントをもらうことを喜ぶ
- ●もちつきをしているところを見る

- ●適度な室温と湿度が保てるよう、換気や加湿をして、環境を整える
- ●手洗いやうがいを個別に丁寧に伝え、感染症を予防する

- ●紙芝居で休み中の過ごし方を知る
- ●ロッカーの着替えを持ち帰ったり、大掃除をしたりして、きれいになったことを感じる
- ●クリスマスやもちつきの歌をうたい、季節の行事の雰囲気を楽しむ

- ■クリスマスや正月を感じられる環境を作る
- ■粘土遊びで、もちを作るまねをする
- ★自分の持ち物を区別できるように援助する
- ★片付けると気持ちがいいことを体験できるよう援助する

- ●もちつきに興味を示す園児が多かったので、粘土を用意した。見立て遊びを楽しむ姿が見られてよかった

園の行事

- ●避難訓練
- ●身体測定
- ●誕生会
- ●生活発表会
- ●クリスマス会
- ●もちつき

161

12月

の 月間指導計画 保育園②

ねらい
- 戸外で元気よく体を動かして体力をつける
- 歌や言葉で表現することを楽しむ
- 冬の自然や生活の仕方、行事に興味を持つ

	1週	2週
週のねらい	●友達と一緒に劇遊びを楽しむ ●自分の思いを伝えたり、相手の気持ちに気付いたりする	●クリスマス製作を楽しむ ●身近な冬の自然に興味を持つ
養護（生命の保持・情緒の安定）	●身近な曲や絵本に触れ、遊び込めるようにする ●一人一人の健康状態に留意して、心地よく過ごせるようにする	●換気を行い、適度な室温や湿度が保てるよう環境を整える
教育（健康・人間関係・環境・言葉・表現）	●劇遊びを行い、表現することを楽しむ ●自然の変化に気付き、自然物に触れて遊ぶ ●友達と一緒にごっこ遊びや言葉のやり取りを楽しむ	●氷や霜柱の感触に気付き、冬の自然の不思議さを友達と共有する ●クレヨンやのり、はさみを使って指先を使いながらクリスマス製作を楽しむ ●友達と一緒に遊ぶ楽しさを味わう
■環境構成 ★援助・配慮	■歌をうたったりお面を準備したりして、園児が役になりきって楽しめるよう環境を整える ■園児同士がかかわって遊べるような環境作りを行う ★言葉のやり取りを楽しみながら遊べるようにする ★友達とのかかわりの中で保育者が仲立ちとなり、互いの気持ちの代弁をすることで、友達と遊ぶ心地よさを伝えていく	■絵本などを準備し、季節の行事に親しめるようにする ■図鑑などを使って冬の草花や虫、霜柱などを観察する時間を設ける ★自然事象の変化など、園児の気付きや発見を共有し、一緒に驚いたり調べたりして、丁寧に寄り添えるようにする

配慮すべき事項
- 体調を崩したり鼻水が出ていたりする園児もいるので、一人一人の体調や状態を把握しておく
- 室温、湿度に留意して感染症予防に努める

子育ての支援（保護者支援）
- 冬に多い感染症について知らせ、健康状態を互いに伝え合う
- 年末年始で生活リズムを乱すことがないよう伝える

前月末の園児の姿

健 鼻水が出ている園児の姿もあったが、体調を崩すことなく元気に過ごしている
人 お店やさんごっこなどのごっこ遊びを友達と一緒に楽しむ
環 室内や戸外で体を十分に動かして遊んでいる
言 ごっこ遊びで友達との言葉のやり取りを楽しんでいる
表 季節の歌のメロディーや歌詞を覚え、くり返し歌うなどしている

3週	4週
●クリスマス会に参加し、楽しむ ●戸外で元気よく遊び健康に過ごす	●季節や行事にちなんだ絵本や歌にたくさん触れ、楽しむ ●戸外で体を十分に動かして、日本の遊びや冬の自然に親しむ
●行事を楽しみにし、関心を持って参加できるようにする ●冬の健康的な生活の仕方を知らせ、興味を持てるようにする	●休み中の過ごし方を伝え、元気に過ごせるようにする ●室温、湿度に配慮するとともに、拭き掃除や換気なども行い心地よく過ごせるようにする
●戸外でかけっこやボール遊びなどの全身運動を楽しむ ●保育者や他のクラスの友達のまねをしながら、歌ったり踊ったりすることを楽しむ ●クリスマス会など、行事ならではの楽しい雰囲気の中で食事をする	●季節の行事に触れ、冬の訪れを知る ●保育者の話を聞き、一緒に触れ合いながらルールを守って遊ぶ ●薄着で元気よく遊ぶ
■クリスマス会では聖劇や他のクラスの発表を見るなどして、楽しめるようにする ■戸外で思いきり体を動かし、友達と好きな遊びを楽しめるよう場所を広く取り、安全点検を行う ★部屋を移動する際は必ず人数確認を行い、保育者同士声をかけ合う ★園児同士のかかわりを見守りながら、保育者も一緒に体を動かし楽しめるようにする	■クリスマスや年末の雰囲気を感じられるような環境作りを行う ■みんなで大掃除をして新年を迎える準備ができるよう、小さめの雑巾やバケツを多めに用意しておく ■季節や行事に合わせて絵本や飾りなどを準備する ★年末年始の過ごし方や行事を知らせ、楽しく過ごせるようにする

教育・保育に対する自己評価

●寒い日には足湯ができるよう設定したことで、冬ならではの戸外遊びを元気に楽しめた。手洗い、うがいの習慣は身に付いてきたので、見守りつつ必要な際に援助したが、自ら進んでやろうとする姿が見られるようになった

園の行事

●身体測定
●避難訓練
●クリスマス会
●誕生会

12月

の 月間指導計画 保育園③

ねらい
- 行事に興味を持って参加し、表現することを楽しむ
- 冬の訪れを感じながら自然に触れ、体を動かすことを楽しむ
- 友達と一緒にイメージを膨らませ、ごっこ遊びや見立て遊びを楽しむ

		1週	2週
週のねらい		● 友達と一緒にごっこ遊びや見立て遊びを楽しむ ● 手洗い、うがいなど、身の回りのことを丁寧に行い、健康に過ごす	● 友達とかかわり、自分の気持ちを伝えたり、相手の気持ちに気付いたりする ● 身近な冬の自然事象に興味を持ち、伸び伸びと体を動かして楽しむ
養護（生命の保持・情緒の安定）		● 感染症について知らせ、意識して手洗いやうがいができるようにする ● こまめに換気を行い、室温や湿度を調節する ● 友達とかかわる中で伝えたい気持ちを受け止め、思いや言葉を引き出す	● 話したい気持ちを受け止め、思いや言葉を引き出す ● 一人一人の体調を把握し、健康的に過ごせるようにする
教育（健康・人間関係・環境・言葉・表現）		● 手洗い、うがいが身に付き、進んで行う ● 友達と一緒に遊ぶ楽しさを味わう ● 素材を見立て、遊びを発展させようとする ● 友達と一緒に言葉のやり取りを楽しみながら、ごっこ遊びや見立て遊びをする ● 友達とかかわる中で、自分の思いを表現する	● 氷や霜柱などに気付き、触れ、冬の自然事象の不思議さやおもしろさを知る ● 友達と遊びを共有し、一緒に遊ぶことを楽しむ ● 思いを伝え合いながら遊ぶ ● 遊ぶ中でイメージを共有したり話し合ったりして、思いを形に表現する
■環境構成 ★援助・配慮		■ 手洗い、うがいの仕方を分かりやすいように掲示する ■ ティッシュペーパーは園児が取りやすい位置に置く ■ 保育室の適切な換気や室温、湿度管理を行う ★ 友達と一緒に遊ぶ心地よさを伝えていく ★ 園児の声に耳を傾け、必要な素材を用意し、遊びの発展へとつなげる	■ 冬の図鑑などを用意し、室内でも冬の自然について興味を持てるよう環境を整える ■ 落ち着いて話せる環境を作る ★ 雪や氷などの自然事象を園児たちに知らせ、発見や気付きへとつなげる ★ 話したい気持ちを大切にし、伝えようとしている時にはじっくり聞き対応する。また互いの気持ちを代弁することで、自分の気持ちを伝える大切さや、相手の気持ちに気付けるようにする

配慮すべき事項
- 一人一人の体調確認を行い保育者間で情報を共有する。また、日々の体調の変化に留意する
- 園児のやりたい気持ち、伝えたい気持ちなどに寄り添い、見守り援助する

子育ての支援（保護者支援）
- 体調の変化に留意するよう伝え、年末年始は生活リズムに気を付けて過ごしてもらうようお願いする
- 個人面談では園児の育ちを共有し成長を喜ぶ

健 手洗い、うがいの仕方が身に付き、丁寧に行おうとする姿が見られる
人 友達とのかかわりが増え、誘い合い一緒に遊ぶ
環 室内や戸外で体を十分に動かして遊ぶ
言 ごっこ遊びや見立て遊びで友達と言葉のやり取りを楽しんでいる
表 自分なりのイメージを言葉や素材を使って表現することを楽しむ

3週	4週
●冬の製作を楽しむ ●身の回りのことを自ら進んで行う。また、尿意を覚えたら保育者に伝える	●年末お楽しみ会に参加し、楽しむ ●年末の行事や風習について知り、新年を迎えることを楽しみにする
●自分で行おうとする気持ちを受け止め、満足感を得られるようにする ●トイレで排泄できた経験をくり返し、気持ちよさを感じられるようにする	●行事を楽しみ、参加できるようにする ●年末年始の休みの過ごし方について知らせ、休日を元気に過ごせるようにする
●生活の流れが分かり、自分でできることは自分でしようとする ●友達と身の回りのことをすることを喜ぶ ●のりやクレヨンなどを使った製作を通して、手先や指先を使う遊びを楽しむ ●ほしい素材ややりたいことを言葉で伝える ●作りたい物を自分なりに表現して楽しむ	●厚着になりすぎないようにし、元気に遊ぶ ●異年齢児の発表を見ることを楽しむ ●季節の行事に触れ、日本の文化について知る ●絵本や歌、行事などを通して季節ならではの言葉を知る ●友達と一緒に舞台の上で歌ったり踊ったりして発表することを喜ぶ
■園児のやりたい思いを受け止め、素材を用意する ■着脱の際は丁寧にかかわり、衣服の裏表や前後を知らせる ★一人一人の気持ちを受け止め、尿意を自ら伝えられるよう見守り、トイレでの排泄ができた時には、尿意を伝えられたこと、成功したことをほめ自信へとつなげる ★くり返し励ましながら、トイレで排泄できるよう導く	■年末お楽しみ会では、他クラスの発表を見るなどし、楽しめるようにする。園児たちの様子に応じて見る時間を調整する ■年末や冬ならではの雰囲気を感じられるよう、絵本や飾りを用意する ★みんなの前で発表できる喜びを感じられるようにする。嫌がる園児に対してはそばに付くなどし、無理なく参加できるようにする ★年の瀬のあいさつや文化や風習などを、分かりやすく伝える

教育・保育に対する自己評価

●年末お楽しみ会では、自信が持てない園児には個別にかかわることで、友達と取り組むことができた。寒い中でも戸外遊びを取り入れたことで、氷や霜柱を見つけて冷たさや踏んだ時の音を感じたり、メダカの姿が見えないことに気付いたりなど、冬ならではの発見を楽しんでいた。異年齢児とのかかわりによりごっこ遊びが発展し、イメージを広げていた

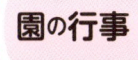
園の行事

●年末お楽しみ会
●アトリエ活動
●個人面談
●絵本給食（絵本おやつ）
●避難訓練
●郷土料理の日
●衛生チェック
●誕生会
●身体測定

12月の月間指導計画 保育園④

ねらい
- 一人でできることが増え、身の回りのことを進んで行おうとする
- 行事や生活を通して、友達と遊ぶ楽しさを知る
- 発表会に参加し、リズムに乗って踊ったり体を動かしたりして表現を楽しむ

		1週	2週
週のねらい		● 手洗い・うがいの大切さが分かり、ハンカチで拭いたり、清潔に保とうとしたりする ● ごっこ遊びなどを集中して遊び込む	● 他児の気持ちに気付いたり信頼関係を深めたりする ● 発表会の練習に楽しみながら取り組む
養護（生命の保持・情緒の安定）		● 手洗い・うがいの仕方や、清潔を保つ大切さを伝える	● 行事食に興味を持ち、自分で進んで食べられるようにする ● 遊びや活動を通して、他児の気持ちに気付き、信頼関係を深められるようにする
教育（健康・人間関係・環境・言葉・表現）		● 手洗い・うがい後はきちんと手を拭いたり鼻をかんだりして、衛生管理の仕方を知る ● 季節の変化に気付き、冬の身近な自然に触れ、感じる ● 好きな遊びやごっこ遊びを通して、くり返しのある言葉のやり取りを楽しむ	● 体調の変化に気付いたら、保育者に知らせる ● 発表会を通して、他児と一緒に一つの目的に向かって行う楽しさを味わう ● 遊びの中で、やり取りに必要な言葉の意味を知り、身に付ける ● 曲に合わせ、楽しみながら自由に身体表現をする
■環境構成 ★援助・配慮		■ 水道周辺を清潔に保ち、スムーズに手が洗えるよう、並んで列を整える ★ ハンカチ、ティッシュ、ガーゼを持っているか確認する ★ 冬の身近な動植物に関心が持てるようにする	■ 午睡の際は、布団を整えたり、衣服の調節をする ★ 行事食や食材について伝え、興味・関心が持てるようにする

配慮すべき事項
- 子どもの様子を見守り、心の動きを感じ取っていく
- 他児と仲よく遊び、共有できるように仲立ちし、他児の気持ちに気付けるよう援助していく

子育ての支援（保護者支援）
- 感染症が流行しやすい時期なので、健康管理に気を付け、感染症予防を心がけてもらう
- 発表会の練習や本番を通して、成長したことを共に喜ぶ

前月末の園児の姿

- 健 排泄のタイミングが分かり、進んでトイレに行く
- 人 進んであいさつを行おうとする
- 環 身近な動植物に触れ、興味を持つ
- 言 自分の思いを言葉で伝える
- 表 イメージを膨らませながら製作を楽しむ

3週	4週
●食具を正しく扱う ●クリスマス会を通して、異年齢や文化の違いに気付く	●保育者に気持ちを受け止めてもらいながら、落ち着いて過ごす
●スプーンの持ち方を知り、正しい姿勢で食事ができるようにする	●保育者が気持ちを受け止めながら、言葉で表現できるようにし、情緒の安定を図っていく ●他児とのごっこ遊びや見立て遊びを通して、遊びを広げていき、一緒に遊ぶ楽しさを味わえるようにする
●クリスマス会を通して、異年齢児とかかわりを持ち、楽しい雰囲気を感じる ●身近にある物の大きさ、数、色、量などの違いに気付く ●製作を通してクリスマス会に期待を持ち、クリスマスのイメージを膨らませる	●経験したことを自分なりに表現し、ごっこ遊びを楽しむ ●経験したことやうれしかったことを相手に言葉で知らせる ●音楽やピアノに合わせ、楽しんで歌い、表現する
■ごっこ遊びや見立て遊びが楽しめるように、様々な遊具を用意する ■クリスマス装飾をし、明るい雰囲気を作っていく ■大きさや色・数などの違いが分かるよう、絵本や紙芝居を用意する ★正しいスプーンの持ち方と正しい姿勢で、座って食事ができるよう援助する	■一人一人が思いを表現できるような場を作る ■他児とのかかわりを深められるよう、様々な遊具を用意する ★保育者の仲立ちの下、園児がイメージを広げ、やってみたい気持ちを引き出せる援助をする

教育・保育に対する自己評価

- ●スプーンの持ち方では、「バンバン持ち」について伝えると、興味を持って「合ってる?」と確認したり、正しい持ち方で食べ進めようとしたりしていた。また、季節の食材に興味を持ち、他児と「おいしいよ」などの言葉のやり取りをしながら食べ進めていた。
- ●発表会の練習では、少しずつ曲に親しみが持てるようになり、興味のあるパートから踊りを覚えていた。また、ピアノの音に合わせて行進やお辞儀ができるようになった

園の行事

- ●避難訓練
- ●誕生会
- ●発表会総練習
- ●発表会
- ●身体測定
- ●クリスマス会

167

12月 の 月間指導計画　こども園（満3歳含む）①

ねらい
- 寒さに負けず、元気に体を動かして遊ぶ
- 友達と一緒に、いろいろなごっこ遊びや行事に参加して楽しむ
- 冬の生活の仕方が分かり、できることを自分から行おうとする

		1週	2週
	週のねらい	●手洗い、うがいをしっかり行い、健康に過ごす ●いろいろな用具を使って、製作を楽しむ ●もちつきを見学し、昔ながらの行事を知る	●寒さに負けず、戸外や室内で体を動かして遊ぶ ●正しい箸の持ち方を知らせる ●季節の移り変わりを知り、冬の自然に興味を持つ
教育的時間	の内容	●クリスマスツリーの飾りつけをする ●もちつきの様子を見学する ●のりやはさみを使って、クリスマスリースを製作する	●マットや巧技台などを使い、体を動かすことで、体が温まることを知る ●ままごとの玩具を使って、遊びの中でも箸の持ち方に取り組む ●雪を見たり、氷に触れたりすることで、冬の自然を知る
	■環境構成 ★援助・配慮	■ツリーの飾りを十分に用意し、自分の飾りたいところに飾れるよう低い位置を空けておく ■もちつきの作業の妨げにならないように注意しながら、なるべく近くでもちつきを見学する ★昔からの季節の行事を分かりやすく知らせる ★用具の使い方を丁寧に伝え、できないところは援助する	■巧技台などで遊ぶ時は、必ず保育教諭がそばにつき、けがのないようにする ■遊びの中でくり返し経験できるよう、ままごとの中でも取り組んでいく ★保育教諭も一緒に体を動かし、様々な動きを取り入れ体を動かす楽しさを感じられるようにする ★雪や氷などについて園児たちに知らせ、新たな発見につなげていく
教育的時間を除いた	時間の内容	●感染予防のための手洗い、うがいをしっかり行う ●友達や保育教諭と一緒に簡単なゲーム遊びをする ●がんばったことやうれしかったことを話す	●登降園時の身支度を自分でしようとする ●絵本の読み聞かせを通して、クリスマスへの期待を膨らませ、楽しみに待つ ●鼻水が出た時は、自分で拭く
	■環境構成 ★援助・配慮	■保育教諭や友達と一緒に楽しめる簡単なルールのある遊びを用意する ■保育室の加湿や適切な室温調節をする ★うれしかった気持ちを受け止め、がんばりが自信につながるようにする ★うがいをしている姿を見守り、うがいの仕方を知らせる	■クリスマスや冬に関する絵本を用意する ■ティッシュペーパーは、園児たちの取りやすいところにおいて置く ★忘れていることはないか、きちんとできているか、身支度を確認する ★鼻の拭き方やティッシュペーパーの後片付けの仕方を伝える
教育・保育に対する	自己評価	●もちつきの見学を喜んでいた。実際に触れたり、食べたりすることはできなかったが、かけ声をかけて応援したことで、雰囲気を間近で感じられたように思う	●巧技台に挑戦し、室内でも体を動かすことができた。事故なく過ごせたのはよかったが、ダイナミックに遊ぶことができなかった

配慮すべき事項

- 体調の変化に気付き、適切な対応ができるよう職員同士で声をかけ合い、情報共有しておく
- 室温、湿度、部屋の換気などを整備する
- 感染症について周知し、園内の感染防止に努める

子育ての支援（保護者支援）

- 年末年始の過ごし方について、生活リズムが乱れないようお願いする
- 寒くなり体調を崩しやすいので、体調の変化に気を付けてもらう
- 年末年始の行事や遊びを紹介し、家庭で触れ合うきっかけ作りをする

前月末の園児の姿

● 友達と遊ぶ中で、自分の気持ちを相手に伝えようとする
● 外気に触れながら、思いきり体を動かして遊ぶ
● ルールが分かり、友達と集団ゲームを楽しんでいる

3週	**4週**
● 友達とのかかわりの中で、自分の気持ちを伝えたり相手の気持ちに気付いたりする ● 身の回りのことを自分でしようとする ● 友達や保育教諭とかかわって遊ぶことを楽しむ	● クリスマス会に参加し、楽しむ ● 年末の行事や風習について知り、新年を迎えることを楽しみにする ● 身の回りをきれいにする心地よさを感じる
● 友達や保育教諭と一緒に、ごっこ遊びや簡単なルールのあるゲーム遊びをする ● 生活の流れが分かり、自分でできることは自分でしようとする ● 折り紙の製作をする	● クリスマス会に参加する ● 部屋を掃除し、清潔にする心地よさを感じる ● 正月の意味や風習について話を聞く
■ ルールを守って遊べるように分かりやすく説明をする ■ 折り紙を折りやすいように、友達と間隔を空けて席につくようにする ★ 自分でしようとしていることを見守り、できた時はしっかりほめる ★ 保育教諭もゲームに参加し、楽しみながらルールを伝えていく	■ 掃除用具を十分に準備しておく ■ クリスマスツリーやBGMでクリスマスの雰囲気が味わえるようにする ★ 「きれいになったね」「ピカピカだね」などと声をかけ、清潔にする心地よさを感じられるようにする ★ 大晦日や正月の風習や休みの過ごし方について知らせ、正月を楽しみに待てるようにする
● クリスマスを連想できるような玩具で友達と一緒に遊ぶ ● 体調の悪い時や痛みがある時には、保育教諭に伝える ● 帰りの会で当番の友達に感謝を伝える	● 午睡のあと、布団を自分でたたむ ● 保育教諭や友達と一緒にブロックで遊ぶ ● 衣服の始末を自分で行う
■ 当番が前に出て発表する場を用意する ■ 室内にもツリーやリースを飾り、クリスマスの雰囲気を盛り上げる ★ 痛みを伝えられずもじもじしている時は、声をかけて思いをくみ取る ★ 保育教諭も一緒に楽しく遊ぶ	■ いろいろな種類のブロックに触れて遊べるよう準備する ■ 布団をたたむ時は、広い場所でできるよう声をかけ、移動させる ★ 衣服の始末は丁寧に伝え、分かりにくい時は、一緒にやってみる ★ ブロックの使い方や遊びを提供する
● クリスマスの雰囲気作りを園児たちと行い、クラスで盛り上がった。クリスマスソングや絵本などをたくさん紹介していきたい	● クリスマス、年末と行事が続き、少しバタバタと慌てて過ごしたように思う。園児たちとのかかわりを丁寧にしていきたい

園の行事

● もちつき
● 身体測定
● 交通安全指導
● 避難訓練
● クリスマス会
● 誕生日会
● なかよしDay（縦割り保育）

169

12月 の 月間指導計画 こども園（満3歳含む）②

ねらい

- 冬の行事に興味を持って参加し、雰囲気を楽しむ
- 大掃除をし、年末や新年を迎えることを感じる
- 保育教諭や友達とイメージを持って遊ぶことを楽しむ
- 冬の訪れを感じながら、身近な自然に親しみを持つ

	1週	2週
週のねらい	●防寒着の着脱を自分でしようとする意欲を持つ ●楽器遊びをする ●絵本や紙芝居を通して季節の変化を感じる	●冬の自然に親しみを持つ ●身の回りをきれいにし、心地よさを味わう ●季節の歌やクリスマス、正月に興味を持つ
教育的時間の内容	●自分で防寒着を着ようとする ●楽器を使い、リズム遊びをする ●冬に関する絵本や紙芝居の読み聞かせを真剣に見る	●雪や氷に触れる ●保育室の片付けや掃除を保育教諭と行う ●「あわてんぼうのサンタクロース」や「お正月」を歌い、季節の行事を楽しみにする
教育的時間を除いた時間の内容	●ままごと遊びを楽しむ ●簡単なゲーム遊びをする	●冬の歌を聴き、クリスマスを心待ちにする ●午睡後、保育教諭と一緒に片付けを行う
■環境構成 ★援助・配慮	■防寒着は手を通すところが分かるように、広げて用意する ■鈴、小太鼓、マラカス、ベルを用意する ■季節に合った絵本や紙芝居を用意する ■箸や小さいスポンジ、皿などをコーナーに置く ★着脱の仕方を知らせ、そでに手を通せるよう援助し、達成感が味わえるように声をかける ★音楽に合わせて楽器ごとに鳴らしたり、ダンスを取り入れたりしながら楽しめるようにする ★園児が冬に興味が持てるよう、絵本などを通して冬ならではの現象や自然の変化を知らせる	■戸外遊びでは屋根からの落雪に注意する ■個人の雑巾を用意する ■冬の歌を用意する ■布団を整え、片付けやすいようにする ★氷や雪の冷たさや感触に気付き、冬の自然について興味が深められるようにする ★一緒に掃除をしながらロッカーの拭き方を知らせ、自分でできるようにする ★冬に興味が持てるよう、クリスマスソングを流したり、ツリーの飾り付けをしたりする ★手伝いへの感謝の気持ちを伝え、ほめる

配慮すべき事項

- 手洗い、うがいを丁寧に行い、換気に配慮し、薄着で過ごすことを心掛け、健康で快適に過ごせるようにする
- 感染症が流行する時期なので、一人一人の体調の変化に留意する

子育ての支援（保護者支援）

- 感染症の情報を伝え、園児の体調を伝え合い、早期発見、治療に協力してもらう
- 生活習慣の自立にあたり、着脱しやすく、厚着になりすぎない服装に配慮してもらう

前月末の園児の姿

- 保育教諭や友達の姿を見て身の回りのことを意欲的にしようとする
- 自分でやりたがり保育教諭が手伝うのを嫌がるが、うまくできず怒ったりする
- 友達とのかかわりが増え、気の合う友達を誘い一緒に遊ぶ
- うまく言葉にできない時もあるが自分の思いを伝えようとしている

3週	4週
● 身の回りに様々な色や形があることに気付く ● 様々な素材を使ってリースを製作する ● 地震の避難の仕方について知る	● クリスマス会に参加する ● はさみやのりを使って、正月の製作を楽しむ ● 体を十分に動かして遊ぶ
● 色や形を見つける ● 紙皿や花紙を使って製作をする ● 地震の避難訓練をする	● 「あわてんぼうのサンタクロース」の歌に合わせて、楽器演奏をする ● 絵馬を製作する ● サーキット活動をする
● 着せ替え遊びを楽しむ ● 手洗い、うがいを丁寧に行う	● 正月を知り、心待ちにする ● 帰りの準備を自分でする
■ 色や形を保育室に貼り、見つけやすくする ■ 紙皿や様々な色の花紙を用意する ■ 事前に避難方法や避難経路を確認する ■ 着せ替え用の人形と洋服を用意する ■ 手洗い、うがいのイラストを掲示する ★ 色や形に興味を持てるようにクイズを行い、様々な色を使って製作できるようにする ★ 頭を守る姿勢が取れるよう声をかける ★ うまく着せ替えができない際はそっと手を添え、自分でできた喜びを味わえるようにする	■ クリスマス会の飾り付けを行う ■ 絵馬の形に切った工作用紙や和柄の折り紙を用意する。イメージしやすいよう見本を見せ、正月を心待ちにして製作できるようにする ■ 平均台やマット、ソフトハードル、大型積み木を用意する ★ 一緒に楽器を鳴らし、楽しんで演奏する ★ 正月はどのようなことをするのか、紙芝居で知らせ、楽しみになるよう声をかける ★ 他の園児の持ち物と間違えないよう確認し、できた時は十分にほめて次の意欲につなげる

教育・保育に対する自己評価

- 身の回りのことを自分でやりたい園児が増えたため、防寒着の着脱の仕方を伝え、一緒にやることで、着脱に自信を持ち、満足感を味わっていた。できない園児には手を添えながら声をかけ、次への意欲につなげた。クリスマス会に向け、楽器演奏やリース製作をしたことで、クリスマス会に積極的に参加し、自信を持ってみんなの前で発表できた

園の行事

- 身体測定
- 誕生会
- 安全教室
- 避難訓練
- クリスマス会

12月の月間指導計画

こども園（満3歳含む）③

ねらい
- 冬の訪れを感じながら、身近な自然に興味を持つ
- 寒さに負けず、元気に体を動かして遊ぶ
- 友達と一緒にごっこ遊びや行事への参加を楽しむ
- 冬の生活の仕方が分かり、できることを進んで行おうとする

		1週	2週
週のねらい		●いろいろな用具を使って製作を楽しむ ●もちつきを見学し、伝統的な行事を知る ●自分で防寒着の着脱をしようとする	●戸外や室内で体を動かして遊ぶ ●季節の移り変わりを知り、冬の自然に興味を持つ ●ままごとを通して箸やスプーンに慣れる
教育的時間の内容		●のりやはさみを使い、クリスマスツリーを製作する ●もちつきの様子を見学する ●ボタンのかけ方、ファスナーの閉め方を覚える	●巧技台などを使い体を動かすことで、体が温まることを知る ●雪を見たり、氷に触れたりすることで、冬の自然事象を知る ●皿や箸、スプーンを使い、ままごと遊びを楽しむ
教育的時間を除いた時間の内容		●友達や保育教諭と一緒に簡単なゲーム遊びを楽しむ ●がんばったことやうれしかったことを話す	●登降園時の身支度を自分でしようとする ●鼻水が出た時は自分で拭く
環境構成★援助・配慮		■もちつきの作業の妨げにならないよう注意しながら、なるべく近くでもちつきを見学する ■保育教諭や友達と一緒に楽しめる、簡単なルールのある遊びを用意する ■ボタンかけやファスナーの開閉が自由にできるよう、玩具を揃えておく ★用具の使い方を丁寧に伝え、できないところは援助する ★うれしかった気持ちを受け止め、がんばりが自信につながるようにする	■巧技台などで遊ぶ時は必ず保育教諭がそばに付き、けがのないようにする ■皿や箸、スプーンの数を揃えておく ★雪や氷などについて園児たちに知らせ、新たな発見につなげていく ★忘れていることはないか、きちんとできているか、身支度を確認する ★鼻水の拭き方や、ティッシュペーパーの後片付けの仕方を伝える

配慮すべき事項
- 室温や湿度、保育室の換気などに留意する
- 体調の変化に気付き、適切な対応ができるよう保育教諭同士で声をかけ合い、情報を共有する

子育ての支援（保護者支援）
- 年末年始の長期休み中の生活リズムに配慮してもらうようお願いする
- 寒くなり体調を崩しやすいので、体調の変化に気を付けてもらう

- 伸び伸びと体を動かし、踊ることを楽しむ
- 様々な楽器に触れ、楽器に興味を持つ
- スプーンを3点持ちして食べる。箸に興味を持つがうまく使えずにいる
- 簡単なルールのある遊びを理解して友達と遊ぶ

3週	4週
● 身の回りのことを自分でしようとする ● 地震の際の避難や身の守り方を知る ● 友達に自分の気持ちを伝えたり、相手の気持ちに気付いたりする	● クリスマス会に参加して楽しむ ● 年末の行事について知り、新年を迎えることを楽しみにする ● 友達や保育教諭とのかかわりを楽しむ
● 生活の流れが分かり、自分でできることは自分でしようとする ● 地震の避難訓練をする ● 遊びの中で自分の思いを伝えたり、相手の気持ちに気付いたりし、仲よく遊ぼうとする	● クリスマス会に参加する ● 保育室の掃除をし、清潔にする心地よさを感じる ● 友達や保育教諭と一緒に、簡単なルールのある遊びを楽しむ
● 体調の悪い時や痛みがある時には、保育教諭に伝える ● 曲に合わせて楽器を鳴らして楽しむ	● 保育教諭や友達と一緒に、ブロック遊びを楽しむ ● 年末年始の行事について知り、楽しみに待つ
■ 事前に地震の際の避難方法や、誘導経路などを確認しておく ■ 園児同士がかかわって遊べる環境を作る ★ 自分でしようとしていることを見守り、できた時はしっかりとほめる ★ 痛みや体の不調がうまく伝えられず泣いている時は、声をかけて思いをくみ取る ★ 一緒に楽器を鳴らして打つタイミングを伝え、曲に合わせて楽しめるようにする	■ クリスマスツリーやBGMで、クリスマスの雰囲気が味わえるようにする ■ 絞った雑巾を用意して、手が届く所をみんなで掃除できるようにする ■ 順番やルールを守って遊べるよう、分かりやすく説明する ★ ブロックの使い方や遊びを伝える ★ 年末年始の過ごし方を知らせ、楽しく過ごせるようにする

教育・保育に対する自己評価

- 箸に興味を持つ園児が増えてきたので、遊びの中で経験できるよう環境を整えた。食事でも使いたがったため、気持ちを受け止めながら対応したことで、楽しんで食事をすることができた。クリスマスツリーの製作では用具の使い方に慣れ、行事にも楽しんで参加し、自分の製作物について他の園児たちの前で話すことができるようになった

園の行事

- 地震避難訓練
- 身体測定
- 誕生会
- クリスマス会

12月の月間指導計画

こども園（満3歳含む）④

	ねらい
	●発表会への期待を持ち、友達と一緒に楽しみながら参加する
	●クリスマスなど、年末の行事を楽しむ
	●寒さに負けずに戸外へ出て、全身を使って体を動かし、元気に遊ぶ
	●遊びを通して、保育教諭や友達とのかかわりを楽しむ

	1週	2週
週のねらい	●楽しんで発表会に参加する ●防寒着の着脱を自分でしようとする ●音楽に親しみを持つ ●絵本や紙芝居を通して、季節の変化を感じる	●様々な素材に触れ、感触を楽しみながら遊ぶ ●冬の自然に親しみを持つ ●クリスマスの歌や正月に興味を持つ
教育的時間の内容	●自信を持ってステージ上で表現する ●防寒着のボタンやファスナーの開閉を自分でしようとする ●楽器を使い、冬の歌を歌ったり演奏したりする ●冬に関する絵本や紙芝居を見る	●発表会で使用しなかった段ボールやペーパーを使い、自由に遊ぶ ●室内外で、雪や氷に触れたり溶かしたりする ●「ジングルベル」や「お正月」を歌い、季節の行事を楽しみにする
教育的時間を除いた時間の内容	●発表会を振り返る ●保育教諭や友達と、簡単なゲーム遊びをする	●冬の歌を聴き、クリスマスを心待ちにする ●手洗い・うがいを丁寧に行う
■環境構成 ★援助・配慮	■発表会当日に好きな玩具を用意し、リラックスできる雰囲気を作る ■鈴、タンバリン、マラカスを用意する ■冬に関する絵本や紙芝居を絵本棚に用意する ■一人一人に発表会の感想を聞く時間を作る ★できないと甘える気持ちを受け止めながら、自分で取り組めるように援助する ★音楽に合わせて楽器ごとに鳴らしたり、音の大きさを変えたりしながら楽しめるようにする ★園児が冬に興味を持てるよう、絵本などを通して冬ならではの現象や自然の変化を知らせる	■段ボールやペーパー、クレヨン、シールなどを準備する ■冬の歌を用意する ■雪を入れるたらいやバケツ、遊びに使うカップやスプーン、絵の具を用意する ■戸外で遊ぶ際は、安全マニュアルで落雪注意箇所を事前に確認しておく ★氷や雪の冷たさへの興味や気付きが深められるようにする ★冬に興味が持てるよう、クリスマスソングを流したり、ツリーの飾り付けを見たりする ★保育教諭が付き添いながら、再度手洗い・うがいの仕方の確認をする

配慮すべき事項

●寒い時期ではあるが、室温や湿度に気を配り、定期的に換気をして健康に過ごせるようにする
●一人一人の体調の変化に留意し、適切に対応できるよう、保育教諭間で情報共有する

子育ての支援（保護者支援）

●園内での感染症情報を伝え、園児の体調を伝え合い、早期発見、治癒に協力してもらう
●必要以上に厚着にならないよう、着脱しやすい服装に配慮してもらう
●年末年始に生活リズムが乱れないようお願いする

- 恥ずかしさを感じながらも、発表会の歌や踊りの練習に意欲的に取り組む
- 描画や粘土など、自由な感性で遊ぶ
- 友達とのかかわりが増え、気の合う友達を誘い、一緒に遊ぶ
- 友達と遊ぶ中でうまく言葉にできない時もあるが、自分の気持ちを相手に伝えようとしている

3週	4週
● クリスマスリースを製作する ● 地震の避難の仕方について知る ● 共通の遊びを楽しみながら、友達とかかわって遊ぶ	● クリスマス会に楽しんで参加する ● 体を十分に動かして遊ぶ ● 身の回りをきれいにし、心地よさを味わう
● シールや綿を貼り、クリスマスリース製作をする ● 地震発生時の避難訓練をする ● 自分の気持ちを大切にしながら、相手の気持ちにも気付いたり、仲よく遊ぼうとしたりする	● 「ジングルベル」の歌に合わせ、サンタと一緒に手をつないで踊る ● サーキット活動をする ● 保育教諭と一緒に、保育室の玩具の拭き掃除や片付けをする
● 着せ替え遊びを楽しむ ● 正しく食具を持ち、友達との食事を楽しむ	● 正月の意味を知り、心待ちにする ● 帰りの準備を自分でする ● 保育教諭と一緒に、玩具を片付ける
■ クリスマスリース製作用の土台を準備する ■ シールや綿、毛糸、テープ、のりなどを用意する ■ 事前に、避難方法や避難経路を確認する ★ 遊びの提案などでトラブルになった際、仲立ちし言葉で伝えるようにする ★ 頭を守る姿勢が取れるよう、声をかける ★ うまく着せ替えができない時は、一緒に遊びに入ってさり気なく手伝い、自分でできた喜びを味わえるようにする	■ クリスマス会の会場と保育室内に飾り付けをする ■ 個人の雑巾を用意する ■ 巧技台やマット、滑り台、大型積み木を用意する ★ 一緒に輪の中に入り、楽しんで踊る ★ 正月はどのようなことをするのかを絵本や紙芝居で簡単に伝え、楽しみになるような雰囲気を作る ★ 玩具の拭き掃除や片付けることへの感謝の気持ちを伝え、十分にほめる

教育・保育に対する自己評価

- 恥ずかしさを感じながらも、全員が笑顔で楽しんで発表会に参加することができた
- 衣類の着脱は、自分でやろうとする姿も増えてきたが、難しくて助けを求めることもあるので、やり方を知らせながら見守っていきたい
- 素材を自由に使うことで、一人一人が好きなように伸び伸びと表現していた。足りない道具や素材の要求に応じられないこともあったので、次はもっと道具を準備して実施したい

園の行事

- 身体測定
- 避難訓練
- 誕生会
- 発表会
- クリスマス会

1月の月間指導計画 保育園①

ねらい
- 自分でやりたいという気持ちを育み、身辺自立の達成感を味わう
- 寒くても戸外で体を動かすことを楽しむ
- 園生活での「遊ぶ、食べる、寝る」のリズムが身に付く

		1週	2週
週のねらい		●園生活のリズムを取り戻しながらゆったりと過ごす ●排尿の感覚を確かめながらトイレトレーニングをする	●手洗い、うがいの仕方を知る ●友達と里山まで歩き、体を動かして遊ぶ
養護（生命の保持・情緒の安定）		●個別にスキンシップをして情緒の安定を図る ●2時間を目安にして、排尿を促す	●手を洗う時は、腕まくりをするとそで口が濡れないことを個別に知らせる ●排泄を済ませてから戸外へ行くことができるよう促す
教育（健康・人間関係・環境・言葉・表現）		●戸外で思う存分体を動かして、冬の遊びを楽しむ ●友達との言葉のやり取りを楽しむ ●ビニール袋を使って簡単なたこを作り、自分で飛ばして遊ぶ	●友達と一緒に手をつないで歩く ●冬の寒さに負けず、体を動かすことを楽しむ ●絵本に興味を示して、集中して見ることができる
★援助・配慮 ■環境構成		■自らたこを作ってみたいと思えるように、見本を展示しておく ■タイミングを見計らってトイレトレーニングを行う ★休み明けの不安な気持ちを受け止め、安心して過ごせるようにする ★お腹が空く感覚を覚え、食べたあとの満ち足りた気持ちを感じられるように援助する	■里山に着いたら、危険な場所を事前に説明しておく ■室内でのごっこ遊びや粘土遊びなどの環境を整える ★里山に行く前に、個別に排尿の間隔を確かめて援助する ★戸外から帰ったら、自ら手洗い、うがいができるように援助する
自己評価（教育・保育に対する）		●休み明けだったので、保護者と離れるのに時間がかかる園児がいたが、個別に寄り添い対応したので気持ちを切り替えることができた	●個々に排泄の間隔を随時確認したことで、尿意が自分で分かるようになり、排尿したことを伝えられるようになった

配慮すべき事項
- 休み明けで生活リズムが乱れていることに考慮し、個別に対応する
- 感染症に留意しながら、健康で快適に過ごせるように、消毒や換気を行う

子育ての支援（保護者支援）
- 家庭と連携をとり、生活リズムを整えて過ごせるようにする
- 手洗い、うがいをしっかりと行い、体調管理の大切さを伝える

前月末の園児の姿

- 健 リズムに合わせて体を動かす
- 人 友達と一緒に遊ぶことを楽しむ
- 環 寒くても、戸外で遊ぶことに関心を持つ
- 言 自分の思いを言葉で伝えることができる
- 表 手や紙が汚れることを気にせずに思いきり表現する

年間計画 / 4月 / 5月 / 6月 / 7月 / 8月 / 9月 / 10月 / 11月 / 12月 / 1月 / 2月 / 3月

3週	4週
● 衣服の着脱を自分からやろうとする ● 冬の自然に興味を持ち、戸外で楽しく遊ぶ	● スプーンを持って自分で食べる ● 自分の気持ちを言葉や絵画で表現できる
● 着替えは、簡単な「脱ぐ」ことから自分でやってみて、次に自分で着てみるよう援助する	● 積極的に食事を楽しめるよう、声をかける ● 自己主張が強くて友達とトラブルになる時には、相手の気持ちを代弁して伝える
● 戸外の自然物に興味を示して、落ち葉を拾ったり、飛ばしたりして、五感で楽しむ ● 友達とごっこ遊びで言葉のやり取りを楽しむ ● 粘土で手先を使って集中して遊ぶ	● 友達と一緒に散歩に出かけて、冬の自然に触れる ● 歌ったり、踊ったりして、体を動かすことを楽しむ ● 好きな色を自分で選び、楽しく表現する
■ 落ち葉が沢山ある場所を下見しておく ■ いつでも粘土遊びができるよう、コーナーを作る ★ 自然物で遊んでいる時の子どものつぶやきに共感する ★ 粘土遊びのあとは、丁寧に手洗いができるように援助する ★ 友達と一緒にわらべ歌遊びを楽しめるようにする	■ 自らかきたい気持ちになった時に自由に表現できるよう、絵の具などを準備しておく ■ 手洗い、うがいを自らできるよう、目視できるイラストを掲示しておく ★ 苦手な食べ物は少量にして、自ら食べてみようと思えるように援助する ★ スプーンは、上から握って食べられるようになったら、下から握れるように援助する
● 里山の散歩ができたことで、落ち葉を拾ったり、両手でつかんで舞い上げたりして、何度もくり返して冬の自然を楽しむことができた	● 個々に応じてスプーンの持ち方を伝えることで、下から握る持ち方に慣れ、意欲的に食べている。自分から食べようとする意欲を持てるように声かけをしていきたい

園の行事

- 誕生会
- 身体測定
- 避難訓練
- お話わらべ歌

1月の月間指導計画 保育園②

ねらい
- 一人一人の体調や生活リズムに留意し、健康に過ごせるようにする
- 自分の思いを伝えたり、友達の思いを知ったりしながらかかわりを深め、一緒に過ごす楽しさを感じる

	1週	2週
週のねらい	●生活リズムを整えながら心地よく過ごす ●友達や保育者と正月遊びを楽しむ	●生活の見通しを持ち、身の回りの簡単なことや片付けなどの習慣が身に付くようにする ●友達とかかわって遊ぶことを楽しむ
養護（生命の保持・情緒の安定）	●正月休み明けは体調の変化に留意し、ゆったりと過ごす ●伝承遊びに触れ、楽しめるようにする	●手洗い、うがいや換気を行い、感染症を予防する ●友達とのかかわりを見守り、必要に応じて援助をする
教育（健康・人間関係・環境・言葉・表現）	●正月について興味を持ったり知ろうとしたりする ●鼻水が出たら自分で拭いたりかんだりする ●友達と一緒に伝承遊びやごっこ遊びを楽しむ	●「一緒に遊ぼう」などのやり取りをしながら、友達と同じ遊びや場を共有して遊ぶことを楽しむ ●冬ならではの現象に気付き、驚いたり知ろうとしたりする ●遊びの中で「大きい、小さい」「多い、少ない」など興味を持つ
■環境構成 ★援助・配慮	■正月遊びではルールや順番を守れるよう、園児と一緒に考えながら楽しく遊べるようにする ■正月の思い出を言葉で伝え、友達や保育者と会話を楽しめるようにする ★遊びによって、園児と話をしながら簡単なルールを作り、ルールを守って遊ぶ楽しさを味わえるようにする ★絵日記などを通して正月の思い出を話し、言葉で相手に伝えることの楽しさを味わえるようにする	■ゆっくりと落ち着いた雰囲気の中で友達とかかわれるよう環境を整える ■トイレットペーパーの使い方や拭き方を伝え、排泄後に自分で始末できるようにする ★会話を楽しみながら保育者も一緒に遊ぶことで、より遊びが展開するようにする ★一人でしようとする姿を見守り、必要な時は援助する

配慮すべき事項
- 正月休みの家庭での様子を聞き、園児の体調を把握しながら、生活リズムを整えていけるようにする
- 換気や湿度の調節に気を付け、環境を整える

子育ての支援（保護者支援）
- 家庭でも生活リズムを整えて過ごせるよう伝えていく
- 手洗い、うがいや体調管理の大切さを伝えていく

前月末の園児の姿

- 健 気温が低い日も、元気よく戸外遊びを楽しんでいる
- 人 簡単なルールを理解し、集団遊びを楽しんでいる
- 環 年末年始の話を聞いたり飾りを見て雰囲気を感じたりと、季節の行事に関心を持つ
- 言 経験したことを友達や保育者に伝え、やり取りを楽しんでいる
- 表 友達や保育者と一緒に音楽に合わせて体を動かし、表現することに喜びを感じている

3週	4週
●冬の自然物に触れ、戸外活動を楽しむ ●集団遊びを通して友達とのかかわりを楽しむ	●自分の思いなどを話し、伝わる喜びを味わいながらやり取りを楽しむ ●友達と一緒にルールを守り、共通の遊びを楽しむ
●戸外遊びを楽しみながら健康に過ごせるようにする ●食事のマナーを身に付け、意欲的に食べられるようにする	●湿度や温度の管理を適切に行い、定期的に換気をしながら快適な環境を保つ ●生活や遊びの中で言葉に親しみ、友達や保育者との会話を楽しめるようにする
●年齢に合った簡単なルールのある遊びをする ●衣服のたたみ方を知り、自分で着脱しようとする ●戸外遊びの後は手洗い、うがいを丁寧に行う ●戸外で氷や霜柱に触れ、冬の自然に親しむ	●戸外で体を動かして遊ぶことを楽しむ ●集団でルールのある遊びを楽しむ ●様々な友達と一緒に活動することを楽しむ
■ボールなど、遊びに必要な物を準備し、園児の動きを把握する ■バケツに水を入れて氷のできる環境を準備し、冬ならではの遊びを楽しめるようにする ★保育者も一緒に体を動かし、楽しい雰囲気の中で存分に遊べるようにする ★天気予報などで気温を確認し、園児と楽しみながら準備をする	■体を十分に動かせる遊びを考えておく ■言葉が増えていく中で、友達とのトラブルの解決策を保育者と共に身に付けられるようにする ★保育者が手本となり、気温が低い中でも体を動かして遊ぶことの楽しさを示す ★友達とかかわる中で、自分の思いだけでなく相手の気持ちにも気付けるよう援助する

年間計画　4月　5月　6月　7月　8月　9月　10月　11月　12月　1月　2月　3月

教育・保育に対する自己評価

- ●正月休み明けは一人一人の様子に合わせてかかわることで、安心して過ごすことができた。様々な正月遊びを用意し、一緒に楽しむことで、友達とのかかわりが広がり、季節に合った遊びを楽しむことができた

園の行事

- ●身体測定
- ●避難訓練
- ●誕生会

1月 の 月間指導計画 保育園③

ねらい
- 一人一人の体調や生活リズムを整え、健康に過ごす
- 冬の自然事象、遊び、行事に興味や関心を持って遊ぶ
- 自分の思いを伝えたり相手の思いに気付いたりしながらかかわりを深め、遊びを共有する楽しさを味わう

		1週	2週
週のねらい		●生活リズムを整えながら、ゆったりと過ごす ●正月に経験したことなどを話し、言葉のやり取りなどを楽しむ	●友達や保育者と正月遊びを楽しむ ●尿意や便意が分かり、自らトイレに行き、排泄しようとする
養護（生命の保持・情緒の安定）		●一人一人とスキンシップを図り、情緒の安定を図る ●自分の気持ちや出来事などを安心して表すことができるようにする	●園児の排尿間隔を把握し、排泄を促す ●伝承遊びに触れ、楽しめるようにする
教育（健康・人間関係・環境・言葉・表現）		●鼻水を自分で拭いたりかんだりする ●友達や保育者に思いが伝わる喜びを感じる ●冬の自然に触れ、体を動かすことを喜ぶ ●自分なりの言葉で伝えようとする ●様々な素材を使い、正月の手作り玩具を作る	●衣服の調節をしながら、体を動かすことを楽しむ ●友達とやり取りを楽しみながら遊ぶ ●日本の伝統料理や伝承遊びを知る ●友達と一緒に正月遊び（伝承遊び）を楽しむ ●自分の思いを言葉で伝える
■環境構成 ★援助・配慮		■自ら作ってみたいと思えるよう、見本を示す ■落ち着いた雰囲気の中、休日中の出来事を話せる発表の場を設ける ★休み明け、不安な気持ちを受け止め、安心して過ごせるようにする ★正月に体験したことを話しやすいようにゆっくりと聞き、園児たちの言葉を引き出す	■伝承遊びの玩具や遊具を用意し、経験できるようにする ■トイレットペーパーを使用する長さが目で見て分かるよう掲示する ★トイレットペーパーの使い方を伝え、排泄後に自分で後始末できるようにする ★保育者も一緒に遊ぶことで、遊びの展開やかかわりに結びつくようにする ★友達とのかかわりを見守り、必要に応じて援助を行う

配慮すべき事項
- 休み明けで生活リズムが乱れていることを考慮し、休日中の家庭での様子を把握し、生活リズムを整えていく
- 室温や湿度に気を付け、定期的に換気する

子育ての支援（保護者支援）
- 家庭との連携を密に取り、生活リズムを整えて過ごせるよう伝える
- 感染症予防や体調管理の大切さを伝える
- 保護者会で一年間の成長や進級について伝える

健 鼻のかみ方を知り、鼻水の後始末ができるようになる
人 友達とかかわり合い、一緒に遊ぶことを楽しむ
環 寒くても戸外に出ることを喜び、冬ならではの発見を喜ぶ
言 自分の思いや遊びの提案など、言葉のやり取りが盛んになる
表 音楽やリズムに合わせて体を動かし、表現することを楽しむ

3週	4週
●生活の見通しを持ち、身の回りの簡単なことや片付けなどの習慣が身に付く ●冬の自然物に触れ、興味・関心を広げる	●友達や保育者と一緒にルールのある遊びを楽しむ ●形の変わる素材を使ってイメージを広げ、友達とイメージを共有して遊ぶ
●衣服の調節や身の回りのことを行いながら、清潔に過ごせるようにする ●発見を喜び、共感することで情緒の安定を図る	●汗をかいたら着替えるなど、衣服の調節を行いながら、休息と活動のバランスを取り清潔にする ●簡単なルールを守りながら、友達との遊びを楽しめるようにする
●衣服のたたみ方やしまい方を知り、自分で行おうとする ●発見を喜び、友達と共有する ●冬ならではの自然事象に気付き、驚く ●言葉で誘い合いながら遊びを共有する ●外気の冷たさや自然物に触れ、発見を言葉にしたり、動きで知らせたりする	●ルールを守りながら体を動かすことを楽しむ ●共通の遊びを通してかかわりを深める ●様々な素材に触れ、形が変わるおもしろさや不思議さを感じる ●思いを言葉にして共有し、かかわりを広げる ●イメージを豊かにし、製作や遊びを広げる
■衣服の着脱やジャンパーの着方などを分かりやすく伝える ■体調や外気に留意しながら、無理なく体を動かせるようにする ★必要に応じて手洗い、うがいをしっかりとできるよう導く ★園児のつぶやきに耳を傾け、共感する	■園児の興味や動きに合わせ、素材を増やしたり配置を変更したりする ■いつでも自由に製作できるよう、素材を準備する ★友達とかかわる中で、自分の思いだけでなく、相手の気持ちにも気付けるよう援助する ★声をかけながら、園児のイメージに合わせて保育者も一緒に楽しみ、共感する

年間計画

4月
5月
6月
7月
8月
9月
10月
11月
12月

1月

2月
3月

教育・保育に対する自己評価

●休み明けに情緒が不安定な子に対しては、個別のかかわりを大切にし、生活リズムを取り戻していけるよう導いた。新年お楽しみ会への参加や正月遊びの玩具作りを通して日本の文化に触れ、楽しく遊べた。戸外では、ビオトープに張った氷や霜柱に興味を持ち、見つけた物を保育者や友達に自分なりの言葉で知らせ、かかわりを持って遊ぶ姿が見られた

園の行事

●新年お楽しみ会
●アトリエ活動
●保育参観型保護者会
●避難訓練
●絵本給食（絵本おやつ）
●郷土料理の日
●衛生チェック
●誕生会
●身体測定

1月の月間指導計画 保育園④

ねらい
- 新しい年を迎え、あいさつを知り、季節の製作や正月遊びを楽しむ
- ごっこ遊びを通し、買い物の仕方や店の種類を知り、楽しむ
- 身の回りのことを進んで行う

	1週	2週
週のねらい	●正月の料理や伝統行事について興味を持ち、関心を深めていく ●話を聞く大切さを理解し、話を聞く姿勢を身に付ける	●休み明けの生活リズムを整え、落ち着いて生活をする ●お店やさんごっこを通じて異年齢児交流をする
養護（生命の保持・情緒の安定）	●正月の料理や七草がゆなどの行事食に興味を持ち、食べられるようにする ●簡単な当番活動を行い、感謝したりされたりすることを喜べるようにする	●生活リズムを整え、清潔に過ごすことの心地よさを感じられるようにする ●同じ出来事を共有する楽しさを感じられるようにする
教育（環境・健康・人間関係・言葉・表現）	●外で十分に体を動かし、楽しみながら遊ぶ ●話を聞く大切さを理解し、話している人の方を見て聞く ●年始のあいさつなどを知り、積極的にあいさつをする ●簡単な伝承遊びや正月遊びに興味を持つ	●お店やさんごっこを通し、友達とのかかわりを楽しむ ●物を集めたり並べたりしながら数に興味を持つ ●ごっこ遊びを通し、買い物に必要な言葉のやり取りを知る
■環境構成 ★援助・配慮	■伝承遊びに興味を持って楽しめるようこまや凧を用意し、安全に楽しめるよう広いスペースを確保する ★七草がゆやおせち料理などの正月料理を味わえるよう声をかける ★行事を通して友達とのかかわり方を伝えていく	■落ち着いてゆったりとした雰囲気の中で過ごせるよう、環境を整える ★休み明けの不安定な気持ちを受け止め、園の生活リズムを取り戻せるよう導く ★行事を通して友達とのかかわり方を伝えていく

配慮すべき事項
- 季節性の感染症などが流行する季節であるため、手洗いや消毒などをこまめに行うよう配慮する

子育ての支援（保護者支援）
- 手洗い、うがい、衣服調節の大切さを伝え、健康管理に努めてもらう
- 生活リズムを取り戻せるよう、早寝早起きをお願いする

前月末の園児の姿

- 健 進んで手洗い、うがいを行おうとする
- 人 仲のいい友達とのやり取りを楽しむ
- 環 身の回りの物の置き場が分かる
- 言 適切な言葉を選び、自分の思いを伝える
- 表 集中してごっこ遊びを行う

年間計画

3週	4週
●約束事を確認し安全に過ごす ●様々な用具を使い、表現遊びを楽しむ	●避難訓練に参加し、災害時の行動について知る ●衣服の前後、裏表、靴の左右が分かり、自分で着脱しようとする
●落ち着いた環境の中で入眠し、十分な休息を取れるようにする ●安全に遊べるよう、遊具の正しい使い方をくり返し伝える	●園児が言葉で伝えようとする思いを受け止め、伝わる喜びを感じられるようにする ●避難訓練を通して、火や火災について伝える
●約束やルールを守る大切さを知り、落ち着いて過ごす ●順番を待ったり、交代したりすることを日々の生活の中で学ぶ ●お気に入りの絵本を見つけ、イメージしながら楽しむ ●様々な用具や遊具を使い、表現遊びを楽しむ	●衣服の前後や裏表、靴の左右を理解し、できることは自分で行いながら正しく着用する ●身近な動植物や冬の自然に関心を持ち、遊びに取り入れる ●様々な技法の表現を楽しみ、活動をする
■相手の話に集中できるよう落ち着いた環境を整える ★約束事があることの意味を理解できるよう伝えていく ★正しい並び方を分かりやすく伝える ★絵の具や筆、ブラシなどによって、技法の表現の仕方の違いを知らせる	■災害や火の恐ろしさを知らせ、安全に避難できるよう、非常口周辺を確認しておく ★衣服の着脱の際は見守り、必要な手助けを行いながら前後左右を確認する ★身近な遊具の使い方を伝えていく

教育・保育に対する自己評価

- 年明けは様々な行事があり、はじめは慣れない雰囲気に少し不安な様子の園児も見られた。楽しく参加できるよう声をかけたり、遊びの中に少しずつ取り入れたりしたことで、保育者や友達と楽しみながら参加することができた

園の行事
- 避難訓練
- 誕生会
- 身体測定
- お店やさんごっこ

4月 5月 6月 7月 8月 9月 10月 11月 12月 1月 2月 3月

の月間指導計画 こども園（満3歳含む）①

- 生活リズムを整えながら、安心して過ごす
- 戸外に出てしっかり体を動かして遊び、元気に過ごす
- 冬ならではの自然に触れたり、正月の伝統遊びを楽しむ

		1週	2週
週のねらい		●生活リズムを整え、元気に過ごす ●正月遊びを通して、友達とかかわって遊ぶ ●体を動かして遊ぶことを楽しむ	●衣服の着脱や排泄を自ら進んで行おうとする ●冬の外気に触れ、冬の自然に興味を持つ ●こまを作って遊ぶことを楽しむ
教育的時間	の内容	●伸び伸びと遊んだり、休息を取ったりしながら生活リズムを無理なく整える ●たこあげや福笑いなどに興味を持ち、遊ぶことを楽しむ ●フープ遊びやサーキットで体を動かす	●自分で模様をかいてこまを作り、遊ぶ ●戸外に出て外気を体感し、冬の自然について興味を持って感じたことを話す ●自分のこまを作り、回して遊ぶ
	■環境構成 ★援助・配慮	■ゆったり過ごせるよう生活のリズムや環境を整える ■たこあげが楽しめるように広い場所で活動したり、伝承遊びの玩具を準備したりする ★一人一人の様子を見ながら園での生活リズムを整えていく ★園庭での広い範囲での活動は、安全に配慮して保育教諭を配置する	■園児の体調や外気温に留意しながら、無理なく体を動かせるようにする ■使いやすい材料を準備し、自由に模様がかけるようにする ★保育教諭も一緒に戸外で体を動かし、楽しさを共有できるようにする ★模様をかき出せず考えている子には、声かけしたり手を添えたりして不安な気持ちに寄り添う
教育的時間を除いた時間の内容		●異年齢の友達と正月遊びを楽しむ ●一人で眠り、気持ちよく目覚める ●休み明けの不安な気持ちを受け止めてもらい、安心して過ごす	●尿意を伝え、自分からトイレに行こうとする ●衣服の着脱を自分でしようとする ●冬の自然について、年齢にあった絵本の読み聞かせや紙芝居を楽しむ
	■環境構成 ★援助・配慮	■室内の温度調節をし、音楽を流して心地よく眠れるようにする ■異年齢の友達とゆったりとかかわれるよう、グループを作って活動する ★体を動かして遊んだあとは、休息を取る ★家庭での生活リズムを聞き、無理なく過ごせるようにする	■トイレットペーパーの使い方や拭き方を伝え、一人でできるように促していく ■冬の自然について年齢にあった絵本や紙芝居を用意する ★衣服のボタンを自分でかけようとする意欲が持てるよう、必要な援助をしつつ見守る ★園児たちが気付いた自然の変化を取り上げ、クラスで共有する
自己評価 教育・保育に対する		●正月遊びを紹介するとほとんどの子が興味を示して楽しむ姿があった。休み明けでゆったりと過ごせるよう計画を立てたので、無理なく進めることができた	●こまの回し方は、何度かやっていくうちに身に付いてきた。うまく回ると満足そうに伝えに来る子がいた。自信につながるよう認めていきたい

配慮すべき事項

- 家庭と連携して園児の体調を把握し、生活リズムを整える
- 気温や体調に留意しながら、外気に触れてしっかり体を動かすようにする
- 換気や室温の調節を行い、環境を整える

子育ての支援 （保護者支援）

- 年末年始の休み中の家庭での様子を聞く
- 冬の感染症についておたよりなどで知らせ、体調管理に配慮してもらう
- 生活リズムを整え、規則正しく生活できるよう声をかける

前月末の園児の姿
- 友達や保育教諭とかかわりを持って遊ぶことを楽しむ
- 友達とのかかわりの中で、自分の気持ちを言葉で伝えようとする
- 季節の移り変わりを感じ、冬の自然に興味を持つ

3週	4週
● 食事の準備や片付けを進んで行う ● 劇遊びやごっこ遊びの中で役になりきって会話するなど、遊びの流れを楽しむ ● 鬼の面を作り、節分を楽しみに待つ	● 冬にかかりやすい病気を知り、手洗いやうがいをしようとする ● 楽器に触れ、音を出すことを楽しむ ● 友達や保育教諭と体を動かして遊ぶ
● 食器の持ち方や運び方を知り、きまりを守って食事の後片付けを行おうとする ● 友達とやり取りを楽しみながら遊びを広げ、劇遊びやごっこ遊びをする ● 好きな色の毛糸を使って、鬼の頭、面を作る	● 正しい手の洗い方やうがいの仕方を知り、やってみようとする ● 楽器の正しい持ち方や使い方を知る ● いろいろな鬼ごっこをする
■ 食器を片付ける場所を写真などで分かりやすく知らせる ■ 鬼の面を見せたり、見本を作ったりして、製作がより楽しみになるようにする ★ 準備や片付けを進んでしようとする姿を見守り、場合によって援助する ★ 鬼の製作はいろいろな色の毛糸の中から選べるようにし、毛糸の感触も楽しめるようにする	■ 手洗い場の足元が水で濡れていないか確認し、転倒に気を付ける ■ 戸外や遊戯室など、広い場所で鬼ごっこをする ★ 手洗いを適当に終わらせることがないよう見守る ★ 鬼になることを嫌がり動こうとしない子は、保育教諭と一緒に参加し、楽しさが味わえるようにする
● 給食を取りに行き、自分の席に正しく配膳して食べる ● 雪や氷に触れながら、戸外で好きな遊びを楽しむ ● 絵本の読み聞かせを喜んで聞く	● 曲に合わせて手拍子やリズム打ちを楽しむ ● 休息を取りながら、体調を整えて健康に過ごす ● 自由に描画したり、絵本を見たりして友達と楽しく過ごす
■ 配膳の絵をかいて掲示し、それを見ながら正しく配膳できるようにする ■ 絵本の読み聞かせは園児が興味のある本を選び、見えやすい位置に座ってから始める ★ 給食を持ち歩く時は、混雑や危険がないよう動線をきちんと示しておく ★ 雪や氷に触れる時は、体調を見ながら積極的に戸外遊びを進める	■ クレヨンや油性ペン、色鉛筆は十分に用意する ■ 園児たちがやりたいという気持ちを受け止め、いつでも楽器に触れられるよう部屋に準備しておく ★ かいて見せに来た物をほめて認め、自信につなげていく ★ 体調を崩しやすい時期なので、一人一人の様子をしっかり把握しておく
● 鬼の絵本を見て怖がる子もいたが、自分の鬼の面を作ることで親しみが持てたようだった。雰囲気作りをしながら節分を楽しみに待てるようにしたい	● 楽器を部屋に出すと、興味を示して触りたがる子がたくさんいた。扱い方が分からず乱暴に使ってしまう子もいたので、楽器の出し方を工夫するべきだった

園の行事
- 体力作り
- 誕生日会
- なかよしDay (縦割り保育)
- 交通安全指導
- 避難訓練
- 身体測定

185

1月

ねらい

- 伝承遊びに興味を持って遊ぶ
- 冬の自然に興味・関心を持ち、見たり触れたりして楽しむ
- 生活リズムを整え、健康的に過ごす
- 簡単な集団遊びを通して、友達とのかかわりを深める

	1週	2週
週のねらい	●休み中に体験したことを伝え、思いを共有する ●保育教諭や友達と一緒に伝承遊びを楽しむ ●もちつき会に喜んで参加する	●気温に合わせて衣服を調節し、戸外で元気に体を動かして遊ぶ ●指先を使った製作を楽しむ ●給食をたくさん食べ、元気に過ごす
教育的時間の内容	●休み中の出来事を保育教諭や友達に話す ●正月の伝承遊びに親しむ ●もちつきを見たり、友達と一緒にもちをついたりする体験をする	●保育教諭や友達と一緒に雪遊びやそり遊びを楽しむ ●のりやはさみを使い、じっくりと製作に取り組む ●言葉のやり取りを楽しみながら食事をする
教育的時間を除いた時間の内容	●保育教諭に手伝ってもらいながら、着替えなどの持ち物を引き出しにしまう ●生活リズムを整えながら、快適に安心して過ごす	●生活の中での出来事を再現して遊ぶ ●箸の持ち方をきちんと覚え、食べようとする
■環境構成 ★援助・配慮	■凧あげやカルタを用意する ■絵本や紙芝居などでもちつきについて事前に知らせる ■園児がしまいやすいよう、引き出しを整理しておく ★正月に体験したことを話しやすいよう、話をゆっくりと聞き、園児の言葉を引き出す ★カルタやすごろくで遊ぶ中で、文字や数字に興味が持てるようにする ★もちをつく際のかけ声を知らせ、かけ声をかけながら、もちつきの楽しさを共有できるようにする ★休み明けの不安な気持ちを受け止め、安心して生活できるよう援助していく	■ジャンパーかけを取りやすいところに出しておく ■のりやはさみ、ふきんを準備しておく ■じっくりと遊べるよう、遊び場を広く設定する ■箸の持ち方の絵カードを準備しておく ★やってみようという気持ちを尊重し、できないところは手伝うなどして、達成感が味わえるようにする ★道具の使い方を知らせ、危険がないように見守りながら、楽しく製作ができるようにする ★一緒に遊んだり声をかけたりしながら、遊びが盛り上がるようにしていく ★ままごとや絵カードを通して、箸の持ち方を伝える

配慮すべき事項

- 正月休みに乱れた生活リズムを整え、健康的に過ごせるようにする
- 室内の換気、温度、湿度に留意し、快適に過ごせるようにする
- 感染症に気を付け、汚物処理を適切に行う

子育ての支援（保護者支援）

- 身の回りのことをがんばっている姿を伝え、見守りをお願いする
- 家庭でも手洗い、うがいをお願いする
- 家庭との連絡を密にとり、生活リズムの乱れを無理なく戻す

前月末の園児の姿

- 休み明けでも笑顔で登園し、元気に過ごす
- ごっこ遊びでは友達と言葉のやり取りを楽しむが、思いの違いからトラブルにもなる
- 正月に体験したことを友達や保育教諭に伝える
- 排泄後にシャツをしまったり鼻水を拭いたり、身の回りのことをしようとする

年間計画

4月
5月
6月
7月
8月
9月
10月
11月
12月
1月
2月
3月

3週	4週
● 冬の自然に興味を持つ ● 友達同士での活動が増え、いろいろな友達と遊ぼうとする ● 手洗い、うがいを進んで行う	● 鬼の面の製作を通して、節分に興味を持つ ● トイレで排泄をする ● いろいろな形、色に興味を持つ
● 雪や氷を見たり、触れたりして楽しむ ● 簡単なゲームやごっこ遊びを通して、周りの友達と仲よくなる ● 掲示物を見ながら手洗い、うがいを行う	● 鬼の面の製作を楽しむ ● 尿意、便意を感じ、保育教諭に自分で知らせてトイレで排泄をする ● 形探しや、色探しゲームを行う
● 年下の園児に優しく接して遊ぶ ● サーキット活動を楽しむ	● 鼻水が出ていたら自分で拭く ● 好きなコーナー遊びを楽しむ
■ 雪や霜、氷を見たり触れたりする機会を作る ■ 簡単なゲームやごっこ遊びを提案する ■ スペースを広く取り、マットや大型積み木などでサーキットを設定する ★ 雪や霜、氷に実際に触れながら、園児の発見に共感し、理解が深められるよう声をかける ★ 保育教諭が遊びに加わり、ルールを伝えていく ★ 手洗い、うがいの大切さを伝え、進んで取り組めるようにする ★ 年下の園児に優しく接する姿を具体的にほめ、かかわり方を知らせる	■ 製作の見本を飾り、製作への期待を高める ■ ティッシュペーパーを園児の手の届く場所に置き、すぐに拭けるようにする ■ 園児の興味に合わせたコーナーを設定する ★ 鬼の面の作り方を丁寧に伝え、イメージを持って製作ができるようにする ★ 時間を見てトイレに誘い、トイレで排泄することを意識できるようにする ★ 身の回りの形や色が理解できるよう声をかける ★ 鼻水が出ていることをさりげなく園児に伝え、自分で拭けるよう促す

教育・保育に対する自己評価

- 伝承遊びを通して日本の文化に触れ、楽しく遊ぶことができた。雪や霜、氷に触れ、冷たさや寒さを感じることで興味を深め、友達と元気に遊ぶことができた。休み明けで情緒不安定になっている園児に対しては寄り添い、ペースに合わせて生活リズムを取り戻すことができた

園の行事

- 身体測定
- もちつき会
- 誕生会
- 避難訓練
- 食育の日
- 不審者対応訓練

1月の月間指導計画

こども園（満3歳含む）③

ねらい

- 生活リズムを整えながら、安心して過ごす
- 正月の伝承遊びや冬の自然に触れ、楽しむ
- 言葉のやり取りをしながら、友達との遊びを楽しむ
- 表現する楽しさを感じながら、生活発表会への期待を持つ

	1週	2週
週のねらい	● 元気に挨拶を交わし、正月中に経験したことを伝え合い、楽しむ ● 正月遊びを通して、友達とかかわって遊ぶ ● 生活リズムを整えて元気に過ごす	● 冬の自然に触れ、雪遊びを楽しむ ● 衣服の着脱や排泄を自ら進んで行う ● 生活発表会に必要な背景を製作する
教育的時間の内容	● 新年の挨拶をする ● 正月中の出来事や経験したことを話したり聞いたりする ● こま回しや凧あげに興味を持ち、廃材を利用して自分のこまや凧を作って遊ぶ	● 保育教諭や友達と一緒に、氷や雪に触れて遊ぶことを楽しむ ● ボタンやファスナーの扱いに自ら進んで取り組み、衣服の着脱を一人で行う ● 模造紙に筆を使って絵の具を塗り、草や空をかく
教育的時間を除いた時間の内容	● 休み明けの不安定な気持ちを受け止めてもらいながら、生活リズムを整えて安心感を持って過ごす ● 気の合う友達と好きな遊びを楽しむ	● 一人で行おうとする思いを認め、自信を持って取り組めるようにする ● パンツやズボンを全部脱がずに排泄し、援助されながら後始末や手洗いを行う
■環境構成 ★援助・配慮	■ 園児の登園を「あけましておめでとう」と明るい笑顔で迎える ■ こま回しや凧あげが楽しめるよう、広い環境を整える ■ 好きな遊びにじっくりと取り組める場所を作る ★ 休み中の楽しかったことをインタビュー形式で発表し、思いが伝わる喜びを味わえるようにする ★ 休み明けの不安定な気持ちを受け止め、安心しながら生活リズムを整えられるようにする	■ 防寒着を身に付け、寒さ対策をして外へ出るようにする ■ 園児の手が届く場所にトイレットペーパーや石鹸を用意する ★ ボタンやファスナーの扱いは分かりやすく伝え、一人一人に応じて援助する ★ 腕を大きく動かして、筆でダイナミックに色塗りをする楽しさを味わえるようにする ★ 自ら行おうとする思いを十分に認め、励ますことで自信につなげていく

配慮すべき事項

- 生活リズムの変化に対応できるよう、園児の様子を見守る
- 気温や体調に留意しながら、外気に触れてしっかりと体を動かすようにする
- 衛生管理に努め、感染症予防に取り組む

子育ての支援（保護者支援）

- 年末年始の家庭での様子を聞く
- 冬の感染症を知らせ、体調管理に配慮してもらう
- 身の回りのことを行おうとするがんばりを伝え、家庭でも同様に取り組んでもらえるよう声をかける

前月末の
園児の姿

● 防寒着や衣服の着脱など、身の回りのことを進んで行う園児と、なかなか気分が乗らない園児がいる
● 経験したことを保育教諭や友達に伝え、やり取りを楽しむ
● 季節が移り変わったことを知り、冬の自然に興味を持つ

3週	**4週**
● 劇遊びの役を楽しみながら、言葉のやり取りや表現を楽しむ ● 冬の自然事象の不思議さに関心を持つ ● 鬼の面を作り、節分に関心を持つ	● 保育教諭や友達と一緒に生活発表会に楽しく参加する ● 簡単なルールのある遊びを楽しむ ● いろいろな形を覚える
● 劇遊びでは役を楽しみ、せりふを言ったり動いたりと元気に行う ● 氷を作って遊ぶ ● 鬼の面の製作を楽しむ	● 生活発表会を通して、たくさんの人に見てもらうことや拍手を受けることを体験し、人前で表現する喜びを味わう ● 形探しゲームをする ● いす取りゲームをする
● 冬の自然についての絵本の読み聞かせを楽しむ ● 戸外に出て、氷を踏んでパリパリという音を楽しんだり、雪合戦をしたりするなど、雪や氷に触れながら遊ぶ	● ビーズやひも通しなど、指先を使った遊びをする ● 休息を取りながら、体調を整えて健康に過ごす
■ 大道具、小道具などを準備し、役になりきって劇遊びを楽しめるようにする ■ 鬼の面の見本を飾り、製作することを楽しみにする ★ 絵の具で色付けした水をテラスに置き、翌朝氷になっている様子を見たり触れたりして楽しみ、日中放置すると溶けて水になることを見て、自然事象の不思議さに興味を持てるようにする ★ 保育教諭も一緒に遊びに参加し、園児たちの発見や感動を共有する	■ 紙芝居などの教材を使い、丸、三角、四角を見せ、意識できるようにする ■ 落ち着いて指先遊びに取り組めるよう、机の配置や道具のサイズと置き方を考慮する ★ できた喜びが味わえるようがんばりを認め、自信につなげる ★ ゲームを行う際は待つ時間を少なくし、みんなで遊べるよう進行を工夫する ★ 体調を崩しやすい時期なので、一人一人の様子をしっかり把握しておく

教育・保育に対する自己評価

● 伝承遊びを知り、製作したこまや凧で楽しく遊びながら日本の文化に触れることができた。生活発表会への期待を持てるよう劇遊びや背景作りを楽しみ、達成感を味わえるようかかわった。休み明けや寒さから体調を崩しやすい時期だったので、それぞれの体調把握に努めたことで、変化にいち早く気付けてよかった

園の行事

● 新年子どもの集い
● 避難訓練
● 身体測定
● 誕生会
● 生活発表会

1月 の 月間指導計画 こども園（満3歳含む）④

ねらい
- 正月の伝承遊びに興味を持って遊ぶ
- 冬の自然に興味・関心を持ち、見たり触れたりして楽しむ
- 生活リズムを大切にし、感染症予防をしながら健康的に過ごす
- 様々な道具や素材を使うおもしろさを味わう

	1週	2週
週のねらい	● 休み中に体験したことを伝え合い、思いを共有する ● 正月の伝承遊びを友達と一緒に楽しむ ● 生活リズムを整え、安心感を持って過ごす	● 寒さに負けない元気な挨拶をする ● 冬の自然に触れて遊ぶ ● 給食をたくさん食べて健康的に過ごす
教育的時間の内容	● 休み中の出来事を保育教諭や友達にたくさん話す ● 福笑いやこま作りなど、正月ならではの遊びを楽しむ	● 朝と帰りに元気な挨拶をする ● 冬の自然に触れて雪遊びや氷遊びを楽しむ ● 保育教諭や友達と一緒に、言葉のやり取りを楽しみながら食事をする
教育的時間を除いた時間の内容	● 着替えや排泄などを保育教諭に手伝ってもらいながら、生活リズムを整える ● 好きな遊びをしながら安心して過ごす	● 様々な年齢の園児と接して遊ぶ ● 箸の持ち方を覚えたり、スプーンを正しく持ったりして食べる
■環境構成 ★援助・配慮	■ こま作りに必要な紙コップ、シール、クレヨンを用意する。福笑いは園児の好きなキャラクターを用意する ■ 完成品を見せ、製作への期待を高める ■ 園児が好きなコーナーを設定する ★ 休み中の出来事を話しやすいよう、話をじっくり聞き、園児の言葉を引き出す ★ 一人一人の様子を見ながら、生活リズムが整うよう声をかける ★ 休み明けの不安な気持ちを受け止め、ゆったりとした環境で、安心して生活できるよう援助していく	■ 園児の登降園時に明るく元気な声で挨拶をする ■ そりやスコップ、製氷器を用意する ■ ジャンパーかけを取りやすい場所に出す ■ ダイナミックに遊べるよう、遊び場を広く設定する ★ 落雪箇所や避難経路を事前に確認し、職員間で共有する ★ 雪、霜、氷に実際に触れ、園児の発見に共感し、理解が深められるよう声をかける ★ ままごとを通して、箸やスプーンの持ち方を伝える

配慮すべき事項
- 年末年始の生活リズムの乱れを無理なく戻す
- 気温や体調に留意し、遊びの内容や時間を設定する
- 衛生管理に努め、手洗い、うがいを援助する

子育ての支援（保護者支援）
- 無理なく生活リズムが整うよう連携する
- 感染症情報を伝え、体調に留意してもらう
- 身の回りのことを進んで行う様子を伝え、家庭でもがんばりを認めてもらう

- 冬でも戸外遊びを思いきり楽しんでいる
- 好きな遊びを見つけて遊んだり、友達と一緒にごっこ遊びやルールのある遊びを楽しんでいる
- 身の回りのことに興味が出て、気付いたことやできることに一人で取り組もうとしている

3週	4週
● 製作や絵本を通して、節分に興味を持つ ● 簡単なルールのある遊びを楽しむ ● 手洗い、うがいを進んで行う	● 様々な素材で作る楽しさを味わう ● いろいろな形に興味を持つ ● 身の回りの片付けや身支度を進んでする ● 自分の思いを言葉にして伝えようとする
● 鬼の面の製作をする ● 絵本を通し、節分の伝統行事に興味を持つ ● 簡単なゲームを覚え、ルールを守って遊ぶ楽しさを味わう ● 掲示物を見たり、友達をまねたりしながら、手洗い、うがいを行う	● 鬼の面を余った素材などで自由に作る ● 園内で形探しをする ● 食べた食器を片付けたり、自分の持ち物をしまったりして自信を持つ ● 尿意や便意を感じたら、保育教諭に知らせてトイレで排泄する
● サーキット活動を楽しむ ● 鼻水が出たら自分で拭いたりかんだりする	● 休息や衣服の調節をしながら、健康的に過ごす ● 好きなコーナー遊びを楽しむ
■ 鬼の面製作に必要なクレヨン、カップ、絵の具、はさみ、のりを用意する ■ 節分や鬼にまつわる絵本を用意する ■ 体を動かす簡単なゲームを提案する ■ ティッシュペーパーを園児の手が届く場所に置き、すぐに拭けるようにする ★ 道具の使い方を知らせ、見守る ★ 保育教諭も遊びに加わり、ルールを伝える。遊びに夢中になって園児同士が接触しないよう声をかける ★ 手洗い、うがいの大切さを伝え、園児が進んで取り組めるようにする	■ 他のクラスから余った素材をもらってくる ■ 園内にある丸、三角、四角以外の形を事前に写真に撮っておく ■ 園児の興味に合わせ、コーナーを設定する ★ 小さな素材を口に入れたりしないよう見守ったり、声をかけたりする ★ 自分でできたことはほめ、できないところは手伝うなどして自信につなげる ★ 時間を見てトイレに誘い、トイレで排泄することを意識できるようにする ★ 汗をかいたら拭いたり、着替えたりして体を冷やさないよう留意する

教育・保育に対する自己評価

- 福笑いやこま作りなどの伝承遊びや、様々な素材や道具を使った遊びを多く取り入れたことで、みんなで楽しく遊ぶことができた。雪遊びでは、冬の自然を満喫しながら存分に体を動かせた。戸外遊びの身支度などを保育教諭にやってもらおうとする姿が多く見られたため、さりげなく手伝いながら自分でできた喜びを感じられるよう配慮した

園の行事
- 身体測定
- 避難訓練
- 誕生会

2月 の 月間指導計画 保育園①

ねらい
- 身の回りのことを、自分で達成できた喜びを感じながら、身辺のことに積極的に取り組む
- ごっこ遊びでの言葉のやり取りを通して、友達とのかかわりを深める
- 自分の気持ちを主張したり、相手の気持ちを受け入れたりしながら、自我をコントロールする

		1週	2週
週のねらい		●節分の行事に興味を持ち、喜んで参加する ●個別に排泄の間隔を確認し、「出た」経験をくり返しながら気持ちよさを感じる	●友達と一緒にわらべ歌やごっこ遊びを楽しむ ●自分で脱いだ服やタオルを袋に片付ける
養護（生命の保持・情緒の安定）		●戸外に行く前や、部屋に帰ってきた時に排泄を促し、習慣付ける ●個別に、手洗い、うがいの仕方を知らせ、一緒にやりながら身に付ける	●自分の手拭きタオルを、自分の場所にかけることができるようにする ●汚れたタオルや衣服は、自分の袋に片付けられるようにする
教育（健康・人間関係・環境・言葉・表現）		●手先を使って新聞紙をちぎったり、丸めたりしてボールを作る ●「鬼は外」と言いながら、新聞紙ボールを鬼に投げる ●友達と一緒に、大きな鬼の絵に好きな色を塗る	●簡単な遊びのルールを守り、友達と楽しむ ●食べ終わった食具を、上手に片付けることができる ●絵本の話の内容を、集中して聞くことができる
■環境構成 ★援助・配慮		■節分の紙芝居を見て鬼のことを知る。鬼に色を塗って壁面に飾る ■自分の中にいる、わがままな鬼もやっつけるよう、声をかける ★排泄が失敗してもくり返す中で、できた時にはほめて自信につなげていく ★個別に、パンツ、ズボン、下着、シャツを着やすいように置いておく	■自分で食具の準備や片付けがしやすいように、配膳する ■おしぼりやタオルは使いやすいように、個別に分別しておく ★脱いだ服やタオルなどの片付けができていない園児には、一緒にやりながら励まして援助する ★急いで食べようとする園児には、「カミカミ」と声をかけ、よく噛んで食べるよう促す
自己評価（教育・保育に対する）		●鬼に対して恐怖心を抱かないよう、自分で作った新聞紙のボールを鬼に投げて遊んだ。くり返し飽きずに何回も投げて遊んでいた	●自分で使う食具の準備や片付けができるように援助した。食事だけでなく、様々な場面で自分でやろうという意欲につなげられた

配慮すべき事項
- 戸外から帰ったら、自ら手洗い、うがいができるように個別に配慮する
- 身辺の自立は、遊び感覚で楽しみながら、少しずつできることを増やしていく

子育ての支援（保護者支援）
- 日中はおむつがはずせるよう、家庭での排泄の間隔を聞き、連携していく
- 基本的生活習慣の自立が育まれるよう、情報交換しながら個別に援助する

前月末の園児の姿

- 健 戸外に出る時、促されると上着を着る
- 人 友達と一緒にごっこ遊びを楽しむ
- 環 寒くても戸外に出て、走るなどして体を動かすことを楽しむ
- 言 友達に自分の思いを言葉で伝える
- 表 自分の思いや感じたことを素直に絵にかいて表現する

3週	**4週**
● 自己主張したり、相手の気持ちを聞いたりしながら我慢できるようになる ● 好きな友達と一緒に食べることで、食事の楽しさを感じながら意欲的に食べる	● 一人で、手先を使って製作することができる ● 歯磨きの仕方を個別に丁寧に教え、一人でできるようにする
● 朝の視診を十分に行い、健康状態を常に把握する ● 友達とトラブルになった時は、保育者が仲立ちして気持ちを代弁する	● 食後に鏡を見て、口の周りを清潔にする習慣が身に付くようにする ● 歯ブラシを使って歯磨きをすることで、気持ちよさを感じられるようにする
● 冬の外気の冷たさを感じながら、戸外で体を動かすことを楽しむ ● 言葉の内容を理解できるようになり、順番が待てるようになる ● 好きな色を選んで、自由に表現することを楽しむ	● ひな祭りを楽しみにしながら製作をする ● 音楽に合わせて身体表現を楽しむ ● 絵本を通して、歯磨きの大切さを知る
■ 絵の具のコーナーを設置し、かきたくなったらすぐに表現できるようにする ■ 好きな友達と一緒に食べられるように配膳する ★ 戸外から帰ったら、手洗い、うがいの仕方を個々に知らせ、体調管理をする ★ 園児同士で思いを伝え合ったり、教え合ったりすることで、かかわりを深められるようにする	■ ひな祭りの雰囲気を感じられるよう、段飾りを見たり、音楽を流したりする ■ 個別に、コップと歯ブラシを準備しておく ★ 自分で好きな素材を選んで製作ができるように、個別に声をかける ★ 次の活動に期待を持ち、取り組めるようにかかわっていく
● 自分の気持ちを言葉で言えるようになったことで、相手の気持ちも理解できるようになり、成長を感じる	● ひな祭りの製作では、自分の好きな素材を選び、どんな物を作りたいか、言葉で表現できるようになった

4月 5月 6月 7月 8月 9月 10月 11月 12月 1月 **2月** 3月

園の行事
- 豆まき
- 誕生会
- 身体測定
- 避難訓練
- お話わらべ歌

2月の月間指導計画 保育園②

ねらい
- 保育者や友達と一緒に製作をしたり劇遊びをしたりして表現活動を楽しむ
- 身の回りのことを進んで行い、一人でできる喜びを感じる
- 寒さの中でも十分に体を動かして元気に過ごす

	1週	2週
週のねらい	●行事に参加し、節分について話を聞いて興味を持つ ●身近な自然に触れながら健康に過ごす	●進んで身の回りのことを行い、一人でできた喜びを感じる ●物語に親しみ、イメージを膨らませる
養護（生命の保持・情緒の安定）	●戸外から帰った後、自ら手洗い、うがいができるようにする ●体を動かすと暖かくなることを知らせ、体を十分に動かして元気に過ごせるようにする	●感染症予防のために、手洗い、うがいを丁寧に行い、室温や湿度に気を付ける ●身の回りのことに自信を持って取り組めるように見守る
教育（健康・環境・人間関係・言葉・表現）	●行事に参加し、節分に興味を持ち、知ろうとする ●様々な素材や用具に触れ、それらを使って絵をかいたり形を作ったりして遊ぶ ●トイレでの排泄を喜び、尿意を感じたら行動や言葉で示そうとする ●冬の外気の冷たさを感じながら戸外で体を動かす	●朝や帰りの身支度を進んで行い、一人でできた喜びを感じる ●物語に親しみ、イメージを膨らませていく
■環境構成　★援助・配慮	■新聞を丸めて豆を作り、投げたり拾ったりして、豆まきの雰囲気を楽しめるようにする ★鬼を怖がる子には、そばに寄り添い優しく声をかけながら一緒に参加できるようにする ★体を動かす楽しさが味わえるようにする	■ごっこ遊びなどを通して衣服のたたみ方を伝え、保育者も一緒に楽しみながら行えるようにする ■物語性のある絵本を用意し、絵本を通してイメージを膨らませ、役になりきって友達と一緒に遊ぶ楽しさを感じられるようにする ★一人一人に合わせて生活面の援助ができるようにする ★友達とのかかわりを大切にしながら遊びが楽しめるよう見守り、必要な場合は保育者が仲立ちとなり、援助していく

配慮すべき事項
- 戸外から帰ってきたら、手洗い、うがいを丁寧に行う
- 一人一人に合わせて援助をしながら、基本的生活習慣の自立を目指す

子育ての支援 （保護者支援）
- 基本的生活習慣の自立を目指し、園児の意欲を大切にしながら見守ってもらうよう伝える
- 健康状態について連携を図り、家庭でも手洗い、うがいの励行をお願いする

前月末の園児の姿

- 健 気温が低い日でも、集団遊びや伝承遊びをすることで外遊びを楽しんでいる
- 人 気の合う友達と鬼ごっこやままごとをして楽しんでいる
- 環 冬の自然に興味を持ち、冷たさや感触、おもしろさを感じている
- 言 遊びの中で自分の思いを保育者や相手に伝えようとする
- 表 製作や絵をかくことを楽しみ、自分の好きなように表現することを楽しんでいる

3週	4週
●様々な素材を使って製作を楽しむ ●好きな友達と一緒に食べることで、食事の楽しさを感じながら意欲的に食べる	●見通しを持って園生活を過ごす ●発表会に参加し、友達と劇遊びをしたり歌をうたったりすることを楽しむ
●衣服の調節を行いながら、快適に過ごせるようにする ●食事の楽しさを感じられるようにする	●充実した遊びの環境に配慮するとともに、ゆったりとした雰囲気を作る ●様々な活動を通して、友達と一緒に過ごす楽しさに気付けるようにする
●製作の中で切ったり貼ったりすることを楽しむ ●物や場所の安全な使い方が分かり、約束を守って遊ぶ ●友達や保育者と一緒に、ごっこ遊びや表現遊びの楽しさを味わう	●絵本に親しみ、保育者と一緒に楽しんで聞いたり、登場人物になりきって表現したりして遊ぶ ●友達とイメージを共有し、遊んだり、体を動かしたりして楽しむ ●少しずつ生活の流れの見通しがつくようになり、進んで身の回りのことをする
■自分で好きな物を選んで製作ができるよう素材は多めに準備し、自由に表現できるようにする ■皿に手を添えることや箸の持ち方など、食事を楽しみながらマナーを確認する ★製作をしながら素材の違いに気付けるよう、声をかける ★箸の持ち方やバランスのよい食べ方など、個別に知らせていく	■次にやることを事前に知らせたり、確認したりすることで、少しずつ見通しが持てるようにする ■生活の延長として少しずつ発表会の準備をし、楽しみにできるようにする ★自分でしようとする姿や一人でできた様子が見られたら、共に喜んだりその姿を認めたりして、自信につなげていく ★生活の中で、身の回りのことを自分で行う意識が持てるようにする ★これまで行った劇遊びのせりふややり取りなどを、遊びや生活に取り入れて楽しめるようにする

教育・保育に対する自己評価

- ●同じ遊びをくり返し行うことでルールを理解し、友達とのかかわりを楽しみながら遊ぶことができた。一冊の絵本に親しんで遊ぶことで、発表会では自信を持って発表することができた。生活の中でせりふを言い、楽しむ姿も見られた

園の行事
- ●身体測定
- ●豆まき
- ●避難訓練
- ●誕生会
- ●発表会

4月
5月
6月
7月
8月
9月
10月
11月
12月
1月
2月
3月

2月の月間指導計画

保育園 ③

ねらい

- 身の回りのことに積極的に取り組み、一人でできる喜びや達成感を味わう
- 室内で様々な表現活動を楽しむ
- 保育者や友達、異年齢児とかかわりを深め、広げる

		1週	2週
週のねらい		●節分の行事に興味を持ち、参加する ●手洗い、うがいの正しいやり方を知り、丁寧に行おうとする	●脱いだ服のたたみ方や、タオル、エプロンのしまい方を知る ●好きな友達と一緒に、食事の楽しさを感じながら意欲的に食べる
養護（生命の保持・情緒の安定）		●体調を崩しやすい時期なので、手洗いやうがいの仕方を再確認して自ら行えるよう促し、感染症予防に努める ●冬ならではの自然事象を伝え、発見を喜び、体を動かして元気に過ごせるようにする	●衣服のたたみ方やしまい方を丁寧に伝え、自分の場所にしまえるようにする ●食具の持ち方やマナーを伝えつつ、楽しく食事ができる雰囲気を作る
教育（健康・人間関係・環境・言葉・表現）		●外気の冷たさを感じながら体を動かす ●相手にも思いがあることを感じ、認め合いながらかかわりを持つ ●絵本や紙芝居を通して節分について知り、豆まきを楽しむ ●手先や指先を使い、ちぎったり丸めたりして鬼退治の道具を作る	●様々な食品に触れ、健康な体作りをする ●友達と楽しみながら、服のたたみ方を覚える ●身支度を進んで行い、一人でできた喜びを感じ、自信を持つ ●食材名やおいしさなどを言葉にし、やり取りを楽しみながら食事をする ●できた喜びを自信へと変え、達成感を感じる
■環境構成 ★援助・配慮		■節分についての絵本や紙芝居を用意し、節分について知ることができるようにする ■ハンドソープやペーパータオルの残量を確認する ★鬼を怖がる子にはそばに寄り添い、優しく声をかけながら参加できるよう促す ★手洗いの仕方について写真や絵で提示し、丁寧に行えるようにする	■ハンカチやままごと用の衣服など、興味が持てる素材を用意する ■皿に手を添えることや食具の持ち方など、食事を楽しみながらマナーを確認する ★食事のマナーについては個別に知らせ、身に付くように導く ★やってみようという気持ちを大切にし、一人一人に合った生活面の援助をする ★簡単な言葉を添えながら衣服のたたみ方を伝え、遊びながら一緒に行う

配慮すべき事項

- 感染症予防のため、手洗いやうがいをきちんと行えるよう声をかける
- 身の回りのことが身に付くよう遊び感覚で楽しみながら行い、少しずつできることを増やしていく

子育ての支援（保護者支援）

- 身の回りのことに取り組もうとする園児の意欲を認め、見守ることの大切さを知らせる
- 進級に向けて取り組んでいる活動や約束事を伝えて共通理解を促し、情報交換をする

前月末の園児の姿

- 健 冬の自然事象に興味を持ちながら体を動かすことを楽しむ
- 人 他児とかかわることを喜び、異年齢児の遊びに目を向ける
- 環 伝承遊びのカルタなどを通して文字への興味・関心が高まる
- 言 語彙が増え、言葉を使ったやり取りが盛んになる
- 表 自分なりのイメージを形や絵にして表現を楽しむ

3週	4週
● 楽器を鳴らしたり、体を動かしたりして自由に表現することを楽しむ ● 自然事象に興味を示す ● 異年齢児とのかかわりを持つ	● はさみの使い方を知り、製作を楽しむ ● 見通しを持って園生活を過ごす
● 衣服の調節をしながら、快適に過ごせるようにする ● 好きな楽器を選び、友達と奏でる楽しさを味わえるようにする	● やりたい遊びを見つけ、遊び込めるような環境を設定する ● 季節の移り変わりを楽しむ遊びを通じて、心身ともに満足感を持って生活できるようにする
● ビオトープに張った氷や霜柱などを見つけて喜ぶ ● 異年齢児での遊びに興味を持ち、一緒に遊ぼうとする ● 発見を自分なりの言葉で伝える ● 楽器に触れ、音楽に合わせて表現することを楽しむ	● 生活の流れに見通しを持ち、進んで身の回りのことに取り組む ● 好きな遊びを友達と一緒に楽しむ ● はさみを使って1回切りを楽しむ ● 友達や保育者と言葉でイメージを共有する ● 実際にひな人形を見てイメージを膨らませ、色や形などに興味を持ち、表現を楽しむ
■ 自分の好きな楽器を選び、奏でることができるよう、園児の手に取りやすいところに配置する ■ 異年齢児とのかかわりを持てるようクラス間で話し合い、活動を設定する ★ 園児に親しみのある曲を用意し、友達と奏でる楽しさを味わえるよう導く ★ 友達とのかかわりを見守りながら、発見を共に喜び、一緒に探索を楽しめるようにする	■ はさみを使用する際は、少人数で行う。また、スペースを広く取り、安全に使えるよう配慮する ■ 次にやることを事前に知らせたり、確認したりすることで、少しずつ見通しが持てるようにする ★ 製作前に絵本や紙芝居、実際のひな人形を見て、イメージがわくようにする ★ はさみの使用については、指先の発達をよく見極め、個別に対応する

年間計画 / 4月 / 5月 / 6月 / 7月 / 8月 / 9月 / 10月 / 11月 / 12月 / 1月 / 2月 / 3月

教育・保育に対する自己評価

- 身の回りのことを自分でしようとする姿を見守ったり、ほめたりしながら自信へとつなげ、意欲がわくよう声をかけた。園児の表情からできた喜びに自信を持ち、取り組んでいると感じた。戸外遊びでは、友達とのかかわりの中で集団遊びや異年齢児の遊びに目を向けられるよう導いた。園児も異年齢児の遊びに興味を示していた

 **園の行事**

- 節分
- アトリエ活動
- ミニコンサート
- 避難訓練
- 絵本給食（絵本おやつ）
- 郷土料理の日
- 衛生チェック
- 誕生会
- 身体測定

2月

の月間指導計画 保育園④

ねらい
- 寒さに負けず、体を動かしながら元気に遊ぶ
- 友達とのかかわりを持ち、ルールのある遊びや集団遊びを楽しむ
- 順番を守ったり、交代したり、並んで待ったりするようになる

		1週	2週
週のねらい		● 自分の体調の変化に気づき、伝える ● 寒さに負けず元気に体を動かす ● 節分の行事に親しむ	● 手洗いなどの清潔の習慣を身に付ける ● 絵本や紙芝居からイメージを膨らませ楽しむ
養護（生命の保持・情緒の安定）		● 感染予防に努め、室温や湿度を調節し、体調の変化に気付けるようにする	● 外遊び後には手洗い、うがいの習慣が身に付くよう促し、くしゃみや咳の際のマナーも知らせる
教育（健康・人間関係・環境・言葉・表現）		● 寒さに負けず、元気に体を動かし、伸び伸びと遊ぶ ● 人の役に立つ喜びを味わい、思いやりの気持ちを持って進んで手伝いをする ● 節分に興味を持ち、伝統行事の意味や由来を知る ● 正しい姿勢でクレヨンを持ち、色を塗ったり、かいたりして楽しむ	● トイレに進んで行き、排泄の後始末の仕方を身に付け、脱いだスリッパを並べる ● 他児への思いやりや共感の気持ちを育て、信頼関係を築いていく ● 絵本や紙芝居の内容が分かり、イメージしながら楽しんで聞く
★援助・配慮 ■環境構成		■ 登園時には視診をしっかり行い、こまめに換気を行う ■ 手足を十分に温められる運動を取り入れる ★ 正しい姿勢で座り、スプーンや器を持って進んで食事ができるよう声をかける ★ 節分や豆について話し、興味を持って行事に参加できるようにする	■ 外遊び後、手洗い、うがいの習慣を身に付けていけるよう声をかける ★ 排泄後は進んでスリッパを揃え、次に使う人の気持ちを考えていけるよう促す ★ 様々な絵本や紙芝居を読み、イメージを共有していく

配慮すべき事項
- 手洗い、うがいの習慣を身に付け、清潔に保つことの心地よさを感じていけるようにする

子育ての支援（保護者支援）
- 衣服の調節ができるよう、肌着や衣服を準備してもらう
- 自分でできることは進んで取り組めるよう、意欲を認め、見守ってもらうよう伝える

前月末の園児の姿

健 鼻水がでた時は、自分で拭こうとする
人 話を聞く時には話し手に注意を向けるようになる
環 自分の持ち物が分かり、片付けを行う
言 歌の歌詞を覚え、楽しみながら歌う
表 クレヨンや様々な素材に親しむ

3週	**4週**
●落ち着いた環境の中でしっかりと体を休める ●服の前後が少しずつ分かり、衣服の着脱ができるようになる	●何事も諦めず最後まで取り組む ●身の回りの環境から文字や数字に気付き、興味を持つ
●睡眠の大切さを伝え、進んで布団に入り、入眠できるようにする ●進んで着脱や衣服の始末をし、自信が持てるようにする	●身支度を行い、身の回りをきれいにすることで、快適に過ごせる心地よさを感じられるようにする ●何事も諦めずに最後まで活動に取り組めるよう声をかける
●食事の際は正しい姿勢で座り、スプーンや器の持ち方を知り、意識しながら食事をする ●冬の寒さや自然に触れ、季節の事象を感じ、遊びに取り入れて楽しむ ●季節の歌や手遊び、リズム遊びを楽しみ、歌詞に合った振り付けをする	●互いが気付いたことを伝え合い、いいこと、いけないことを理解していく ●時計や数、形、色などを知り、その違いに気付く ●自分の気持ちや要求、経験したことを言葉で伝える ●いろいろな素材に触れ、季節の製作を一人一人の表現で楽しむ
■静かで落ち着いた雰囲気の中で午睡ができるよう、環境を整える ■様々なわらべ歌や冬の歌の絵本や手遊びを準備し、楽しめるようにする ★自分でできた喜びに共感し、自信につなげていく	■身支度や整理整頓の仕方を知らせる ■素材の違いに触れながら製作を楽しめるよう、様々な素材を準備する ★最後まで継続して取り組めるよう声をかける ★簡単な当番活動を通して、人の役に立つ喜びや思いやりを持つことの大切さを知らせていく ★共感してもらえる喜びを感じられるよう、受け止めていく

教育・保育に対する自己評価

●身支度では、自分で行えるよう声をかけながら、難しいところは援助することで、自分でできた達成感を味わえるようにした。節分では、絵本や紙芝居を通して、豆や節分について伝えた。リズム遊びでは、「1、2、3」など、園児と一緒にリズムを取りながら楽しめるようにしたことで、数への興味にもつなげられた

園の行事

●身体測定
●誕生会
●避難訓練
●節分

ねらい
- 身支度や生活の仕方が分かり、自分でしようとする
- 自分の好きな遊びにじっくり取り組む
- 伝統行事に興味を持ち、行事に参加して楽しさを共有する

		1週	2週
週のねらい		●節分の行事に喜んで参加する ●保育教諭や友達と表現活動を楽しむ ●トイレを正しく使う	●進んで身の回りのことを行い、一人でできた喜びを感じる ●楽器の音色を感じながら、リズムに合わせて音を鳴らす ●ルールのある遊びを通して、集団で遊ぶ楽しさを味わう
教育的時間	の内容	●節分の行事を知り、豆まきをする ●歌ったり、踊ったりする楽しさを全身で表現する ●順番を守ったり、スリッパを並べたりして、トイレを正しく使う	●朝や帰りの身支度を進んで行い、一人でできた喜びを感じる ●楽器に触れ、音の違いに気付いたり、音を出したりすることを楽しむ ●簡単なルールが分かり、友達と遊ぶことを楽しむ
	■環境構成 ★援助・配慮	■新聞紙を丸めて豆を作り、投げたり拾ったりして一緒に楽しむ ■トイレの使用はその都度確認し、スリッパがきれいに並んでいる時は、ほめて認めていく ★鬼を怖がる子には、そばに寄り添い、集会に参加できるようにする ★保育教諭も一緒に歌ったり、踊ったりして楽しさを伝えていく	■楽器は、いろいろな種類を準備し、自由に使えるようにする ■ルールのある遊びは、少人数で分かりやすく伝える ★楽器の扱い方は、手本を示しながら伝える ★ルールは印象に残るよう、身振りや表情を交えてオーバーに伝える
教育的時間を除いた時間の内容		●家庭でも豆まきしたことを保育教諭や友達に話し、行事を振り返って楽しむ ●トイレの使い方が分かり、行きたくなったら保育教諭に伝えてトイレに行く ●絵本などを読み聞かせ、鬼に親しみが持てるようにする	●鼻水を自分で拭き、清潔にしようとする ●音楽に合わせて、自由に音を出す楽しさを味わう ●しっぽ取りや色鬼など、鬼ごっこで遊ぶ
	■環境構成 ★援助・配慮	■トイレは常に清潔にしておく ■鬼の登場する絵本を部屋に置いたり、見せたりして鬼に親しみが持てるようにする ★鬼を怖がる子もいるので、恐怖心が大きくなりすぎないよう配慮する ★一人一人の話したい気持ちを受け止め、じっくり話を聞くようにする	■自分で鼻水が拭けるよう、ティッシュは園児の手の届くところに置く ■園庭に線を引き、鬼ごっこで逃げる範囲をある程度決めておく ★園児たちの出す音やリズムを全体に知らせ、一緒に活動する楽しさを伝える ★鬼になることを嫌がる子には、そばについて遊べるようにする
自己評価 教育・保育に対する		●鬼の登場を怖がる子が数人いたが、事前に鬼の絵本を見たり、歌を歌ったりして親しんでいたことで、ひどく泣く子はおらず、落ち着いて行事を経験することができた	●自分の荷物を自分で片付けられるようになってきた。日々のくり返しを続けて、習慣として身に付くようにしていきたい

配慮すべき事項
- 「やってみよう」という意欲を持って様々な経験をし、自分でできることを増やせるようにする
- 園児のがんばったことやうまくできたことを見つけ、認めていくことで、意欲につながるようにする
- 園で流行している感染症をこまめに家庭に知らせる

子育ての支援（保護者支援）
- 感染症が流行する時期なので、手洗い、うがいの大切さを伝え、家庭でも取り組んでもらう
- 園で取り組んだ伝統行事について細かく知らせ、家庭でも楽しんでもらう
- 衣服の着脱などがんばっていることを知らせ、家庭でもできた時には、喜びを共有できるようにする

前月末の園児の姿

- 気の合う友達とのかかわりが増え、ごっこ遊びを楽しむ
- 身の回りのことを自分でやろうとする気持ちが出てくる
- 健康に関心を持ち、手洗いやうがいを進んで行おうとする

3週	4週
● 発表会に参加し、友達と一緒に劇遊びをしたり、歌ったりすることを楽しむ ● 友達と力を合わせて活動することを喜ぶ ● マーブリングを経験する	● ひな人形を見たり、歌を歌ったりして、興味を持ってひな人形を製作する ● 室内で体を動かすことを楽しむ ● 進んでトイレに行き、排泄の後始末を一人でやろうとする
● 舞台の上で、劇遊びをしたり、手遊びや歌を元気に発表したりする ● 楽器に触れ、音楽に合わせて音を出すことを楽しむ ● マーブリングの仕方が分かり、できた模様を友達と見せ合う	● ひな人形に興味を持ち、丁寧にひな人形を製作する ● マットや跳び箱を使い、体を動かす遊びを楽しむ ● トイレットペーパーの使い方や衣服の始末の仕方を知り、自分でしようとする
■ 保育教諭も舞台に上がって、危険がないようにそばに付くようにする ■ マーブリングに必要な用具・材料はあらかじめ準備しておく ★ いつもと違う雰囲気で不安そうだったり、泣き出してしまったりする子には寄り添うようにする ★ マーブリングの仕方を分かりやすく伝え、できたことを認め、満足できるようにする	■ 手が汚れたらすぐに拭けるよう、濡れタオルを用意し、製作しやすい環境を作る ■ マットや跳び箱を出す際は、広い場所に間隔を十分に空けて設置する ★ 体を動かす時は、けがにつながる恐れがあることを考慮し、静かに話を聞く時間を作り、ふざけずに集中して取り組めるようかかわる ★ 衣服の始末は、一人でできるところまで見守り、できないところを援助する
● 行事の歌や季節の歌などに親しむ ● 友達や保育教諭と大型ブロックや積み木を使ってダイナミックに遊ぶ ● ひな祭りに興味を持つ	● 完成したひな人形を見ながら、作り上げた喜びを保育教諭や友達と共有する ● 尿意や便意を伝え、進んでトイレに行こうとする ● 保育教諭が手をそえると、立った姿勢でパンツやズボンをはこうとする
■ ひな人形を見たり、歌を歌ったりして、ひな祭りに興味が持てるようにする ■ 大型ブロックを出す際は広い場所を設定し、安全に伸び伸びと遊べるようにする ★ 大型ブロックは、大きく重さのある物もあるので、扱いには十分注意する ★ なじみのある歌だけでなく、季節に合った新しい曲も知らせて歌う	■ 作ったひな人形は見えやすい場所に飾り、達成感やひな祭りの雰囲気を味わえるようにする ■ 1回分のトイレットペーパーの長さを見せ、上手な使い方を知らせる ★ 自分でしようとする姿を見守り、難しいところは手伝う ★ 自分からトイレに行って成功した時は、しっかりほめ、自信につなげていく
● 発表会当日は、泣いたり、恥ずかしがったりする子もおらず、みんなが楽しんで参加することができた。日頃から舞台上で遊んで慣れていたので、それぞれが力を発揮する場になったと思う	● ひな人形の製作は、本物を見せることで丁寧に行うことができた。トイレの後始末は、まだうまくできないため、確認が必要であった。すべてをやってしまうのでなく、子どもたちがやることを見守るようにした

園の行事

- 節分の集い
- 修了記念写真撮影
- なかよしDay(縦割り保育)
- 身体測定
- 交通安全指導
- 避難訓練
- 生活発表会
- 誕生日会

2月

の月間指導計画

こども園（満3歳含む）②

ねらい

- 日本の伝統行事について興味を持つ
- 身近な自然に触れ、遊びを楽しむ
- 保育教諭や友達と言葉のやり取りをしながら、自分の思いを言葉で伝えようとする
- 生活に見通しを持って、身の回りのことを進んでしてみようとする

	1週	2週
週のねらい	●節分の由来を知り、行事を楽しむ ●友達と一緒に遊ぶ楽しさを味わう ●音楽に合わせて表現活動を楽しむ	●友達とかかわり、自分の気持ちを言葉で表現する ●雪道や外での遊び方を知り、安全に過ごす ●簡単な折り紙を行い、形が変わるおもしろさを感じる
教育的時間の内容	●異年齢児と一緒に豆まき会に参加する ●友達同士でままごと遊びをする ●リトミック活動をする	●友達と言葉のやり取りを楽しみながら遊ぶ ●雪道に関する紙芝居やシアターを見る ●簡単な折り紙をする
教育的時間を除いた時間の内容	●ひも通しを楽しむ ●トイレのサンダルの使い方を知る	●楽器に触れる ●汚れた衣服を自分で着替えようとする
■環境構成 ★援助・配慮	■製作した鬼の面をかぶり、豆まき会の準備をする ■園児と一緒に、新聞紙を豆に見立てて丸めておく ■ひもに通せるものを分けて準備しておく ■スリッパを置く場所を明確にする ★豆をまく時のかけ声を伝え、一緒に言うことで、豆まき会を楽しめるようにする ★鬼を怖がる園児のそばに付き安心できるようにする ★リトミックでは動きの見本を見せながら、自由に体を動かして表現できるようにする ★トイレに行く際にはそばに付き、スリッパの使い方をきちんと伝える	■園児の興味や遊びの様子を見ながらコーナーを設定する ■折り紙は数種類用意し、好きな色を選べるようにする ★冬の安全な過ごし方を紙芝居などで伝え、理解が深められるようにしていく ★三角形や四角形など、簡単な形を意識できるよう声をかけながら折り目をしっかりつけるように知らせる ★園児がリズムを取りやすいテンポでピアノを弾き、ピアノに合わせて音を出しやすくする

配慮すべき事項

- 一人一人の様子を確認し、進級に向けて見通しを立てる
- 園児が自分でしようとする姿を見守り、できたことはほめ、満足感を味わえるようにする

子育ての支援（保護者支援）

- 感染症が流行する時期なので、一人一人の健康状態をこまめにチェックし、体調がすぐれない場合は受診を促す
- 箸の持ち方のコツや食事のマナーを家庭にも伝え、連携していく

前月末の園児の姿

- 寒さが増し、風邪の症状や感染症などで体調を崩す子がいる
- 雪遊びの準備や後始末が分かるようになる
- 保育教諭や友達とごっこ遊びを楽しんだり、異年齢児とかかわって遊んだりしている
- 喜んで箸を使って食事をしている

3週	4週
● 冬の火災時の避難の仕方を知る ● 寒さに負けず、体を動かして遊ぶ ● ルールのある遊びを楽しむ	● ひな祭りの製作を楽しむ ● 年上の園児と遊び、触れ合いながら3歳児へのあこがれの気持ちを持つ ● はさみを使った遊びを楽しむ
● 雪道に気を付けながら安全に避難する ● 園庭で、雪遊びを楽しむ ● 簡単なルールのある遊びを楽しむ	● ひな祭りに興味を持ち、製作する ● 年上の園児と一緒に、ホールで遊ぶ ● はさみを使って一回切りを楽しむ
● ひな祭りに興味を持つ ● コーナー遊びを楽しむ	● 好きな絵本を読んでもらう ● 大型遊具で遊ぶ
■ 冬季の避難訓練の仕方を職員間で把握する ■ スノーウエアを準備し、園庭の状況を確認する ■ ひな人形を飾り、見る機会を設ける ★ 避難訓練では、園児が不安にならないようこまめに声をかけ、落ち着いて避難できるようにする ★ 屋根の近くで遊ばないという約束を確認し、様子を見ながら保育教諭も一緒に遊ぶ ★ ルールを分かりやすく伝え、ルールを守ると楽しく遊べることを感じられるようにする ★「うれしいひなまつり」を歌い、楽しみながら行事への興味が持てるようにする	■ 製作に必要な素材を用意する ■ はさみを使用する際は、ぶつからないようスペースを広めに取り、安全に使えるように保育教諭がしっかりと見守る ■ 絵本を整頓し、手に取りやすい位置に置く ★ 製作前にひな祭りの絵本を読み、イメージがわくようにする ★ 大型遊具で遊ぶ際は、やりたい気持ちを尊重しながら、危ない箇所は援助し安全に活動できるようにする ★ 絵本に出てくる言葉をくり返したり、やり取りをしたりして楽しめるようにする

教育・保育に対する自己評価

- 豆まき会に参加することで、伝統行事があることを知り、鬼を怖がりながらも、理解を深めて活動に参加することができた。安全教室に参加することで、雪道の歩き方や外での遊び方を知り、安全に遊ぶことができた。避難訓練に参加し、適切な避難の仕方を知り、落ち着いて保育教諭と避難することができた

園の行事

- 身体測定
- 誕生会
- 豆まき会
- 安全教室

2月 の 月間指導計画

こども園 (満3歳含む) ③

ねらい

- 生活の見通しが分かり、自ら進んで身の回りのことを行う
- 遊びや生活の中で保育教諭や友達と思いを共有し会話を楽しむ
- 戸外では雪遊びなどを伸び伸びと楽しみ、室内では保育教諭や友達とゆったりと遊ぶことを楽しむ

		1週	2週
週のねらい		●季節の歌をみんなで歌って楽しむ ●節分の行事を知り、豆まきを楽しむ ●トイレを正しく使う	●伸び伸びと体で表現して楽しむ ●冬の自然に親しむ ●進んで身の回りのことを行い、一人でできた喜びを感じる
教育的時間	教育的時間の内容	●季節の歌をみんなで歌う ●節分の行事を知り、豆まきをする ●順番を守ったり扉を閉めたり、トイレを正しく使う	●音楽に合わせ、大きい、小さい、走る、歩く、止まるなど、体を動かす ●雪の降る様子や窓の霜などを見て、気付いたことを話す ●朝や帰りの身支度を進んで行い、一人でできた喜びを味わう
	教育的時間を除いた時間の内容	●家庭での豆まきの様子を保育教諭や友達に話し、行事を振り返りながら楽しむ ●トイレの使い方が分かり、行きたくなったら保育教諭に伝えて、進んでトイレに行く	●好きな絵本を読んでもらう ●鼻水を自分で拭くなど、身の回りを清潔にしようとする
環境構成 ★援助・配慮		■行事に親しめるような歌を用意する ■トイレは常に清潔にする ★新聞紙を丸めて豆を作り、投げたり拾ったりして豆まきを一緒に楽しむ ★鬼を怖がる園児にはそばに寄り添い、集会に参加できるようにする ★一人一人の話したい気持ちを受け止め、じっくりと話を聞くようにする	■思いきり体を動かすことができるよう、広い場所を確保する ■防寒具の着脱やかばんの中身の出し入れなどを行いやすいよう、環境を整える ★冬の自然事象に触れる機会を逃さないよう、園児に声をかけて自然の不思議さを見たり触れたりする ★保育教諭に好きな絵本を読んでもらい、ゆったりした安心感の中で会話を楽しむ ★鼻水の拭き方や身の回りを清潔にする大切さを伝え、自ら進んでできるようにする

配慮すべき事項

- 意欲的に様々な経験に取り組めるようかかわり、自分でできることが増えるようにする
- 感染症予防に努め、戸外遊びなどから帰ってきた時は手洗い、うがいを必ず行うようにする

子育ての支援 (保護者支援)

- できるようになったことを伝えて成長の喜びを共有し、家庭でも見守り、励ましてもらう
- 感染症が流行する時期なので、家庭でも手洗いやうがいに取り組んでもらう

前月末の園児の姿

- 冬の自然に触れて感触やおもしろさを味わったり、季節ならではの遊びを楽しんだりする
- 手洗いをし、病気にかからないようにしようとする
- 保育教諭や友達と一緒に遊び、共に取り組む楽しさを感じる
- 様々な物への興味が広がり、自分でやってみようとする

3週	4週
●室内で保育教諭や友達とゆったりと遊ぶ ●冬の火災の際の避難の仕方を知る ●のりやはさみを使って製作を楽しむ	●ルールのある遊びを通して、集団で遊ぶ楽しさを味わう ●楽器に触れ、音を出すことを楽しむ ●室内で体を動かすことを楽しむ
●ごっこ遊びや模倣遊びを通して、友達と言葉のやり取りを楽しむ ●雪道に気を付けながら安全に避難する ●のりやはさみを使って、ひな人形を製作する	●簡単なルールのある遊びを友達と楽しむ ●タンブリンやカスタネットなどの楽器に触れ、音の違いに気付いたり音を出したりすることを楽しむ ●平均台やフラフープなどで、体を動かすことを楽しむ
●ひな祭りに興味を持つ ●ブロックや積み木など、組み合わせて作る楽しさを感じる	●音楽に合わせて自由に音を出す楽しさを味わう ●しっぽ取りや色鬼など、鬼ごっこを楽しむ
■ひな人形を飾ったり歌を歌ったりして、ひな祭りへの期待感を高める ■冬季の避難訓練の仕方について、職員間で再確認する ★はさみで切る際は、脇を締めて正面に向けて構えるよう伝え、切っている間はそばで見守る ★ごっこ遊びでは役を決めるなどして、友達とのかかわりを深められるようにする ★玩具は譲り合って使うなど、一緒に作る際の約束事を伝える	■ルールのある遊びは少人数で行い、ルールを分かりやすく伝えるようにする ■園庭に線を引き、鬼ごっこで逃げる範囲をある程度決めておく ■平均台やフラフープなどは、事前に安全かどうか確認しておく ★すべての楽器に触れて音を出すことを楽しめるようにし、楽器によって音が違うことに気付けるようにする ★園児の出す音やリズムをみんなに伝え、一緒に活動する楽しさを感じられるようにする

教育・保育に対する自己評価

- 節分やひな祭りを通して伝統行事に親しんだ。鬼を怖がる園児もいたが、それぞれの気持ちに寄り添うと、最後まで行事に参加できた。ルールのある遊びに取り組むことで、保育教諭や友達と共に遊ぶ楽しさを味わうことができたと感じる。気持ちがぶつかった際は、双方の気持ちを受け止め仲立ちすることで、仲よく遊ぶ姿が見られた

園の行事
- 節分会
- 避難訓練
- 身体測定
- 誕生会

年間計画 / 4月 / 5月 / 6月 / 7月 / 8月 / 9月 / 10月 / 11月 / 12月 / 1月 / **2月** / 3月

205

2月

の月間指導計画
こども園（満3歳含む）④

ねらい
- 伝統行事に興味を持ち、喜んで参加したり、製作を楽しんだりする
- 言葉のやり取りを通して友達の思いを知ったり、伝えたりする
- 手洗い、うがい、衣服の着脱や排泄など、身の回りのことを一人でできることを喜び、進んで取り組もうとする

		1週	2週
週のねらい		● 豆まき会に喜んで参加する ● 友達との言葉のやり取りを通じて、相手の気持ちに気付く ● 好きな楽器を使って表現活動をする	● バレンタイン製作を楽しむ ● 友達と一緒に遊ぶ楽しさを味わう ● 年下の園児と一緒にごっこ遊びを楽しむ
教育的時間の内容		● 節分の話を聞き、豆まきをする ● 友達と一緒にままごとやブロック遊びをする ● 音楽に合わせて好きな楽器を鳴らしたり、踊ったりして表現を楽しむ	● ハートの形を折り紙で製作する ● 友達と一緒に椅子取りゲームで体を動かして遊ぶ ● 年下の園児に優しく接しながらごっこ遊びを楽しむ
教育的時間を除いた時間の内容		● クレヨンやシールを使ってぬり絵や描画を楽しむ ● 新聞紙やちらしを破いたり、丸めたり、衣装にしたりして遊ぶ	● ひも通しなどの指先を使った玩具を楽しむ ● ホールで大型積み木やボールを使い、全身を動かして遊ぶ
■環境構成 ★援助・配慮		■豆まき会用の豆を入れる箱を用意する。園児と一緒に豆用の新聞紙を丸めておく ■園児が知っている音楽やトライアングル、タンブリン、カスタネットを用意する ■自由に体を動かして表現できるよう、広い場所で活動する ★豆をまくときのかけ声を伝えて一緒に言い、行事を楽しめるようにする ★鬼を怖がる園児にはそばに寄り添い、安心して参加できるようにする ★相手の気持ちを代弁しながら、かかわる姿を見守る	■バレンタイン製作の折り紙は、好きな色を選択できるよう数種類用意する ■他クラスの園児の健康状態を把握し、事前に遊びの打ち合わせをする ■指先を使う玩具に落ち着いて取り組めるようパーテーションで仕切り、人数も制限した空間を用意する ★ゲームで負けて悔しい気持ちを、やる気につなげられるように声をかける ★走り回らない、玩具を譲ってあげるなどの約束事の確認をする

配慮すべき事項
- 室温や湿度に合わせ加湿器などを適切に使う
- がんばっている姿やできたことを十分に認め、意欲につなげる
- 身支度など身の回りのことに余裕を持って取り組めるよう、時間を設定する

子育ての支援（保護者支援）
- 健康状態について共有し、家庭でも手洗い、うがいの協力をお願いする
- 園児の興味のあること、探求している過程を伝える

前月末の園児の姿

- 冬の自然に触れ、保育教諭や友達と一緒に雪遊びを楽しむ
- はさみや絵の具など様々な素材や道具に触れ、製作を楽しむ
- 友達が遊ぶ玩具に興味を示し一緒に遊ぶが、取り合いになってトラブルになることもある
- 手洗い、うがい、衣服の調節をしたが、体調を崩す子もいる

3週	**4週**
● 冬の火災時の避難の仕方を知る ● 冬の自然に親しみ、寒さに負けずに体を動かして遊ぶ ● 友達と一緒に身支度をして会話を楽しむ	● 絵本などを通してひな祭りに興味を持つ ● 年上の園児の活動を見て、あこがれの気持ちを持つ ● トイレのルールを知り、正しく使う
● 雪道に気を付けながら安全に避難する ● 園庭で雪や氷柱に触れて遊ぶ ● 外遊びの身支度を、友達と一緒に楽しんで行う	● はさみとのりでひな人形を製作する ● 年上の園児の活動を見学する ● 年上のクラスにあった粘土作品をまねて製作してみる ● トイレの順番やサンダルを置く場所などを知り、正しく使用する
● 汗をかいたら着替えを自分で持ってくる ● 保育教諭や友達に、自分の発表したいことを伝えようとする	● 好きな絵本を読んでもらう ● 廃材遊びをする
■ 冬季の避難の仕方を職員間で共有する。屋根から落雪しそうな箇所は、三角コーンや色を付けて危険を知らせる ■ 氷柱を園庭や保育室に置き、自然事象の不思議さに興味を持てるようにする ■ スノーウェアを広い場所に円形に置き、楽しんで身支度できるようにする。着替えを取り出しやすいよう引き出しを整理する ★ 体を温められる遊びを設定する ★ 避難訓練では、園児が怖がらず落ち着いて避難できるようゆっくりと声をかける ★ 保育教諭が発表の手本を見せ、楽しい雰囲気を作る	■ ひな人形を飾り、見る機会を設ける ■ 製作に必要な折り紙、はさみ、のりを用意する。顔は丸く切って用意しておく ■ 保育室の絵本棚の絵本を入れ替え、整理整頓する ■ 年上のクラスの作品の写真を部屋に貼る ★ はさみは使用後はキャップをして机の上に置くよう伝え、使用中はそばで見守る ★ 絵本に出てくる言葉をくり返したり、やり取りしたりして楽しめるようにする ★ トイレに行く際はそばで見守り、サンダルの使い方を伝える

教育・保育に対する自己評価

- 伝統行事に興味を持ち、楽しんで行事に参加したり、製作活動に取り組む姿が見られた。遊びの中で思いが伝わらずトラブルになることもあるが、保育教諭が仲立ちとなることで、相手の思いにも少しずつ気付くようになってきた。また、活動の前に流れを伝えることで、活動の切り替え時に声をかけ合いながら行動するようになった

園の行事

- 身体測定
- 避難訓練
- 誕生会
- 豆まき会
- 卒園・修了記念撮影

4月 5月 6月 7月 8月 9月 10月 11月 12月 1月 **2月** 3月

3月 の 月間指導計画 保育園①

	1週	2週
週のねらい	●ひな祭り会に歌をうたって参加する ●生活の流れを理解して、先の見通しを持つ	●食事のマナーや食具の使い方を身に付ける ●里山まで散歩に行き、春の訪れを感じる
養護（生命の保持・情緒の安定）	●排泄や手洗い、うがいなどを、自らできるようにする ●安心してひな祭り会に参加し、楽しみながら歌をうたえるようにする	●にぎり持ちで持っていたスプーンを、親指と人差し指で持って食べることができるよう促す ●身の回りのことに、自信を持って取り組めるように見守る
教育（健康・人間関係・環境・言葉・表現）	●友達と一緒に手をつないで歩く ●自分で使った物を、最後まで片付ける ●音楽に合わせて、歌ったり踊ったりできる	●友達と一緒に散歩に出かけ、春の訪れを感じる ●異年齢児とわらべ歌遊びを楽しむ ●絵の具を使って、自由に伸び伸びと表現する
★環境構成 ★援助・配慮	■段飾りや絵本、紙芝居を準備する ■次の活動について事前に話しておくことで、見通しが持てるようにする ★戸外から帰ったら、自分で気付いて手洗い、うがいができるよう、声かけせずに見守る ★進級する喜びを感じながら、異年齢児と安心して交流できるよう配慮する	■図鑑や写真を用意して、春の自然に興味を持てるようにする ■異年齢児と、好きなコーナー遊びを選べるよう、環境を構成する ★一人でやろうとする気持ちを持ち続けられるよう、がんばる姿を励まし見守る ★正しいスプーンの持ち方を、個別に丁寧に知らせる
自己評価（教育・保育に対する）	●ひな祭り会に参加して、異年齢児と交流したり、歌をうたったりして楽しく過ごすことができた	●スプーンや食具の持ち方を個別に知らせることで、正しい持ち方で食べられるようになった

配慮すべき事項

- 基本的な生活習慣を再度確認して、できていないところは丁寧にかかわっていく
- 進級に向けて期待感を持てるよう、異年齢児との交流などを通して、安心して迎えられるようにする

子育ての支援（保護者支援）

- 進級に向けて保護者との連携を図り、安心して進級できるようにする
- 身辺の自立がしやすいよう、着脱しやすい衣服の準備をお願いする

前月末の園児の姿

- 健 身の回りのことが、ある程度できるようになる
- 人 気の合う友達と一緒に遊ぶ
- 環 自分で使った物を片付ける
- 言 友達の主張を聞くことができる
- 表 自分で製作することを楽しむ

3週	4週
●排泄後の後始末を一人でする ●異年齢児との交流を持ち、進級への期待を高める	●進級の喜びを通して、身辺自立に取り組む ●生活に必要なあいさつを身に付ける
●排泄後の後始末ができない園児を把握し、個別に丁寧に知らせる ●異年齢児と、わらべ歌遊びを通してかかわりを深めるようにする	●進級への喜びを感じられるようにかかわる ●身の回りのことができた時には、ほめて認めることで自信につなげ、身辺自立を促す
● 4月から不安なく過ごせるよう3歳児クラスに行き、異年齢児との交流を図る ●一人でやろうとする気持ちを持ち続けられるよう、がんばる姿を励まし見守る ●登園、降園のあいさつを自分からできるよう促す	● 「貸して」「ありがとう」など、簡単な言葉で思いを伝え合いながら友達と遊ぶ ●自分が遊んだ物でなくても、友達と一緒に片付けをする ●集団遊びを楽しみ、友達との交流を深める
■移行期間として、3歳児クラスで食事や午睡をしながら、環境に慣れていく ■3歳児のトイレに行き、個別に使い方を丁寧に教える ★食べる意欲を育むため、自分で食事の量を決定し、最後まで食べられた達成感が得られるように援助する ★基本的な生活習慣を保護者と共に再度確認し、丁寧に援助する	■友達と一緒に楽しく体を使えるような遊びを構成する ■絵を見ながら想像して楽しめるような絵本を用意する ★生活の流れに見通しを持って過ごせているか、一人一人を見守り援助する ★保護者と情報交換をしながら、不安なく身辺自立ができるようにする
● 3歳児クラスで食事や午睡をして慣らすことで、進級への期待が高まり、基本的な生活習慣についても、自らやろうとする意識が育まれた	●進級に向けて、保護者と連携しながら情報交換することで、基本的な生活習慣を身に付けることができた

年間計画

4月
5月
6月
7月
8月
9月
10月
11月
12月
1月
2月
3月

園の行事

- ●ひな祭り会
- ●誕生会
- ●身体測定
- ●避難訓練
- ●お話わらべ歌

3月 の 月間指導計画 保育園②

ねらい
- 基本的な生活習慣が身に付き、自分でできることの喜びを味わいながら生活する
- 進級に向けて異年齢での交流活動を行うことで、新しい環境を知り、安心して新年度を迎える
- 春の気配を感じながら、戸外に出て体を動かす遊びを楽しむ

		1週	2週
週のねらい		●季節の行事に喜んで参加する ●様々な活動を通して、異年齢児との交流を楽しむ	●異年齢児とかかわり、進級への期待を高める ●身近な自然に触れ、季節の変化を感じる
養護（生命の保持・情緒の安定）		●安心して活動に取り組めるようにかかわる ●進級に向けて、3歳児のクラスと交流する機会を持つ	●異年齢児との触れ合いを楽しめるよう、気持ちを受け止めながら、安心してかかわれるようにする ●部屋、食事、排泄など、3歳児のクラスでの生活を丁寧に伝え、安心して過ごせるようにする
教育（健康・人間関係・環境・言葉・表現）		●一日の生活の流れを理解し、見通しを持って意欲的に行動する ●ボール遊びや鬼ごっこなどを楽しみながらルールを知り、覚えていく ●ひな祭りの行事に参加し、楽しみながら季節を感じる	●春の日差しの暖かさや、草花を見て季節の変化に気付く ●友達と一緒に遊ぶ中で、イメージを広げ、遊びが発展していく楽しさを味わう ●4月からの生活に期待を持ち、異年齢児との交流を図る
★援助・配慮　■環境構成		■絵本や実際のひな人形を見ることで、ひな祭りへの興味を高め、行事を楽しみにできるようにする ■3歳児のクラスで過ごしたり一緒に遊んだりする機会を設け、年上の友達と接することで、進級への期待が持てるようにする ★生活の流れの違いを丁寧に伝えながら様子を見守り、少しずつ知ることができるよう援助する	■図鑑や絵本を準備し、草花や虫などの観察を楽しめるようにする ■異年齢交流の中で、ルールを教わりながら一緒に遊んだり、生活の流れを知ったりすることで、意欲を持って活動できるようにする ★日差しの暖かさや自然の変化に気付けるよう声をかけながら、春の訪れを一緒に感じられるようにする ★友達の様々な思いに気付けるよう声をかけたり、時に保育者が代弁したりするなどして、楽しく活動できるようにする

配慮すべき事項
- 園児たちの新しい生活への期待や心配を感じながら、一人一人の成長に合わせて丁寧に見守る
- 季節の変わり目に応じた環境構成に留意し、健康状態を把握しながら快適に過ごせるようにする

子育ての支援（保護者支援）
- 園児の成長を共に喜び、進級への期待が持てるようにする
- 来年度に向けて準備や必要事項について知らせる

前月末の園児の姿

健 自分でできることは一人でしようとする
人 仲のよい友達とルールのある遊びを楽しんでいる
環 風や日差しの暖かさから季節の変化に気付き、自然と触れ合っている
言 遊びや生活の中で自分の思いを言葉にして伝えようとする
表 いろいろな素材を使いながら、ひな人形などの製作を楽しんでいる

3週	4週
●園庭などの戸外遊びで、春の訪れを感じて楽しむ ●基本的な生活習慣を再確認し、丁寧に行う	●進級に期待を持ち、意欲的に生活する ●生活の流れに沿って、自分の身の回りのことをしようとする
●気温や湿度に応じて衣服や室温の調整をし、快適に過ごせるようにする ●一人一人の成長を認め、安心して過ごせるようにする	●身の回りのことに丁寧に取り組めるよう、優しく見守る ●進級への喜びが感じられるようかかわっていく
●春の音やにおいを感じながら戸外で遊び、友達との交流を深めていく ●生活の見通しを持ち、自分でできることを進んで行う ●友達と一緒に食べることを喜びながら、食事のマナーを知る	●感謝の気持ちを感じながら、保育室などの掃除や整理をする ●それぞれのペースで、自分で丁寧に衣服の着脱をしたりたたんだりする ●春の歌をうたったり、季節の絵本の読み聞かせを楽しんだりする
■春を感じられるような歌や絵本などを取り入れる ■季節の移ろいを感じられるよう、戸外で自然に触れる機会を作る ★天気のよい日は戸外で遊び、身近にある春を感じられるようにする。園児の発見や驚きに共感しながら、季節の変化や自然の不思議に気付けるようにする ★身の回りの清潔や衛生について声をかけ、習慣になるよう援助する	■保育室や棚の掃除をし、一年間過ごした保育室に感謝の気持ちを持つ機会を作る ■思い出帳を綴ったり、集合写真を見たりして、経験したことなどをみんなで話す機会を作る ★身の回りのことを自分から進んでしようとする姿を認め、様子を見守る ★一人一人のこれまでの姿を思い浮かべながら、楽しかったことやうれしく感じたことなど、保育者の気持ちを言葉にして伝え、それぞれの姿を認めていく

教育・保育に対する自己評価

●異年齢児とかかわる機会を設けたことで、進級に向けての意欲が高まり、当番活動を進んで行うなど、意欲的に生活できた。家庭と連携しながら一人一人と丁寧にかかわることで、基本的な生活習慣を身に付けることができた

園の行事

●身体測定
●ひな祭り
●避難訓練
●お別れ食事会
●卒園式
●誕生会
●修了式

3月の月間指導計画 保育園③

ねらい
- 自分でできることに自信を持ち、意欲的に取り組む
- 進級への期待を持ちながら、意欲的に生活する
- 季節の移り変わりを感じながら、戸外で体を動かして楽しむ

	1週	2週
週のねらい	● 当番活動を楽しんで行う ● 行事食を喜び、食事のマナーや食具の使い方に気を付けながら食べる	● 異年齢児との交流を持ち、進級への期待を高める ● 散歩や戸外遊びを通し、春の自然に親しむ
養護（生命の保持・情緒の安定）	● 食事のマナーを伝え、自分で食べる喜びを感じられるようにする。食事のあいさつ、タオルの片付けなどを意欲的に行う ● 当番活動に自信を持って意欲的に取り組む	● 友達と手をつないで歩き、交通ルールを守るよう伝えていく ● 進級に対する不安を軽減できるよう、3歳児クラスで活動する時間を設ける
教育（健康・人間関係・環境・言葉・表現）	● 食具の持ち方や食器の取り扱いに気を付け、こぼさず食べようとする意欲を持つ ● 保育者や友達の手伝いや当番活動を喜んで行い、人のために行うことの楽しさを感じる ● ひな祭りの行事に参加することを楽しむ ● 当番活動を通して、自信を持って自分を表現する	● 異年齢児と同じ遊びをして、体を動かすことを喜ぶ ● 友達や異年齢児と、イメージを伝え合いながら、遊ぶ楽しさを味わう ● 戸外遊びや散歩を通して春の自然に触れ、変化や発見を喜ぶ ● 思いを伝え合いながら話すことを楽しむ ● 異年齢児と遊んだ経験を、自分なりに表現する
★援助・配慮　■環境構成	■ ひな祭りに関する絵本や紙芝居を用意する ■ 当番表を作り、誰が当番なのかが分かるよう掲示する ★ 当番の園児には事前に知らせ、自信や期待を持って取り組めるようにする ★ 食具の使い方を再確認し、楽しみながら食事ができるようにする	■ 3歳児クラスで過ごしたり、年上の園児と遊んだりする機会を設け、進級への期待が持てるようにする ■ 見つけた物や興味を持った物を調べられるよう、図鑑や絵本を用意する ★ 異年齢児との交流では、保育者が仲立ちとなり、かかわりを持てるようにする ★ 自然の変化に気付けるよう声をかけ、春の訪れを感じられるようにする

配慮すべき事項
- 園児の進級への期待や不安をくみ取りながら、一人一人の成長を見守り、安心して過ごせるようにする
- 健康状態を把握しながら、快適に過ごせるよう環境を整え、季節の移り変わりを感じられるようにする

子育ての支援（保護者支援）
- 次年度に向けての準備や必要事項を知らせる
- 一年間の成長を保護者と共に喜び合い、進級への期待が持てるようにする

前月末の園児の姿

- 健 身の回りのことなど、自分でできることは自分でしようとする
- 人 異年齢児の遊びに興味を持ち、かかわりを持って遊ぼうとする
- 環 園庭の植物や生き物の変化に気付く
- 言 自分の思いを伝えたり、相手の思いに気付いたりする
- 表 はさみの使い方を知り、切ることや切ったもので表現を楽しむ

3週

- 基本的な過ごし方を再確認し、丁寧に行う
- 自分の思いや経験したことを言葉で表現し、保育者や友達と会話を楽しむ

- 排泄後の始末や生活に必要な基本的なことは、個別に丁寧に知らせる
- 子どものイメージや思いを受けとめることで、自己肯定感が高まるようにする

- 排泄後の始末を自分でしようとする
- 友達とのかかわりの中で互いの意見を認め合い、かかわりを深める
- 見通しを持ち、できることを進んで行う
- 登降園時のあいさつを元気に行う
- 会話や経験からイメージを広げ、歌や体を動かすことで表現する

- ■進級へのイメージが持てるよう、異年齢児の生活の様子を見に行く
- ■必要なトイレットペーパーの長さを表示する
- ★一人一人の成長を認め、安心して過ごせるようにする。また、生活する中で清潔面や衛生面の習慣が身に付くようにする
- ★園児のつぶやきに耳を傾け、共感したり不安をくみ取ったりし、進級への期待が膨らむようにする

4週

- 成長したことを喜び、進級に期待を持って生活する
- 春の自然を見たり、触れたりすることで春の訪れを感じる

- 進級への喜びが感じられるようかかわるとともに、身の回りのことができた時にはほめ、自信につなげて自立を促す
- 気温や湿度に応じて衣服や室温の調節をし、快適に過ごせるようにする

- 着替えなど、身の回りのことを丁寧に行う
- 感謝の気持ちを持ち、ロッカーを片付けたり、掃除をしたりする
- 友達とのやり取りや物語性のある絵本の読み聞かせを楽しみ、ごっこ遊びに発展させる
- 春の歌をうたったり、曲に合わせて踊ったりすることを楽しむ

- ■園児が使いやすい大きさの雑巾を用意する
- ■季節の絵本や図鑑を、手に取れる場所に用意する
- ★見通しを持って生活しているか見守り、不安なく進級できるよう援助する
- ★天気のいい日には戸外へ出て春の訪れを感じる。園児の発見や驚き、つぶやきに共感し、自然の不思議さに気付けるようにする

教育・保育に対する自己評価

- 3歳児の保育室で過ごすことや異年齢児とかかわる機会を設けたことで、進級に向けての期待が高まったように感じた。当番活動を取り入れたことにより、身の回りのことに意欲的に取り組んだり、保育者の手伝いを喜んで行ったりする姿が見られた。家庭との連携を図り、園児に丁寧にかかわることで、基本的な生活習慣を身に付けられるよう導くことができた

園の行事

- ひな祭り
- アトリエ活動
- 避難訓練
- 絵本給食（絵本おやつ）
- 郷土料理の日
- 衛生チェック
- 誕生会
- 身体測定

3月 の月間指導計画 保育園④

ねらい
- 進級に期待を持ち、身の回りのことを進んで行おうとする
- 春の訪れや暖かさを感じ、体を伸び伸びと動かして遊ぶ
- 友達との会話を楽しみ、思いやりの気持ちを持って接する

	1週	2週
週のねらい	●友達とかかわり仲よく遊ぶ ●排泄後や午睡時の着替えを進んで行う	●落ち着いた環境の中で体を休める ●曲に合わせて踊ったり、表現する楽しさを感じる
養護（生命の保持・情緒の安定）	●自分でできる喜びを感じながら進んで身の回りのことを行い、生活リズムを整え、食事、排泄、睡眠、着脱などが身に付くようにする ●衣服の調節をし、表裏、前後などを正しく確認し、自分で着脱できるようにする	●トイレでの排泄の流れや後始末の仕方を身に付け、次に使う人のためにきれいに使えるようにする ●体を休めることを理解し、自ら布団に入って落ち着いて午睡できるようにする
教育（健康・人間関係・環境・言葉・表現）	●友達とのかかわりの中で、徐々に相手の気持ちを理解する ●使った物はきちんと後片付けをし、整理整頓をする ●日常に必要な言葉やあいさつを理解し、言葉のやり取りを楽しむ	●異年齢児とのかかわりを持ち、いいところをまねる ●経験したことや疑問に思ったことを言葉で相手に伝える ●曲に合わせて踊ったり、友達と一緒に体で表現したりすることを楽しむ
★援助・配慮 ■環境構成	■園児が生活しやすいよう、動線に配慮した環境構成を行う ★友達とかかわったり一緒に遊んだりできるよう仲立ちをしていく ★着脱の際は、表裏や前後を分かりやすいよう、衣服の向きをそろえて並べ、広げて置くようにする ★保育者が一緒に片付けながら、共同で使う物を大切に扱えるよう促していく	■ゆったりと体を休められるような落ち着いた雰囲気を作り、環境を整える ■スリッパの並べ方や待つ位置などが分かるようシールで印を作り、トイレをきれいに使えるようにする ★異年齢交流の場を設け、年上の友達のいいところを知らせていく ★歌詞を少しずつ知らせながら保育者が体を動かすことで曲を覚え、動きを模倣できるようにする

配慮すべき事項
- 思いやりの気持ちを持つことで友達とより楽しくかかわれることを知らせる
- 一人一人が自立して生活していけるよう環境を整え、自信につなげる

子育ての支援（保護者支援）
- 進んで衛生管理を行うよう話し、風邪や感染症の予防に努めてもらう
- 進級するにあたり、必要な物を伝え、安心して新年度を迎えられるようにする

前月末の園児の姿

- 健 排泄のタイミングが分かり、進んでトイレに行く
- 人 異年齢でのかかわりを楽しむ
- 環 身近な物から文字や数字に気付く
- 言 会話や言葉のやり取りを楽しむ
- 表 リズムに合わせて体を動かすことを楽しむ

3週	4週
●よいこと、よくないことが分かり、進級に向け期待を持つ ●経験したことを遊びに取り入れる	●戸外で伸び伸びと体を動かして遊び、季節の移り変わりを感じる ●自分の気持ちを言葉で伝える
●食事のマナーを知り、こぼさず意欲的に食事できるようにする ●善悪の区別がつき、興味・関心、発見を様々なことへつなげ、進級することに期待を持ちながら楽しく過ごせるようにする	●友達と一緒に遊び、やり取りを楽しんでかかわりを深められるようにする ●食後や外遊び後には進んでうがい、手洗いをするよう促し、病気や感染症の予防に努める
●簡単な当番活動を経験し、人の役に立つことの喜びを感じる ●日付や天候、行事に興味・関心を持ち、遊びや会話に取り入れる ●経験したことを遊びに取り入れて楽しみ、自信につなげていく	●戸外遊びを通して春の訪れを感じ、小動物や植物に興味・関心を持つ ●自分の気持ちを相手に分かりやすく言葉で伝える ●様々な素材を使い、製作活動をしながら自分なりの表現を楽しむ
■保育者や友達の話に興味を持ち、集中して聞けるような雰囲気を作る ★進んで友達や保育者を手伝おうとする思いを認め、人の役に立つ喜びを感じられるようにする ★他児とのやり取りでは、目を合わせて思いを伝えたり、相手の目を見て話を聞いたりなど、コミュニケーションを取る際の体や顔の向きを伝えていく	■伸び伸びと安心して体を動かせるよう、遊具の点検や安全確認を行う ■様々な友達とかかわれるような活動を設定する ■表現を楽しめるよう、用具や素材などを準備する ★春の暖かさを感じられるよう戸外に出て、小動物や植物に興味を持てるよう、園児の発見や驚きに共感していく

教育・保育に対する自己評価

●進級に向けて自分で行えることが増えるよう、進んで取り組む姿を見守りながら励まし、認めたことで、積極的に行動できるようになった。また、基本的な生活習慣を身に付けられるよう、やり方を確認しながら必要な時に援助するようにした。保育者が仲立ちとなって友達とのかかわり方を知らせたことで、言葉でのやり取りや表現を楽しむ姿が見られた

園の行事

- ●ひな祭り
- ●身体測定
- ●誕生会
- ●避難訓練
- ●卒園式
- ●お別れ会

3月の月間指導計画
こども園（満3歳含む）①

ねらい
- 進級することに期待を持ちながら、見通しを持って生活する
- 簡単なルールのある遊びを通して、友達や保育教諭と一緒に遊ぶ楽しさを知る
- 行事に参加し、華やかな雰囲気を感じる

		1週	2週
週のねらい		●戸外で友達とかかわりながら、好きな遊びを楽しむ ●身の回りのことに自信を持って取り組む ●足形を取り、大きくなったことを喜ぶ	●進級に向けて、3歳児クラスの活動を体験する ●散歩や戸外遊びを通して春の自然に親しむ ●遠足ごっこを楽しむ
教育的時間	の内容	●友達や保育教諭と一緒にかけっこをしたり、三輪車に乗ったりして楽しむ ●見通しを持って、自分の身の回りのことをしようとする ●足形を取り、年度当初と比べて成長を知る	●階段を上って3歳児クラスの部屋に行き、一緒に遊ぶ ●異年齢児と手をつないで散歩することを楽しむ ●弁当の日は、園庭にシートを敷いて弁当を食べる
	■環境構成 ★援助・配慮	■園庭の利用人数を確認し、混雑のないように三輪車を出す ■足形を取る場所、洗い流す場所など、動きの流れを考えて行う ★三輪車の取り合いにならないよう、順番を守って使うことを知らせる ★まずは、園児のやることを見守り、困っている時は援助する	■階段を上って移動する時は、落ち着いて歩けるように保育教諭も間隔を空けて見守る ■園庭でシートを敷く場所を事前に調べる ★慣れない部屋でなかなか遊びはじめられない子には、そばで寄り添う ★弁当を落としたり、泥が入ったりしないよう、声をかけて知らせていく
教育的時間を除いた時間の内容		●遊んだ後の片付けや着替えを確実に行う ●身に付いた生活の流れを改めて確認する ●簡単なルールのあるゲームをする	●3歳児クラスの生活に関心を持ち、自分の身の回りのことを自分でする ●戸外に出て春の訪れを感じる ●弁当の絵本を見たり、手遊びをしたりすることにより、遠足ごっこを楽しみにする
	■環境構成 ★援助・配慮	■衣服のたたみ方や道具の片付け方を確かめる ■片付ける場所は、分かりやすく掲示する ★ゲームで鬼になることを嫌がる子には、保育教諭が一緒に遊び、楽しさを伝える ★生活の流れがきちんと身に付いているかを、そばで見守る	■3歳児のトイレの使い方などを実際に見ることで、生活の仕方を知ることができるようにする ■園の周りの自然の変化を把握しておく ★園外に出る時は安全に配慮し、事前に保育教諭の配置と意識統一をしておく ★トイレに付き添い、不安のないように見守る
自己評価 教育・保育に対する		●足形を取る活動は、嫌がる子はおらず、4月当初と比べて見ている子がたくさんいた。成長を一緒に喜ぶことができてよかった	●5歳児のまねをして、遠足ごっこをするととても喜んでいた。シートを敷いて食事をしたが、リュックを背負ったり、一緒に歩いたりしてみるなど、もう少し雰囲気作りをしてもよかった

配慮すべき事項
- 一年間で成長した園児の姿を伝え、共有して喜び合うことで保護者の気持ちに寄り添う
- 体調を常に把握し、家庭での様子を聞きながら見守る
- 進級に向けて不安がないように3歳児クラスで過ごし、安心して進級できるようにする

子育ての支援（保護者支援）
- 季節の変わり目なので体温調節がしやすく、自分で着脱しやすい服を用意してもらう
- 進級に向けて取り組んでいる生活習慣について共有し、家庭でも取り入れてもらうようお願いする
- 進級に対して不安を持つ園児もいることを知らせ、楽しみにできるようなかかわりと言葉掛けをしてもらう

前月末の園児の姿
- 身の回りのことを積極的に自分でしようとする
- 自分の思いを伝え、友達の気持ちを知り、一緒に遊ぼうとする
- 園庭で保育教諭や友達と思いきり体を動かして遊んでいる

3週	4週
● 春の訪れを喜ぶ ● 3歳児クラスの友達と遊んだり、給食を食べたりして、進級に向けて期待を持つ ● お別れ会に参加し、5歳児に感謝の気持ちを持つ	● 友達と会話をしながら一緒に遊ぶ ● 保育室の片付けをみんなで一緒に行う ● 大きくなったことを喜び、進級に期待を持って過ごす
● 春の歌を歌ったり、園庭や園の周りの花や虫を見つけて楽しむ ● 3歳児と一緒に食事をし、準備や片付けの仕方を見る ● お別れ会に参加する	● 友達とかかわって言葉のやり取りを楽しみながら遊ぶ ● 自分のロッカーを片付けたり、掃除したりする ● 作品を見たり一年間を振り返ったりしながら、一つ上のクラスになることに期待する
■ 園外で花や虫を見つけたら全体に知らせ、みんなで観察する ■ 3歳児と同じ机に座り、そばで様子を見られるようにする ★ 5歳児へのあこがれや別れの寂しさを感じられるように声をかける ★ 花や虫の名前を伝え、特徴など様々なことに気付けるよう声をかける	■ 園児が使いやすい大きさの雑巾や新しい玩具箱などを用意することで、片付けや掃除に興味が持てるようにする ■ 一年間の作品を振り返って見られるよう、園児と一緒に準備する ★ 掃除の仕方を分かりやすく伝える ★「大きくなったね」と声をかけ、成長した喜びを共有する
● ボタンのかけはずしを練習する ● 友達とごっこ遊びを楽しむ ● 5歳児へのプレゼント作りをしたり、歌を歌ったりしてお別れを知る	● 鼻水が出たら自分で拭いたり、鼻をかもうとしたりする ● 伸び伸びと自由画をかいて楽しむ ● 一人でできるようになったことに自信を持ち、身の回りのことを自分でしようとする
■ 制服の着脱やボタンのかけはずしの練習ができるよう、制服や玩具を用意する ■ ごっこ遊びのコーナーを作り、友達と楽しめるようにする ★ 扱いやすい大きめのボタンで練習する ★ 5歳児との思い出を具体的に話し、感謝の気持ちが持てるようにする	■ 園児が自分で取りやすい所にティッシュペーパーを置き、自分で拭けるようにする ■ クレヨンや大きい紙を準備し、自由に描画活動ができる時間を設定する ★ きれいに拭けているかは、その都度確認する ★ かきたい気持ちを大切にし、満足できるまで取り組めるようにする
● 5歳児との別れを意識するのは、難しいようだった。自分たちが3歳児に進級するということとともに伝えるようにした	● クラスみんなで一年を振り返り、思い出を話しながら成長を喜び合った。友達とのかかわりも増え、それぞれが進級する自覚を持てたように思う

園の行事
- ひな祭り会
- お別れ会
- 交通安全指導
- 避難訓練
- 身体測定
- なかよしDay（縦割り保育）
- 誕生日会

217

3月の月間指導計画

こども園（満3歳含む）②

ねらい
- 基本的生活習慣が身に付き、自分でできることに自信を持つ
- 進級への期待を持ちながら意欲的に生活する
- 季節が変わることを知り、春の訪れに興味を示す
- 季節の行事に興味を持つ

	1週	2週
週のねらい	●ひな祭り会に参加し、伝統行事について知る ●季節の移り変わりを感じる ●卒園の行事に参加し、お祝いの気持ちを持って送り出す	●3歳児の保育室で遊び、進級への期待を高める ●体を十分に動かし、集団遊びを楽しむ ●身近な遊具や道具に興味を持ち、大切にしようとする
教育的時間の内容	●ひな祭り会に喜んで参加する ●戸外に出て、春の自然に触れることを楽しむ ●卒園児を送る会に参加する	●3歳児の保育室に行き、一緒に遊ぶ ●縄跳びを使って集団遊びを楽しむ ●自分で使った物を、きちんと片付ける
教育的時間を除いた時間の内容	●異年齢児とごっこ遊びをする ●シャツをきちんとしまう	●音楽に合わせて体を動かす ●丁寧に歯を磨く
■環境構成 ★援助・配慮	■伝統行事にちなんだ飾りつけをして関心を高め、ひな祭り会に参加できるようにする ■戸外に出る前に、気温や散歩コースを確かめる ★ひな祭り会では振り付けをしながら一緒に歌を歌い、会を楽しめるようにする ★季節の変化が感じられるよう、保育教諭も一緒に春の自然を探し、園児の発見に共感する ★異年齢児とかかわる際、言葉のかけ方を具体的に伝え、遊びにスムーズに入れるよう導く ★卒園児に感謝の気持ちを伝えるよう声をかけ、気持ちよく送り出せるようにする	■今まで遊んだことがない3歳児クラスの玩具を用意し、使い方を知らせ、楽しんで遊べるようにする ■長縄を用意する ■片付けがしやすいようかごを用意し、道具の写真などを貼っておく ★園児の思いを十分に理解し、安全に楽しめるようにする ★馴染みのある曲や園児の好きな曲を用意し、自由に体を動かして表現できるようにする ★歯ブラシを奥まで入れすぎないように注意しながら、丁寧に磨くよう声をかける

配慮すべき事項
- 基本的な生活習慣が身に付くよう、一人一人に応じて対応する
- 一年間の成長を園児と共に喜び合う
- 新しいクラスの保育室で遊ぶなどして、安心して進級できるようにする

子育ての支援 （保護者支援）
- 進級への不安がないようコミュニケーションを取り、スムーズに移行できるようにする
- 持ち物への記名を再度お願いする
- 一年間の成長を保護者と伝え合い、共に喜ぶ

前月末の園児の姿

- 異年齢児とのかかわりの中で、進級への期待が高まっている
- おひなさまを製作したり、ひな祭りの歌を歌ったりして、伝統行事に興味を持つ
- 一人でじっくり遊んだり、ごっこ遊びやカルタで友達とやり取りをする姿も見られる
- 生活の流れが分かり、身の回りの準備や片付けなどを自分でしようとする

3週	4週
● 進級に期待を持ち、3歳児の保育室で活動する ● 自分の思いや経験したことを自分なりのイメージで表現し、保育教諭や友達と会話を楽しむ ● 数に興味を持つ	● 一年間で成長したことを喜ぶ ● 春の自然を見たり、触れたりすることで春を感じる ● ごっこ遊びを通して、日常の経験を取り入れながら言葉遊びを楽しむ
● 進級するクラスの保育室で遊びを楽しむ ● 保育教諭や友達と会話することを楽しむ ● 数字の歌を歌う	● 一年間で大きくなったことを知る ● 園庭や周辺の草木の様子を見る ● お手伝いごっこを楽しむ
● 3歳以上児のトイレの使い方を知る ● ブロックを使い、友達と協力して一つの物を作る	● 好きな遊びを十分に楽しむ
■ 3歳児の保育室で過ごす機会を設ける ■ スリッパをきれいに並べられるよう、置く場所に目印をつける ■ 少人数で集中して組み立て遊びができるよう、ブロックを小分けにして用意する ★ 新しい保育室でのつぶやきに共感したり、園児の疑問に答えたりして、進級への期待が高まるようにする ★ ペープサートを用いて数字の歌を歌い、数字に興味が持てるようにする ★ トイレのドアの開閉の仕方や、使用後について知らせ、スムーズに使えるようにする	■ 手形、足形を取るための紙を用意する ■ 春の草花の写真を飾る ■ 園児からリクエストされた遊びを用意する ★ 4月に取った手形、足形と比べ、一年の成長をみんなで喜べるようにする ★ 草花の写真を見たり、名前や色、形について話したりして、春の訪れを感じられるようにする ★ まねっこ遊びを通して語彙を増やし、自己主張ができるように、くり返し遊びの中に取り入れる

教育・保育に対する自己評価

- 3歳児の保育室で遊ぶことで、部屋の雰囲気に少しずつ慣れ、進級を楽しみにする姿が見られた。また、4月に取った手形、足形と、現在の物とを比べたが、大きくなったことを実感し、自分でできることに意欲を持って取り組んでいた。

園の行事

- 身体測定
- 卒園式
- ひな祭り会
- 卒園児を送る会
- 誕生会
- 安全教室
- 不審者対応訓練
- 修了式

3月の月間指導計画

こども園（満3歳含む）③

ねらい
- 進級することに期待を持ち、見通しを持って生活する
- 季節が冬から春へと変化していくことに関心を持つ
- 基本的生活習慣が身に付き、自分でできることに自信を持つ
- 生活の中で言葉や数、形に興味を持つ

		1週	2週
週のねらい		●ひな祭り会に参加する ●お別れ会に参加し、お祝いの気持ちを持つ ●戸外で友達とかかわりながら遊ぶ	●進級に向けて、3歳児クラスでの活動を体験する ●散歩や戸外遊びを通して、春の自然に親しむ
教育的時間の内容		●ひな祭り会に喜んで参加する ●お祝いや感謝の気持ちを持って、お別れ会に参加する ●友達や保育教諭と一緒にかけっこをしたり、三輪車に乗ったりして遊びを楽しむ	●階段を上って3歳児クラスに行き、保育室の使い方などを知る ●友達と手をつないで散歩することを楽しむ
教育的時間を除いた時間の内容		●遊んだあとの片付けや着替えを行う ●遊びや生活に必要な言葉を進んで話す	●3歳児の生活に関心を持ち、自分の身の回りのことを自分でする ●戸外に出て春の訪れを感じる
★援助・配慮 ■環境構成		■ひな祭り会に興味を持って参加できるよう、伝統行事にちなんだ飾り付けをする ■片付ける場所を分かりやすく提示する ★三輪車の取り合いにならないよう、順番を守って使うことを知らせる ★5歳児との思い出を具体的に話すことで、感謝の気持ちを持てるようにする ★遊びや生活の中で園児が話したことに耳を傾け、その気持ちに応えていくようにする	■階段では落ち着いて上り下りできるよう、保育教諭も間隔を空けて見守る ■園庭にシートを敷く際は、事前に場所を調べておく ■トイレの使い方などを実際に見ることで、3歳児クラスでの生活の仕方が分かるようにする ★慣れない部屋で遊びを始められない園児には、そばに寄り添い一緒に遊ぶことで、安心感を与えられるようにする ★園外に出る際は安全に配慮し、事前に保育教諭の配置と意識統一をしておく

配慮すべき事項
- 体調を常に把握し、家庭での様子を聞きながら見守る
- 進級に向けて不安がないよう、新しいクラスで遊んだり、3歳児の生活について説明したりして、安心して進級できるようにする

子育ての支援（保護者支援）
- 体温調節や着脱しやすい服を用意してもらう
- 進級にあたっての準備物は見本を見せて知らせ、不安なく新年度が迎えられるようにする
- 一年間の成長を保護者と伝え合い、共に喜ぶ

前月末の園児の姿

- 室内外で保育教諭や友達と伸び伸びと遊ぶことを楽しむ
- ひな人形を見たり、歌を歌ったりして行事に向けて期待を高める
- 身の回りのことに積極的に取り組んでいる

年間計画

4月
5月
6月
7月
8月
9月
10月
11月
12月
1月
2月
3月

3週	**4週**
● 異年齢児の玩具で形や数に親しんで遊ぶ ● 身の回りのことを進んで一人で行う ● 3歳児クラスで遊ぶことで、進級を楽しみにする	● この一年間で大きくなったことを喜ぶ ● 春の自然を見たり、触れたりして春を感じる ● 保育室の片付けをみんなで協力して行う
● 丸、三角、四角などのマグネット玩具で形を作って遊ぶ ● 見通しを持って、自分の身の回りのことをしようとする ● 進級するクラスの保育室での遊びを楽しむ	● 一年間で大きくなったことを知る ● 園庭や周辺の草木の様子を見る ● 自分のロッカーを片付けたり、掃除をしたりする
● 身に付いた生活の流れを改めて確認する ● 進級する保育室でゆっくり過ごし、雰囲気に慣れる	● 一人でできるようになったことに自信を持ち、身の回りのことを自分でしようとする ● 好きな遊びを十分に楽しむ
■ 玩具の数は園児が十分に遊べるよう多めに用意する ■ 進級する保育室でゆっくりと過ごし、雰囲気に慣れることができるようにする ★ 新しい保育室でのつぶやきに共感したり、園児の疑問に答えたりして、進級への期待が高まるようにする ★ まずは園児たちが行おうとすることを見守り、困っている時には援助する ★ 生活の流れがきちんと身に付いているか、そばで見守る	■ 手形や足形を取り、大きくなったことが視覚的に分かるような製作を準備する ■ 園児たちのやりたい遊びを用意する ■ 園児が使いやすい大きさの雑巾や新しい玩具箱などを用意することで、片付けや掃除に興味を持てるようにする ★ 草花の写真を見たり、名前や色、形について話したりして、春の訪れを感じられるようにする ★ 身の回りのことを自分でできた際は大いにほめ、達成感が得られるようにする

教育・保育に対する自己評価

- 3歳児クラスでの遊びを重ねることで、進級を楽しみにする姿が見られた。また足形や手形を取り、4月の物と比べて大きくなったことを実感したことで、より意欲を持って自分のできることに取り組む姿が見られた。身の回りのことを自分でしようとする姿を見守り、さりげなく援助をしたことで、達成感も得られたように感じる

園の行事

- ひな祭り会
- お別れ会
- 避難訓練
- 身体測定
- 誕生会

3月の月間指導計画

こども園（満3歳含む）④

ねらい
- 進級することに喜びを感じ、期待を持って意欲的に活動する
- 生活の見通しを持ち、自ら進んで行動する
- 戸外活動を通して冬から春へ季節が移り変わることを感じる

	1週	2週
週のねらい	● ひな祭りに興味を持つ ● 身の回りのことに自ら進んで取り組む ● 友達に思いを伝えたり、相手の話を聞こうとしたりする	● 3歳児クラスで遊び、進級への期待を高める ● 遊んだ玩具や自分の道具を大切にする ● お別れ会に参加し、感謝を伝える
教育的時間の内容	● おひなさま探しゲームをする ● 見通しを持って身の回りのことをしようとする ● 友達と協力して一つの物を作ったり、ブロックを重ねたりして遊ぶ	● 3歳児クラスに行って一緒に遊び、遊びを広げる ● 遊んだ玩具を片付けたり、自分の道具をロッカーにしまったりする ● お別れ会で5歳児に「ありがとう」を言う
教育的時間を除いた時間の内容	● ズボンの中にシャツをしまう ● 3歳児クラスの活動を見学する ● 発表会の演目を踊ってみる	● 春の図鑑を見て、草花や虫に興味を持つ ● ごっこ遊びやなりきり遊びを楽しむ
■環境構成 ★援助・配慮	■ ゲーム用のめびなとおびな、ひな祭りの絵本を用意する ■ 丸、三角、四角、だ円など、様々な形の大型ブロックを用意する ■ 3歳児の活動カレンダーを保育室に掲示する ★ 園児の姿を見守り、困っている時はさりげなく援助する ★ 次の活動について事前に保育教諭間で共有しておく	■ 事前に3歳児クラスの玩具を借りて、使い方を知らせる ■ 進んで片付けができるよう、写真や目印で再確認する ■ 春の草花、虫などの写真を保育室に掲示する ■ なりきり遊びが広がるよう、お面や曲を用意する ★ 慣れない部屋で遊べない園児とは、一緒に遊んで不安にならないようにする ★ 5歳児に感謝の気持ちを伝えられるよう声をかけ、気持ちよく送り出せるようにする

配慮すべき事項
- 3歳児クラスで過ごし、期待感へとつなげる
- 新しい環境に不安なく進めるよう、一人一人に応じた言葉をかける
- 体調や気持ちの変化に留意し、職員間で共有する

子育ての支援（保護者支援）
- 一年間の成長を個別に伝え、共に喜ぶ
- 進級に向けて準備物や生活の変化について説明し、安心して新年度を迎えられるようにする
- 持ち物や衣類の記名を確認してもらう

前月末の園児の姿

- 異年齢児とのかかわりの中で、進級への期待が高まっている
- 生活の流れが身に付き、自分でできることに積極的に取り組み、自信を持って生活している
- 雪や氷に触れることを喜び、そり遊びや雪合戦を楽しんでいる
- ごっこ遊びややり取りを通じて、友達への意識や関心が高まる

3週	4週
● 進級に期待を持ち、3歳児クラスで遊ぶ ● 一年間を振り返り自信を持って過ごす ● 春の自然に触れ、戸外遊びや散歩を楽しむ	● 一年間の成長を友達と喜ぶ ● 5歳児と一緒に遊ぶ ● 保育室の片付けを協力して行う
● 進級するクラスの保育室で遊びを楽しむ ● 一年間の写真を見ながら、保育教諭や友達と一緒に成長を喜ぶ ● 春の花を見つけて観察したり、名前を覚えたりしながら戸外遊びや散歩をする	● 一年間で大きくなったことを知る ● 5歳児が提案したゲームで、触れ合いながら一緒に遊ぶ ● 保育室の玩具を整理したり、床や棚を拭いたりする
● 3歳児のトイレの使い方を知る ● 上履きを履いて生活する ● 生活の流れを再確認する	● 好きな遊びを十分に楽しむ ● 友達と楽しく食事をし、自分で意欲的に食べる
■ 4月からの写真でアルバムを作製し、本棚に置いておく ■ 図鑑を持ち歩いて戸外遊びや散歩をし、載っていないものは写真撮影する ■ 散歩に行く前に事前にルートの安全確認をする ★ 新しい保育室でのつぶやきに共感したり、疑問に答えたりして進級への期待が高まるようにする ★ 生活の流れが身に付いているかそばで見守る	■ 手形を取るための紙を準備する ■ 人数分の雑巾と玩具を入れる、新しいボックスを用意する ■ 園児から提案された遊びを用意する ★ 急いで食べたり、会話に夢中になって食事が進まなかったりする時は声をかけ、食事に集中できるようにする ★ 自分で行おうとする意欲を認め、十分にほめながら見守る

教育・保育に対する自己評価

- 3歳児の保育室を探検して遊んだり、上履きを履いて遊んだりと、新しくなる環境に期待や興味があり、進級を喜ぶ姿が見られた。4月に取った手形や写真と比べてみることで、成長したことを実感し、より意欲的に自分のできることに取り組んだり、次の行動に素早く移ったりしている

園の行事

- 身体測定
- 避難訓練
- 誕生会
- ひな祭り
- お別れ会
- 卒園式

4月
5月
6月
7月
8月
9月
10月
11月
12月
1月
2月
3月

週案の見方・書き方

こども園の内容で説明しています。

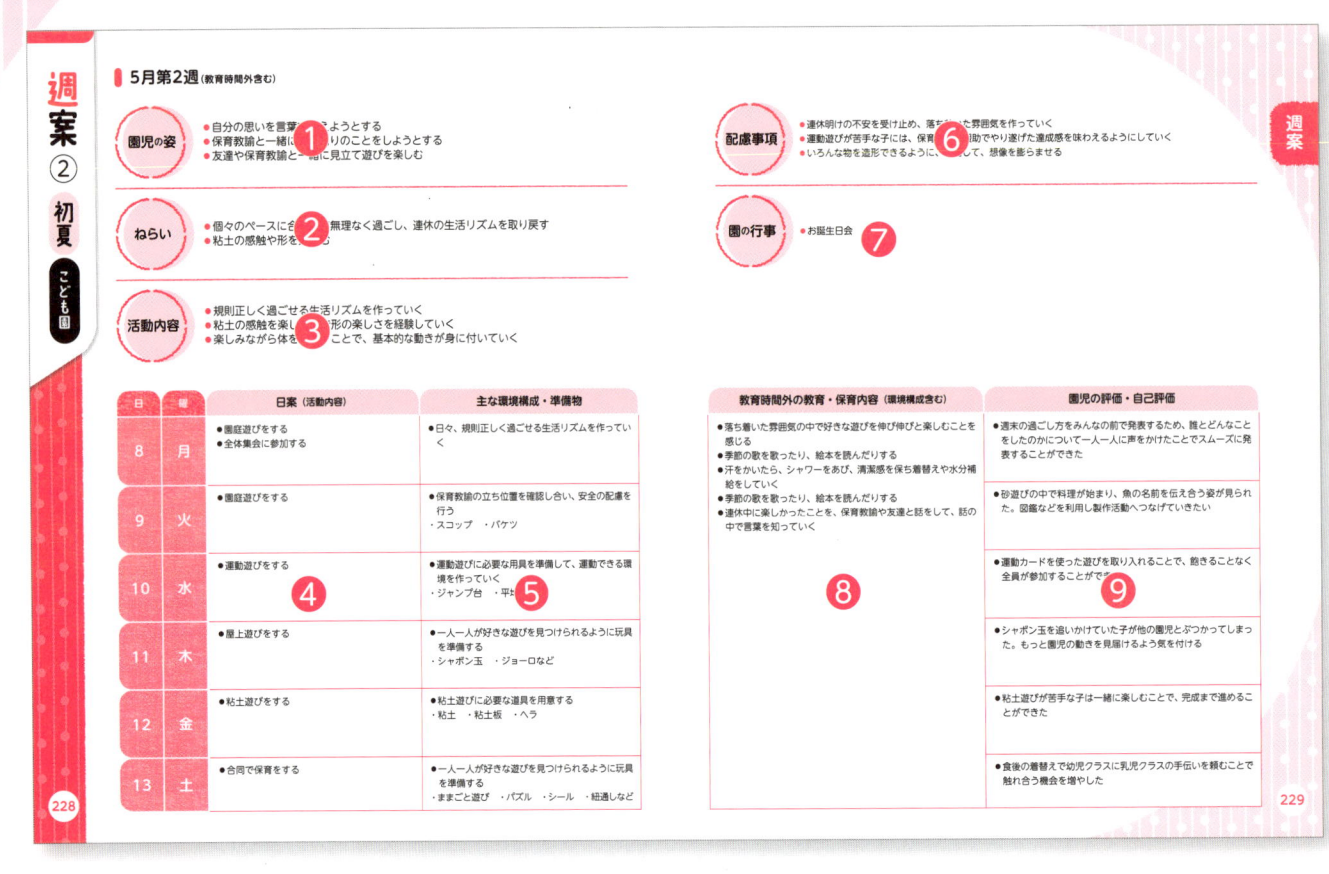

■ 5月第2週（教育時間外含む）

週案② 初夏 こども園

園児の姿 ①
- 自分の思いを言葉で伝えようとする
- 保育教諭と一緒に係りのことをしようとする
- 友達や保育教諭と一緒に見立て遊びを楽しむ

ねらい ②
- 個々のペースに合わせて無理なく過ごし、連休の生活リズムを取り戻す
- 粘土の感触や形を楽しむ

活動内容 ③
- 規則正しく過ごせる生活リズムを作っていく
- 粘土の感触を楽しみ、造形の楽しさを経験していく
- 楽しみながら体を動かすことで、基本的な動きが身に付いていく

配慮事項 ⑥
- 連休明けの不安を受け止め、落ち着いた雰囲気を作っていく
- 運動遊びが苦手な子には、保育教諭の援助でやり遂げた達成感を味わえるようにしていく
- いろんな物を造形できるように、援助して、想像を膨らませる

園の行事 ⑦
- お誕生日会

日	曜	日案（活動内容）	主な環境構成・準備物	教育時間外の教育・保育内容（環境構成含む）	園児の評価・自己評価
8	月	● 園庭遊びをする ● 全体集会に参加する	● 日々、規則正しく過ごせる生活リズムを作っていく	● 落ち着いた雰囲気の中で好きな遊びを伸び伸びと楽しむことを感じる ● 季節の歌を歌ったり、絵本を読んだりする	● 週末の過ごし方をみんなの前で発表するため、誰とどんなことをしたのかについて一人一人に声をかけたことでスムーズに発表することができた
9	火	● 園庭遊びをする	● 保育教諭の立ち位置を確認し合い、安全の配慮を行う ・スコップ　・バケツ	● 汗をかいたら、シャワーをあび、清潔感を保ち着替えや水分補給をしていく ● 季節の歌を歌ったり、絵本を読んだりする	● 砂遊びの中で料理が始まり、魚の名前を伝え合う姿が見られた。図鑑などを利用し製作活動へつなげていきたい
10	水	● 運動遊びをする	● 運動遊びに必要な用具を準備して、運動できる環境を作っていく ・ジャンプ台　・平均台	● 連休中に楽しかったことを、保育教諭や友達と話をして、話の中で言葉を知っていく	● 運動カードを使った遊びを取り入れることで、飽きることなく全員が参加することができた
11	木	● 屋上遊びをする	● 一人一人が好きな遊びを見つけられるように玩具を準備する ・シャボン玉　・ジョーロなど		● シャボン玉を追いかけていた子が他の園児とぶつかってしまった。もっと園児の動きを見届けるよう気を付ける
12	金	● 粘土遊びをする	● 粘土遊びに必要な道具を用意する ・粘土　・粘土板　・ヘラ		● 粘土遊びが苦手な子は一緒に楽しむことで、完成まで進めることができた
13	土	● 合同で保育をする	● 一人一人が好きな遊びを見つけられるように玩具を準備する ・ままごと遊び　・パズル　・シール　・紐通しなど		● 食後の着替えで幼児クラスに乳児クラスの手伝いを頼むことで触れ合う機会を増やした

228　229

---

❶ 園児の姿

園児の発達状態や、園での様子を記載します。保育教諭（保育者）が設定した環境の中で、園児がどのように遊びや活動にかかわっていたのかを、5領域（健康・人間関係・環境・言葉・表現）の視点から記載しています。

❷ ねらい

月ごとの「ねらい」を週ごとに具体化したものです。「月初め・前月末の園児の姿」をもとに、保育教諭（保育者）の援助によって園児が身に付けることを望まれる、心情、意欲、態度などを記載しています。

❸ 活動内容

週の「ねらい」をさらに具体化したものです。具体的な活動の内容に、保育教諭（保育者）の援助によって園児が身に付けることを望まれる、心情、意欲、態度などを記載しています。

❹ 日案（活動内容）

「活動内容」をさらに具体化して、日ごとに何をするか記載しています。

❺ 主な環境構成・準備物

「ねらい」を達成するために、保育をする際、どのような環境（用具・教材・分量・安全性・施設などの準備）を設定したらよいか、具体的に記載しています。

❻ 配慮事項

具体的な活動にあたって、どのような援助・配慮（受け入れ・励まし・声かけ・助言など）が必要かを記載しています

❼ 園の行事

園全体で行う行事のほか、遠足やクラス懇談会など学年・クラス単位で行う行事について記載しています。

❽ 教育時間外の教育・保育内容（環境構成含む）

教育時間以外の時間内に園児がする活動について、どんな環境構成や援助・配慮が必要かも含めて記載しています。

❾ 園児の評価・自己評価

自分が行った教育・保育によって、園児にどのような変化が見られたか、問題点やよかった点をあげながら記載しています。また、今後の教育・保育でどのように対応していくべきかなどの反省点も取り上げています。園児の姿を通しての「自分の評価」と捉え、単に園児の姿を記入するのではなく、自分の計画や保育を振り返り、次の計画に生かすための材料となるよう心がけましょう。

週案作成のポイント

- 作成の際は長期の計画から短期の計画に「ねらい及び内容」などがどのように継続されているか確認します。
- 一週間を見通した環境構成や教材・教具の連続性にも配慮します。

「評価」
- 一週間の保育の流れの評価をすることで、具体的な子どもの姿と次の保育への方法が見えます。日案の評価と月案の評価の中間に位置することで、保育の方向性が見えやすくなります。
- 評価をする際は、園児個人の名前をあげて行動の状況を説明するというよりは、自らが設定した保育が子どもの成長にどう影響したかを書いていきます。

日案の見方・書き方

こども園の内容で説明しています。

日案 ① 春 こども園

4月15日(水)

園児の姿
- 進級へ向けて、担任と共に新しい部屋での生活を送っていたため、進級後の大きな混乱は見られない
- 新しい玩具に興味を示し、遊んでいる子もいれば、友達が遊ぶ様子を眺めている子もいる
- 室内を走り回ったり、玩具を投げる姿も見られる

月のねらい
- 新しい環境や保育教諭に慣れて、安心して園生活を送る
- 好きな玩具や遊びを見つけ、保育者や友達と一緒に遊ぶことの楽しさや、思いが通じ合うことの喜びを味わう

日のねらい(内容)
- 室内でも思いきり体を動かして遊ぶ(遊戯室での遊び)
- 運動遊びで「投げる」「ぶら下がる」「回る」「上る」「跳ぶ」等の動きを促す(遊戯室での遊び)
- 自ら好きな遊びを選んで楽しむ(自由遊び)

〈 園児の評価 〉
- 保育室では発散できない分、遊戯室で思いきり体を動かし喜ぶ姿があった
- 仲よしの友達の姿を見て、自分も挑戦してみようとする姿が見られた
- ぶら下がる力が弱い園児もいる

〈 自己評価 〉
- 最近、保育室を走り回る姿が増えてきたので遊戯室での運動遊びを行った。楽しく遊ぶ子も多かったが、中には巧技台や平均台に興味を示さず、ただ走り回る子もいた。運動発散のねらいがあったが、まずは遊戯室という場所に慣れるかかわりが必要だと思った

時間			
7:00〜9:40	・順次登園し、持ち物の始末を行う ・自由遊び ・排泄を済ませ、朝のおやつを食べる		

時間	教育・保育の流れ	環境構成	保育教諭等の援助・指導上の留意点
9:45	・水筒を持ち、2階へ行く支度をする	・遊戯室の遊具のセッティングを行う	・遊戯室へ行ったらすぐに遊びはじめられるよう、あらかじめ遊具をセッティングしておく
	・遊戯室へ移動する		・階段では手すりを握るよう声をかける
9:50	・遊戯室で遊ぶ ・的当て、巧技台、平均台、鉄棒	・的当て(ボール)、巧技台、平均台、鉄棒(マット)を準備する。的当てはその他の場所から離して設置する ・園児同士がぶつかり合わないよう、進行方向を決め、分かりやすく設置する	・遊びはじめる前に、遊具の遊び方を説明する ・手を出し過ぎず、自ら挑戦しようとする意欲を引き出す声かけを意識する ・的当てが的に当たることを予測し、危険が及ばないよう見守る
		・すぐに水分補給ができるよう、水筒は1か所にまとめておく	・15分に1回は水分補給を行う
	・水筒を持ち、部屋へ戻る支度をする		・もう少しで片付ける時間になると、声をかけておき、終了する心構えができるようにする
	・階段を下りる		・階段の下りは慣てないよう見守る ・水筒の持ち方で危険が及ばないよう確認する
10:40	・排泄を行う		
	・室内で自由遊び ・ままごと、積み木、型はめパズル、絵本、コップタワーなど	・好きな遊びができるよう、遊具を整理しておく ・友達の姿を見て同じ遊びを選べるよう、玩具は複数準備する	・園児が興味を持っている遊びは何か観察し、遊びの発展のために必要な物があれば準備したり、保育教諭が一緒に遊んだりする
11:00〜18:00	・給食を食べる ・午睡を行う ・午後のおやつを食べる ・降園準備をして自由遊び		

---

❶ 園児の姿
園児の発達状態や、園での様子を記載します。保育教諭(保育者)が設定した環境の中で、園児がどのように遊びや活動にかかわっていたのかを、5領域(健康・人間関係・環境・言葉・表現)の視点から記載しています。

❷ 月のねらい
その月ごとに、園児の成長、発達に合わせた「ねらい」を記載しています。

❸ 日のねらい(内容)
その日ごとに、園児の成長、発達に合わせた「ねらい」を記載しています。

❹ 園児の評価
自分が行った教育・保育によって、園児にどのような変化が見られたか、問題点やよかった点をあげながら記載しています。

❺ 自己評価
自分が行った教育・保育によって、園児にどのような変化が見られたか、問題点やよかった点をあげながら記載しています。また、今後の教育・保育でどのように対応していくべきかなどの反省点も取り上げています。園児の姿を通しての「自分の評価」と捉え、単に園児の姿を記入するのではなく、自分の計画や保育を振り返り、次の計画に生かすための材料となるよう心がけましょう。

❻ 具体的な行動内容
時間帯によって、どんな行動を設定したらよいかを、具体的に記載しています。

❼ 教育・保育の流れ
「日のねらい」を達成するために、教育的時間内に園児がする活動について、園児が身に付けることを望まれる心情、意欲、態度などを、主に教育の視点を含んで記載しています。

❽ 環境構成
「日のねらい」を達成するために、保育をする際、どのような環境(用具・教材・分量・安全性・施設などの準備)を設定したらよいかを、具体的に記載しています。

❾ 保育教諭等の援助・指導上の留意点
保育をする際、どのような援助(受け入れ・励まし・声かけ・助言など)が必要か、また指導する際にはどんな点に留意すべきか、具体的に記載しています。

日案作成のポイント
- その日の教育・保育内容のねらいに必要な環境構成や教材が計画上に不足なく準備されているかを確認します。
- 予定した保育内容に合った時間配分がなされているかを確認します。
- その日の保育で得られる子どもの発達を具体的に記入してみることで、保育教諭(保育者)のかかわるべき姿(配慮や援助)が見えてきます。
- その日の評価をメモ程度でも書き留めておきます。次の日の保育の計画に大いに役立ちます。

5月第3週

 園児の姿

- 保育者に手伝ってもらいながら身の回りのことを自分でやろうとする
- 広告紙やリボンテープ、セロハン、シールを使って遊ぶことを楽しんでいる
- 戸外で体を動かして遊ぶことを楽しんだり、虫や草花に触れたりしている

月日	ねらい	予想される園児の活動
5月15日 月曜日	● 様々な素材（画用紙、折り紙、広告紙、シール、クレヨンなど）を使って自由に表現することを楽しむ	● つまむ、丸める、ちぎるなどいろいろな方法を使って好きなものを作って遊ぶ
5月16日 火曜日	● 保育者や友達と一緒に春の自然に触れながら、散歩する心地よさを味わう	● 散歩バッグを喜び、花や葉を入れて楽しむ
5月17日 水曜日	● 排泄や衣服の着脱など簡単な身の回りのことを自分でしてみようとする	● 保育者に手伝ってもらいながらズボンやシャツの着脱を自分でしてみようとする
5月18日 木曜日	● 保育者や友達と戸外で好きな遊びを見つけて遊ぶ楽しさを味わう	● 遊具によじ登ったり、飛び降りたりし、体を動かすことを楽しんでいる
5月19日 金曜日	● 保育者や友達と一緒に伸び伸びと体を動かす開放感を味わう	● 保育者や友達と体を動かすことを喜ぶ
5月20日 土曜日	● ゆったりとした雰囲気の中で好きな遊びを楽しむ	● 身体を動かしたり、好きな遊具で遊んだりしたあとは、保育室でゆったりと過ごす

週の ねらい

- 排泄や衣服の着脱など簡単な身の回りのことを意欲を持って行う
- 友達とかかわりながら遊ぶ楽しさを味わう
- 草花や虫を探したり、見たりしながら身近な自然に親しむ

園の行事

- こいのぼり給食
- 家庭訪問開始
- わくわくキッズ
- 歯科検診
- 避難訓練

★援助・■配慮	家庭との連携
★園児たちが興味を持てるような素材を用意し、使い方を知らせながら様々な素材（画用紙、折り紙、広告紙、シール、クレヨンなど）に触れられるようにする ■一人一人の発想や表現を認め、一緒に楽しんでいく	●送迎の際の会話などで、完成した作品についてその時の様子を伝え、家庭の中で話題にしてもらうよう促す
■帽子を着用し、休息や水分補給などの暑さ対策をする ★散歩バッグを用意し、園児たちが自分で摘んだ花や葉を入れられるようにする ★季節の草花や虫を観察する前後に園児たちの知りたい気持ちを満たせるよう、絵本や図鑑を身近に用意しておく	●園児の遊びの様子や園児が感じたこと、気付いたことを保護者に伝え、共有していく
■着脱の仕方は自分で分かりやすいように丁寧にやり方を知らせたり、そばについたりし、さりげなく援助していく	●園児が自分で着脱しやすい衣服を用意してもらう
■帽子を着用し、休息や水分補給などの暑さ対策をする ★保育者も一緒に草花や虫探しをし、興味が持てるようにしていく	●園児の生活の様子や遊びの様子を丁寧に伝え、共通理解を深めていく
■挑戦する気持ちを支え、できた喜びを共有し意欲を高めていく ■一人一人の遊びの様子に気を配り、安全に遊んでいるか見守っていく	●様々な遊びが展開されている様子を写真などで掲示し、分かりやすく伝える
■保育者も一緒に体を動かしながら楽しさを共有していく ■一人一人の遊びの様子に気を配り、安全に遊んでいるか見守っていく	●園児の生活の様子を具体的に伝えながら、安心してもらえるよう丁寧なコミュニケーションを心がける

❮ 園児の評価 ❯

- 簡単な身の回りの始末を自分でやってみようとする姿が見られた
- 様々な素材（画用紙、折り紙、広告紙、シール、クレヨンなど）に触れることで園児たちの興味や関心が深まってきている
- 一人遊びが多いが、友達とかかわりながら遊んでいる姿も見られるようになってきた
- 身近な自然に興味を持ち、じっくりと観察する姿が見られる

❮ 自己評価 ❯

- 自分でやってみようとする姿が見られるので、思いを大切にしながらできない所はさりげなく援助していくようにした
- 興味を持った遊びが楽しめるように必要に応じて環境を工夫していきたい
- 身近な生き物に興味を持っている姿を大切にし、一緒に観察しながら保育者も発見や喜びや不思議さに興味が持てるようにした

※東北地方での週案のため
春を5月としています。

5月第2週（教育時間外含む）

園児の姿
- 自分の思いを言葉で伝えようとする
- 保育教諭と一緒に身の回りのことをしようとする
- 友達や保育教諭と一緒に見立て遊びを楽しむ

ねらい
- 個々のペースに合わせて無理なく過ごし、連休の生活リズムを取り戻す
- 粘土の感触や形を楽しむ

活動内容
- 規則正しく過ごせる生活リズムを作っていく
- 粘土の感触を楽しみ、造形の楽しさを経験していく
- 楽しみながら体を動かすことで、基本的な動きが身に付いていく

日	曜	日案（活動内容）	主な環境構成・準備物
8	月	●園庭遊びをする ●全体集会に参加する	●日々、規則正しく過ごせる生活リズムを作っていく
9	火	●園庭遊びをする	●保育教諭の立ち位置を確認し合い、安全の配慮を行う ・スコップ　・バケツ
10	水	●運動遊びをする	●運動遊びに必要な用具を準備して、運動できる環境を作っていく ・ジャンプ台　・平均台など
11	木	●屋上遊びをする	●一人一人が好きな遊びを見つけられるように玩具を準備する ・シャボン玉　・ジョーロなど
12	金	●粘土遊びをする	●粘土遊びに必要な道具を用意する ・粘土　・粘土板　・ヘラ
13	土	●合同で保育をする	●一人一人が好きな遊びを見つけられるように玩具を準備する ・ままごと遊び　・パズル　・シール　・紐通しなど

配慮事項

- 連休明けの不安を受け止め、落ち着いた雰囲気を作っていく
- 運動遊びが苦手な子には、保育教諭の援助でやり遂げた達成感を味わえるようにしていく
- いろんな物を造形できるように、会話して、想像を膨らませる

園の行事

- お誕生日会

教育時間外の教育・保育内容（環境構成含む）	園児の評価・自己評価
● 落ち着いた雰囲気の中で好きな遊びを伸び伸びと楽しむことを感じる ● 季節の歌を歌ったり、絵本を読んだりする ● 汗をかいたら、シャワーをあび、清潔感を保ち着替えや水分補給をしていく ● 季節の歌を歌ったり、絵本を読んだりする ● 連休中に楽しかったことを、保育教諭や友達と話をして、話の中で言葉を知っていく	● 週末の過ごし方をみんなの前で発表するため、誰とどんなことをしたのかについて一人一人に声をかけたことでスムーズに発表することができた
	● 砂遊びの中で料理が始まり、魚の名前を伝え合う姿が見られた。図鑑などを利用し製作活動へつなげていきたい
	● 運動カードを使った遊びを取り入れることで、飽きることなく全員が参加することができた
	● シャボン玉を追いかけていた子が他の園児とぶつかってしまった。もっと園児の動きを見届けるよう気を付ける
	● 粘土遊びが苦手な子は一緒に楽しむことで、完成まで進めることができた
	● 食後の着替えで幼児クラスに乳児クラスの手伝いを頼むことで触れ合う機会を増やした

7月第1週

園児の姿
- 夏ならでは食材に触れ、楽しんで食べる
- 生活の流れが分かり、落ち着いて過ごす

月日	ねらい	予想される園児の活動
7月1日 月曜日	●ごっこ遊びを通し、言葉のやり取りをする	●日常に必要な言葉や簡単な言葉のやり取りを楽しみながら行う
7月2日 火曜日	●夏の食材に興味を持ち、進んで楽しく食事をする	●スイカやトウモロコシなどの夏ならではの食材に親しみ、進んで食事をするようになる
7月3日 水曜日	●遊具の貸し借りを通して、順番や譲り合いを理解していく	●約束事を守りながら、かかわりが深まる喜びを感じるようになる
7月4日 木曜日	●様々な装飾を自分の表現で付けることを楽しみながら、笹飾りを行う	●様々な素材の手触りを楽しみ、七夕の笹飾りの製作をしていくことを楽しむ
7月5日 金曜日	●七夕の由来や夏の星座に興味を持ち、行事に楽しんで参加する	●七夕に興味を持ち、ペープサートから由来や夏の星座について知る
7月6日 土曜日	●清潔にする大切さや気持ちよさを知り、こまめに汗を拭いたり、着替えをしたりする	●汗をタオルで拭いたりしながら心地よさを感じていく

週の ねらい
- 七夕に興味を持ち、季節の行事に期待を持って参加する
- 夏の遊びに興味を持ち、水や氷に親しむ

園の行事
- 避難訓練
- 七夕笹飾り
- 七夕祭り会

援助・配慮	家庭との連携
●言葉がけをしながら簡単なやり取りを楽しめるよう促していく	●家庭でもあいさつなどのやり取りを行っていくよう促していく
●進んで食事ができるよう、夏の食材はどのような物があるのかを食育カードでも知らせていく	●献立を通じて、夏野菜にはどのような物があるかを知らせる
●順番や並び方を知らせ、仲立ちしながらかかわりを深めていけるよう配慮する	●集団生活の約束事などを伝え、家庭との連携を図っていく
●個々の表現を受け止めながら、製作を楽しんでいけるよう促していく	●笹飾りを持ち帰り、家庭でも飾って楽しんでもらう
●分かりやすいよう、劇の内容や小道具を工夫していく	●おたよりを通して七夕や夏の星座について興味を持ってもらう
●汗の拭き方やタオルの使い方が分かるよう知らせていく	●清潔なタオルを用意してもらい、家庭でも自分で行っていけるよう連携していく

〈 園児の評価 〉
- 汗が出たらタオルで進んで拭き「できたー！」と知らせる子も増えてきた
- 製作では、様々な素材に触れクレヨンやのりなどを使い、楽しんで行う姿があった
- 夏の食材では、スイカやトウモロコシなどに興味を持ち、「おいしいね！あまーい」など進んで食べていた

〈 自己評価 〉
- 清潔な習慣が身に付いていくよう汗をかいたら拭いていけるよう促していき、清潔に過ごすことの気持ちよさを感じていけるようにしていった
- 七夕の由来を知らせることで短冊や願い事についても理解し、楽しんで参加していた

週案④

秋

こども園

■ 11月第5週（教育時間外含む）

園児の姿
- 遊戯の音楽を流すと喜んで体を動かす姿が見られる
- 秋の自然物に興味を持ち、園庭や散歩で落ち葉やドングリ拾いを楽しんでいる

ねらい
- 遊びや生活の中で自分の思いを言葉で知らせ、やり取りを楽しむ
- 秋の自然物を使った製作や遊びを楽しむ
- 楽しんで練習しながら、遊戯会に期待を持つ

活動内容
- 秋の自然に触れ、色や形、手触りなど感じたことを言葉で伝えようとする（環境・言葉）
- 遊戯練習を通し、保育教諭や友達と一緒に思いきり体を動かして踊ることを楽しむ（健康・表現）
- 画用紙に秋の自然物を貼ったり、かいたりして表現することを楽しむ（表現）
- 保育教諭や友達に自分の気持ちを言葉で伝えようとする（人間関係・言葉）

日	曜	日案（活動内容）	主な環境構成・準備物
25	月	●戸外遊び（素材集め）をする ●身体測定を受ける	＜素材集め＞ ・空き容器　・ビニール袋 ＜身体測定＞ ・身長体重計　・健康管理ファイル（看護師に確認）
26	火	●誕生会に参加する ●秋のまとめ（導入のみ）をする	＜誕生会＞ ・誕生児かんむり ・誕生カード ・インタビュー用マイク
27	水	●秋のまとめをする 　（落ち葉アート、マラカス作り）	＜秋のまとめ＞ ・集めた枝、葉、ドングリ ・プリンカップ　・画用紙　・のり ・テープ　・クレヨン
28	木	●遊戯会リハーサルをする	＜リハーサル＞ ・衣装　・水筒　・ござ　・上履き ・嘔吐対応セット　・消毒用アルコール ・ペーパータオル
29	金	●オータムフェス in ○○組を開催する	＜展示コーナー＞ ・まとめで作った製作物 ＜遊戯披露用ステージ＞ ・客席（ベンチ）　・遊戯衣装
30	土	●異年齢で交流をする	ままごとコーナーとぬいぐるみコーナーを設置 衣装のディスプレイは片付ける

配慮事項

- 園児の様々な表現に応じて言葉をかけ、受け止めたりしながら、安心して遊びを楽しめるようにする
- 友達とのかかわりが少ない園児は、保育教諭が仲立ちとなって気持ちを伝えながらかかわりを持てるようにしていく
- 朝夕と日中の気温差が大きいので、衣服の調節に配慮し、家庭と連携しながら薄着の習慣を身に付けていく。また、体調を崩しやすく感染症が出てくる時期なので、一人一人の体調に留意しながら予防に努める

園の行事

- 身体測定
- 誕生会
- 遊戯会リハーサル

★教育時間外の教育・保育内容（■環境構成含む）	園児の評価・自己評価
★保育教諭から「〜だと嫌な気持ちになるよ」「〜って言われたらうれしいね」などの言葉掛けを受け、相手の気持ちに気付けるようになっていく ★簡単な手伝いによる成功体験を重ね、自信を持つことで意欲的に生活をする ★異年齢児の遊戯を見て、遊戯会を楽しみにする ★挨拶や生活に必要な言葉だけでなく、思いや経験したことを言葉で伝える中で語彙が豊かになっていく ■自分で鼻水を拭くことができるよう、手の届く高さにボックスティッシュを置いておく ■リハーサルに向け、衣装をディスプレイして意欲を持てるようにする	● 園庭の葉っぱと、先週の散歩で拾ったイチョウの違いに気付く姿が見られた。たくさん集まったので落ち葉シャワーをすると、カサカサという音や感触を楽しんでいた
	● 誕生児である恥ずかしがりやのAちゃん。大勢に「おめでとう！」と祝われて圧倒されていたが、小さな声で「ありがとう……」と返すことができた。たくさんほめられてうれしそうにしていた
	● 自分で作るだけでなく、友達の作った作品にも興味を示す子が増えてきた。友達の作品を誤って崩してしまったことはあったが、早めの仲立ちで大きなトラブルにはならなかった。仲立ちに入る前にもう少し様子を見てもよかったかもしれない
	● 初めての大舞台で緊張も見られたが、楽しんで踊ることができていた。本番も楽しめるよう、無理のないように練習を重ねていきたい
	● 慣れた室内での遊戯はリハーサル会場よりもノリノリでとても楽しそうだった。客席には年長児も座り、一昨日作ったマラカスや手拍子で応援してくれたので、楽しい雰囲気で過ごすことができた
	● 本日の〇〇組登園園児数3名。土曜日はやはり年中長児と遊んでいる姿が多い。Cくんが癇癪を起こしたが、年長児になだめられて落ち着いたと担当から引き継いだ

233

2月第1週

園児の姿

- 寒い中でも、園庭に出て体を動かして遊ぶ
- 節分の製作で作った鬼のお面を自らかぶって過ごす
- カルタ取りのルールが分かり園児たち同士でする

月日	ねらい	予想される園児の活動
2月1日 月曜日	●簡単な季節の製作に取り組む中で、節分を楽しみにする	●節分の豆を新聞紙を丸めて作ったり、豆の入れ物に模様をつけたりする ●はさみで切った紙をのりで貼る ●はさみの持ち方が分からなかったり、のりの量の加減が分からなかったりする ●自分の物ができあがったことを喜ぶ
2月2日 火曜日	●経験したことをイメージしながらごっこ遊びを楽しむ ●友達と言葉のやり取りを楽しむ	●お店やさんになりきって、友達と言葉のやり取りをする ●砂や石などの自然物を食べ物に見立てる
2月3日 水曜日	●節分の会に参加したり行事食を体験したりすることで、季節の行事の雰囲気を味わい、興味を持つ	●自分が作った鬼のお面をかぶって、幼児クラスが行う豆まきを一緒にする ●節分の話を聞く ●行事食を味わう。普段はあまり見かけない献立に戸惑う子もいる
2月4日 木曜日	●身近な冬の自然に興味を持ち、気付いたことを保育者や友達に伝えようとする	●園庭に出る前に上着を着る ●園庭に出た時に「寒い」「手が冷たい」など、自分が感じたことを近くの友達や保育者に伝える ●息を吐くと白くなることに気付く ●霜や氷を見つけて触る
2月5日 金曜日	●簡単なルールがある遊びを楽しむ	●園児同士でカルタ取りをする ●異年齢児とかかわりながら、簡単なルールがある遊びをする ●思いどおりにならずに、泣く子がいる
2月6日 土曜日	●異年齢児とかかわりながら好きな遊びを楽しむ	●年上の園児たちの遊びを見たり、一緒に遊んだりする

週の ねらい

- 節分の行事に喜んで参加する
- 気付いたことを言葉で伝えたり、言葉のやり取りをしたりすることを楽しむ
- 異年齢児とかかわりながら、簡単なルールがある遊びを楽しむ

園の行事

- 節分の会

援助・配慮	家庭との連携
● 丸めやすい大きさに切った新聞紙や、一回切りができる幅の紙を用意しておくようにする ● はさみを安全に使えるように少人数のグループで行うようにする ● できあがった喜びを受け止め共感したり、できあがったものを飾ったりする	● 2月の園だよりを発行する
● 園児の言葉に応答し、やり取りを一緒に楽しむようにする ● 園児同士の言葉のやり取りを見守り、必要に応じて仲立ちをする	● 2月のクラスだよりを発行し、ねらいや主な遊びの内容を伝える
● お面をかぶったり、豆を準備したりして参加し、雰囲気を楽しむことができるようにする ● 節分の由来などを話しながら、楽しく食事ができるようにする	● 節分の会や行事食について知らせ、経験を共有できるようにする
● 園児の発見や驚きに共感するようにする ● 捉えた自然現象を「〜だね」と言葉で反復しながら受け止める	● 感染症の発生状況について知らせる ● 園での、うがいや手洗いの様子を伝える
● 簡単なルールの遊びを準備しておく ● 異年齢の遊びを見たり、一緒に入って遊べる機会を持つようにする	● 進級に向けて、異年齢との交流を始めている様子を伝える
● 一緒に遊びに入りながら、異年齢児とのかかわりを見守り、時には促すようにする	● 普段とは違った形態の保育になるので、遊びや生活の様子を丁寧に伝える

〈 園児の評価 〉

- 先週作った鬼のお面をかぶって遊ぶ姿が見られ、節分の雰囲気を感じながら、絵本を見たり、製作活動を楽しむ姿が見られた
- アイスクリームやさんや、パンケーキやさんなど、身近な生活を再現して遊ぶ中で、「〜ください」「はいどうぞ」「ポイントカードはありますか」などの言葉のやり取りを楽しむ姿が見られた。また、冬の自然を肌で感じ、言葉で保育者に伝えていた
- 節分の会では、年長児が鬼になってやってくると豆を投げて鬼を退治しようとする様子があり、季節の行事を楽しみながら体感しているようだった
- 簡単なルールがある遊びに興味を持ち、やってみようとするが、ルールよりも自分の思いを優先する姿も見られた

〈 自己評価 〉

- 活動や環境の中で、伝統的な行事の雰囲気を感じられるようにしたことで、節分という文化を肌で感じる機会が持てたと思う
- ルールがある遊びで、鬼遊びを行ったが、追いかけられる遊びは遊びの終着点が分かりにくかった。2歳児にとってルールが分かりやすいということの意味を考えることが大事だと思った
- ごっこ遊びに入りながら言葉のやり取りをしたり、生活の中で園児がつぶやいたことに共感したりする中で、必要以上に多くの言葉をかけてしまうことがあった。周りの友達と言葉で伝え合う力が育ってくる時期なので、介入しすぎないように気を付けたい

4月15日（水）

園児の姿

- 進級へ向けて、担任と共に新しい部屋での生活を送っていたため、進級後の大きな混乱は見られない
- 新しい玩具に興味を示し、遊んでみる子もいれば、友達が遊ぶ様子を眺めている子もいる
- 室内を走り回ったり、玩具を投げる姿も見られる

月のねらい

- 新しい環境や保育教諭に慣れて、安心して園生活を送る
- 好きな玩具や遊びを見つけ、保育教諭や友達と一緒に遊ぶことの楽しさや、思いが通じ合うことの喜びを味わう

日のねらい（内容）

- 室内でも思いきり体を動かして遊ぶ（遊戯室での遊び）
- 運動遊びで「投げる」「ぶら下がる」「渡る」「上る」「跳ぶ」等の動きを促す（遊戯室での遊び）
- 自ら好きな遊びを選んで楽しむ（自由遊び）

〈 園児の評価 〉

- 保育室では発散できない分、遊戯室で思いきり体を動かし喜ぶ姿があった
- 仲よしの友達の姿を見ることで、自分も挑戦してみようとする姿が見られた
- ぶら下がる力が弱い園児もいる

〈 自己評価 〉

- 最近、保育室を走り回る姿が増えてきたので遊戯室での運動遊びを行った。喜んで遊ぶ子も多かったが、中には巧技台や平均台に興味を示さず、ただ走り回る子もいた。運動発達を促すねらいがあったが、まずは遊戯室という場所に親しむかかわりが必要だと思った

時間			
7：00〜 9：40	●順次登園し、持ち物の始末を行う ●自由遊び ●排泄を済ませ、朝のおやつを食べる		

時間	教育・保育の流れ	環境構成	保育教諭等の 援助・指導上の留意点
9：45	●水筒を持ち、2階へ行く支度をする	●遊戯室の遊具のセッティングを行う	●遊戯室へ行ったらすぐに遊びはじめられるよう、あらかじめ遊具をセッティングしておく
	●遊戯室へ移動する		●階段では手すりを握るよう声をかける
9：50	●遊戯室で遊ぶ ・的当て、巧技台、平均台、鉄棒	●的当て（ボール）、巧技台、平均台、鉄棒（マット）を準備する。的当てはその他の場所から離して設置する ●園児同士がぶつかり合わないよう、進行方向を決め、分かりやすく設置する	●遊びはじめる前に、遊具の遊び方を説明する ●手を出し過ぎず、自ら挑戦しようとする意欲を引き出す声かけを意識する ●的当てのボールは転がることを予測し、危険がないよう見守る
		●すぐに水分補給ができるよう、水筒は1か所にまとめておく	●15分に1回は水分補給を行う
	●水筒を持ち、部屋へ戻る支度をする		●もう少しで片付ける時間になると、声をかけておき、終了する心構えができるようにする
	●階段を下りる		●階段の下りは慌てないよう見守る ●水筒の持ち方で危険が及ばないよう確認する
	●排泄を行う		
10：40	●室内で自由遊び ・ままごと、積み木、型はめパズル、絵本、コップタワーなど	●好きな遊びができるよう、遊具を整理しておく ●友達の姿を見て同じ遊びを選べるよう、玩具は複数準備する	●園児が興味を持っている遊びは何か観察し、遊びの発展のために必要な物があれば準備したり、保育教諭が一緒に遊んだりする
11：00〜 18：00	●給食を食べる ●午睡を行う ●午後のおやつを食べる ●降園準備をして自由遊び		

日案②

初夏

保育園

6月25日（水）

園児の姿
- 保育者との信頼関係も築け、安定した保育園生活を送れている
- 簡単な身の回りのことを自分でしようとする子もいるが、できずに遊んでしまう子もいる

**月の
ねらい**
- 身の回りのことを保育者に援助してもらいながら、自分でしようとする
- 保育者や友達と一緒に好きな遊びを楽しむ
- 梅雨の時期を、健康に気を付けながら快適に過ごせるようにする

**日のねらい
（内容）**
- 友達に関心を持ち、かかわろうとする
- 保育者や友達と一緒に体を動かして遊ぶことを楽しむ

❮ 園児の評価 ❯
- 好きな遊びを通して、自分から友達とかかわろうとする姿が見られた。かかわりが多くなるとともに、自分の思いを上手く伝えることができず、トラブルになることも増えてきたので、保育者が仲立ちしながら言葉で気持ちを伝えられるようにしていく

❮ 自己評価 ❯
- 運動遊びは、発達に応じた動きを取り入れたので、子どもたちも楽しんで遊ぶことができた。引き続き、発達に合わせて動きを発展させた遊びを取り入れていきたい
- 今後、衣服の着脱など生活の場面で指先を使った動きが必要な時があるので、継続的に指先を使った遊びを取り入れていきたい

238

時間			
7:00〜10:00	●順次登園　●自由遊び　●おやつ		

時間	教育・保育の流れ	環境構成	保育者の指導（援助）及び留意点
10:00	●朝の会 ・歌をうたう ・保育者が出席を取る	●季節が感じられるような、歌や手遊びを取り入れる ●園児一人一人の顔が見えるような位置に保育者がいるようにする（健康状態の把握など）	●心地よい雰囲気や楽しさが感じられるように保育者も一緒に歌ったり、スキンシップを取っていく ●保育者が園児の側で見守ったり、一緒に朝のあいさつを言うことで安心感・満足感が得られるようにする ●歌をうたう時はピアノの方を向くなど、その都度参加しやすいよう声かけをする
	●運動遊び ・リズム運動 ・リトミック	●梅雨の時期は、室内で過ごすことが多くなるため、机や椅子を片付けるなど、園児が伸び伸びと体を動かせるような空間を工夫する ●リズムに乗って体を動かせるような曲を準備する	●保育者も一緒に遊びに入り、子どもが楽しんで参加できるようにする。 ●自分でやりたいという思いを大切にし、必要に応じて補助をする ●園児が安全に遊べるように、一人一人の体の使い方を見ていく
	●休憩、トイレ	●トイレを清潔に保ち、園児が安心して排泄できる場にする ●拭きやすい大きさのトイレットペーパーを準備しておく	●保育者が一緒にトイレに入り、使い方や拭き方を伝える。排泄できた際はほめて、自信が持てるようにする。また、個々の排尿間隔を把握し、必要に応じて声かけをする ●こまめな水分補給ができるように促す
	●室内遊び ・指先を使った遊び （ひも通し、ボタン止めなど）	●集中して遊びこめるように、十分な玩具を準備しておく ●継続して遊びを楽しめるように、指先を使った遊びを複数設定しておき、園児自身がやりたいものを選べるようにする	●保育者も一緒に遊びながら、玩具の使い方を伝えていく ●玩具の貸し借りなどでトラブルが起きた時は、個々の言葉や表情から気持ちを丁寧にくみ取り、保育者が仲立ちとなりながら思いを言葉にできるような声かけをしていく
11:00〜19:00	●トイレ、手洗い　●給食準備、給食　●着替え、午睡　●おやつ　●順次降園		

8月8日（木）

園児の姿

- 生活の流れが分かり、落ち着いた雰囲気の中で安心して過ごしている
- こぼしながらもスプーンやフォークを使って自分で食べようとしている
- 保育教諭に見守られながらトイレで排尿したり、排泄の有無を伝えたりしている
- 水遊びをしたあとや暑さで疲れて、早めに眠くなる園児がいる
- 簡単な衣服の着脱を自分でしようとしているが、汗で脱ぎにくい時は保育教諭に手伝ってもらっている
- 保育教諭や友達と一緒に、水・砂・泥の感触を楽しみ、味わっている
- 野菜や草花、身近な小動物などをのぞき込んで、見たり触れたりしている
- 遊びの中で体験したことを、簡単な言葉で伝えようとしている
- 体を使ったり、歌を歌ったりして表現することを楽しんでいる

月のねらい

- 一人一人の園児の健康状態に留意して、休息や水分を十分に取り、夏を健康に過ごす
- みんなで食事をする楽しさを味わいながら自分で食べようとする
- 保育教諭に見守られながら、身の回りのことを自分でしようとする
- 保育教諭や友達と一緒に、夏ならではの遊びを十分に楽しむ
- 夏の自然や生き物に触れ、興味や関心を持つ

日のねらい（内容）

- 身の回りのことを自分でしようとする
- 保育教諭に見守られながら、水遊び前後の身の回りの支度を自分でしようとする
- 保育教諭や友達と水遊びを十分に楽しむ
- 自分から意欲的に食事をしようとする

≪ 園児の評価 ≫

- 水を怖がることなく水遊びに参加し、水に親しむことができていた
- 水遊び前後の着替えをできるところは自分でしようとする姿が見られた
- 少しくらい顔に水がかかっても、嫌がらなくなった
- 自分のタオルを水につけて洗濯ごっこをしようとする姿があった
- 水分補給を促しても、なかなか水分を取りたがらない園児がいた

≪ 自己評価 ≫

- 自分のタオルを水につけて洗濯ごっこをしようとする姿があったので、次回は洗濯ごっこや泡クリームを使った遊びなど、ごっこ遊びに発展する遊びを展開したい
- 水分補給を嫌がる園児がいたので、保護者にも水分補給の大切さを伝え、水分補給の習慣を付けるようにしていきたい

時間			
7:00〜 9:40	●順次登園　●自由遊び　●おやつ ●朝の挨拶をする　●保育教諭と一緒に朝の支度をする　●支度が済んだら好きな遊びをする ●片付けをして、手洗い消毒をし、おやつを食べる		

時間	教育・保育の流れ	環境構成	保育教諭等の 援助・指導上の留意点
9:45	●排泄 ・トイレに行き、排泄をする ・手を洗う ・手を拭く	●トイレは換気し、便座はこまめに消毒をしておく ●ハンドソープやペーパータオルを園児が取りやすい場所に置いておく	●トイレに誘い、トイレで排泄できた時には一緒に喜び合い、次もトイレで排泄しようという気持ちを持てるようにする ●トイレでの排泄を拒否する場合は、無理強いはしないようにする
9:50	●水着に着替える	●自分の水着やタオル、脱いだ衣服を入れるかごに個人マークシールを貼り、自分の物が分かりやすいようにしておく	●衣服の脱ぎ方や片付け方を丁寧に伝え、難しいところはさりげなく手伝って、自分でできた喜びを感じられるようにする
		●熱中症に配慮し、テントを立て、その下で水遊びが楽しめるようにしておく	
	●タオルを持って水遊びに行く	●いろいろな水遊びが楽しめるように洗濯ごっこで使うたらいやプール、穴のあいたペットボトルやカップなどの空き容器、じょうろなどを数多く用意しておく	●水遊びに期待感を持てるよう「暑いからお水気持ちいいよ」「楽しみだね」などの声かけをし、楽しい雰囲気で水遊びが始められるようにする
		●気温やたらいやプールの水温、水質などチェックを行い、安全に水遊びが行えるようにしておく	
	●自分のタオルかけにタオルをかける	●タオルかけに個人マークシーツを貼り、自分のタオルが分かりやすいようにしておく ●すぐに水分補給ができるように水筒を用意しておく	●自分のマークを見つけたり、タオルかけにかけられたりしたことを一緒に喜び、難しい園児はさりげなく手伝う
	●シャワーをし、水遊びを楽しむ		●足から少しずつ水をかけ、「気持ちいいね」と声をかけ、水は怖くないと思えるようにする
	●水に触れ、ペットボトルやカップに水を入れたり、穴のあいたペットボトルからシャワーのように水が出るのを楽しむ	●保育教諭も一緒に水遊びに参加できるよう濡れてもよい服に着替えておく	●保育教諭も一緒に参加して楽しさを共有する
10:40	●水分補給をする		●しっかり水分補給ができているか水筒の量を確認する
	●水遊びの続きを楽しむ		●園児同士のかかわりを見守ったり、子どもの気付きに共感したりして、遊びがより楽しくなるようかかわる
11:00〜 18:00	●着替え　●排泄 ●給食　●午睡　●おやつ ●自由遊び　●順次降園		

9月10日（火）

園児の姿
- 戸外遊びを喜び、好きな遊びを楽しんでいる
- 友達とかかわりを持って遊んでいる
- 身の回りのことを自分でしようとする

月のねらい
- 自分でできる喜びを感じながら、身の回りのことや遊びを意欲的に行う
- 秋の自然に触れ、戸外遊びや散歩を楽しむ
- 運動会の練習に参加し、友達や異年齢児と一緒に楽しむ

日のねらい（内容）
- 散歩に出かけ、秋の訪れを感じる
- 道路の歩き方、注意すべきことを知る

《 園児の評価 》
- 散歩に行くことを伝えると、身支度など意欲的にできていた
- 道路を歩いている時も、しっかりと誘導ロープにつかまり、左右の確認など保育者と共にできていた。広場に着いてからは、散策や体を動かして楽しんでいた

《 自己評価 》
- 早く散歩に行きたい気持ちが先行して、なかなか靴下や靴が履けない子もいたが、待っていることを伝え、できるだけ自分で履けるように援助した。道路は歩道が広いが、なるべく車道から離れた所を歩くように心がけた。また、広場でも車道に出ないように声かけをしたり、車道近くに保育者を配置するなど安全確保に努めた

時間			
7：00〜 10：00	●順次登園　●あいさつ、受け入れ、視診 ●自由遊び　●おやつ ●排泄、おむつ交換		

時間	教育・保育の流れ	環境構成	保育者の 指導（援助）及び留意点
10：00	●朝の会 ・季節の歌を歌う ・出席ノートにシールを貼る	●当番児が前に立ち、向かい合うように横一列に並んで座る	●園児たちの向かい側に座り、ペープサートを使って一緒に歌う ●出席ノートの日にち部分に印を付け、分かりやすくして配る
10：10	●散歩に出かけることを伝え、靴下を履く、帽子をかぶる等の身支度を整える ・玄関に行き、靴を履き園庭に出る	●一人一人に靴下を渡し、各自ロッカーから帽子を出してかぶる ●ティッシュ、救急セットを持っていく	●自分で履くことができない子には、履きやすいように手を添えるなどして援助する ●人数確認は、必ず複数人で行う
	●誘導ロープにつかまり、散歩に出発する ・保育者の話に耳を傾けながら、周りの風景を楽しみ歩く	●誘導ロープはつかまりやすいように、園庭に広げておく	●保育者が誘導ロープの先頭をつかみ、道路の安全確保に努める。また、列の間、最後尾にも保育者を配置する ●歩きながら周りの風景、注意すべき場所、歩き方など声をかけながら歩く
10：25	●広場で自由に遊ぶ ・秋の草花に目を向け散策する ・保育者や友達と一緒に追いかけっこなどを楽しむ	●拾った草花を持ち帰れるように、袋を用意しておく	●危険な物が落ちていないか、周囲に気を配り園児たちの遊びを見守る ●秋の草花があることを知らせ、興味が持てるような声かけをする
10：45	●帰園することを呼びかけ、誘導ロープにつかまる ・会話を楽しみながら歩く	●誘導ロープをつかまりやすいように、広場の端に広げておく	●保育者複数人で人数確認を行う。出発時同様、先頭、列の間、最後尾に保育者を配置する。誘導ロープにつかまることを嫌がる子がいた場合は、保育者が手をつないで歩く
10：55	●人数確認後、ただいまのあいさつをして園内に入る ・自分で靴を下駄箱に入れる ・靴下、帽子も自分で脱いでロッカーに入れる	●玄関のドアは保育者が開けておく	●複数人で人数確認を行う ●自分の下駄箱が分からない子には、保育者が声をかけて場所を知らせる ●汗で靴下が脱ぎにくくなっている子を援助する
	・パンツの子はトイレに行く ●トイレから戻ったら保育室内にて再び人数確認を行う		●保育者も一緒にトイレに行く
11：00〜 19：00	●手洗い、うがい　●給食 ●排泄、おむつ交換　●午睡　●帰りの歌 ●自由遊び　●順次降園、延長保育		

1月15日（月）

園児の姿

- 言葉のやり取りをしながら、友達や保育教諭とごっこ遊びを楽しむ姿が見られる
- 正月休み中の自分の経験を保育教諭に聞いてもらおうと一生懸命に話す姿が見られる

月の ねらい

- 簡単な集団遊びを通して友達とのかかわりを深める
- 正月遊びに興味を持ち楽しむ

日のねらい （内容）

- カルタ遊びを通して簡単なルールを共有し、集団で遊ぶ楽しさを知る

《 園児の評価 》

- 遊びを進めるうちに、園児たちの姿勢が前のめりになっていき、取ったカードを「見てー」とうれしそうに見せていた
- 次のカードに期待し、集中してじっと待つ園児もいた

《 自己評価 》

- 正月休み中の家族での経験を集団遊びに取り入れることで、正月の雰囲気を味わいながら楽しむことができた。保育教諭が一緒に遊びながら声をかけていったことでトラブルもなく遊びに夢中になる様子が見られた。「またやりたい！」との声が聞かれたので園児の興味に合わせたカードを準備し、次回の活動につなげていきたい

時間			
7：00〜 9：40	●順次登園　●視診　●健康観察　●保護者との連絡交換　●身の回りの始末（親子で） ●自由遊び　●片付け　●排泄（トイレトレーニング）　●手洗い　●朝のおやつ　●朝の会		

時間	教育・保育の流れ	環境構成	保育教諭等の 援助・指導上の留意点
9：45	●正月にちなんだ絵本や紙芝居を見て正月中の経験や見たものを思い出す ●正月に見たものあるかな？カード（絵）や実物を見ながら話を聞く	●自分のロッカー前で椅子に座って話を聞く（話を聞くことに集中できる環境を整える）	●正月に関する絵本や紙芝居を用意しておく ●園児が認識しやすい絵カードや実物を準備しておく（もち、ミカン、こま、たこ、だるまなど）
9：50	●カルタ遊びの遊び方やルールの説明を聞く ●A、Bの2グループに分かれてマスキングテープを目印にカルタを囲んで座る	●園児たちの座る場所の目印にマスキングテープを丸く貼る（2か所）	●カルタは同じ絵を複数枚準備しておく ●保育教諭が遊びを分かりやすく楽しそうに演じながら一つ一つの流れを確認する
	●カルタ遊び ●保育教諭が提示するカードに注目する ●取ったカルタを喜んで持っている数の概念が分かる子も出てくる	●A、B2つのグループに分かれてカルタ遊びをする ●園児たちの様子を見ながら座る場所や保育教諭の配置を変えて2回目を行う	●園児の月齢や個人差を考慮し、A、B2つのグループに分け、適切な援助ができるようにする ●A、Bそれぞれに保育教諭が入り、一緒に遊びながら遊ぶ楽しさを味わえるよう雰囲気作りをする ●言葉の理解が難しい子には直接カードの絵を見せながら声をかけていく ●取れたり取れなかったりする感情が芽生えはじめ「先生見て！」と受け止めてもらう心地よさを味わえるようにする
10：40	●排泄（トイレトレーニング）をする	●マスキングテープをはがす ●机を並べる	

時間			
11：00〜 18：00	●手洗い　●給食準備　●給食　●歯磨き　●着替え　●排泄　●午睡準備 ●読み聞かせ　●午睡　●目覚め　●排泄　●手洗い　●おやつ準備　●おやつ　●帰りの会　●順次降園		

食育計画の見方

食育計画は0・1・2歳児をまとめて記載しています。

❶ 年間目標

一年間を通して身に付けてほしいこと、経験してほしい内容について「食と健康」「食と人間関係」「食と文化」「命の育ちと食」「料理と食」の5項目の観点から記載しています。

❷ ねらい・内容

「年間目標」を達成するための「ねらい」、またそのために行う具体的な「内容」について取り上げています。

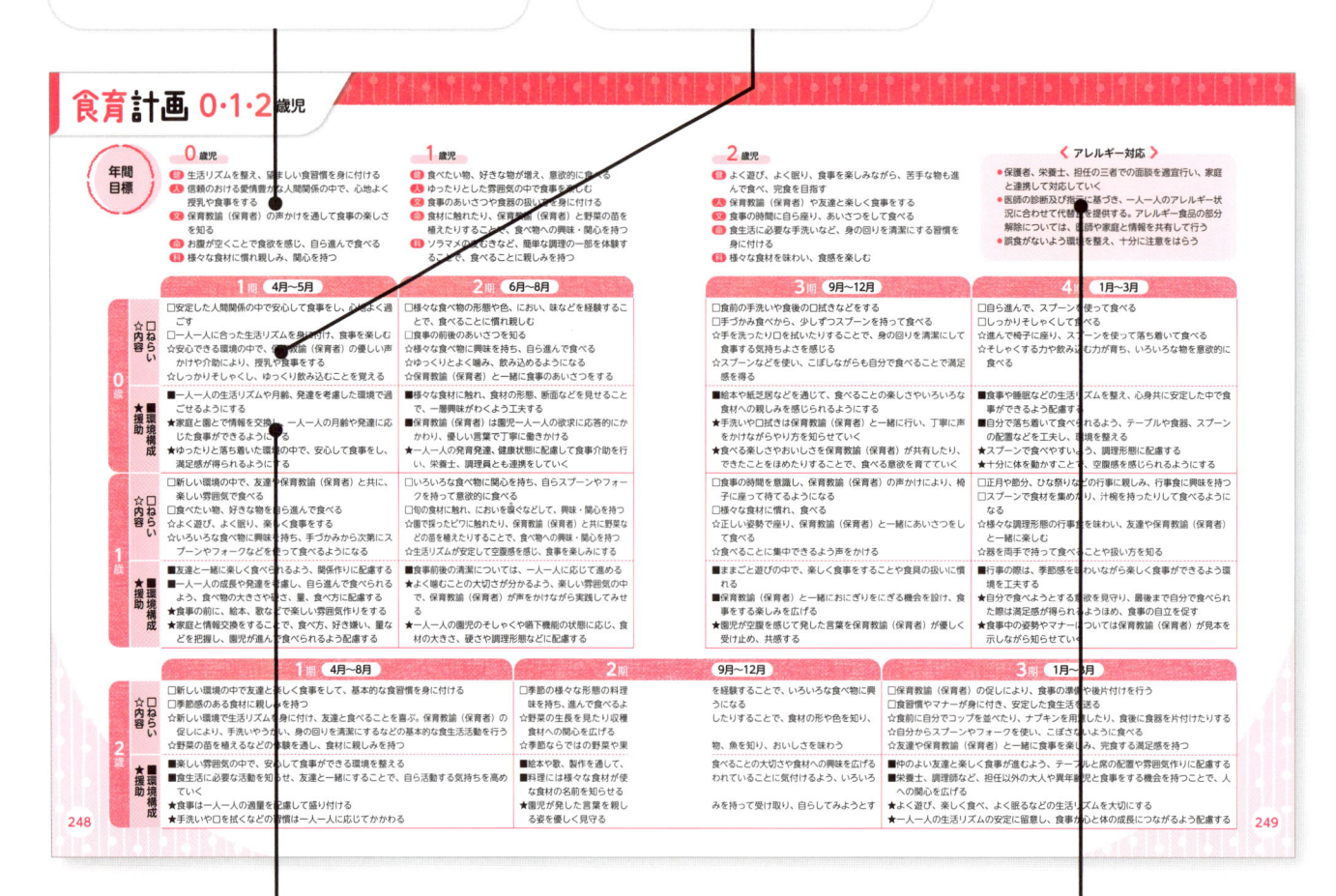

❸ 環境構成・援助

「ねらい」を達成するために「内容」を行う際、どのような「環境構成」をしたらよいか、またどのような「援助」が必要かについて記載しています。

❹ アレルギー対応

子どもの「アレルギー対応」についての具体的な対策を記載しています。

健康と安全の計画の見方

1 園行事及び園事業

それぞれの時期に園で行うことが想定される行事について、2歳児は1〜3期に分けて記載しています。

2 健康

子どもたちの健康を保持し健やかに過ごすために、園として行うことを具体的に記載しています。

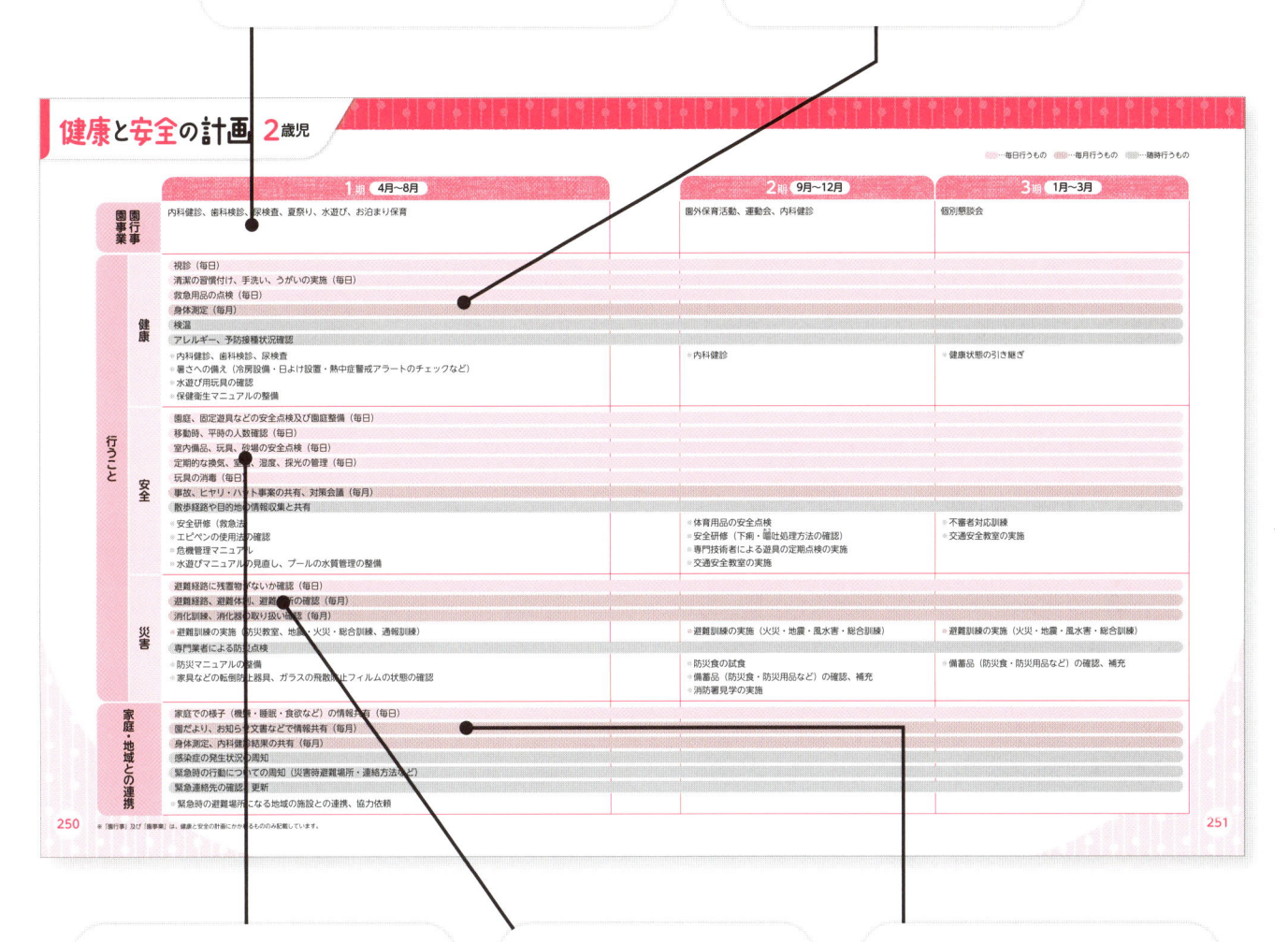

3 安全

子どもの安全を確保するための環境設定、及び必要となる設備点検や、安全教育について記載しています。

4 災害

様々な自然災害の発生を想定した対策や備えについて記載しています。

5 家庭・地域との連携

子どもの健康と安全のために、家庭や地域と連携して行う事柄について記載しています。

食育計画 0・1・2歳児

<table>
<tr><td rowspan="2">年間目標</td><td colspan="2">0 歳児</td><td colspan="2">1 歳児</td></tr>
<tr>
<td colspan="2">
健 生活リズムを整え、望ましい食習慣を身に付ける
人 信頼のおける愛情豊かな人間関係の中で、心地よく授乳や食事をする
文 保育教諭（保育者）の声かけを通して食事の楽しさを知る
命 お腹が空くことで食欲を感じ、自ら進んで食べる
科 様々な食材に慣れ親しみ、関心を持つ
</td>
<td colspan="2">
健 食べたい物、好きな物が増え、意欲的に食べる
人 ゆったりとした雰囲気の中で食事を楽しむ
文 食事のあいさつや食器の扱い方を身に付ける
命 食材に触れたり、保育教諭（保育者）と野菜の苗を植えたりすることで、食べ物への興味・関心を持つ
科 ソラマメの皮むきなど、簡単な調理の一部を体験することで、食べることに親しみを持つ
</td>
</tr>
</table>

		1期 4月〜5月	**2期** 6月〜8月
0歳	☆□ねらい・内容	□安定した人間関係の中で安心して食事をし、心地よく過ごす □一人一人に合った生活リズムを身に付け、食事を楽しむ ☆安心できる環境の中で、保育教諭（保育者）の優しい声かけや介助により、授乳や食事をする ☆しっかりそしゃくし、ゆっくり飲み込むことを覚える	□様々な食べ物の形態や色、におい、味などを経験することで、食べることに慣れ親しむ □食事の前後のあいさつを知る ☆様々な食べ物に興味を持ち、自ら進んで食べる ☆ゆっくりとよく噛み、飲み込めるようになる ☆保育教諭（保育者）と一緒に食事のあいさつをする
	★■援助・環境構成	■一人一人の生活リズムや月齢、発達を考慮した環境で過ごせるようにする ★家庭と園とで情報を交換し、一人一人の月齢や発達に応じた食事ができるようにする ★ゆったりと落ち着いた環境の中で、安心して食事をし、満足感が得られるようにする	■様々な食材に触れ、食材の形態、断面などを見せることで、一層興味がわくよう工夫する ■保育教諭（保育者）は園児一人一人の欲求に応答的にかかわり、優しい言葉で丁寧に働きかける ★一人一人の発育発達、健康状態に配慮して食事介助を行い、栄養士、調理員とも連携をしていく
1歳	☆□ねらい・内容	□新しい環境の中で、友達や保育教諭（保育者）と共に、楽しい雰囲気で食べる □食べたい物、好きな物を自ら進んで食べる ☆よく遊び、よく眠り、楽しく食事をする ☆いろいろな食べ物に興味を持ち、手づかみから次第にスプーンやフォークなどを使って食べるようになる	□いろいろな食べ物に関心を持ち、自らスプーンやフォークを持って意欲的に食べる □旬の食材に触れ、においを嗅ぐなどして、興味・関心を持つ ☆園で採ったビワに触れたり、保育教諭（保育者）と共に野菜などの苗を植えたりすることで、食べ物への興味・関心を持つ ☆生活リズムが安定して空腹感を感じ、食事を楽しみにする
	★■援助・環境構成	■友達と一緒に楽しく食べられるよう、関係作りに配慮する ■一人一人の成長や発達を考慮し、自ら進んで食べられるよう、食べ物の大きさや硬さ、量、食べ方に配慮する ★食事の前に、絵本、歌などで楽しい雰囲気作りをする ★家庭と情報交換をすることで、食べ方、好き嫌い、量などを把握し、園児が進んで食べられるよう配慮する	■食事前後の清潔については、一人一人に応じて進める ★よく噛むことの大切さが分かるよう、楽しい雰囲気の中で、保育教諭（保育者）が声をかけながら実践してみせる ★一人一人の園児のそしゃくや嚥下機能の状態に応じ、食材の大きさ、硬さや調理形態などに配慮する

		1期 4月〜8月	**2期**
2歳	☆□ねらい・内容	□新しい環境の中で友達と楽しく食事をして、基本的な食習慣を身に付ける □季節感のある食材に親しみを持つ ☆新しい環境で生活リズムを身に付け、友達と食べることを喜ぶ。保育教諭（保育者）の促しにより、手洗いやうがい、身の回りを清潔にするなどの基本的な食生活活動を行う ☆野菜の苗を植えるなどの体験を通し、食材に親しみを持つ	□季節の様々な形態の料理味を持ち、進んで食べるよ ☆野菜の生長を見たり収穫食材への関心を広げる ☆季節ならではの野菜や果
	★■援助・環境構成	■楽しい雰囲気の中で、安心して食事ができる環境を整える ■食生活に必要な活動を知らせ、友達と一緒にすることで、自ら活動する気持ちを高めていく ★食事は一人一人の適量を配慮して盛り付ける ★手洗いや口を拭くなどの習慣は一人一人に応じてかかわる	■絵本や歌、製作を通して、 ■料理には様々な食材が使な食材の名前を知らせる ★園児が発した言葉を親しる姿を優しく見守る

2歳児

- 健 よく遊び、よく眠り、食事を楽しみながら、苦手な物も進んで食べ、完食を目指す
- 人 保育教諭（保育者）や友達と楽しく食事をする
- 文 食事の時間に自ら座り、あいさつをして食べる
- 命 食生活に必要な手洗いなど、身の回りを清潔にする習慣を身に付ける
- 科 様々な食材を味わい、食感を楽しむ

≪ アレルギー対応 ≫

- ●保護者、栄養士、担任の三者での面談を適宜行い、家庭と連携して対応していく
- ●医師の診断及び指示に基づき、一人一人のアレルギー状況に合わせて代替食を提供する。アレルギー食品の部分解除については、医師や家庭と情報を共有して行う
- ●誤食がないよう環境を整え、十分に注意をはらう

3期 9月～12月	4期 1月～3月
□食前の手洗いや食後の口拭きなどをする □手づかみ食べから、少しずつスプーンを持って食べる ☆手を洗ったり口を拭いたりすることで、身の回りを清潔にして食事する気持ちよさを感じる ☆スプーンなどを使い、こぼしながらも自分で食べることで満足感を得る	□自ら進んで、スプーンを使って食べる □しっかりそしゃくして食べる ☆進んで椅子に座り、スプーンを使って落ち着いて食べる ☆そしゃくする力や飲み込む力が育ち、いろいろな物を意欲的に食べる
■絵本や紙芝居などを通じて、食べることの楽しさやいろいろな食材への親しみを感じられるようにする ★手洗いや口拭きは保育教諭（保育者）と一緒に行い、丁寧に声をかけながらやり方を知らせていく ★食べる楽しさやおいしさを保育教諭（保育者）が共有したり、できたことをほめたりすることで、食べる意欲を育てていく	■食事や睡眠などの生活リズムを整え、心身共に安定した中で食事ができるよう配慮する ■自分で落ち着いて食べられるよう、テーブルや食器、スプーンの配置などを工夫し、環境を整える ★スプーンで食べやすいよう、調理形態に配慮する ★十分に体を動かすことで、空腹感を感じられるようにする
□食事の時間を意識し、保育教諭（保育者）の声かけにより、椅子に座って待てるようになる □様々な食材に慣れ、食べる ☆正しい姿勢で座り、保育教諭（保育者）と一緒にあいさつをして食べる ☆食べることに集中できるよう声をかける	□正月や節分、ひな祭りなどの行事に親しみ、行事食に興味を持つ □スプーンで食材を集めたり、汁椀を持ったりして食べるようになる ☆様々な調理形態の行事食を味わい、友達や保育教諭（保育者）と一緒に楽しむ ☆器を両手で持って食べることや扱い方を知る
■ままごと遊びの中で、楽しく食事をすることや食具の扱いに慣れる ■保育教諭（保育者）と一緒におにぎりをにぎる機会を設け、食事をする楽しみを広げる ★園児が空腹を感じて発した言葉を保育教諭（保育者）が優しく受け止め、共感する	■行事の際は、季節感を味わいながら楽しく食事ができるよう環境を工夫する ★自分で食べようとする意欲を見守り、最後まで自分で食べられた際は満足感が得られるようほめ、食事の自立を促す ★食事中の姿勢やマナーについては保育教諭（保育者）が見本を示しながら知らせていく

9月～12月	3期 1月～3月
を経験することで、いろいろな食べ物に興うになる したりすることで、食材の形や色を知り、 物、魚を知り、おいしさを味わう	□保育教諭（保育者）の促しにより、食事の準備や後片付けを行う □食習慣やマナーが身に付き、安定した食生活を送る ☆食前に自分でコップを並べたり、ナプキンを用意したり、食後に食器を片付けたりする ☆自分からスプーンやフォークを使い、こぼさないように食べる ☆友達や保育教諭（保育者）と一緒に食事を楽しみ、完食する満足感を持つ
食べることの大切さや食材への興味を広げる われていることに気付けるよう、いろいろ みを持って受け取り、自らしてみようとす	■仲のよい友達と楽しく食事が進むよう、テーブルと席の配置や雰囲気作りに配慮する ■栄養士、調理師など、担任以外の大人や異年齢児と食事をする機会を持つことで、人への関心を広げる ★よく遊び、楽しく食べ、よく眠るなどの生活リズムを大切にする ★一人一人の生活リズムの安定に留意し、食事が心と体の成長につながるよう配慮する

健康と安全の計画 2歳児

		1期 4月〜8月
園事業 **園行事**		内科健診、歯科検診、尿検査、夏祭り、水遊び、お泊まり保育
行うこと	**健康**	視診（毎日） 清潔の習慣付け、手洗い、うがいの実施（毎日） 救急用品の点検（毎日） 身体測定（毎月） 検温 アレルギー、予防接種状況確認 ● 内科健診、歯科検診、尿検査 ● 暑さへの備え（冷房設備・日よけ設置・熱中症警戒アラートのチェックなど） ● 水遊び用玩具の確認 ● 保健衛生マニュアルの整備
	安全	園庭、固定遊具などの安全点検及び園庭整備（毎日） 移動時、平時の人数確認（毎日） 室内備品、玩具、砂場の安全点検（毎日） 定期的な換気、室温、湿度、採光の管理（毎日） 玩具の消毒（毎日） 事故、ヒヤリ・ハット事案の共有、対策会議（毎月） 散歩経路や目的地の情報収集と共有 ● 安全研修（救急法） ● エピペンの使用法の確認 ● 危機管理マニュアル ● 水遊びマニュアルの見直し、プールの水質管理の整備
	災害	避難経路に残置物がないか確認（毎日） 避難経路、避難体制、避難場所の確認（毎月） 消化訓練、消化器の取り扱い確認（毎月） ● 避難訓練の実施（防災教室、地震・火災・総合訓練、通報訓練） 専門業者による防災点検 ● 防災マニュアルの整備 ● 家具などの転倒防止器具、ガラスの飛散防止フィルムの状態の確認
家庭・地域との連携		家庭での様子（機嫌・睡眠・食欲など）の情報共有（毎日） 園だより、お知らせ文書などで情報共有（毎月） 身体測定、内科健診結果の共有（毎月） 感染症の発生状況の周知 緊急時の行動についての周知（災害時避難場所・連絡方法など） 緊急連絡先の確認、更新 ● 緊急時の避難場所になる地域の施設との連携、協力依頼

※「園行事」及び「園事業」は、健康と安全の計画にかかわるもののみ記載しています。

2期 **9月～12月**	**3**期 **1月～3月**
園外保育活動、運動会、内科健診	個別懇談会

- 内科健診
- 健康状態の引き継ぎ

- 体育用品の安全点検
- 安全研修（下痢・嘔吐処理方法の確認）
- 専門技術者による遊具の定期点検の実施
- 交通安全教室の実施

- 不審者対応訓練
- 交通安全教室の実施

- 避難訓練の実施（火災・地震・風水害・総合訓練）
- 避難訓練の実施（火災・地震・風水害・総合訓練）

- 防災食の試食
- 備蓄品（防災食・防災用品など）の確認、補充
- 消防署見学の実施

- 備蓄品（防災食・防災用品など）の確認、補充

CD-ROMの使い方

付属のCD-ROMはこども園・保育園のための指導計画を作る上で役に立つ計画案とフォーマットを収録したデータ集です。下記のポイントをご覧いただいた上でご利用ください。それぞれExcelデータとPDFデータを収録してあります。

● CD-ROM 動作環境について

本書に付属のCD-ROMをご利用いただくには、CD-ROMドライブまたはCD-ROMを読み込めるDVD-ROMドライブが装備されているパソコンが必要です。

- **動作確認済みOS >>** Windows 10、Windows 11
- **アプリケーションソフト >>** Microsoft Excel(2013以降を推奨)、Adobe Acrobat Reader

● CD-ROMの取り扱いについて

- 付属のCD-ROMは音楽CDではありません。オーディオプレイヤーで再生しないでください。
- CD-ROMの裏面に汚れや傷をつけるとデータを読み取れなくなります。取り扱いには十分ご注意ください。

ダウンロードデータの使い方

付属のCD-ROMと同じデータをダウンロードできます。

● ダウンロード方法

下記のQRコード、またはURLにアクセスしてパスワードを入力してください。

mywonder.jp/pripribooks/35209

- パスワードはダウンロードページの記載を確認してください。
  ※ダウンロードページの記載内容は、予告なしに変更する場合がございます。
  ※ダウンロードに係る各社サービスが終了するなどした場合、ダウンロードが利用できなくなる場合がございます。

● データがダウンロードできないとき

❶ 最新ブラウザにてご覧ください
推奨ブラウザはGoogle Chromeです。Internet Explorerなど旧世代のブラウザをご使用の場合は、Google Chrome（最新版）にてお試しください。

❷ パスワードは「半角英数字」で入力してください
文字入力の制限が「かな入力」になっている、「Caps Lock」がオンになっている場合などは、エラーになりますので入力形式をご確認ください。

❸ システム管理者にお問い合わせください
セキュリティソフトやファイアウォールなどの設定で、データのダウンロードに制限がかかっている可能性がございます。お客様の組織のシステム管理者にお問い合わせください。

● データご利用時のポイント

- ご使用になりたいExcelデータをExcelで開き、パソコンに保存してからご利用ください。
- PDFでも同じ内容をご確認いただけます。PDFを使用される場合は、テキストをコピー&ペーストするなどしてご活用ください。フォーマットのPDFは手書き用です。プリントしてご活用ください。

Excel ワンポイント

セル（枠）内で改行をしたい！

→ **Alt キーを押しながら Enter キーを押すと改行を挿入できます。**

文章が長くてセル（枠）の中におさまらない！

→ **行の高さを広げて調整してみましょう。**

CD-ROM 収録データ一覧

付属のCD-ROMには以下のExcelデータとPDFデータが収録されています。

01_年間計画
- **こども園**
  - P30-31_nenkan01.pdf
  - P30-31_nenkan01.xlsx
  - P32-33_nenkan02.pdf
  - P32-33_nenkan02.xlsx
  - P34-35_nenkan03.pdf
  - P34-35_nenkan03.xlsx
- **保育園**
  - P24-25_nenkan01.pdf
  - P24-25_nenkan01.xlsx
  - P26-27_nenkan02.pdf
  - P26-27_nenkan02.xlsx
  - P28-29_nenkan03.pdf
  - P28-29_nenkan03.xlsx

03_週案
- P226-227_shuuan01_春_保育園.pdf
- P226-227_shuuan01_春_保育園.xlsx
- P228-229_shuuan02_初夏_こども園.pdf
- P228-229_shuuan02_初夏_こども園.xlsx
- P230-231_shuuan03_夏_保育園.pdf
- P230-231_shuuan03_夏_保育園.xlsx
- P232-233_shuuan04_秋_こども園.pdf
- P232-233_shuuan04_秋_こども園.xlsx
- P234-235_shuuan05_冬_保育園.pdf
- P234-235_shuuan05_冬_保育園.xlsx

04_日案
- P236-237_nichian01_春_こども園.pdf
- P236-237_nichian01_春_こども園.xlsx
- P238-239_nichian02_初夏_保育園.pdf
- P238-239_nichian02_初夏_保育園.xlsx
- P240-241_nichian03_夏_こども園.pdf
- P240-241_nichian03_夏_こども園.xlsx
- P242-243_nichian04_秋_保育園.pdf
- P242-243_nichian04_秋_保育園.xlsx
- P244-245_nichian05_冬_こども園.pdf
- P244-245_nichian05_冬_こども園.xlsx

05_食育計画
- P248-249_shokuiku.pdf
- P248-249_shokuiku.xlsx

06_健康と安全の計画
- P250-251_kenkotoanzen.pdf
- P250-251_kenkotoanzen.xlsx

フォーマット
- kenkotoanzen.pdf
- kenkotoanzen.xlsx
- shokuiku.pdf
- shokuiku.xlsx
- **こども園**
  - gekkan_こども園.pdf
  - gekkan_こども園.xlsx
  - nenkan_こども園.pdf
  - nenkan_こども園.xlsx
  - nichian_こども園.pdf
  - nichian_こども園.xlsx
  - shuuan_こども園.pdf
  - shuuan_こども園.xlsx
- **保育園**
  - gekkan_保育園.pdf
  - gekkan_保育園.xlsx
  - nenkan_保育園.pdf
  - nenkan_保育園.xlsx
  - nichian_保育園.pdf
  - nichian_保育園.xlsx
  - shuuan_保育園.pdf
  - shuuan_保育園.xlsx

02_月間計画

こども園

01月
- P184-185_gekkan01_1.pdf
- P184-185_gekkan01_1.xlsx
- P186-187_gekkan01_2.pdf
- P186-187_gekkan01_2.xlsx
- P188-189_gekkan01_3.pdf
- P188-189_gekkan01_3.xlsx
- P190-191_gekkan01_4.pdf
- P190-191_gekkan01_4.xlsx

02月
- P200-201_gekkan02_1.pdf
- P200-201_gekkan02_1.xlsx
- P202-203_gekkan02_2.pdf
- P202-203_gekkan02_2.xlsx
- P204-205_gekkan02_3.pdf
- P204-205_gekkan02_3.xlsx
- P206-207_gekkan02_4.pdf
- P206-207_gekkan02_4.xlsx

03月
- P216-217_gekkan03_1.pdf
- P216-217_gekkan03_1.xlsx
- P218-219_gekkan03_2.pdf
- P218-219_gekkan03_2.xlsx
- P220-221_gekkan03_3.pdf
- P220-221_gekkan03_3.xlsx
- P222-223_gekkan03_4.pdf
- P222-223_gekkan03_4.xlsx

04月
- P46-47_gekkan04_1.pdf
- P46-47_gekkan04_1.xlsx
- P48-49_gekkan04_2.pdf
- P48-49_gekkan04_2.xlsx
- P50-51_gekkan04_3.pdf
- P50-51_gekkan04_3.xlsx
- P52-53_gekkan04_4.pdf
- P52-53_gekkan04_4.xlsx

05月
- P62-63_gekkan05_1.pdf
- P62-63_gekkan05_1.xlsx
- P64-65_gekkan05_2.pdf
- P64-65_gekkan05_2.xlsx
- P66-67_gekkan05_3.pdf
- P66-67_gekkan05_3.xlsx

06月
- P76-77_gekkan06_1.pdf
- P76-77_gekkan06_1.xlsx
- P78-79_gekkan06_2.pdf
- P78-79_gekkan06_2.xlsx
- P80-81_gekkan06_3.pdf
- P80-81_gekkan06_3.xlsx
- P82-83_gekkan06_4.pdf
- P82-83_gekkan06_4.xlsx

07月
- P92-93_gekkan07_1.pdf
- P92-93_gekkan07_1.xlsx
- P94-95_gekkan07_2.pdf
- P94-95_gekkan07_2.xlsx
- P96-97_gekkan07_3.pdf
- P96-97_gekkan07_3.xlsx
- P98-99_gekkan07_4.pdf
- P98-99_gekkan07_4.xlsx

08月
- P108-109_gekkan08_1.pdf
- P108-109_gekkan08_1.xlsx
- P110-111_gekkan08_2.pdf
- P110-111_gekkan08_2.xlsx
- P112-113_gekkan08_3.pdf
- P112-113_gekkan08_3.xlsx

09月
- P122-123_gekkan09_1.pdf
- P122-123_gekkan09_1.xlsx
- P124-125_gekkan09_2.pdf
- P124-125_gekkan09_2.xlsx
- P126-127_gekkan09_3.pdf
- P126-127_gekkan09_3.xlsx

10月
- P136-137_gekkan10_1.pdf
- P136-137_gekkan10_1.xlsx
- P138-139_gekkan10_2.pdf
- P138-139_gekkan10_2.xlsx
- P140-141_gekkan10_3.pdf
- P140-141_gekkan10_3.xlsx
- P142-143_gekkan10_4.pdf
- P142-143_gekkan10_4.xlsx

11月
- P152-153_gekkan11_1.pdf
- P152-153_gekkan11_1.xlsx
- P154-155_gekkan11_2.pdf
- P154-155_gekkan11_2.xlsx
- P156-157_gekkan11_3.pdf
- P156-157_gekkan11_3.xlsx
- P158-159_gekkan11_4.pdf
- P158-159_gekkan11_4.xlsx

12月
- P168-169_gekkan12_1.pdf
- P168-169_gekkan12_1.xlsx
- P170-171_gekkan12_2.pdf
- P170-171_gekkan12_2.xlsx
- P172-173_gekkan12_3.pdf
- P172-173_gekkan12_3.xlsx
- P174-175_gekkan12_4.pdf
- P174-175_gekkan12_4.xlsx

保育園

01月
- P176-177_gekkan01_1.pdf
- P176-177_gekkan01_1.xlsx
- P178-179_gekkan01_2.pdf
- P178-179_gekkan01_2.xlsx
- P180-181_gekkan01_3.pdf
- P180-181_gekkan01_3.xlsx
- P182-183_gekkan01_4.pdf
- P182-183_gekkan01_4.xlsx

02月
- P192-193_gekkan02_1.pdf
- P192-193_gekkan02_1.xlsx
- P194-195_gekkan02_2.pdf
- P194-195_gekkan02_2.xlsx
- P196-197_gekkan02_3.pdf
- P196-197_gekkan02_3.xlsx
- P198-199_gekkan02_4.pdf
- P198-199_gekkan02_4.xlsx

03月
- P208-209_gekkan03_1.pdf
- P208-209_gekkan03_1.xlsx
- P210-211_gekkan03_2.pdf
- P210-211_gekkan03_2.xlsx
- P212-213_gekkan03_3.pdf
- P212-213_gekkan03_3.xlsx
- P214-215_gekkan03_4.pdf
- P214-215_gekkan03_4.xlsx

04月
- P38-39_gekkan04_1.pdf
- P38-39_gekkan04_1.xlsx
- P40-41_gekkan04_2.pdf
- P40-41_gekkan04_2.xlsx
- P42-43_gekkan04_3.pdf
- P42-43_gekkan04_3.xlsx
- P44-45_gekkan04_4.pdf
- P44-45_gekkan04_4.xlsx

05月
- P54-55_gekkan05_1.pdf
- P54-55_gekkan05_1.xlsx
- P56-57_gekkan05_2.pdf
- P56-57_gekkan05_2.xlsx
- P58-59_gekkan05_3.pdf
- P58-59_gekkan05_3.xlsx
- P61-61_gekkan05_4.pdf
- P61-61_gekkan05_4.xlsx

06月
- P68-69_gekkan06_1.pdf
- P68-69_gekkan06_1.xlsx
- P70-71_gekkan06_2.pdf
- P70-71_gekkan06_2.xlsx
- P72-73_gekkan06_3.pdf
- P72-73_gekkan06_3.xlsx
- P74-75_gekkan06_4.pdf
- P74-75_gekkan06_4.xlsx

07月
- P84-85_gekkan07_1.pdf
- P84-85_gekkan07_1.xlsx
- P86-87_gekkan07_2.pdf
- P86-87_gekkan07_2.xlsx
- P88-89_gekkan07_3.pdf
- P88-89_gekkan07_3.xlsx
- P90-91_gekkan07_4.pdf
- P90-91_gekkan07_4.xlsx

08月
- P100-101_gekkan08_1.pdf
- P100-101_gekkan08_1.xlsx
- P102-103_gekkan08_2.pdf
- P102-103_gekkan08_2.xlsx
- P104-105_gekkan08_3.pdf
- P104-105_gekkan08_3.xlsx
- P106-107_gekkan08_4.pdf
- P106-107_gekkan08_4.xlsx

09月
- P114-115_gekkan09_1.pdf
- P114-115_gekkan09_1.xlsx
- P116-117_gekkan09_2.pdf
- P116-117_gekkan09_2.xlsx
- P118-119_gekkan09_3.pdf
- P118-119_gekkan09_3.xlsx
- P120-121_gekkan09_4.pdf
- P120-121_gekkan09_4.xlsx

10月
- P128-129_gekkan10_1.pdf
- P128-129_gekkan10_1.xlsx
- P130-131_gekkan10_2.pdf
- P130-131_gekkan10_2.xlsx
- P132-133_gekkan10_3.pdf
- P132-133_gekkan10_3.xlsx
- P134-135_gekkan10_4.pdf
- P134-135_gekkan10_4.xlsx

11月
- P144-145_gekkan11_1.pdf
- P144-145_gekkan11_1.xlsx
- P146-147_gekkan11_2.pdf
- P146-147_gekkan11_2.xlsx
- P148-149_gekkan11_3.pdf
- P148-149_gekkan11_3.xlsx
- P150-151_gekkan11_4.pdf
- P150-151_gekkan11_4.xlsx

12月
- P160-161_gekkan12_1.pdf
- P160-161_gekkan12_1.xlsx
- P162-163_gekkan12_2.pdf
- P162-163_gekkan12_2.xlsx
- P164-165_gekkan12_3.pdf
- P164-165_gekkan12_3.xlsx
- P166-167_gekkan12_4.pdf
- P166-167_gekkan12_4.xlsx

ご注意

- 付属のCD-ROM、ダウンロードデータはWindowsを対象として作成されております。「CD-ROM 動作環境について」に記したOS以外での仕様についての動作保証はできません。
  Macintosh、macOSに関しては、同様のアプリケーションをご用意いただければ動作いたしますが、レイアウト・書体が正しく表示されない可能性があります。
- CD-ROM、ダウンロードデータに収録されているExcelソフト、PDFソフトについてのサポートは行っておりません。アプリケーションソフトの説明書などをご参照ください。
  アプリケーションソフトの操作方法についてのご質問にはお答えできませんので、あらかじめご了承ください。
- 付属のCD-ROMを使用した結果生じた損害・事故・損失、その他いかなる事態にも、弊社および監修者は一切の責任を負いません。
- データをウェブからダウンロードするには、インターネット接続が必要です。通信料はお客様負担となります。
- 各種計画の基組フォーマットは文字が入っていますが、あくまで計画案です。ご使用に際しては、内容を十分ご検討の上、各施設の方針に沿った文章を入力してください。各施設から発信される文書の内容については施設の責任となることをご了承ください。
- 付属のCD-ROM、ダウンロードデータは、使いやすくするため、枠の位置や文章の改行位置などが本書と異なる場合があります。各園の様式に合わせて作り替えてお使いください。本文とCD-ROMの内容に一部名称などの不一致の箇所があります。最新データはダウンロードデータをお使いください。

保育総合研究会沿革

1999年	10月	保育の情報発信を柱にし、設立総会（東京　こどもの城） 会長に中居林保育園園長（当時）・椛沢幸苗氏選出 保育・人材・子育ての3部会を設置 第1回定例会開催
	12月	広報誌第1号発行
2000年	5月	最初の定時総会開催（東京　こどもの城）
	8月	第4回定例会を京都市にて開催
	9月	田口人材部会部会長、日本保育協会（以下、日保協）・保育士養成課程等委員会にて意見具申
2001年	1月	第1回年次大会 チャイルドネットワーク「乳幼児にとってより良い連携を目指して」発行
	5月	日保協機関誌『保育界』“シリーズ保育研究”執筆掲載（毎年掲載）
2002年	3月	「From Hoikuen」春号発行（翌年1月まで夏号・秋号・冬号4刊発行）
	10月	社会福祉医療事業団助成事業「子育て支援基金　特別分助成」要望書
2003年	3月	年次大会を大阪市にて開催 保育雑誌『PriPri』（世界文化社）で指導計画執筆
	6月	日保協機関誌『保育界』“シリーズ保育研究”執筆掲載
	10月	福祉医療機構「子育て支援能力向上プログラム開発の事業」
2004年	3月	ホームページ開設（2008年リニューアル）
	10月	子育て支援に関するアンケート調査
2005年	4月	盛岡大学齋藤正典氏（当時）、保育学会で研修カルテを発表
	6月	「研修カルテ-自己チェックの手引き」発行（研修カルテにおける自己評価の判断基準） チャイルドアクションプランナー研修会（2回：花巻／東京）
	10月	椛沢・坂﨑・東ヶ崎三役、内閣府にて意見交換
2006年	4月	椛沢会長が自民党幼児教育小委員会で意見陳述 日保協理事長所長研修会　青森大会研修カルテ広告掲載
2007年	4月	『保育所の教育プログラム』（世界文化社）発行
	5月	保育アドミニストレーター研修会（東京）
	8月	第25回記念定例会「保育所教育セミナー」開催（東京大学秋田教授）
	9月	椛沢会長が「保育所保育指針」解説書検討ワーキンググループ（厚生労働省）に選出され執筆
2008年	7月	日保協第30回全国青年保育者会議沖縄大会第1分科会担当
	9月	坂﨑副会長が厚生労働省「次世代育成支援のための新たな制度体系の設計に関する保育事業者検討会」選出
	11月	『新保育所保育指針サポートブック』（世界文化社）発行
2009年	1月	サポートブック研修会（4回：花巻／東京／大阪／熊本）
	3月	『自己チェックリスト100』（世界文化社）発行
	5月	チェックリスト研修会（2回：東京／大阪）
	9月	坂﨑副会長が厚生労働省「少子化対策特別部会第二専門委員会」選出
	10月	日保協理事長所長研修会新潟大会第4分科会担当
	11月	『新保育所保育指針サポートブックⅡ』（世界文化社）発行 海外視察研修会（イタリア）
2010年	2月	サポートブックⅡ研修会（4回：花巻／東京／大阪／熊本）
	8月	坂﨑副会長が内閣府「子ども子育て新システム基本WT」委員に選出
	11月	日保協理事長所長研修会岐阜大会第4分科会担当
2011年	3月	2010年度版保育科学研究　乳幼児期の「保育所保育の必要性」に関する研究執筆
	6月	サポートブックⅡ研修会（2回：函館／日田）
	9月	保育科学研究所学術集会（椛沢会長発表）
	10月	全国理事長所長ゼミナール分科会担当
2012年	3月	2011年度版保育科学研究　乳幼児期の「保育所保育の必要性」に関する研究執筆
	9月	保育科学研究所学術集会（坂﨑副会長発表）
2013年	2月	保育サポートブック『0・1歳児クラスの教育』『2歳児クラスの教育』『5歳児クラスの教育』（世界文化社）発行
	4月	坂﨑副会長が内閣府「子ども・子育て会議」全国委員に選出
	9月	保育科学にて神戸大学訪問 保育ドキュメンテーション研修会（東京）
2014年	2月	保育サポートブック『3歳児クラスの教育』『4歳児クラスの教育』（世界文化社）発行 年次大会を沖縄にて開催
	3月	2013年度版保育科学研究「乳幼児期の保育所保育の必要性に関する研究」執筆
	8月	環太平洋乳幼児教育学会ポスター発表（インドネシア・バリ島）
	9月	保育科学研究所学術集会（椛沢会長発表）
	12月	海外視察研修（スウェーデン／フランス）
2015年	1月	『幼保連携型認定こども園教育・保育要領サポートブック』（世界文化社）発行
	3月	2014年度版保育科学研究「保育現場における科学的思考とその根拠に関する研究」執筆
	6月	次世代研究会 JAMEE.S 設立（髙月美穂委員長）
	7月	環太平洋乳幼児教育学会ポスター発表（オーストラリア・シドニー）
	9月	保育科学研究所学術集会（鬼塚和典発表）
2016年	1月	『幼保連携型認定こども園教育・保育要領に基づく自己チェックリスト100』（世界文化社）発行
	3月	2015年度版保育科学研究「保育ドキュメンテーションを媒介とした保育所保育と家庭の子育てとの連携・協働に関する研究」執筆
	7月	環太平洋乳幼児教育学会ポスター発表（タイ・バンコク）
	9月	保育科学研究所第6回学術集会発表（矢野理絵）
	11月	新幼稚園教育要領の文部科学省との勉強会開催 JAMEE.S 保育雑誌『PriPri』（世界文化社）「子どものつぶやきから考える」執筆
2017年	3月	2016年度版保育科学研究「保育ドキュメンテーションを媒体とした保育所保育と家庭の子育てとの連携・協働に関する研究」「乳幼児教育における教育・保育に関わる要領や指針の在り方に関する研究」執筆
	7月	環太平洋乳幼児教育学会ポスター発表（フィリピン・セブ島）
	9月	保育科学研究所第7回学術集会発表（田中啓昭・坂﨑副会長）
	12月	『平成30年度施行 新要領・指針サポートブック』（世界文化社）発行 JAMEE.S 保育誌『PriPri』（世界文化社）「0・1・2 歳児の養護」執筆
2018年	1月	新要領・指針サポートブック研修会（4回：青森／大阪／東京／熊本）
	3月	2017年度版保育科学研究「幼保連携型認定こども園の現場における3歳未満児の教育の在り方」に関する研究執筆
	7月	環太平洋乳幼児教育学会ポスター発表（マレーシア・クチン）
	9月	保育科学研究所学術集会（福澤紀子発表）

	10月	『幼保連携型認定こども園に基づく自己チェックリスト100』『保育所保育指針に基づく自己チェックリスト100』（世界文化社）発行
2019年	1月	新要領・指針に基づく自己チェックリスト100研修会（2回：東京／大阪）
	3月	2018年度版保育科学研究「幼保連携型認定こども園の現場における3歳未満児の教育の在り方」に関する研究執筆
	9月	保育科学研究所学術集会（岩橋道世発表）
	11月	海外視察研修（アメリカ）
2020年	2月	20周年記念年次大会（厚生労働省　鈴木次官）
	9月～12月	オンラインにて定例会3回開催
2021年	2月	改訂版保育サポートブック『0・1歳児クラスの教育』『2歳児クラスの教育』『3歳児クラスの教育』『4歳児クラスの教育』『5歳児クラスの教育』（世界文化ワンダーグループ）
	3月	設立20周年記念誌発刊　7プロポジション　発刊
	4月	日本保育協会「保育界」執筆
	5月	第2代会長に坂﨑隆浩を選出　4部会　保育内容　保育科学　生涯教育　JAMEE.S　委員会　公開保育　第69回定例会　東京家政大学　堀 科氏
	6月	歳児別サポートブック研修会、第70回定例会　内閣府子ども子育て本部審議官　藤原朋子氏、参事官　齋藤憲一郎氏
	7月	第71回定例会　厚労省援護局福祉基盤課課長補佐　添島里美氏
	8月	第1回公開保育アンバサダー　資格取得研修　開催　1日目　静岡大学　矢野潔子氏、中村学園　那須信樹氏　椛沢幸苗
	9月	第1回公開保育アンバサダー　資格取得研修　開催　2日目　神戸大学大学院　北野幸子氏、坂﨑隆浩
	10月	第72回定例会　内閣府子ども子育て会議委員長　秋田喜代美氏
	11月	7プロポジション　研修会
2022年	1月	第73回定例会　内閣府子ども子育て本部参事官　認定こども園担当　齋藤憲一郎氏
	2月	年次大会　厚労省子ども家庭局保育課課長　林 俊宏氏、文科省初等中等教育局幼児教育課長　大杉住子氏
	3月	定例会等6回　年次大会1回開催
	4月	日本保育協会「保育界」執筆
	5月	第74回定例会　和洋女子大学　矢藤誠慈郎氏
	7月	第75回定例会in青森　厚労省子ども家庭局保育課課長　林 俊宏氏
	8月	保育科学会議　神戸大学大学院　北野幸子氏
	9月	日本保育協会　第10回学術集会、第1回　生涯教育部会開催、第76回定例会in新潟　厚労省元事務次官　村木厚子氏
	11月	保育制度部会　厚労省に要望　厚労省家庭局保育課長　本後 健氏
	12月	第77回定例会　京都大学　明和政子氏
2023年	1月	第78回定例会　厚労省家庭局保育課長　本後 健氏
	2月	年次大会　文科省初等中等教育局幼児教育課長　藤岡謙一氏、内閣官房子ども家庭庁設立準備室内閣参事官　鍋島豊氏
	3月	定例会等5回　年次大会1回開催　各地で公開保育の実践
	4月	日本保育協会「保育界」執筆
	6月	第79回定例会　朝日新聞社会部記者　田渕紫織氏
	8月	第80回定例会（25周年記念）神戸大学大学院　北野幸子氏、全国社会福祉法人経営者協議会副会長　谷村 誠氏、全日本私立幼稚園連合会認定こども園委員会委員長　濱名浩氏

	9月	第81回定例会（25周年記念）玉川大学　大豆生田 啓友氏、第2回生涯教育部会in会津若松　文科省元事務次官　義本博司氏
	11月	障害事業設立研修会
	12月	関西圏域研修
2024年	2月	年次大会in沖縄　文科省初等中等教育局幼児教育課長　藤岡謙一氏
	3月	定例会等6回　年次大会1回開催　各地で公開保育の実践
	4月	日本保育協会「保育界」執筆
	5月	第82回定例会　和洋女子大学　矢藤誠慈郎氏　若手育成特別養成塾（ヨシヨシ塾）年4回16名参加／講師　厚労省元事務次官　吉田学氏　文科省元事務次官　義本博司氏
	7月	第3回生涯教育部会in大分別府　元厚労省事務次官　鈴木俊彦氏
	8月	第83回定例会in大阪　全国私立保育園連盟常務理事　社会福祉法人正蓮寺静蔭学園　正蓮寺こども園園長高谷俊英氏、全国保育協議会副会長・大阪府社会福祉協議会保育部会長　社会福祉法人信光会理事長　森田信司氏、全国認定こども園協会副代表理事・大阪府認定こども園協会支部長　社会福祉法人交野ひまわり園理事長　東口房正氏、全国社会福祉法人経営者協議会前会長　社会福祉法人成光苑理事長　高岡國士氏　インクルーシブ委員会設立　特別研修会　こども家庭庁ガイドライン説明会　第2回公開保育アンバサダー　資格取得研修　開催　1日目　熊本大学　矢野潔子氏、椛沢幸苗、坂﨑隆浩　第2回公開保育アンバサダー　資格取得研修　開催　2日目　神戸大学大学院　北野幸子氏
	9月	保育科学部会特別研修 お茶の水女子大学元副学長　内田伸子氏 「保総研の2023公開保育の実践集」発刊
	10月	第84回定例会in秋田
	12月	第85回定例会
2025年	1月	『0歳児の指導計画　CD-ROM＆ダウンロードデータ付き』『1歳児の指導計画　CD-ROM＆ダウンロードデータ付き』『2歳児の指導計画　CD-ROM＆ダウンロードデータ付き』（世界文化ワンダーグループ）発行
	2月	年次大会in東京
	3月	『令和6年度改訂　児童発達支援　個別支援計画サポートブック』（世界文化ワンダーグループ）発行
	5月	25周年記念事業　海外研修　ドイツ・オーストリア

定例会・年次大会には厚生労働省・内閣府・大学・医療機関などから講師を招き研修会を開催しています。現在会員は約100名。保育関係者などであれば誰でも参加できます。

事務局

〒574-0014　大阪府大東市寺川1-20-1
社会福祉法人　聖心会
幼保連携型認定こども園　第2聖心保育園内
事務局長　永田 久史
電話　072-874-0981
https://hosouken.xii.jp/hskblog/

おわりに

本書では、2歳児の週案を春夏秋冬で保育園・こども園で掲載し、また、日案も春夏秋冬で同じく保育園・こども園で掲載しております。いろいろな地方の事例ではありますが、この保育計画を通して2歳児の発達の特性を読み解き、それぞれの園の週案や日案などの書き方を通して、保育の内容は様々で、いろいろな方法があることを知っていただき、これから保育計画を作成する際に大いに活用していただきたいと思います。　　監修　田和由里子（広島県 春日こども園）

執筆者一覧（都道府県順）※2024年12月現在

●年間・月間・健康と安全・食育
青森県	こども園ひがしどおり	坂﨑隆浩
岩手県	こども園ドレミのそら	菊池喜勢子
東京都	くりはら愛育保育園	上原隆寛
東京都	子供の家 愛育保育園	成田豊子
神奈川県	和田愛児園	田口 威
大阪府	こども園ふじが丘保育園	東口房正
広島県	春日こども園	田和由里子
熊本県	やまばとこども園	吉本大樹
鹿児島県	まくらざき保育園	俵積田惠美子
鹿児島県	太陽の子鹿島こども園	隈﨑哲也

●週案・日案（こども園）
茨城県	飯沼こども園	東ヶ崎拓樹
茨城県	境いずみ保育園	菊地 渉
兵庫県	広峰保育園	髙橋珠希
熊本県	かおるこども園	古川 豊
沖縄県	百登保育園	大田麻利

●週案・日案（保育園）
秋田県	中央保育園	齋藤奈緒美
福島県	会津報徳保育園	遠藤浩正
東京都	子供の家愛育保育園	青木恵里佳
三重県	トーマスぼーや保育園	勇 まり子
広島県	ひまわり保育園	舘 潤也

監修者一覧 ※2024年12月現在

●全体監修 保育総合研究会
青森県	こども園ひがしどおり	坂﨑隆浩

●2歳児監修
広島県	春日こども園	田和由里子
大分県	こども園るんびにい	岩橋道世

●監修協力園
青森県	中居林こども園	椛沢幸苗
福島県	門田報徳保育園	遠藤浩平

●事務局
大阪府	第2聖心保育園	永田久史

[ダウンロードデータ用]
こちらの表組はダウンロードデータ利用時に使用いたします。

	あ	い	う	え
1	T	1	Y	4
2	3	W	5	M
3	H	7	S	6
4	8	G	9	K

表紙イラスト	倉田けい
本文イラスト	木村 文、中小路ムツヨ、町田里美、三角亜紀子
デザイン	南 剛、中村美喜子（中曽根デザイン）
編集協力	沢 ユカ（Penguin-Plant）
編集企画	末永瑛美
校正	株式会社円水社
DTP	株式会社明昌堂

PriPriブックス
豊富な案ですぐ書ける！
2歳児の指導計画
CD-ROM＆ダウンロードデータ付き

発行日　2025年2月10日　初版第1刷発行

監修者　保育総合研究会
発行者　竹間 勉
発　行　株式会社世界文化ワンダーグループ
発行・発売　株式会社世界文化社
　　　　〒102-8192　東京都千代田区九段北4-2-29
　　　　電話　03-3262-5474（編集部）
　　　　　　　03-3262-5115（販売部）
印刷・製本　TOPPANクロレ株式会社

©hoikusogokenkyukai, 2025. Printed in Japan
ISBN 978-4-418-25702-7